東アジアの資料学と情報伝達

藤田勝久編

汲古書院刊

はしがき

国家と社会の特質を考える基礎として、歴史学の基本となるのは文献史料である。中国古代でいえば、正史をはじめとする多くの文献がある。この文献は、歴代の注釈や、内的な史料批判にもとづいて研究されてきた。近年では、文献とあわせて出土資料を補助とする研究が主体となっている。しかし二十世紀の七〇年代から二十一世紀にかけて中国の出土資料が急増すると、個別研究の進展だけではなく、出土資料の性格を総合的に位置づける必要性が生じてきた。この意味で、総合的な「出土資料学」が求められている。こうした中国の出土資料学をふまたうえで、つぎには韓国、日本古代をふくめて、文献とあわせた「資料学」の構築が課題となろう。

しかし「資料学」とは、古代の文字資料に限っても、狭義の「出土資料学」という理解と、文献史料と出土資料をふくめた広義の「資料学」という意味をもっている。また「資料学」には、簡牘の分類や書式、内容と機能などの要素があり、文字資料のほかにもさまざまな対象がある。このような問題に対して、愛媛大学の研究プロジェクトでは、ささやかながら「東アジアの出土資料と情報伝達」をテーマとする国際共同研究を進めてきた。本書は、編著『古代東アジアの情報伝達』（二〇〇八年）、『東アジア出土資料と情報伝達』（二〇一一年）につづく三冊目の成果である。そのキーワードは、「情報の伝達（発信と受容）」である。その意味は、出土資料の形態や書式による分析を一歩進めて、国家と社会のなかで情報を伝達する機能を設定し、実務の運営をふくめた文字資料の体系化をはかろうとするものである。これは制度史として文書行政を理解するハード面に加えて、文字資料の伝達と情報処理の用法や、交通システムのなかで理解しようとするソフト面の試みであり、機能論の展開にあたる。

別の視点でいえば、これは中国と東アジアにおける書写材料の歴史に対応している。中国の文字の書写と媒体の広がりは、一種のＩＴ（情報技術）革命による情報社会の変化である。それは国家の機構や社会の構成と深く関係しており、大きくつぎのように区分されている。

第Ⅰ期、簡牘の時代：戦国時代～後漢・三国時代。竹簡・木簡・木牘と帛書・金石による時代

第Ⅱ期、紙木併用の時代：三国・晉代～唐代。紙の写本と木簡の併用、石材による時代

第Ⅲ期、紙の印刷の時代：宋代以降～。紙の写本に加えて印刷本が現れる時代

この研究プロジェクトは、主に第Ⅰ期と第Ⅱ期の時代に対応している。日本古代では、第Ⅱ期の紙と木簡の併用時代であり、出土資料では木簡や墨書土器、漆紙文書、石刻などが重視されている。しかし重要なことは、文字を書く媒体の変化のほかに、情報を処理する技術の出現である。その一つの想定として、中国古代文明が成立した秦漢時代には、簡牘・帛書を使った書き分けがあり、情報伝達と情報処理の原形ができていることが予想される。つまり第Ⅰ期の時代では、紙が普及していないために竹簡や木簡に文字を書いたのではなく、すでに紙にあたる竹簡・帛書に代表される保存の機能がある。また簡牘の表裏を使って情報処理をするという、日本古代の文書や、文書木簡、付札、その他の木簡にあたる機能がみえている。それが唐代までの国家と社会で、紙と木簡の併用に継承されているのではないだろうか。

それと同時に東アジアでは、秦漢時代の簡牘を用いた情報処理の原理は、楽浪郡が設置された朝鮮半島にも継承され、唐代までの情報伝達とあわせて、後に韓国や日本古代の木簡に影響を与えたことが想定される。このとき第Ⅱ期

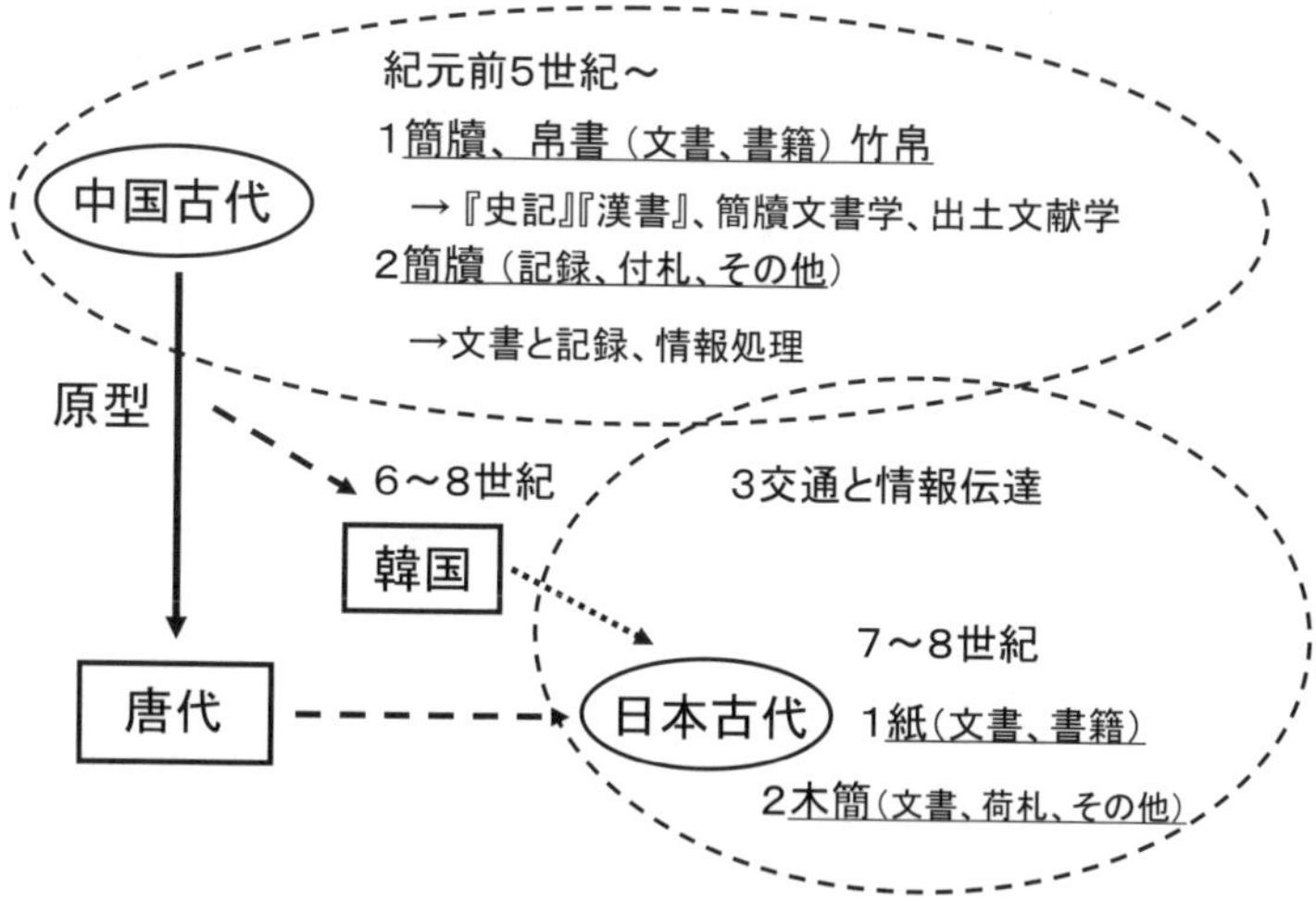

の時代では、紙が一般的な書写材料になったため、木簡が補助的手段の役割をもつという指摘がある。この点については、すでに第Ⅰ期の時代に、情報処理の副本や、控えとなる文書、簿籍、記録が区別されており、それが日本古代の文書木簡や簿籍、記録の控えと共通する点が注目される。このように想定すれば、中国簡牘学や「資料学」の全体では、日本古代の紙文書と木簡をあわせた広い比較が必要である。もし中国の簡牘を、日本古代の木簡に対応させるのであれば、両者に共通した情報処理にみえる簡牘それ自体の機能と、実務の運営や交通システムの比較が有効な視点となろう。そのとき「古代東アジア」とは、リアルタイムの東アジア交流史を意味するのではなく、出土資料の機能を比較するフィールドとして設定している〔図〕。

こうした「資料学」の概略は、各研究者のあいだで必ずしも共通の認識とはなっていない。たとえば第一冊の『古代東アジアの情報伝達』では、中国古代と日本古代の出土資料について、まず双方の内容と研究方法を共有しようとする段階であった。第二冊の『東アジア出土資料と情報伝達』は、中国と韓国、日本古代の出土資料研究をふまえて、東アジアの社会の実態にせまろうとしている。しかしこの時点では、まだ総合的な「出土資料学」について十分な討論ができなかった。そこで本書では、「資料学」という学問について、それぞれの立場から考え方を提示していただくことにした。

本書の第一部「東アジアの資料学研究」では、中国と韓国、日本の論文六篇を収録している。藤田勝久「中国簡牘の文書・記録と情報伝達」は、従来の簡牘研究が大きな成果をあげてきたことを評価しながら、出土資料学の基礎とするために、簡牘の書籍や保存資料と、文書伝達と情報処理、記録と実務、交通と情報伝達の要素に注目すべき点を、項目に分けて述べている。

陳偉「秦簡牘研究の新段階」は、武漢大学簡帛研究中心で進めている研究プロジェクト「秦簡牘の綜合整理と研究」について、その方法と新しい知見を紹介していただいた。工藤元男「楚簡・秦簡研究と日中共同研究」は、早稲田大学の研究プロジェクトと、武漢大学との共同研究をふまえたコメントである。

金慶浩「韓国の木簡研究の現況」は、韓国の簡牘研究と、成均館大学校で進められた研究プロジェクト「東アジア資料学の可能性」について、その経過と概要を紹介していただいたものである。これによって中国と韓国の簡牘研究の視点と現状を知っていただけるとおもう。

關尾史郎「破莂・別莂考――長沙呉簡を例として」は、第Ⅰ期の最後の簡牘から、第Ⅱ期の紙文書に移行する時代の簡牘として、二つに裁断された「莂」という簡牘の機能を考察している。

石上英一「奄美諸島史料と文書の集合態・複合態」は、奄美諸島前近代史料集成の整理を通じて、奄美の文書の複合構造の問題を論じ、史料学としてどのように扱うかという展望を提示されている。

第二部「出土資料と情報伝達、地域社会」では、古代国家と地域社会に関する情報伝達の実態を、さまざまな手法で考察する論文六篇を収録した。

金秉駿「張家山漢簡『二年律令』の出土位置と編連」は、出土資料の整理に関する問題を、編連と錯簡、書写、埋葬の状況という視点から考察している。

張俊民「漢代郵駅システムにおける駅の接待方式」は、漢代シルクロードに設置された敦煌郡に所属する懸泉置という施設から出土した木簡を扱う。懸泉置には、郵便にあたる文書逓伝のほかに、往来する官吏や使者を接待する業務がある。ここでは二つの残冊書を復元して、懸泉置の運営を考察している。

侯旭東「後漢『乙瑛碑』における卒史の増置に見える政務処理について」は、孔廟の官吏を増設するときに、その処理過程を記録した碑文から、最初の申請と、審査、皇帝の裁可、実施にいたる経過と意義を考察している。

馬怡「漢晉時代の倉廩図にみえる糧倉と簡牘」は、倉庫の画像に見える出納の場面に、棒状・束状の物を持つ情景に注目する。それが穀物を出納するときに作成する記録に対応することを、簡牘との比較によって明らかにしている。これは画像と出土資料を組み合わせた新しい視点となっている。

上野祥史「漢代北方の地域社会と交通」は、中央の地域経営戦略の反映として、北方辺郡の県城設置の意義を探り、墓葬の変化から地域社会が形成される状況を考察している。佐々木正治「漢代における鉄製農具の生産と流通」は、四川省の遺跡と遺物の分布から、文化の移動を考察している。この二篇は、考古学の視点から地域社会の人びとの移動と、技術伝播の問題を提示している。

以上が、本書の概略であるが、中国や韓国、日本古代の出土資料が豊富になった今日では、総合的な「資料学」の構築はきわめて困難な課題であり、その範囲とするところも広い。本書では、これを一つの「資料学」とするのではなく、情報伝達・情報処理という限られた視点から、さまざまな立場と解釈が異なる考えをそのまま提示している。こうした共同研究が、東アジア「資料学」の構築に対して、少しでも貢献するところがあれば幸いである。

郵便はがき

料金受取人払郵便

麹町局承認

9810

差出有効期間
平成27年10月
1日まで
（切手不用）

1028790

102

東京都千代田区
飯田橋二—五—四

汲古書院

行

通信欄

購入者カード

このたびは本書をお買い求め下さりありがとうございました。今後の出版の資料と、刊行ご案内のためおそれ入りますが、下記ご記入の上、折り返しお送り下さるようお願いいたします。

書　名	
ご芳名	
ご住所	
TEL	〒
ご勤務先	
ご購入方法　①　直接　②	書店経由
本書についてのご意見をお寄せ下さい	
今後どんなものをご希望ですか	

目次

第二部　出土資料と情報伝達、地域社会

東アジアの資料学と情報伝達

第一部　東アジアの資料学研究

中国簡牘の文書・記録と情報伝達

藤田勝久

はじめに

中国史上では、戦国時代の各国を最初に統一した秦帝国がよく知られている。しかし秦帝国は短期間で滅亡し、項羽と劉邦の時代をへて、漢王朝が成立した。この漢王朝は、前漢と後漢をあわせて四〇〇年以上もつづき、皇帝を中心とする国家機構や地方行政制度は、伝統中国の基礎となった。これは中国文明の原形が成立した時代ということができよう。この中国古代の歴史は、司馬遷の『史記』や、班固の『漢書』、范曄の『後漢書』（志は司馬彪の『続漢書』）、『三国志』などの正史を基本とした文献研究が進められている。また『漢書』芸文志の目録には、漢王朝が所蔵していた書籍を収録しており、古典の基礎を知ることができる。こうした文献史料に加えて、二十世紀の研究では考古文物や文字を記した出土資料が利用できるようになった。そのため今日では、文献史料と出土資料をあわせた中国古代史の研究が進展している。

中国の簡牘《かんとく》（竹簡、木簡、木牘《もくとく》）は、大きく長江流域と西北シルクロードの方面に分布している。長江流域では、戦国時代から秦漢時代の古墓の資料と購入された竹簡が中心であり、書籍を中心とした思想史・古文字・文献学や、法制資料の歴史研究がある。これに近年では、古城の井戸から出土した簡牘がある。漢代（前漢・後漢）の辺郡では、フィールド遺跡から出土した木簡を中心として、法制史や文書行政、辺境防衛について豊富な研究がある。これらの資料は、二十一世紀になって出土と公表が急増しており、今後は年代と地域をこえた総合的な出土資料学の検討が進むであろう。(1) そのためには、いくつかの問題がある。

一に、古墓と井戸、遺跡から出土した資料は、対象とする年代や地域、性格が異なっており、どのようにして総合するのか。これと関連して、古墓の資料は、どのような経過で副葬されたのか。

二に、竹簡と帛書《はくしょ》（絹布）の資料は、古墓の書籍や法令が多く、行政文書や記録は、井戸と遺跡から出土した竹簡・木簡と木牘に多いという傾向がある。このような簡牘の形態と内容を、どのように理解したら良いのか。これと関連して、簡牘が紙に変わる情勢は、どのようなものか。

三に、簡牘の形態には、竹簡、木簡の冊書として編綴する場合と、単独で使用する木牘、觚《こ》形の檄《げき》、宛名を記した検、楬《けつ》（付札）などがある。また出土資料を使った研究は、さまざまな方面にわたる豊富な内容とテーマがあり、それを国家と社会のなかで、どのように位置づけるのか。

このような問題は、中国古代史だけではなく、三国時代より以降の出土資料や、古代東アジアの出土資料を比較するときにも重要である。ここでは中国の簡牘研究と、韓国や日本古代の木簡研究との比較のためにも、共通した「資料学」の構築が望まれる。その視点として注目するのは、国家と地方社会を結ぶ情報伝達（発信と受容）である。これは簡牘の形態や書式を個別に分類するのではなく、広く文書行政と情報処理、実務の運営のなかで考えることによって、簡牘の機能が一貫した流れとして理解できると考える。

そこで本稿では、まず日本の研究者に対して、中国簡牘が紹介された状況をふり返り、その特徴を整理してみたいとおもう。そのうえで古墓から出土した書籍と法制資料を位置づけてみる。つぎに秦漢王朝に共通する要素として、

Ⅰ行政文書の伝達と、情報処理の機能をもつ副本・抄本（文書木簡）、簿籍と実務の記録、Ⅱ付札（検、楬）、Ⅲその他の簡牘に分類して説明する。なお交通に関する簡牘は、行政文書と書式は似ているが、人びとの往来と情報伝達に関する内容であり、別の項目としておきたい。

一　簡牘・帛書の書籍と保存資料

中国の簡牘研究には、王国維「簡牘検署考」（一九一四年）や、労榦氏をはじめとする古代国家と社会の考証があり、日本では木簡学会が成立した時期に総括されている。(2) 大庭脩『木簡』（一九七九年）、同「中国簡牘研究の現状」（一九七九年）、同『木簡学入門』（一九八四年）は、西北フィールドの木簡と、長江流域に多い墓中の木簡に区分し、法律、書籍、文書、詔書、旅券、帳簿を中心に紹介している。そして墓中の木簡は、意識的に埋められた遣策《けんさく》や書籍、占いなどであり、フィールド出土の木簡は、行政文書と簿籍が多く、基本的に廃棄されたものという両者の性格の違いを指摘した。また古墓の資料は、睡虎地秦簡などの法制資料をのぞいて、あまり歴史研究の史料にならないとする。簡牘の形では、牘、冊書、觚、検、封泥、楬、符、削屑などを説明して、冊書を復元する方法や、「冥土への旅券」と名づけた告地策と漢代の通行証を比較している。大庭氏は、すでに居延漢簡《きよえん》の「元康五年詔書冊」を復元（一九六一年）する方法を示しており、ここでは①簡牘文書学、法制史と、②簡牘の形態による紹介となっている。

これに対して永田英正氏は、『居延漢簡の研究』（一九八九年）、同「簡牘の古文書学」（一九九六年）などで、少し視点を変えて中国簡牘学を総括している。(3) ここでは大庭氏が文書と冊書の復元を中心としているが、それでは残りの多くの木簡と断簡が使えなくなるという。そこで森鹿三氏の簿籍の復元や、M・ローウェ氏が冊書の総合的復元を試みた方法を継承して、「簡牘の古文書学」を提唱された。これは簿籍をグループとして集成したあとで、それぞれの簿籍は送り状を付けることによって、宛名がある文書《もんじょ》になることを指摘した。これによって漢簡の断簡は、漢代の文書行政のなかで位置づけられた。また永田氏は、居延漢簡は軍政系統の辺境防衛施設の資料であるが、文書行政の方法は、内郡の民政系統でも同じであり、その基礎は最末端機関の県と、県レベルの候官であると推測している。ただし歴史学からみた古墓の資料については、大庭脩氏と同じ評価である。このような認識は、その後の秦漢出土資料や、岳麓書院蔵秦簡、張家山漢簡などの公表によっても大きく変化していない(4)。

一方、中国思想史と出土文献学の分野では、古墓から出土した戦国・漢代の竹簡と、馬王堆漢墓帛書の書籍を中心とする儒家や道家の思想が考察され、近年では購入された上海博物館蔵楚簡、清華大学蔵戦国竹簡、北京大学所蔵の秦漢簡牘をふくむ研究がある(5)。しかし歴史学のほうでは、古文字や思想史の成果にあまり注目しておらず、共通する問題の接点は少なかった。このように日本で紹介された内容は、多くが簡牘の典籍を使った思想史と、漢簡と古墓の法制資料による歴史学の研究が主流である。これは『史記』『漢書』『後漢書』や経書、諸子百家を基本とし、出土資料を補助として、国会と社会の特質や、思想の成立を明らかにする目的からすれば当然といえよう。しかしこうした内容の豊富さが、中国簡牘と日本古代木簡を使った研究が異なるという印象を与えた一因となる。また出土情況による違いや、簡牘それ自体の機能を分析する視点が少ないことも問題である。

この古墓の資料では、もう一つの視点がある。それは書籍の書写と普及という流れのなかで、古墓の資料を理解することである。これまで古墓の書籍は、思想史や古文献の成立に関する資料であり、『漢書』芸文志の目録と比較されてきた(6)。『漢書』芸文志の目録は、前漢の成帝期に、光祿大夫の劉向《りゅうきょう》を中心とした漢王朝の図書整理のときに、劉向・劉歆《りゅうきん》の父子が作成した叙録を収録したといわれる。ここには『史記』『漢書』の素材との関係がみえている。

たとえば『史記』戦国、秦代史料では、その素材と出土資料との関連は、つぎのようになる。(7)

『史記』秦本紀と秦始皇本紀や戦国世家は、その骨格として、年代基準となる紀年資料と系譜を組み込んでいる。『史記』秦始皇本紀では、司馬遷が入手できた秦紀年（秦暦と事件記事）と系譜を基本とする。そのほかに、皇帝の詔書や、中央の議論、祭祀儀礼の記事、巡行と石刻、予言や人物評価に関する記事を利用している。このような資料は、父と司馬遷が所属した漢の太常に属する系統の資料と共通している。太常（当初は奉常）は、宗廟や祭祀儀礼を司り、その属官には、太史（暦、天文、紀年）、太祝（祭祀）、太卜（占い）、太医、博士の官（書籍を所蔵）がいる。同じように戦国世家では、紀年資料や系譜を基本として、説話や戦国故事（歴史的な背景をもつ故事）、記事資料を利用している。さらに戦国列伝では、一部に紀年と系譜をふくむ篇もあるが、一般には説話と記事資料を中心としており、本紀や世家よりは諸子百家との共通点が多い。したがって『史記』の素材は、系譜、紀年資料と、虚実がまざった伝説、説話、戦国故事、記事資料などを組み込んでおり、それは太常の職務に関する系統の書籍が多いという特徴がある。これは経書や諸子百家の書物と、出土資料を比較する研究と同じ視点である。

このような『史記』の素材は、睡虎地秦簡『編年記』や暦譜、竹簡の書籍、馬王堆帛書『戦国縦横家書』のように、古墓の資料と共通した要素があり、竹簡や帛書に書写された保存資料である。ただし司馬遷が利用した類似資料は、漢代までに一定の編集をへて伝えられた異本とみなせるものである。

ところが長江流域の出土資料は、『史記』の種本となる書籍のほかに、多くの未知の資料をふくんでいる。その一つが、『史記』にみえない書籍や法制資料であり、里耶《りや》秦簡のような行政文書である。これらは『史記』の素材となっていない。その内容は、竹簡に記した法令、裁判の案件と、青川県木牘や里耶秦簡のように実務の処理をする木牘である。これは漢王朝でいえば、丞相や御史大夫の公文書や、廷尉の法制資料、大司農に関する財務などの資料であり、太史令が所属する太常の系統とは違っている。しかし後漢時代に班固が編纂した『漢書』では、紀年や系譜、記事資料のほかに、官制と行政文書や、法制、財務の資料をふくんでいる。したがって古墓の書籍と、秦漢時代の簡牘は、その一部が『史記』『漢書』の素材と編集を示しており、歴史研究に関連する資料である。[8]この意味で、簡牘を利用して外部批判をすすめる『史記』史料の研究は、出土資料学の一部となる。

それでは古墓の資料は、実際に使われた書籍か、あるいは法制と行政文書の原本なのだろうか。それとも、死者が冥界で利用する擬制文書の用途をもつのだろうか。これまで古墓に竹簡が副葬される背景として、墓主の身分や職掌によって文書や書籍の種類と分量が異なっており、いくつかの考え方がある。[9]それは、1墓主が死後にも職務を遂行するため、一緒に副葬したとする説や、2墓主が生前に愛好した書籍や思想を反映しているという説、3古墓に副葬された明器（死者の来世に供えた生活用具など）の役割をもつという説、4魔よけという説などがある。しかし注意されるのは、発掘された古墓のなかで、竹簡・帛書の書籍や文書を副葬する例がきわめて少ないことである。これは日常的な明器や、死後に利用する必需品とは、必ずしも一致しない。

そこで注目されるのは、大庭脩氏が「冥土への旅券」と名づけた簡牘（告地策、告地書）と、文書や書籍との関係である。[10]告地策は、地上の交通制度と同じように、地下の世界に通行するときに、地下の官吏に通告する証明とした擬制文書である。これを大庭氏は、漢簡にみえる私的旅行に用いる伝（通行証）と同じ書式とみなしたが、往来を前提としない告地策には、むしろ随行する人や物品を証明する内容が多い。その中で、張家山漢墓の遣策には、携行品の一つとして「書一笥」（竹で編んだ竹笥《ちくし》に入れた書）という表記があり、遣策より以外の竹簡は、竹笥のなかに入れてあったと報告されている。また湖北省雲夢県の睡虎地七七号漢墓では、副葬された簡牘は竹笥の中に置かれていた。馬王堆三号漢墓では、物品のリスト（蔵物一編）を送るという文書を副葬している。したがって古墓の資料は、現実に使用された文書や書籍を、保存し廃棄した資料の一部として所有し、とくに文字資料を意識した墓主の個人的な携行品として副葬されたのではないかと推測される。

そのとき法制資料は、現実の資料か、廃棄した資料か、それとも書籍かという問題がある。大庭脩氏は、古墓の資料が当時の公文書ではなく、私的に用いた書籍ではないかと指摘している[11]。これについては『漢書』芸文志の目録が参考になる。この目録は、六芸略、諸子略、詩賦略、兵書略、数術略、方技略の六分類である。このとき、すでに司馬遷の『史記』は完成していたが、まだ「史」の項目がなく、六芸略の春秋家に分類されている。

春秋古經十二篇、經十一卷。左氏傳三十卷。公羊傳十一卷。穀梁傳十一卷。……

國語二十一篇。新國語五十四篇。世本十五篇（古史官記黃帝以來訖春秋時諸侯大夫）。

戰國策三十三篇。奏事二十篇（秦時大臣奏事、及刻石名山文也）。楚漢春秋九篇。

太史公百三十篇（『史記』）（十篇有錄無書）。……太古以來年紀二篇。

ここでは『史記』の素材となった紀年、系譜、記事資料、戦国故事に関する書籍は、すべて春秋家に分類され、もっとも総合的な書物が『史記』である。そして『史記』では、諸子略、詩賦略、兵書略、数術略、方技略に分類された書物も利用している。したがって『漢書』芸文志は、書籍の形態となった資料を整理したのであり、まだ法制資料は書籍と認識されていない。しかし里耶秦簡との比較では、古墓の資料は、伝達された公文書の原本ではなく、処理の控えと保存の副本や、文書の記録などのデータベース、法制資料などに限られている。したがって法制資料は、厳密にいえば書籍ではなく、それは更新される保存資料として書籍に準じる資料といえよう。ちなみに『隋書』経籍志では、史部の職官に『漢官』『漢官儀』、刑法に『律本』があり、官職や法制資料を書籍としている[12]。

このように、これまで中国の思想史と歴史学では、竹簡・帛書に書かれた書籍や法制資料と漢簡による研究が中心であった。しかし古墓の資料を、書籍の書写と普及のなかでみれば、それは歴史書の編纂に関する素材でもある。この書籍や保存資料は、これまで成果が多い分野であるが、後世では紙に変わる資料に属している。[13] これを日本古代史とくらべてみれば、歴史書の素材や、律令、古典と、それを使った研究を中心に紹介してきたことになる。こうした書籍や法制資料は、古代国家が成立する情勢の参考になるが、日本古代の木簡との接点が少ないものである。

二　文書の伝達と情報処理

これまで古墓の書籍と保存資料は、準テキストとみなせるものであり、三国時代より以降には紙に書写される内容であることをみてきた。しかし長江流域の井戸や、西北の遺跡から出土した資料は、その性格が違っている。長江流域の井戸から出土した簡牘は、漢代西北の遺跡から出土した木簡と共通した要素をもっており、書籍とは異なる文書や記録である。ここでは簡牘の形態と機能を、一連の情報システムのなかで考察する視点が有効であろう。

このとき秦漢時代では、郡県制による地方行政の領域があり、出土資料はこの範囲にふくまれる。[14] 郡の官府は、目安として日本古代の国府（国衙）にあたり、県官府は日本の郡家（郡衙）とすれば、その対応がわかりやすいであろう。秦代の里耶秦簡は、洞庭郡に所属する遷陵県の古城から出土した簡牘であり、ここでは県が下部組織の法制や行政文書、軍事と労働編成、治安維持、財務を統括し、郷里社会の庶民を掌握する基礎単位であることを示している。漢代の辺郡で、簡牘が出土した主な遺跡は、この県レベルの範囲にふくまれる。たとえば疏勒河流域の懸泉置は、敦煌郡の効穀県に所属しており、文書逓伝と宿舎の機能をもつ施設である。エチナ河流域では、張掖郡の軍事系統にある県レベルの候官（A8甲渠候官、A33肩水候官）と、関所（A32肩水金関）、下部にある隧（甲渠第四隧など）である。なお前漢時代の末の尹湾漢墓簡牘は、墓主が郡の功曹であり、東海郡と所属する県のデータとなっている。

こうした状況で、早く進展したのは漢簡の簡牘学と漢代史の研究である。ここでは漢代の文書行政や、簡牘の書式と分類、形態と記載内容が考察されており、情報伝達の点でも注目すべき視点がある。[15]大庭脩氏や角谷常子「秦漢時代の簡牘研究」(一九九六年)は、簡牘の形態と書法によって、文書の作成から発信に至る手続きや、受信とその処理の過程を明らかにしようとしている。籾山明「刻歯簡牘初探」(『木簡研究』一七、一九九五年)は、刻歯のある簡牘を、(一)符、刻券、(二)出入銭穀衣物簡、(三)契約文書簡に分類した。また籾山氏は、簡牘の製作・使用・移動・保管・再利用・廃棄を一連のサイクルとして把握する視点を提唱している。

ただし中国の簡牘は、韓国や日本古代の木簡と出土情況や形態が異なっている。たとえば木簡学会編『日本古代木簡集成』総説(二〇〇三年)では、大きく三つの区分に整理している[16](項目の順序は、入れかえている)。

Ⅰ文書木簡：

1様式別文書木簡(詔・勅旨、奏、啓、解、移、符、国符、郡符、牒、宣、召文、進上状、返抄、請、その他の文書)

2記録関係木簡(記録、日記、伝票、宿直、門の警備・食料支給、出挙)

3内容・用途別木簡(考課、銭、告地札、人名札、画指、禁制・制止、文書軸、文書函、封緘、神祇・仏教、経典出納記録、物忌札・蘇民将来札、呪符)

Ⅱ荷札木簡(国別荷札木簡)

Ⅲその他の木簡：和歌・漢詩、鳴・左・安・上・下、坪付・サイコロ・将棋の駒、付札、習書、音義木簡・万葉仮名、その他木簡研究の課題では、機能を重視した分類や、中国・朝鮮半島の木簡との比較検討、国語学との共同研究の必要性をあげている。近年では、中国簡牘との比較よりも、むしろ韓国の木簡との関連性が注目されている。これを簡牘の機能と、社会における情報伝達の視点からみれば、その両者の接点がみえてくるとおもう。

一に、中国では、漢代まで紙が文字を書く材料として普及しておらず、文書や書籍は、簡牘と帛書を中心とするのに対して、韓国や日本古代では紙と木簡の併用時代になっているという違いがある。この点は、すでに長江流域の古墓の資料でみたように、竹簡や帛書に書かれた書籍と保存資料は、三国時代より以降では、紙に変わる内容の資料であった。したがって中国古代では、紙が普及していないから簡牘に書いたのではなく、すでに竹簡・帛書は、保存の意味をもって区別されている。とすれば、日本古代の木簡と比較するのは、里耶秦簡や漢代の簡牘にみえる文書と記録のほうが良いことになる。

二に、中国の簡牘は、基本的に地方で出土した簡牘であり、日本古代のように宮都と周辺遺跡の木簡が約九割を占める状況とは異なっている。しかし地方の郡県では、官吏や書記が独自に文書伝達と処理をしているのではなく、秦漢時代の王朝の規格にそって、業務を遂行しているとおもわれる。したがって地方行政では、法制史や文書行政に加えて、情報の伝達と処理という側面に注目すれば、簡牘を使う原理が比較できるとおもわれる。

三に、中国の出土資料と韓国、日本古代の木簡で、年代と地域の大きな開きがあるという点は、たとえ簡牘の形態が変化しても、同じような機能をもつ情報伝達の原理に注目することで、歴史内容の差異を解消できるとおもう。

表1は、里耶秦簡と漢代文書の分類を比較したものである。(17) 秦漢簡牘の分類は、文書を基本としているために暦譜、九九術、薬方、里程書、習字簡の項目がないが、漢簡にもこの内容がある。したがって秦代の行政文書は、漢代の簡牘とほぼ同じであり、秦帝国では行政制度と文書システムが成立して、それを漢王朝が継承したことを示している。

表１　『里耶秦簡』と秦漢簡牘文書の分類

里耶秦簡の内容	簡牘文書の内容
Ⅰ書伝類： 1往来書： 真書、騰書、写移書、別書、制書 2司法文書：爰書、劾訊、辟書、診書、病書、讞書 3伝・致（伝食致） 4私書	書檄類：書： 1皇（王）室文書：命書、策書、制書、戒勅、詔書 2章奏文書：上奏書、変事書 3官府往来書：諸官府書、語書、除書……病書視事書……致書、伝（公務）、伝（私事） 司法文書：挙書、劾状、爰書……奏讞書 檄：府檄、警檄、行罰檄〔→觚の単独簡〕 記：府記、官記、私記
Ⅱ律令類： 1律（引用律文） 2令（更名詔令など）、令目 3式（式令、書式）	律令類： 律：賊律、盗律……戸律、興律……伝食律、行書律……史律、傜律……秩律、金布律など 令：津関令、王杖詔書令、功令……軍令など 科・品：購賞科別……烽火品約、守御器品 封診式、法律答問
Ⅲ録課類： 1録：行書録（郵書課） 2志：吏員志、黔首志、園志、起居志、芻槀志…… 3課：倉課、畜官課、畜牛死亡課、畜彘雞狗産子課、徒隷死亡課、徒隷産子課、作務産銭課、徒隷行徭課、畜雁産子課、畜雁死亡課、産子課、水火敗亡課、漆課、墾田課など	録課類： 1録、2案 3刺：名刺・謁、人官刺、廩食月別刺、出俸刺 表火出入界刺、郵書刺 4課：郵書課、表火課 5その他：奏封記録、啓封記録
Ⅳ簿籍類 1簿：作徒簿、倉徒最簿、畜員簿、度簿、獄簿、尉徼簿、見戸数簿、器物簿、校簿 2計：工用計、捕鼠計、視事計、庫兵計、車計、銭計、少内器計など 3籍：自占籍、自言名籍、除調名籍、冗佐名籍、更戍名籍、坐罪名籍、死亡名籍、卒衣名籍、廩食名籍…… 4伐閲居労、5計表（吏員用餐記録表）	簿籍類： 簿：集簿、月言簿・四時簿校簿、計簿、穀簿、廩食粟出入簿、粟出入簿……銭出入簿、吏貲直簿、守御器簿……随葬器物簿、日作簿、日迹簿、伝置道里簿など 籍：吏名籍、卒名籍、騎士名籍……吏廩食名籍、卒廩食名籍、卒家属廩名籍……吏奉賦名籍……債名籍、貰売名籍、負債名籍、贈銭名籍、衣物名籍……出入名籍、葆出入名籍、車父名籍、卒日作籍、卒更日迹名など
Ⅴ符券類：1符（信符） 2券（校券）：出入券、出券、入券、辨券、参辨券、中辨券、右券、別券、責券、器券、椑券	符券類： 符：出入符、吏及家属符、日迹符、警候符 券：債券、先令券書
Ⅵ検楬類： 1検、2楬、3函封、4標題簡	検楬類：検：実物検、文書検、函封 楬：実物楬、文書楬
Ⅶ暦譜、Ⅷ九九術、薬方 Ⅸ里程書、Ⅹ習字簡	（漢簡に同じ内容がある）

＊李均明『秦漢簡牘文書分類輯解』

この文書伝達と情報処理は、つぎのように考えることができる。

漢代の文書行政は、これまで公文書や上計の簿籍、司法文書などの伝達が指摘されている。[18] ここでは原本の書式と内容によって、文書行政の特徴を説明している。しかしその手順をみれば、大きく（一）文書逓伝と、（二）文書伝達・情報処理の二つに分けることができる。（一）の文書逓伝では、文書の原本を開封することなく、中継地でリレー式に配送するもので、「以郵行」「以次伝」などの方法がある。（二）に、文書の原本は必要な官府に配送され、そこで開封されて、つぎの処理となる。ここでは調査や文書・帳簿の提出をふくめて、下部への転送や返答が要求される。このような方法は、下行文書と上行文書ともに行われる。

図1は、漢代辺郡の文書逓伝と文書伝達、図2は、郡県の行政機構と主な施設を示したものである。いま敦煌郡や張掖郡と、県（候官）、懸泉置、肩水金関、隧などの施設を基準とすれば、つぎのような特徴がある。[19]

文書逓伝では、中継する懸泉置や亭、隧などで、まず受け渡しの郵書記録を作成する。その形式には、特別な郵便物として刻歯をもつ割符と、騎馬や御（車馬）、亭長、亭卒などが受け渡しをする記録がある。

1皇帝璽書一封、賜敦煌大守。元平元年（前七四）十一月癸丑、夜幾少半時、縣泉譯騎得受萬年譯騎廣宗。到夜少半時、付平望譯騎☐　V T1612④：11A

2上書二封、其一封長羅侯、一烏孫公主。甘露二年（前五二）二月辛未、日夕時、受平望譯騎當富。縣泉驛騎朱定付萬年譯騎。　II T0113③：65

3入上書一封、車師己校伊循司臣强　九月辛亥、日下餔時、臨泉譯漢受平望馬登
日下餔時　（左歯半字）　V T1310③：67AB

4西詔一封、檄二。詔書一封、車騎將軍印、詣都護。合檄一、酒泉丞印、詣大守府。一檄、龍勒守尉業慶印、詣賊

図１　漢代辺郡の文書逓伝と文書伝達

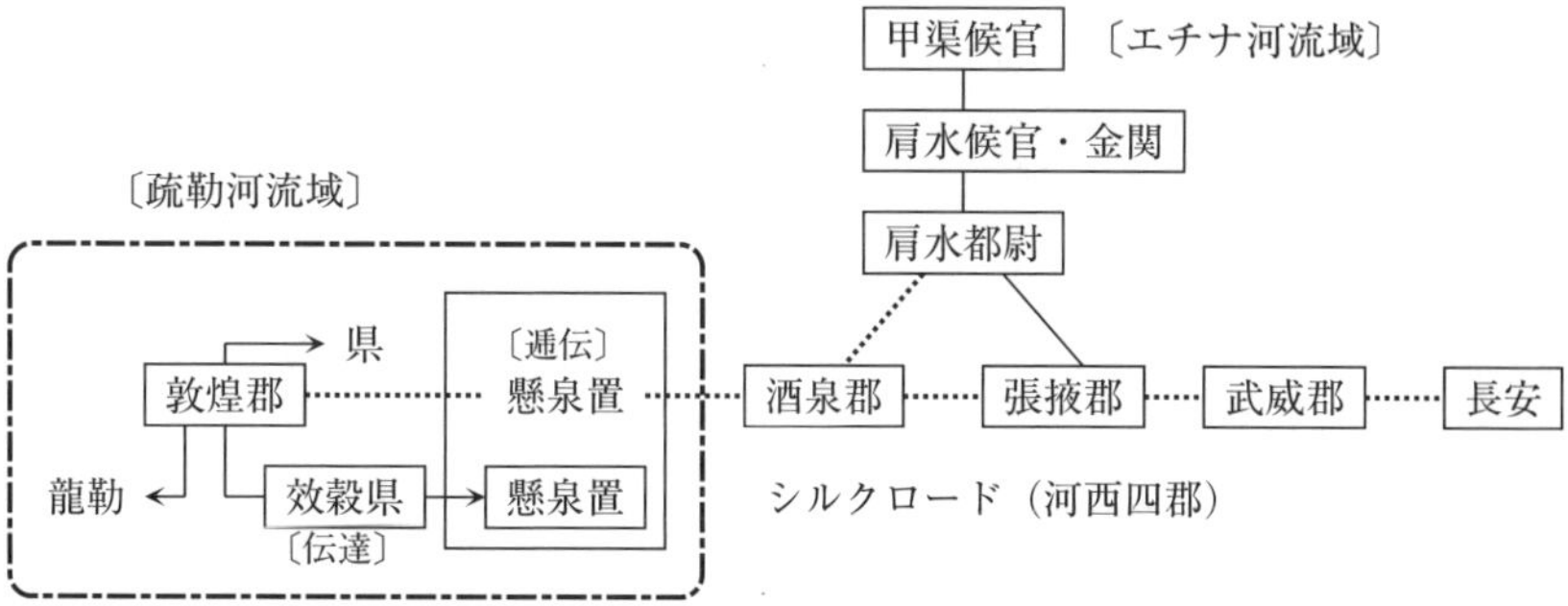

図２　漢代辺郡の行政機構と施設

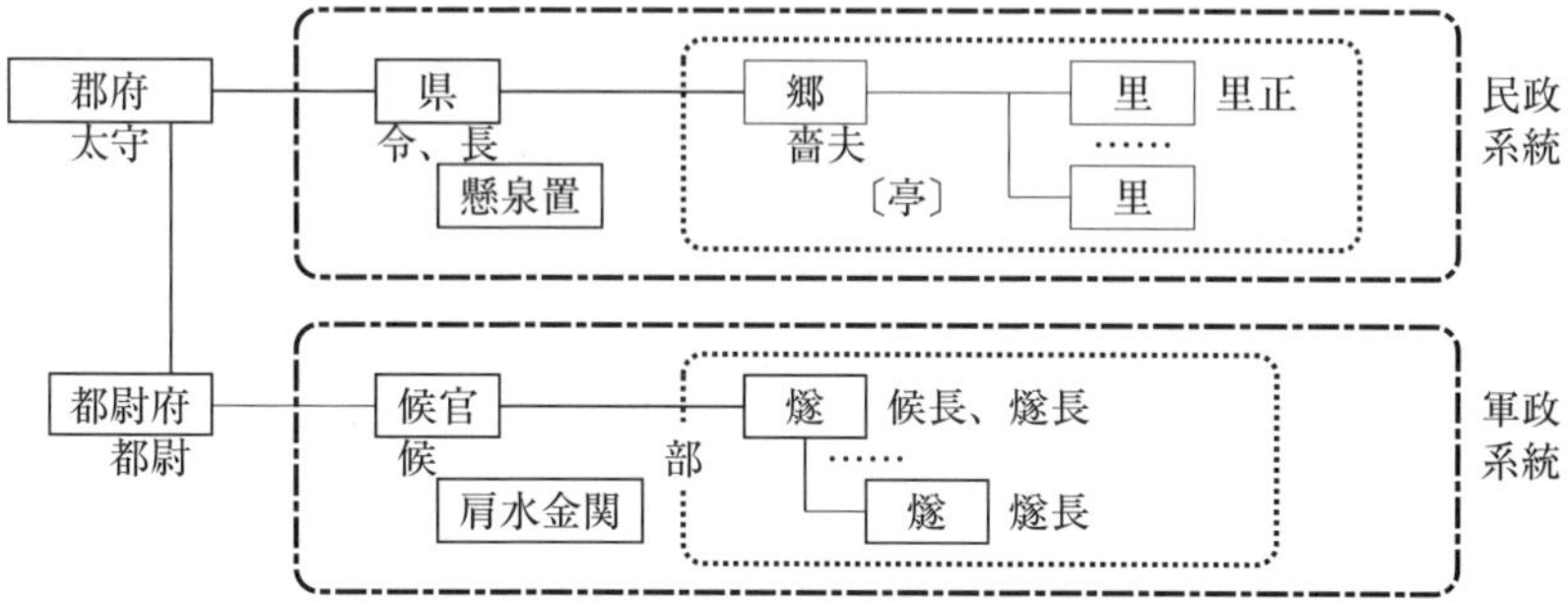

図３　秦代の文書伝達と情報処理

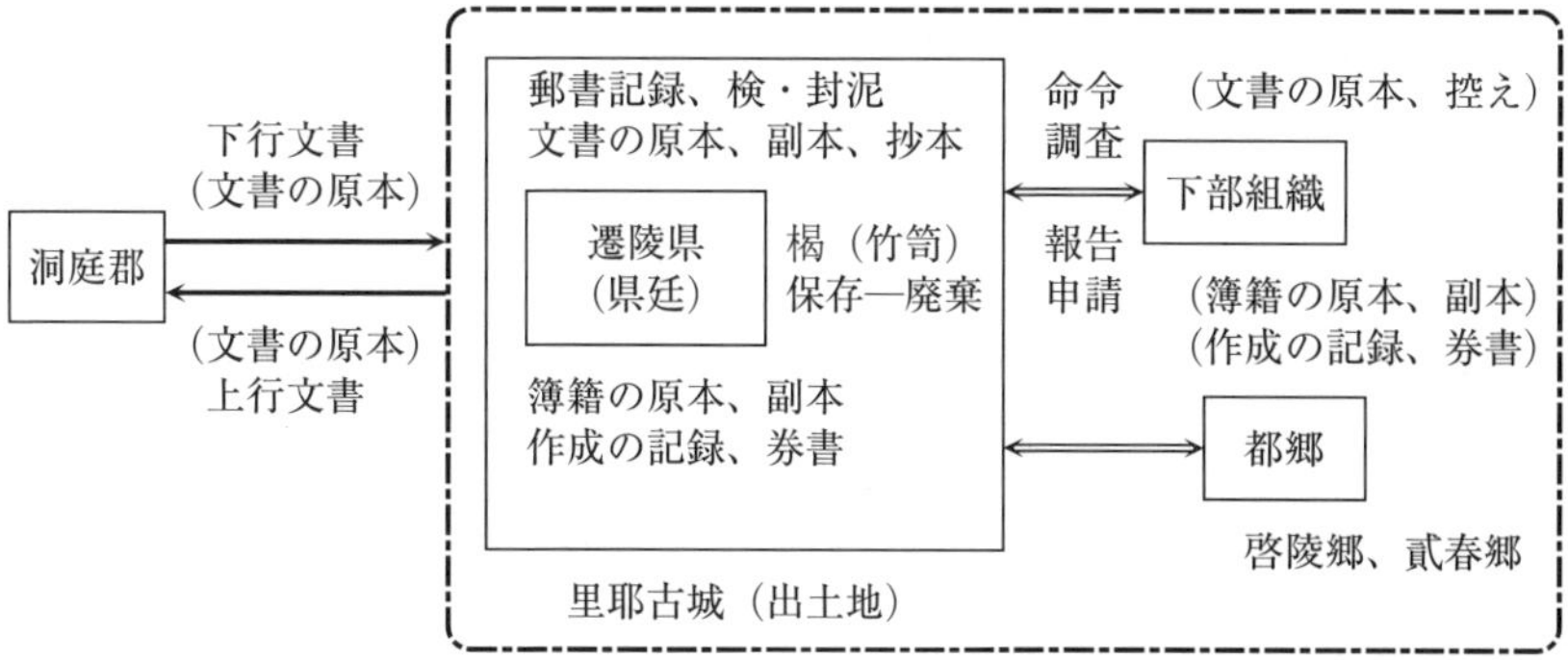

曹敞。二月戊子、日入時、魚離御便以來、卽時付遮要。　　II T0115②：58

5封書二（三）、其一封冥安長印、詣敦煌。一封大司農丞印、詣敦煌。一封弘農大守章、詣敦煌大守府。甘露五年（前四九）正月甲午夜半時、懸泉御受魚離御虞臨。　　II T0114③：519

1元平元年の皇帝璽書は、敦煌太守に送るもので、懸泉置が管轄する懸泉駅騎が万年駅騎から受け取り、西方の平望駅騎に渡している。2と3は、中央に送る上書である。2の発信者は、長羅侯と烏孫公主で、宣帝の甘露二年二月に、平望駅騎から懸泉駅騎が受けて、万年駅騎に渡している。烏孫公主の上書は、『漢書』巻九六西域伝下に、宣帝が見た上書にあたるといわれ、使者を派遣して迎えさせ、甘露三年に烏孫公主が帰国した事情を示している。[20] 4では、檄と一緒に、詔書を車騎将軍が都護に伝達している。これは張掖郡の「詔書冊」にも共通するであろう。5は、大司農や弘農太守、冥安県から送られてきた文書を、西方の敦煌郡に逓伝する記録であり、東方の魚離御が懸泉御に渡している。ここでは、つぎの点が注目される。

一に、文書などを受け渡しする際に、双方が割符のような郵書記録を作成していることである。とくに特別に送付する上書と軍書や、一部の文書と檄の伝達には、木簡の側面に刻歯をもつ郵書の券がある。ここには二枚の木簡の側面を合わせて、半字となる時刻を記載している。これは刻歯簡の役割を追加するものである。[21]

二に、懸泉置と「以郵行」「以県次伝」「以亭行」という逓伝方法との関係である。懸泉置では、御・郵人などによって伝達する文書、檄、記が、これまで公開された資料の半分以上を占めている。したがって懸泉置による文書の逓伝は、一般の文書と区別される「以郵行」にあたるとおもわれる。また文書の逓伝には、特別便の「駅騎行」と、御や郵人などによる「以郵行」、亭長、亭卒による「以次行」「以亭行」があり、その伝達ルートは、郵と亭が別の交通ルートにあるのではなく、同じ路線上を駅騎や御、卒によって速度を区分していることが予想される。

三に、これらは文書を逓伝する郵書記録であり、業務の簿籍として送付する文書ではない。したがって懸泉置では、このあと郵書の簿籍や、報告の文書を作成することになる。エチナ河流域の甲渠候官では、郵書記録をさらに集約した形式の記録を作成し、その必要な部分を報告して査定を受けている。[22]このように漢代辺郡では、懸泉置や部がエリアの文書逓伝を管轄して、その上部にある県や候官が全体を掌握している。ここにみえる券書の郵書記録や、これを集約した郵書記録は、宛名がある文書の本体ではなく、中継地の記録である。

これに対して、敦煌郡や張掖郡に送られた文書は、郡県の官府を通じて開封され、さらに別の官府や、下部の施設に送付される。このとき中央から敦煌郡に発送された文書は、懸泉漢簡「失亡伝信冊」「康居王使者冊」のように、一度は懸泉置を通過して郡太守府に届いた文書が、ふたたび東方にある県の官府に戻って、下部の懸泉置に伝達されている。これは郡の内部の文書伝達を示している。

下行文書の代表的な例は、大庭脩氏が復元された「元康五年詔書冊」である。ここでは皇帝の詔書を中央で作成して、御史大夫から丞相をへて、長い日数をかけて張掖郡、肩水都尉、肩水候官に伝達される過程が明らかとなり、その下部の候長に伝達する控えで終わっている。しかし注意されるのは、1に、懸泉漢簡の「失亡伝信冊」「康居王使者冊」をみれば、詔書にあたる部分は、紛失した伝信の調査や、別の命令に置き換えることによって、地方に文書を伝達する共通の方法であったことがわかる。2に、肩水候官までの内容を同一の人物が書写して、その下部への控えで終わっているように、この冊書は配達された公文書の原本ではない。これは漢代の官府で、下達された原本のほかに、副本を作成し、情報処理の抄本（控え）を取る方法を示している。同じように、永田英正氏が指摘された帳簿を送付する上行文書でも、発信した文書を保存していることから、控えの記録を取っていたことがわかる。これは原本の書式を示しているが、文書の本体ではなく、文書の抄本であることが注目される。

そこで文書の処理が問題となる。これについて里耶秦簡には、県廷から外部に発信する郵書記録がある。これは中継地の記録とは違って、官府での文書受信と発信を控えた記録である。これまで公表された資料では、県廷は下部組織が作成した文書に令・丞などの印を押して、外部に発信している。これは居延漢簡でいえば、候官などで「奏封」「奏発」と記す郵書記録と似ている。これらは文書処理の控えとなる記録である。

それでは文書を受信した官府では、それをどのように処理して、転送や報告をするのだろうか。これについては里耶秦簡の情報処理が参考になる。[23]里耶秦簡は、一枚の木牘の表裏に、文書の内容と処理の付記を記す形式が多くみられる。これは漢簡では、紐が切れた冊書の復元が困難であるのに対して、単独の木牘で文書処理をした手順を知ることができる。里耶秦簡には、図3（一七頁）のように、つぎのようなパターンがある。[24]

里耶秦簡には、1に遷陵県をめぐる外部の文書伝達があり、それは洞庭郡をこえて秦帝国の範囲に及んでいる。2は、遷陵県の内部にある下部組織との伝達を示す資料がある。それは県廷の下部にある令曹、吏曹、尉曹、司空、倉曹、戸曹、少内、庫、獄曹、田官、畜官などの組織と、都郷、啓陵郷、貳春郷という三つの行政区画である。また文書の書式と機能からみれば、複数の文書を一枚の木牘に記すものや、単独の文書がある。[25]文書処理の手順では、文書の原本と、複写した副本、処理の付記をした抄本（控え）がある。その一部は、つぎのような例である。

一、洞庭郡から送付された文書の原本の形式は、8-755～8-759の冊書（五枚の簡牘）がある。ただし里耶秦簡では、このような原本とおもわれる冊書の文書は少ない。

二、つぎに郡文書の副本では、9-1～12の一連の木牘がある。この資料は、洞庭郡から伝達された陽陵県の卒の債務に関する文書を一括して保存したものである。その書式は、始皇三十三年（前二一四）三月～四月に陽陵県の司空が県廷に上申し、それを同年四月に陽陵県は洞庭都尉府に送ったが、返答がなかった。そこで陽陵県では、三十四年六月～八月にかけて、再度、洞庭郡に文書を送っている。ここでは最初に陽陵県が送った文書に「写上」とあり、司空の文書を再録して上申している。したがって、この時点で司空が送った原本ではない。それが約一年後の三十五年七月に、洞庭都尉府から遷陵県に一括して送られており、十二枚の木牘は、すべて同じ月日の発信である。これは最終的に、洞庭郡が遷陵県に文書を一括しており、それに先だつ陽陵県の原本ではない。また陽陵県の卒に関する文書は、同じ筆跡で書かれている。これらの木牘は副本とおもわれる。さらに注意されるのは、都尉府の送付文の一部に「當騰騰」とあり、これは文書の謄写か、あるいは伝送の意味と解釈されている。(26) もし謄写の意味であれば、木牘9-1～12そのものが、遷陵県で謄写した副本かもしれない。

三、郡文書の抄本では、木牘16-5、16-6が典型的な例である。この木牘の正面は、洞庭郡からの命令の本文だけを小さな文字で再録して、送付文の部分がみられない。しかも同じ文面が、16-5と16-6の二枚にある。そして背面には、左側に複数の「～以て来る」という受信記録と、右側に「～行《や》る」という発信記録の付記がある。したがって二枚の木牘は、洞庭郡から送られてきた原本ではなく、正面に命令の本文を複写して、背面に文書処理の控えを記録した抄本ということになる。この手順では、一枚の木牘の表裏で、送られてきた文書の月日と内容、転送した文書の月日と内容が、一日で確認できることになり、今日の電子メールと同じ原理をもっている。

同じように、洞庭郡や他県から送られてきた文書は、「謂遷陵嗇夫」「謂遷陵丞」「敢告遷陵丞主」のように、県廷に宛てられている。このとき「～以て来る」という受信は、令史などの書記が担当している。これを下部に伝達するときは、「告倉嗇夫」「告少内主」「告司空主」などの表記がある。このとき「～行る」という付記がある場合は、送信する文書の原本ではなく、これが抄本の機能をもつことがわかる。これまで公表された資料では、すべて県廷が、外部の受信と下部組織への転送、外部への発送を集約している。

四、遷陵県の内部の文書伝達では、原本とおもわれる文書に、そのまま付記を付けて控えとする形式や、副本に付記をする抄本がある。たとえば8-1525の形式は、遷陵県と下部組織をめぐる控えの文書である。

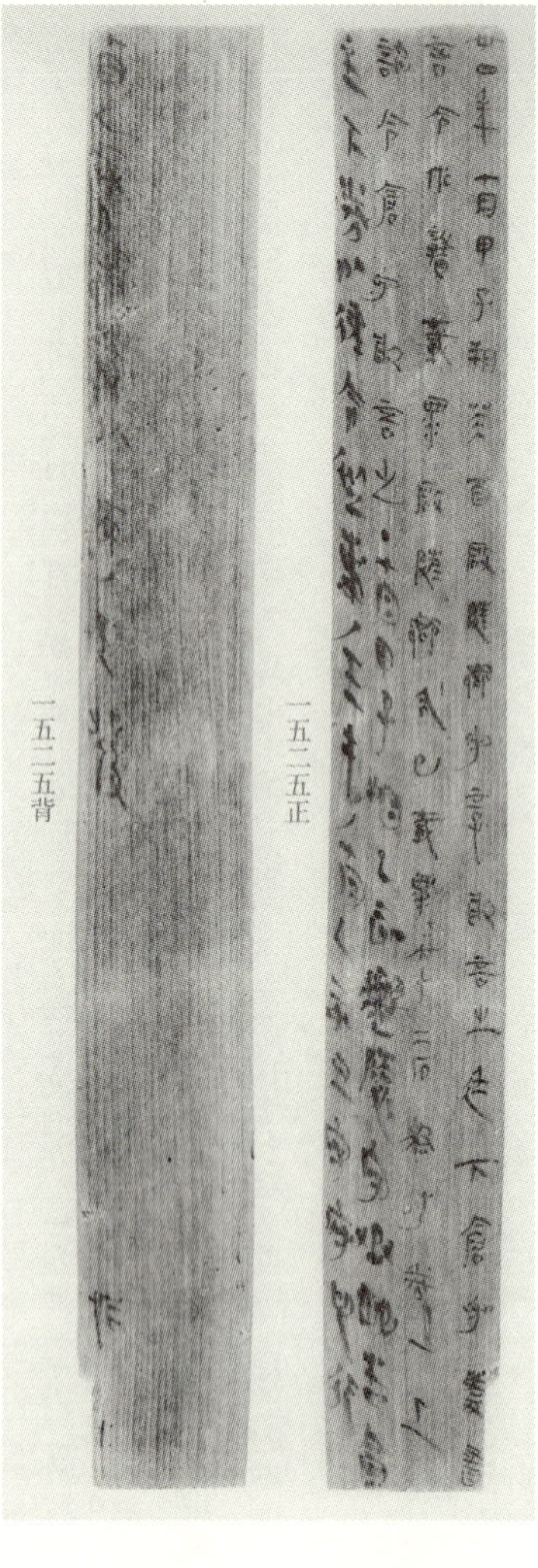

一五二五正　一五二五背

A

卅四年七月甲子朔癸酉、啓陵鄉守意敢言之。廷下倉守慶書
言令佐贛載粟啓陵鄉。今已載粟六十二石、爲付券一上。
謁令倉守。敢言之。

C ●七月甲子朔乙亥、遷陵守丞配告倉
主。下券、以律令從事。／壬手／七月乙亥旦、守府卬行。（別筆）

（正面）

B

七月乙亥旦、□□以來。／壬發　　恬手

（背面）

この木牘は、A始皇三十四年（前二一三）七月十日に、啓陵郷守から送られてきた文書を正面に書写して、B背面の左に遷陵県が十二日に受信した記録がある。さらに正面には、啓陵郷の文書につづいて、別筆で、C遷陵守丞が同日に下部の倉主に命令し、それを発信した付記がある。これを冊書ではなく、木牘の形態で処理している。

下部からの文書には「敢言之」と記され、これで完結する文書がある。遷陵守丞が、下部に返信するときは「卻之」という例があり、別の下部組織に転送するときは、外部の文書と同じように「告司空主」「告倉主」とある。遷陵県では、すべての文書が県廷を経由しており、里耶古城の井戸に官府の簡牘が廃棄された状況と一致している。こうした控えの形式は、漢王朝にも継承されており、漢簡の文書処理と共通する例がある。

このように里耶秦簡や漢簡では、公文書の原本よりも、地方官府で文書処理をおこなう副本や抄本が多い。これは文書の内容によって冊書や木牘の形態とするのではなく、処理の手順による書き分けであることを示している。

漢代の郡県では、中央や上級官府から送られてきた文書を、さらに広く知らせる場合がある。そのときには、いくつかの方法がある。一つは、密封された文書に対して、長くて多角柱の觚という形状で、表面の文章が読める檄という文書を使うことである。(27) 檄の用途は、これまで有事や軍事に関するという説や、命令や教諭、報告、要請などに使われるといわれる。しかし懸泉漢簡の郵書記録では、檄の伝達は、上書や軍書とは区別されており、通常の文書と一緒に伝達される場合がある。また檄には、上級から下級、同等の機関、下級から上級機関への伝達がある。したがって檄の機能は、上級官府から下級組織に出される命令や説諭、警示が本質ではない。その共通した特徴は、露出した文章によって、情報を公開して周知させるという共通の要素があり、文書と口頭伝達の併用も想定できる。

もう一つは、地方官府で吏民に文書を布告して、内容を周知させる掲示がある。(28) たとえば居延漢簡や懸泉漢簡には、吏民に知らせる内容を県の郷・亭・市・里の高くてよく見える場所に明白に「扁書《へんしょ》」して、対象となる人々に周知させよという文書がある。扁書の形態は、冊書の両端に四ヶ所の小さな輪を作り、これで固定して掲示するという説があり、後漢時代の末期には木板で掲示をする例がある。このような扁書の形態は、掲示される内容や場所は異なるが、日本古代の告知札、牓示札（お触れ書き）と関連している。

また懸泉置のＦ二六の部屋では、壁に書かれた「月令詔條」（四時月令、高さ四八、幅二二二センチ）がある。[29] この壁書は、Ⅰに「太皇太后の詔」を郡太守に下す命令があり、Ⅱに主要部分となる月令本文と注釈がある。そしてⅢに、ふたたび中央から全国に伝達し、それを敦煌郡から各県に伝達する送り状がある。これは一般の庶民を対象としたものではなく、官吏に対する時令とおもわれるが、これも扁書と似た掲示とみなすことができる。

以上のように中国の簡牘は、これまで公文書の原本の書式や、文書行政が主な対象となっていたが、実際には文書伝達と情報処理を示す資料が多くみえている。それは木簡の冊書や、やや幅の広い木牘、觚形の檄などによって、副本や抄本とするものであった。こうした文書伝達システムは、秦代に成立していた。また県レベル以下の施設に到達した文書は、さらに吏民に広く周知させるため、扁書という掲示の方法がとられている。これは文書の内容によって木簡や木牘の形態とするのではなく、同じ文書の処理の手順による書き分けである。したがって中国簡牘は、文書行政と情報処理の一環した流れのなかでみれば、宛名をもつ発信と受信の公文書の本体（原本）だけではない。実際の簡牘は、公文書を複写した副本や、処理の控えとなる抄本、記録が圧倒的に多く、用途によって形態が違ってくるのである。古城の井戸や西北の遺跡で出土した簡牘は、それを保管し、廃棄した資料群である。こうした公文書の副本や抄本は、後世では紙に変わる性質をもっている。しかし抄本の一部や郵書記録は、依然として木簡に書かれる記録である。これは日本古代の紙文書と文書木簡に対応する機能といえよう。[30]

三　地方官府の運営と実務資料

秦漢時代の地方官府では、行政文書のほかに多くの簿籍が作成され、里耶秦簡や居延漢簡などには、その資料や断簡が出土している。その代表として、居延漢簡の冊書「永元器物簿」がよく知られており、すでに簿籍の分類と内容には詳細な研究がある。[31]たとえば永田英正氏は、居延漢簡の簿籍を集成し、簿籍を送付する際に送り状（簿籍送達文書簡）を付けることによって、上級官府への上行文書となることを示された。これによって簿籍は、物品や吏民に関するリストという形態をこえて、上級官庁に送られる古文書（報告書）として理解できるようになった。このように考えれば、簿籍などを送る上行文書も、文書行政のなかで位置づけることができる。また永田氏は、候官の下部からは簿籍がすべて送られ、県レベルでは控えの簿籍を留めおいて、それらを集約した簿籍を都尉府に送ったという。そして都尉府や候官では、過去の簿籍や複数の記録を点検して、その内容をチェックしたとみなしている。

永田氏が古文書として理解されたのは、候官から上級官府に送付した「文書の原本」である。しかし遺跡で出土したのは、送付した原本ではなく、発信した控えとして残された「文書の控え」である。このとき候官には、下部の隧から送付された「簿籍の原本、あるいは副本」が手元にあることになる。また候官が独自に作成した簿籍であれば、「簿籍の原本」を残すことになる。しかしこの場合も、候官や下部組織では、さらに控えの記録や出入券などをもとにして簿籍を作成している。これらの記録は、宛名を記した文書ではないし、また簿籍の原本や副本でもない。遺跡から出土した簿籍の断簡や出入券は、こうした管理と運営の記録を多くふくむのではないだろうか。この点について、里耶秦簡を補足して考えてみよう。

里耶秦簡には、下部組織から県廷に送付された「課」「計」というリストや、「作徒簿」を送付する文書がある。
（」は改行を示す）

1廿九年九月壬辰朔辛亥、貳春郷守根敢言之。牒書水火敗亡課一牒上。敢言之。　8-645正
九月辛亥旦、史邛以來。／感半　邛手　8-645背

2廿九年九月壬辰朔辛亥、遷陵丞昌敢言之。令令史感上水火敗亡者課一牒。有不定者、謁令感定。敢言之。　8-1511正
已。
九月辛亥水下九刻、感行。　感手　8-1511背

3卅五年九月丁亥朔乙卯、貳春郷守辨敢言之。上不更以下繇計二牒。敢言之。　8-1539

4廿九年八月乙酉、庫守悍作徒薄（簿）。受司空城旦四人・丈城旦一人・舂五人・受倉隷臣一人。●凡十一人
城旦二人繕□□。」城旦一人治輸□□。」城旦人約車、登。　（第一欄）
丈城旦一人約車、缶。」隷臣一人門、負劇。」舂三人級、姱・□・娃　（第二欄）
廿廿年上之▨　（第三欄）　8-686＋8-973正
八月乙酉、庫守悍敢言之。疏書作徒薄（簿）牒北（背）上。敢言之。／逐手
乙酉旦、隷臣負解行廷。　8-973＋8-973背

5卅一年五月壬子朔壬戌、都郷守是徒薄（簿）。
受司空城旦一人・倉隷妾二人▨」一人捕獻。▨」二人病。▨
五月壬戌、都郷守是□□□▨　8-2011正

五月壬戌旦、佐初以來。／氣發▨　　8-2011背

1は、始皇二十九年（前二一八）九月に、貳春郷守が「水火敗亡課一牒」を県廷に送付している。ここでは書記である史邛が、同日に届け、県廷の感が受信の処理をしている。2は、同じ日に遷陵丞が、令史の感によって「水火敗亡課一牒」を上級官府に発信している。背面には「已」と記し、書記は感である。さらに令史の感に文書を持たせたという付記がある。3は、始皇三十五年九月に、貳春郷守が「不更以下繇計二牒」を県廷に送付したものである。これによって遷陵県では、下部の郷が送付した「課」や「計」を集約しており、さらに「水火敗亡課」は上級官府に転送していることがわかる。

秦代の遷陵県では、司空に徒隷（城旦舂、鬼薪白粲）と居貲贖責が所属し、倉に徒隷（隷臣妾）が所属している。この徒隷などを使用した「作徒簿」は、下部組織の庫や都郷から送付されている。4は、始皇二十九年八月に、庫守が司空と倉から受けた徒隷の「作徒簿」を木牘の背面（牒の背）に箇条書きに記し、県廷に送付している。[32] ここには送付の付記がある。これによれば「作徒簿」は、編綴された冊書ではなく、木牘に記したことになる。5は、三十一年五月に、都郷守が司空と倉から受けた徒隷の「徒簿」を県廷に送付している。ここに県廷の受信記録がある。

こうした簿籍を送付する文書の控えは、居延漢簡にもみえている。[33] 居延新簡には候官から上級官府に簿籍を送る控えがあり、宣帝の甘露二年（前五二）では「簿一編」、居摂二年（後七）では「名籍一編」と表記している。

6甘露二年四月庚申朔辛巳、甲渠鄣候漢彊敢言之。謹移四月行塞臨賦吏三月奉
秩別用錢簿一編、敢言之。　書卽日餔時起候官　　居延新簡、EPT56.6A
令史齊　　EPT56.6B

7居攝二年二月甲寅朔辛酉、甲渠鄣候放敢言之。謹移正月盡三月吏奉

賦名籍一編、敢言之。　（背面）令史羕　EPT8.1A.B

これをみると秦代の里耶秦簡では、「作徒簿」などの簿籍類は木簡や木牘に書かれているが、漢簡では木簡に書かれるものが多い(34)。また里耶秦簡では、木牘にリストを記して「牒」を送付すると表記している。これに対して漢簡では、簿・籍を「編」と表記しており、これは冊書の形態とおもわれる。

簿籍を作成する資料となる出入券は、すでに里耶秦簡に例がある。『里耶発掘報告』では、皇帝三十二年（前二一五）三月丙申の日付がある祠先農簡の釈文を紹介していた。その形式は二つに分かれ、一つは、A祭祀の物品を出して準備するもので、もう一つは、B祭祀の物品を払い下げて売る記載である。そして祭祀に用い、払い下げる物品は、黍米、塩、牂、羊、豚、肉、肉汁、酒、食などで、少牢にあたるという。

A卅二年三月丁丑朔丙申、倉是佐狗出黍米四斗以祠先農。　14：656、15：434

B卅二年三月丁丑朔丙申、倉是佐狗出祠〔先〕農餘徹豚肉一斗半斗、賣于城旦赫、所取錢四。令史尙視平。狗手　14：649、14：679

張春龍氏は、この形式の資料群が全体の一割以上を占めており、他の内容の簡牘とあわせて、銭と穀物・物品の三種類に分かれるとする(35)。また券書の形態は、両面の中間を高くした形状で、長さは三七センチ（秦代の一・六尺）、幅は一・二〜二・〇センチである。作成するときは、書写とあわせて刻歯をしたあと、ふたたび両面を分割しているという。『里耶秦簡〔壹〕』では、この形式の資料を収録している。したがって祠先農簡として紹介されたのは、出入券（券書）の一部であったことになる。

徑廥粟米一石九斗少半斗。卅一年正月甲寅朔丙辰、田官守敬・佐壬・稟人顯出稟貲貣士五（伍）巫中陵免將。
令史扁視平。　壬手　8-764

錢二千一百五十二。卅五年六月戊午朔丙子、少內沈受市工用叚（假）少內唐。

瘳手　　8-888＋8-936＋8-2202

このように簿籍の前提として、穀物や銭の出入券を作成して管理することは、漢簡で想定した場合と共通している。こうした文書と簿籍、出入券の記録などは、さらに竹笥に入れて保管されている。(36) これを示すのは、里耶秦簡と漢簡の楬（付札）である。里耶秦簡の楬には、吏曹・尉曹の文書や、倉曹の文書と出入券、司空・田官・畜官の簿、獄南曹の断獄などを入れた内容がある。

卅三年」十一月盡」正月吏戶」已事（8-214）、卅四年十月以盡四月。吏曹以事笥（⑨982笥牌）

卅年十月盡」九月群往來」書已事倉曹」□笥（8-1777＋8-1868）

倉曹」廿九年」當計出入」券甲」笥（図案）（8-1201）

卅年四月盡九月」倉曹當計禾」稼出入券」已計及縣」相付受」廷　第甲（8-776）

卅三年當計」券出入笥」具此中（正）　瀍瀍」瀍（背、習書）（8-1200）

卅七年廷」倉曹當計」出券□一（8-500）、廷金布」□〔治笥〕（右断簡、8-1776）

廿八年十月」司空曹」徒薄（簿）已盡（8-1428）

卅一年司空十二月以」來居貲贖責薄（簿）」盡三月城旦舂」廷（8-284）

卅□年三月□簿」曹卒□盡□來」□□□□□」□□□已（8-502）

畜官」田官作徒」薄（簿）□及貳春」廿八年（8-285）

廿九年盡」歲田官徒薄（簿）」廷（8-16）、卅年獄南」曹斷獄（右断簡、8-1874）

廿九年索」令及□□□」□具此□（8-1775）、卅二年⧄」□⧄（8-531）

卅四年」遷陵課」笥（8-906）、群志」式具此」中。以（8-94）
從人論報」擇免歸致」書具此」中（鳥の絵）（8-777）
遷陵廷尉曹卅一年期會以事笥（⑨2318笥牌）、都郷月糴笥（⑨2319笥牌）

ここでは県廷が、長期にわたる複数の文書や、さまざまな簿・出入券を整理して、保管していたことが注意される。保管の期間には、一年、半年、三ヶ月（四時）、一ヶ月などがある。このように文書や簿籍を一括して楬を付け、長期にわたって保管するのは、漢代の辺郡でも継承されている。[37] そして文書の原本、文書の控え（抄本）、簿籍の原本と副本、実務の記録、出入券などは、保管のあと廃棄され、一部は再利用されたとおもわれる。[38] こうした状況をみれば、里耶秦簡にみえる文書行政と情報処理、実務の運営は、先にみた漢代簿籍の伝達・保管と全く同じ原理であることがわかる。

このほか里耶秦簡と漢簡には、宛名を記した検、封泥匣をもつ封検がある。封泥匣をもつ封検は、背面に文字が書かれており、その文面は検とよく似ている。洞庭郡と遷陵県の記載がある検では、以下のタイプがある。[39]

A：長さ二五・五センチ×幅二・八センチの木牘：「遷陵以郵行洞庭」（8-645）
　長さ三二・五センチ×幅一・五センチの木牘：「遷陵以郵行洞庭」（8-1553）
B：長さ二二・九～二六・〇センチ×幅一・五～二・二センチ、先端が鋭角：「遷陵洞庭」「遷陵以郵行洞庭」
　長さ二〇・〇センチ×幅一・五センチ、先端が鋭角：「遷陵洞庭」（8-507）
C：長さ一四・五～一七・〇センチ×幅一・三～二・〇センチ、先端が鋭角：「遷陵洞庭」「遷陵以郵行洞庭」

また里耶秦簡には、数は少ないが献上の魚や物品を記したとおもわれる木簡や、献上に関する文書がある。

⧄ ㇗乾鱸魚　(8-1705)

獻冬瓜　乾魿魚　(8-1022)

以上のように、里耶秦簡と漢代辺境の簡牘は、地方官府の情報処理と実務の運営という一連の情報伝達のなかで、保存と廃棄を示している。これらは異なる部署の文書と簿籍の原本や、抄本、副本、記録、符券という機能をもち、処理の段階が違う資料群と付属品である。図4は、こうした中国簡牘の全体的な用途を、日本古代の紙文書や木簡と対比させたものである。ここでは資料学について、つぎのような特徴がある。(40)

一に、これまで思想史と歴史学の主な対象であった古墓の書籍と法制資料は、書籍の書写や普及を反映しており、『漢書』芸文志の書籍や保存資料に対応している。また古墓の書籍と保存資料は、『史記』『漢書』の素材と編集に関する資料であり、三国時代より以降には紙に変わる内容である。

二に、行政文書や簿籍、記録などの簡牘は、形態と書式、内容分類のほかに、文書伝達と情報処理、実務の運営という流れのなかで理解することができる。この木簡と木牘は、日本古代の紙文書と木簡に対応する部分となる。

Ⅰ—1：宛名がある行政文書の本文、冊書の原本。これは簡牘文書学と文書行政の主な対象である。

Ⅰ—2：行政文書の抄本、副本、草稿、簿籍。またデータベースや記録は、情報処理の控えにあたる。

図4　中国簡牘と日本古代木簡

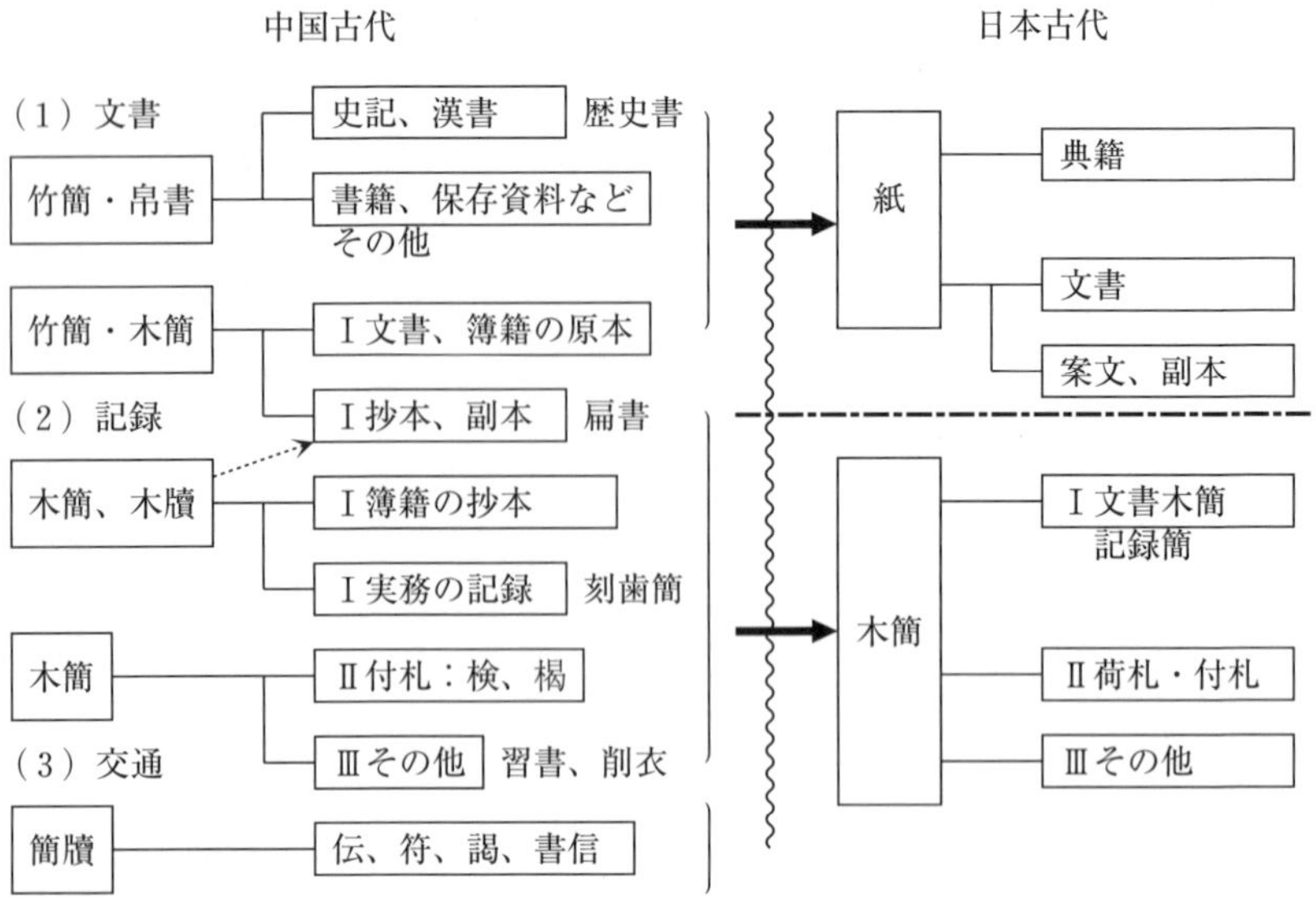

これはしだいに紙に変わる内容と、単独簡による書き分けがある。

Ⅱ付札：検と封検、文書や物品に付ける楬。これは日本古代の付札と荷札木簡にあたる。

Ⅲその他の簡牘：字書、觚の形態をもつ典籍の一部、習字簡、削衣（削屑）と再利用、里程簡、九九など。文字や技術を習得するためや、情報処理のマニュアル。

したがって中国簡牘の全体、すなわち簡牘・帛書の資料を対象とすれば、それは日本古代の紙文書（文書論、典籍）と木簡学をあわせた「資料学」にあたることになる。しかし中国簡牘と日本木簡との比較では、Ⅰ―2の情報処理の控え、実務の記録と、Ⅱ、Ⅲが重要である。Ⅱの付札は、日本古代のⅡ荷札木簡に通じている。Ⅲの簡牘とその内容が、日本古代の「その他の木簡」に対応することは、すでに指摘されている通りである。[41] このような特徴からみれば、簡牘の形態は違っていても、とくにⅠ―2情報処理に関する記録の機能が重要である。

また両者の対比からみれば、中国簡牘の一部が紙に変化したあとも、Ⅰ―2、Ⅱ、Ⅲに関する簡牘では、木簡にあたる機能を残している可能性がある。二〇一二年に、福岡県太宰府市の国分松本遺跡から出土した七世紀末の木簡は、中国木牘と近い機能がみえており、これらは紙と木簡の併用時代の使用例を示している[42]。つまり紙と木簡の併用の時代には、新たな簡牘の機能が追加されたとしても、情報処理の木簡と、付札、その他の付属品は、漢代の機能を継承すると想定できるであろう。

なお図4では、交通に関する資料を別の項目としている。その理由は、簡牘文書学では、通行証である伝を「書類」として、詔書などと同じ分類にしているが、その性格は異なるからである。文書行政では、公文書を施設ごとに順次逓伝し、到達した官府で処理している。しかし伝は、文書の用語や書式はよく似ているが、これは旅行で往来する人々が自ら携帯する証明書であり、文書逓伝や開封する文書とは性格が違っている。また人々の往来にともなう用務の遂行と情報の伝達は、もう一つの社会的な役割をもっている。これらは交通システムと関連させるほうが理解しやすく、これも日本古代の木簡に対応する内容がある[43]。

1は、派遣や召喚に使用する檄である。檄には、文書と同じ内容をもつ五〇センチ以上の長い簡牘があるが、二〇センチ程度の短い簡がある。ここに派遣をする証明となる檄がある。このとき檄の封泥匣には、封泥の下に「即日発酉、餔時遣」「蚤食發檄」とあり、本文には「日時は検中に在り」とある。角谷常子氏は、これを封泥を取り除いた日時と、実際の到着時刻との差をチェックしたとみなしている[44]。また休暇に与えた通行証で、短い檄と同じ形状で、上部に封泥匣をもち、「符」と称する木簡がある[45]。

2は、六寸（約一四センチ）の長さをもつ符である。これは木牘の文面に番号を記し、側面に刻みがあるため、二つを合わせて通行過所と往来する人や、吏とその家属の割符になるといわれる[46]。

3は、広く交通の往来に使用される伝（伝信）の記録である。伝には、中央の御史大夫や地方郡県の官府が発給する公用の伝と、県の官府で発給する私用旅行の伝がある。金関漢簡では、下部機構が「遣」という用語で旅行を申請し、候官が発給する資料がある。これらの公用・私用旅行の伝は、つぎのように一覧できる。

出土地	用途	発給者	上下二段の形式	連続の文章形式
懸泉置	宿泊 交通維持	中央：御史大夫	公用：謂、下の用語	—
		郡：太守など	公用：謂の用語	公用：移、謂～遣、使の用語
肩水金関 （A35大湾）	検察 交通規制			（公用：謂～遣の用語）
		県、候官：	—	公用：移～遣の用語
				公用：遣～敢言之。移～
			—	私用：自言～敢言之。移～
甲渠候官	休暇	候官：（觚）		過所：遣～便休、移～の用語

ここでは肩水金関と懸泉置の伝の記録が、漢代の交通に関する役割の違いを反映していることが注意される。たとえばエチナ河流域の居延漢簡は、辺境の防衛を示す資料とみなされていた。また肩水金関の伝の記録も、検察と交通規制を目的とするとみなされている。しかしシルクロードの通路にあたる懸泉置は、私的な旅行の伝はなく、公的な旅行の伝を記録している。ここでは漢代の交通を維持し、公的な旅行者に宿泊・交通手段・食事を提供している。したがって伝の機能は、陸路と水路の津関で交通を規制するだけではなく、郡県の領域にある津関と懸泉置、伝舎と郵、亭のような施設を通じて交通を維持し、用務を遂行する共通の要素がある。

4は、漢墓に副葬された告地策である。これは地上の交通と通行証を反映して、地下の官吏に宛てた擬制文書である。5は、木謁と書信である。木謁は、面会をする人が差し出す木牘であるが、これは差出人と受信者との対応がわかる[47]。同じように書信は、伝達する人に委ねる場合が多く、近年に実物の出土が増加して、研究が進展している[48]。これを類推とすれば、先にみた書籍も、人びとの往来によって閲覧し、書写することが予想される。これもまた交通による情報伝達とみなすことができよう。

おわりに

中国の簡牘は、思想史と出土文献学、法制史と文書行政、簡牘の形態と分類などの方面で、これまで大きな成果をあげてきた。しかし長江流域と西北シルクロードの出土資料を総合的に理解する点では、まだ課題が残されている。これを総合化するために、ここでは社会のなかで情報伝達という一連の流れを想定した。それは、つぎの三つの方面である。一は、歴史書と古文献の基礎となる書籍の普及、二は、文書行政と情報処理、実務の資料、文字や技術を習得するマニュアルなどの運用、三は、交通と人びとの往来による情報である。これらは秦漢時代の地方において、県レベルの異なる施設から出土したにもかかわらず、秦漢王朝に共通する情報伝達の要素を反映している。その要点は、つぎの通りである。

一、日本で紹介された中国簡牘の研究は、思想史では長江流域の竹簡・帛書の書籍を主な対象としている。歴史学では、法制史と文書行政（下行文書、冊書の復元、上行文書、簿籍の集成など）を主要なテーマとして、多くの成果をあげてきた。しかし古墓の書籍と保存資料の一部は、『史記』『漢書』の素材となっており、歴史書の編纂に関連している。こうした竹簡・帛書の書籍と保存資料は、地上の資料の普及を反映している。このとき『史記』孝文本紀、景帝元年十月条に「著於竹帛、施于萬世」とあるように、竹帛に著すとは、ただ紙の代わりに竹簡や帛書を書写材料とするのではなく、定着させた文章を保存して後世に残すという意味をふくんでいる。その内容は、後世に紙の書籍と文書に変化し、日本古代の歴史書や律令、典籍を使った研究にあたるものである。

二、これまで中国簡牘は、法制史の視点から、その原本の書式や文書行政が問題となっていた。しかし出土した秦漢時代の簡牘には、文書の原本は少なく、多くは文書の副本や抄本（控えの記録）、実務の記録として残されたものと推測される。たとえば文書逓伝では、原本の文書に対して、受け渡しの郵書記録や、それを集約とした記録と簿籍を作成している。また地方の県とその下部組織に伝達された文書は、その官府で文書処理をおこない、それは法令や行政、軍事と労働、財政、裁判に関する内容がある。これもまた県の外部と下部組織との間でやり取りした文書の原本に対して、それぞれの施設で作成した副本や抄本の形態が多い。したがって中国簡牘の形態は、文書行政と情報処理の一環した流れのなかでみれば、文書原本の本体よりも、多くの抄本や副本、記録を保存して、再利用や廃棄する資料に属している。こうした情報処理の機能は、日本古代の紙文書と文書木簡に対応するとおもわれる。

三、文書木簡にあたる中国の簡牘には、Ⅰ文書処理の副本・抄本、掲示の扁書のほかに、実務の運営に関する簿籍、銭や物品などの出入券（刻歯簡）、記録の文字資料群（データベース）がある。また文書と簿籍、記録を保存するために、さまざまな付属品がある。それは、Ⅱ伝達する文書・袋に付ける検（宛名をもつ付札）・封検（封泥匣）と、竹笥や冊書に付ける楬（付札）であり、里耶秦簡では物品の貢献に関する木簡がある。これは日本古代の荷札木簡に関連している。さらに中国簡牘では、Ⅲ習書、字書、削衣（削屑）など、その他の木簡がある。これも情報処理のなかで、実務を運営する一連の機能として理解できる。

このほか書式は文書と似ているが、交通と情報伝達に関する簡牘がある。それは派遣や召喚に使う檄と、通行証となる符、伝である。これに拝謁する木謁や、書信、書物の伝達も、人びとの往来によるとみなすことができる。これらは交通システムのなかで、簡牘の機能や口頭伝達を理解する視点である。

このように中国古代では、（一）書籍の書写と普及や、（二）文書行政と情報処理、実務の運営、（三）交通システムという流れのなかでみれば、簡牘の形態が違っていても、一環した機能として理解できるとおもう。そのとき秦漢時代では、紙が普及していなかったから簡牘に文字を書いたのではなく、すでに二つの要素が並存している。それは一に、これまで歴史学と思想史で対象とした書籍や律令・冊書の原本は、竹簡と帛書に書いた保存資料であり、三国時代より以降では紙の文書と典籍にあたるものである。また二に、文書や簿籍の原本に対して、それを処理する副本と抄本、記録、その他の簡牘は、その処理の手順と用途に応じて、形態が異なる冊書や木簡の表裏に書き分けている。これは日本古代では、紙文書の案文・副本と、Ⅰ文書木簡、Ⅱ荷札木簡、Ⅲその他の木簡にあたることになる。

紙が普及していなかった時代に、簡牘や帛書に文字を書くことでメッセージを伝える方法は、すぐれた技術である。しかしさらに重要な技術は、通信と実務のために情報を処理する方法を生み出したことである。交通システムの方面では、通行証を用いて用務を遂行する情報伝達の方法がある。この意味で、三国時代以降の伝統中国や、古代東アジアの出土資料学を考えるためには、簡牘の形態や書式、地域社会に特有な内容も大切であるが、とくに文書伝達と情報処理の手順や、記録などの用途、すなわち簡牘の機能と実務の運営が重要であるといえよう[49]。また中国簡牘と日本木簡は、機能の共通点とともに、その差異にも注目する必要がある。この簡牘と木簡の用法の差異こそが、古代国家と社会の特質に関係するとおもわれる。こうした情報伝達を比較する視点によって、中国の資料学の特徴が明らかになると考えている。

注

（1）駢宇騫・段書安編著『二十世紀出土簡帛概述』（文物出版社、二〇〇六年）、胡平生・李天虹『長江流域出土簡牘与研究』（湖北教育出版社、二〇〇四年）など。

（2）王国維「簡牘検署考」（一九一四年、王国維原著、胡平生・馬月華校注『簡牘検署考校注』上海古籍出版社、二〇〇四年）、労榦『労榦学術論文集甲編』（芸文印書館、一九七六年）。大庭脩『木簡』（学生社、一九七九年）、同「中国簡牘研究の現状」（『木簡研究』創刊号、一九七九年）、同『秦漢法制史の研究』第三編第二章「居延出土の詔書冊」（創文社、一九八二年）、同『木簡学入門』（講談社、一九八四年）、そのほか池田温「中国における簡牘研究の位相」（『木簡研究』三、一九八一年）、大庭脩編著『木簡【古代からのメッセージ】』（大修館書店、一九九八年）などがある。

（3）永田英正『居延漢簡の研究』序章（同朋舎出版、一九八九年）、同「簡牘の古文書学」（『近江歴史・考古論集』滋賀大学教育学部歴史学研究室、一九九六年）。

（4）李均明・劉軍『簡牘文書学』（広西教育出版社、一九九九年）、李均明『古代簡牘』（文物出版社、二〇〇三年）、汪桂海『漢代官文書制度』（広西教育出版社、一九九九年）、冨谷至『木簡・竹簡の語る中国古代』（岩波書店、二〇〇三年）、籾山明「『中国簡牘研究の現状』シンポジウム私見」（『木簡研究』二七、二〇〇五年）。拙著『中国古代国家と社会システム』序章「中国出土資料と古代社会」（汲古書院、二〇〇九年）では、出土資料の問題点を整理している。

（5）浅野裕一・湯浅邦弘編『諸子百家〈再発見〉』（岩波書店、二〇〇四年）、朱淵清著、高木智見訳『中国出土文献の世界』（創文社、二〇〇六年）、廣瀬薫雄「荊州地区出土戦国楚簡」（『木簡研究』二七、二〇〇五年）など。また科学技術や、天文、数学、医学の研究も進んでいる。

（6）李学勤「馬王堆帛書与《鶡冠子》」（『江漢考古』一九八三年二期、『李学勤集』黒龍江教育出版社、一九八九年）、裘錫圭「中国出土簡帛古籍在文献学上的重要意義」（『中国出土資料研究』三号、一九九九、『北京大学古文献研究所集刊1』北京燕山出版社、一九九九年）など。

（7）拙著『史記戦国史料の研究』第一編第一章「『史記』と中国出土書籍」（東京大学出版会、一九九七年、中文訳、上海古籍出版社、二〇〇八年）、同『史記戦国列伝の研究』第一章「戦国、秦代出土史料と『史記』」（汲古書院、二〇一一年）など。

（8）拙稿「《史記》の成立と史学」（『愛媛大学法文学部論集』人文学科編三〇、二〇一一年）。

（9）李学勤前掲「馬王堆帛書与《鶡冠子》」、杉本憲司「漢墓出土の文書について」（『橿原考古学研究所論集』第五、一九七九年）、冨谷至「江陵張家山二四七号墓出土竹簡」（『木簡研究』二七、二〇〇五年）など。

（10）大庭脩「冥土への旅券」（『漢簡研究』同朋舎出版、一九九二年）、拙著『中国古代国家と社会システム』第十章「張家山漢簡『津関令』と漢墓簡牘」、拙稿「《張家山漢簡・津関令》与漢墓簡牘——伝与致的情報伝達」（『簡帛』第二輯、上海古籍出版社、二〇〇七年）。

（11）大庭脩『秦漢法制史の研究』第二編第一章「雲夢出土竹書秦律の概観」、同『木簡学入門』一〇三〜一〇六頁。

（12）拙稿前掲「《史記》の成立と史学」。

（13）平川南「木と紙」（『文字と古代日本2　文字による交流』吉川弘文館、二〇〇五年）、關尾史郎「木と紙のあいだ」（『東洋文化研究』一四、二〇一二年）など。籾山明「簡牘・縑帛・紙——中国古代における書写材料の変遷」（籾山明・佐藤信編『文献と遺物の境界——中国出土簡牘史料の生態的研究』東京外国語大学アジア・アフリカ言語文化研究所、二〇一一年）は、紙の発見と普及にとって鍵となるのが絹であり、縑帛を媒介項とすることで「簡牘から紙へ」という新たな見通しを提示している。

（14）漢代辺郡の防衛組織は、永田英正『居延漢簡の研究』第Ⅱ部第一章「簡牘よりみたる漢代辺郡の統治組織」、籾山明『漢帝国と辺境社会』（中央公論新社、一九九九年）、同「漢代エチナ＝オアシスにおける開発と防衛線の展開」（冨谷至編『流沙出土の文字資料』京都大学学術出版会、二〇〇一年）に考察があり、県レベルの組織は拙稿前掲「中国出土資料と古代社会」で説明している。

（15）大庭前掲「居延出土の詔書冊」、角谷常子「秦漢時代の簡牘研究」（『東洋史研究』五五—一、一九九六年）、籾山明「刻歯簡牘初探——漢簡形態論のために」（『木簡研究』一七、一九九五年）、同「序論——出土簡牘史料の生態的研究にむけて」（前掲『文献と遺物の境界』）、邢義田・中村威也訳「漢代簡牘文書における正本・副本・草稿と署名の問題」（前掲『文献と

遺物の境界』）、高村武幸「中国古代簡牘分類試論」（『木簡研究』三四、二〇一二年）。

（16）木簡学会編『日本古代木簡選』狩野久「古代木簡概説」（岩波書店、一九九〇年）、木簡学会編『日本古代木簡集成』総説（東京大学出版会、二〇〇三年）、平川南『古代地方木簡の研究』（吉川弘文館、二〇〇三年）、平川南・沖森卓也・栄原永遠男・山中章編『文字と古代日本』吉川弘文館、二〇〇四〜二〇〇六年）、王元林「日本古代木簡的発現与研究」（中国文化遺産研究院編『出土文献研究』第九輯、中華書局、二〇一〇年）など。

（17）湖南省文物考古研究所編『里耶秦簡〔壹〕』前言（文物出版社、二〇一二年）、李均明『秦漢簡牘文書分類輯解』（文物出版社、二〇〇九年）による。

（18）永田英正「文書行政」（『殷周秦漢時代史の基本問題』汲古書院、二〇〇一年）、籾山明「中国の文書行政」（『文字と古代日本』二、吉川弘文館、二〇〇五年）、冨谷至『文書行政の漢帝国』第Ⅰ編第三章「檄書攷」、第Ⅱ編第一章「書記官への道」、第三章「行政文書の書式・常套句」（名古屋大学出版会、二〇一〇年）など。

（19）陳夢家「漢簡考述」第二篇「郵亭表与候官所在」（『漢簡綴述』中華書局、一九八〇年）、永田英正『居延漢簡の研究』第Ⅰ部第一章「居延漢簡の集成一」、李均明「漢簡所見『行書』文書述略」（『初学録』台湾出版社、一九九九年）、張経久・張俊民「敦煌漢代懸泉置遺址出土的『騎置』簡」（『敦煌学輯刊』二〇〇八年二期）、鷹取祐司「秦漢時代の文書伝送方式——以郵行・以県次伝・以亭行」（『立命館文学』六一九、二〇一〇年）、畑野吉則「敦煌懸泉漢簡の郵書記録簡」（『資料学の方法を探る』一〇、二〇一一年）、拙稿「中国古代の文書伝達と情報処理」（藤田勝久・松原弘宣編『東アジア出土資料と情報伝達』汲古書院、二〇一一年）、同「漢代地方の文書逓伝と郵書記録」（『愛媛大学法文学部論集』人文学科編三一、二〇一一年）など。

（20）『漢書』巻九六西域伝下に、「元貴靡・鴟靡皆病死、公主上書言年老土思、願得歸骸骨、葬漢地。天子閔而迎之、公主與烏孫男女三人倶來至京師。是歳、甘露三年也」とある。また懸泉漢簡V1412③：100は、甘露三年七月辛亥（三十日）に、御史大夫の万年が発給した伝信の記録で、丞相の属である王彭を派遣して、烏孫公主と将軍・貴人・従者たちを迎えて護衛させようとしている。

（21）張俊民「懸泉置出土刻歯簡牘概説」（『簡帛』第七輯、上海古籍出版社、二〇一二年）。

(22)　藤田高夫「漢代西北辺境の文書伝達」（藤田勝久・松原弘宣編『古代東アジアの情報伝達』汲古書院、二〇〇八年）、冨谷至『文書行政の漢帝国』第Ⅲ編第一章「漢代の地方行政」など。

(23)　里耶秦簡のテキストは、湖南省文物考古研究所等編『里耶発掘報告』（岳麓書社、二〇〇七年）、前掲『里耶秦簡〔壹〕』と、陳偉主編『里耶秦簡牘校釈（第一巻）』（武漢大学出版社、二〇一二年）の釈文による。

(24)　陳偉「秦と漢初の文書伝達システム」（前掲『古代東アジアの情報伝達』）、鷹取祐司「秦漢時代公文書の下達形態」（『立命館東洋史学』三一、二〇〇八年）、胡平生「里耶秦簡からみる秦朝行政文書の製作と伝達」（前掲『東アジア出土資料と情報伝達』）など。拙著『中国古代国家と社会システム』「里耶秦簡と秦代郡県の社会」「里耶秦簡の文書形態と情報処理」「里耶秦簡の文書と情報システム」「里耶秦簡の記録と実務資料」と、拙稿「里耶秦簡と出土資料学」（東方学会：第四回日中学者中国古代史論壇提出論文、二〇一二年）、同「里耶秦簡にみえる秦代郡県の文書伝達」（『愛媛大学法文学部論集』人文学科編三四、二〇一三年）では諸説の問題点を整理している。

(25)　呂静「秦代における行政文書の管理に関する考察――里耶秦牘の性格をめぐって」（『東洋文化研究所紀要』一五八、二〇一〇年）、同「文書を以って天下を御す――里耶秦簡から見た秦の行政文書システム」（『資料学の方法を探る』一二、二〇一三年）。

(26)　邢義田「湖南龍山里耶J1⑧157和J1⑨1―12号秦牘的文書構成・筆跡和原檔存放形式」（『簡帛』第一輯、武漢大学簡帛研究中心、二〇〇六年、『治国安邦：法制・行政与軍事』中華書局、二〇一一年）。前掲『里耶秦簡牘校釈一』三～四頁に、諸説を紹介している。また8-66＋8-208には「騰真書、當騰騰」とあり、原本を謄写して副本を作成する用法とみなせる。もしそうであれば「謄写すべきものは副本を作成せよ」という指示になる。

(27)　大庭脩「檄書の復原」（前掲『漢簡研究』）、角谷常子「簡牘の形状における意味」（冨谷至編『辺境出土木簡の研究』朋友書店、二〇〇三年）、鷹取祐司「漢簡所見文書考――書・檄・記・符」（『辺境出土木簡の研究』）、李均明『秦漢簡牘文書分類輯解』書檄類、沈剛『居延漢簡語詞滙釈』（科学出版社、二〇〇八年）二八八～二八九頁、冨谷至『文書行政の漢帝国』第Ⅰ編第三章「檄書攷」、拙稿「漢代檄の伝達方法と機能――文書と口頭伝達」（『愛媛大学法文学部論集』人文学科編三一、二〇一二年)。

(28) 馬怡「扁書試探」(『簡帛』第一輯、上海古籍出版社、二〇〇六年)、拙稿前掲「張家山漢簡『津関令』と漢墓簡牘」など。

(29) 胡平生「『扁書』『大扁書』考」(『敦煌懸泉月令詔條』中華書局、二〇〇一年、『胡平生簡牘文物論稿』中西書局、二〇一二年)、拙著『中国古代国家と郡県社会』第二編第六章第一節「敦煌懸泉置『四時月令』の社会像」(汲古書院、二〇〇五年)。

(30) たとえば、三上喜孝「文書木簡と文書行政——地方出土木簡を例として」(石上英一・加藤友康・山口英男編『古代文書論』東京大学出版会、一九九九年)、加藤友康「古代文書にみえる情報伝達」(前掲『古代東アジアの情報伝達』)、佐藤信「日本古代文書木簡の機能と廃棄」(前掲『文献と遺物の境界』)など。

(31) 邁克爾・魯惟一『漢代行政記録』(原著一九六七年、広西師範大学出版社、二〇〇七年)、永田前掲『居延漢簡の研究』第I部第三章「簿籍簡牘の諸様式の分析」、李天虹『居延漢簡簿籍分類研究』(科学出版社、二〇〇三年)、青木俊介「候官における簿籍の保存と廃棄」(前掲『文献と遺物の境界』)など。

(32) 「疏書作徒薄牒北上」の北(背)は木牘の背面を示し、疏書は『里耶秦簡牘校釈一』一六六頁に、記録を箇条書きにするという。徒隷については、鷹取祐司「里耶秦簡に見える秦人の存在形態」(『資料学の方法を探る』一二、二〇一三年)がある。

(33) 永田前掲「簿籍簡牘の諸様式の分析」、拙稿前掲「里耶秦簡の記録と実務資料」。

(34) 甘粛省文物考古研究所・甘粛省博物館等『肩水金関漢簡(壹)』(中西書局、二〇一一年)では竹簡に書かれた簿籍があり、その内容は騎士簡や戍卒名籍などである。また漢簡にも「牒」という表記がある。

(35) 張春龍「里耶秦簡校券和戸籍簡」(『中国簡帛学国際論壇二〇〇六論文集』武漢大学、台湾大学、シカゴ大学、二〇〇六年)。

(36) 拙稿前掲「里耶秦簡の記録と実務資料」。『里耶秦簡牘校釈一』前言でも、文書や簿籍を年代ごとに竹笥に分類して、保管と廃棄にいたる様子を想定している。

(37) 李均明『秦漢簡牘文書分類輯解』では、その機能を文書楬と実物楬に分類している。

(38) 高村武幸「簡牘の再利用——居延漢簡を中心に」(前掲『文献と遺物の境界』)。

(39) 拙稿前掲「里耶秦簡にみえる秦代郡県の文書伝達」。

(40) 拙稿「中国古代の簡牘と記録――日本古代木簡との比較」（『資料学の方法を探る』八、二〇〇九年）、同「中国古代的竹簡和記録簡」（権仁瀚、金慶浩、李承律編『東亜資料学的可能性探索』広西師範大学出版社、二〇一〇年）。

(41) 大庭脩『木簡』、大庭脩編著『木簡【古代からのメッセージ】』、邢義田「漢代の『蒼頡篇』、『急就篇』、八体と『史書』の問題」（前掲『東アジア出土資料と情報伝達』）、韓国と日本の『論語』木簡など。

(42) 「国分松本遺跡第13次調査遺跡説明会・展示解説資料」（太宰府市教育委員会文化財課、二〇一二年）。

(43) 大庭脩『秦漢法制史の研究』第五篇第一章「漢代の関所とパスポート」、拙稿「漢代の交通と伝信の機能」（『愛媛大学法文学部論集』人文学科編二六、二〇〇九年）、同「漢簡にみえる交通と地方官府の伝」（『愛媛大学法文学部論集』人文学科編二九、二〇一〇年）、同「漢代エチナ河流域の交通と肩水金関」（『資料学の方法を探る』一一、二〇一二年）、冨谷至『文書行政の漢帝国』第Ⅲ編第二章「通行行政」など。

(44) 角谷常子「中国の木簡――秦漢帝国では」（木簡学会編『木簡から古代がみえる』岩波書店、二〇一〇年）。日本では、市大樹「平城宮・京跡出土の召喚木簡」（『古代東アジアの情報伝達』汲古書院、二〇〇八年）がある。

(45) 鷹取前掲「漢簡所見文書考」、拙稿前掲「漢簡にみえる交通と地方官府の伝」。

(46) 大庭脩『漢簡研究』第二篇第二章「漢代の符と致」、李均明「漢簡所見出入符・伝與出入名籍」（『初学録』蘭台出版社、一九九九年）。

(47) 蔡万進「尹湾名謁木牘研究」（『尹湾漢墓簡牘論考』台湾古籍出版、二〇〇二年）、高村武幸『漢代の地方官吏と地域社会』第二部第二章「漢代地方官吏の社会と生活」（汲古書院、二〇〇八年）、拙著『中国古代国家と社会システム』第十二章「漢代の書信と名謁」、角谷常子「漢・魏晉時代の謁と刺」（前掲『東アジア出土資料と情報伝達』）。

(48) 山田勝芳「前漢武帝代の地域社会と女性徭役――安徽省天長市安楽鎮十九号漢墓木牘から考える」（『集刊東洋学』九七、二〇〇七年）、高村武幸「漢代文書行政における書信の位置づけ」（『東洋学報』九一―一、二〇〇九年）、同「敦煌・居延漢簡にみえる書信簡牘の分類」（『国士舘東洋史学』六、二〇一二年）のほか、近年では中国で出土した書信の研究が多い。

(49) たとえば關尾史郎「史料群としての長沙呉簡・試論」（『木簡研究』二七、二〇〇五年）や、冨谷至「3世紀から4世紀にかけての書写材料の変遷」（前掲『流沙出土の文字資料』）の紹介があり、さらに魏晋時代の文書や簡牘との比較が必要である。

秦簡牘研究の新段階＊

陳 偉
（廣瀬薫雄訳）

一

秦簡牘とは、おおよそ戦国時代後期の秦国および秦代の秦の統治地区に埋蔵された簡牘資料のことを指す。現在知られているものは十一種あり、発見された順に言うと、湖北雲夢睡虎地一一号墓竹簡と四号墓木牘（一九七五年）、四川青川郝家坪五〇号墓木牘（一九八〇年）、甘粛天水放馬灘一号墓簡牘（一九八六年）、湖北江陵岳山三六号墓木牘（一九八六年）、雲夢龍崗六号墓簡牘（一九八九年）、湖北荊州沙市区周家台三〇号墓簡牘（一九九三年）、江陵王家台一五号墓簡牘（一九九三年）、湖南龍山里耶古城一号井と城の堀から出土した簡牘（二〇〇二、二〇〇五年）、湖南大学岳麓書院購蔵竹簡（二〇〇七年）、北京大学購蔵秦簡（二〇一〇年）であり、総計約四万余枚、三十余万字である[1]。このほか江陵張家山二四七号墓出土の『奏讞書』の一部の案例は、秦代の簡牘から書き写したものである。秦簡牘の内容は、主に律令・司法行政文書・簿籍、日書・占卜・質日・算術・医方などの数術・方技類の書[2]、そして葉書（旧称『編年記』）・地図・手紙や『為吏之道』といった教訓的性格を持つ書物である[3]。数量と内容の拡充によって、秦簡牘は楚簡・漢簡と比肩しうるまでになり、中国簡牘学研究の重要な一領域を形成し、また秦国と秦代の歴史を研究するのに貴重な史料と強大な推進力を提供した。

秦簡牘の発見と研究は、おおよそ二つの段階に分けることができる。第一段階は一九七五年の雲夢睡虎地秦簡牘の発見に始まり、前世紀の八、九〇年代に国際的な研究ブームを巻き起こした。第二段階は二〇〇二年の里耶一号井の発見を発端とし、ついでさらに二〇〇五年の里耶古城の堀から出土した戸籍簡の発見、および岳麓書院秦簡、北京大学秦簡の相継ぐ入蔵という出来事があった。一九八六年に出土した天水放馬灘秦簡もまた、長年の期待を経て、二〇〇九年に中華書局から出版された。ここでいう新段階とは、もちろんこの第二段階を指している。

二

新段階の成立は、簡牘の発見数が急激に増加したことによるだけでなく、同時にその他のいくつかの重要な原因にもよっている。概略的に言うと、主に三つの方面の要素がある。

第一は、簡牘資料の内容にこれまでの限界を打ち破る発見があったことである。これは四点に分けて言うことができる。

その一は、睡虎地秦簡の秦律と龍崗秦簡の秦律の後、新たな秦律の種類やこれまでに発見された秦律について重要な補充をすることのできる秦律の律文、とりわけ令と奏讞書が発見されたことである。

陳松長教授は岳麓書院秦簡について紹介した際、「初歩的な整理によると、抄録された秦律には『田律』、『倉律』、『金布律』、『関市律』、『賊律』、『傜律』、『置吏律』、『行書律』、『雑律』、『内史雑律』、『尉卒律』、『戍律』、『獄校律』、『奉敬律』、『興律』、『具律』等の十余種あり、そのうち最初の十種は睡虎地秦簡に多見し、その次の四種は見えない。

例えば奉敬律は始めて見えるものである」と指摘している[4]。陳氏のいう「奉敬律」の「奉」は実は「奔」字であり、律名は「奔敬（警）律」と呼ぶべきで、これは緊急状況下で兵士を動員する法律である[5]。これは確かに秦漢簡牘の中で初めて報道された重要な新しい律の種類である。

これまですでに発見された律令の条文について言うと、新出簡牘のあるものには重要な異文がある。たとえば『秦律十八種』田律の一二号簡に次のようにある。

百姓居田舍者毋敢□酒、田嗇夫・部佐謹禁御之、有不從令者有罪。　田律

田舎に居住する百姓は酒を□してはならない。田嗇夫・部佐は謹んでこれを禁止せよ。令に従わないことがあれば、処罰する。　田律

岳麓書院秦簡0993号簡にはこのように記されている[6]。

田律曰、黔首居田舍者毋敢□酒、有不從令者遷之。田嗇夫・士吏・吏部弗得、貲二甲。

田律にいう、田舎に居住する黔首は酒を□してはならない。令に従わないことがあれば、その者を遷刑に処す。田嗇夫・士吏・吏部がこの者を捕らえることができなければ、貲二甲に処す。

さらに睡虎地秦簡『秦律十八種』関市の唯一の律文は次のように作る[7]。

爲作務及官府市、受錢必輒入其錢缿中、令市者見其入、不從令者貲一甲。　關市97

手工業に従事し、および官府が物を売り、銭を受けとった場合には、必ずそのたびごとにその銭を缿（銭入れ）の中に入れ、購買者にその銭を入れるところを見せよ。令に従わなければ、貲一甲に処す。　関市

それに対して岳麓書院秦簡のこれと関係する簡文ではこのように記している。[8]

金布律曰、官府爲作務市、受錢及受齎・租・質・它稍入錢、皆官爲缿、謹爲缿空、嬃毋令錢1411能出、以令若丞印封缿。而入、與入錢者參辨券之、輒入錢缿中、令入錢者見其入。月壹輸1399缿錢、及上券中辨其縣廷。月未盡而缿盈者、輒輸之。不如律貲一甲。1403

金布律にいう、官府が手工業に従事したり物を売ったりし、銭を受けとった場合、および齎・租・質・その他の稍入銭を受けとった場合には、みな官が缿（銭入れ）を作り、謹んで空の缿を作り、そこから銭が出なくなるのをまって、令もしくは丞の印で缿を封印する。もし銭を入れる場合には、銭を納入した者と三辨券を作り(?)、そのたびごとに銭を缿の中に入れ、銭を納入した者にその銭を入れるところを見せよ。月に一度缿に入っている銭を送り、および三辨券のうちの中辨をその県廷に提出せよ。月末にならないうちに缿が一杯になった場合には、そのたびごとに缿を送れ。律のとおりにしなければ、貲一甲に処す。

田律について、陳松長氏は、一つは「黔首」と言い、もう一つは「百姓」といっているのは、この二条の律文の抄写年代に先後の違いがあることをいくらかは示していると指摘している。一般的には、黔首というのは始皇帝が六国

を統一した後に使用することになった民衆の専称とされ、もしこの説に従うことができるなら、岳麓書院秦簡の律文の抄写年代はおそらく睡虎地秦簡よりも後のことであろう。だからこそ「後から出てくるものほど精巧である」と言うべき律文の詳細化が見られるのであり、だからこそ「□酒」をした者に対する処罰内容が具体的に規定されているのである。[9]「酤」に関する律文について、陳松長氏は、睡虎地秦簡の「闠市」は「金布」の誤りであるとしている。[10]

上に掲げた睡虎地秦簡の二条の簡文については、張建国氏に議論がある。彼は、九七号簡に「不従令」であれば……とあることから、これは「関市令」とおおよそ確定することができるとする。一二号簡は最後に「田律」と記しているけれども、これも必ずしもその内容が「田律」の律文であることを示しているわけではなく、それが「田律」の補充規定で、田律の下に置かれていたもので、単にその部門法の属性を示しているに過ぎない可能性もあるという。[11]秦簡の「酤」に関する二箇所の記述は、陳松長氏がすでに指摘している「関市」・「金布」という標題がそれぞれ記されているという違い以外に、[12]睡虎地秦簡では「不従令」とあるのが岳麓書院秦簡では「不如律」と書いているというのは、張建国氏の分析に新たな証拠を付け加えたと考えられる。

つとに大庭脩氏は、補充法を「令」と称する呼称制度は秦には存在せず、この制度はおそらく漢代に創始されたものであって、秦令の存否およびその内容は将来解決すべき問題であると述べている。[13]張家山漢簡『奏讞書』が公開されたのち、張建国氏は案例一八に引かれている秦令から出発して、伝世文献と睡虎地秦簡を分析し、秦代の令の存在を証明している。[14]里耶秦簡と岳麓書院秦簡が陸続と公刊されるにつれ、令の存在は争えない事実となった。里耶秦簡には、いわゆる「興徭令（徭役を興す令）」や「恒以朔日上所買徒隷數（つねに朔日に買った徒隷の人数を報告せよ）」令などが見え、[15]岳麓書院秦簡には、そこに現れている令名は二十余種ある。[16]これによって我々は秦の律令体系についてさらに認識を深めることができたのである。

張家山二四七号漢墓竹簡『奏讞書』には数件の秦代の司法案件の文書が含まれている。[17]このことは秦代にすでに奏讞制度があったことを推測させる。岳麓書院秦簡には、多くの秦代の奏讞書がある。『漢書』刑法志には「高皇帝七年、制詔御史、『獄之疑者、吏或不敢決、有罪者久而不論、無罪者久繫不決。自今以來、縣道官獄疑者、各讞所屬二千石官、二千石官以其罪名當報之。所不能決者、皆移廷尉、廷尉亦當報之。廷尉所不能決、謹具爲奏、傅所當比律令以聞』」（高祖皇帝の七年、御史に制詔して言った、「不明な点が多く判断に迷う案件は、官吏が敢えて判決を下そうとしないことがあり、罪のある者はいつまでも罪が宣告されず、罪のない者はいつまでも勾留され判決が下されない。今後は、県や道の官署でどう処理してよいか分からない案件は、それぞれ所属する二千石の官に〝讞〟（報告）し、二千石の官はしかるべき罪名を当てはめて回答せよ。二千石の官でも決めることができないときは、すべて廷尉に移送し、廷尉もまた罪名を当てはめて回答せよ。廷尉でも決めることができなければ、謹んでつぶさに〝奏〟（上奏）し、それに適用・参照すべき律令を付けて上聞せよ」と）と記されている。今あらためて見てみると、漢初はただ秦代の奏讞制度を沿用しただけであって、みずからの発明ではないと考えられる。

その二は、大量の秦代の行政文書が発見されたことである。一七〇〇〇余枚の文字のある里耶秦簡のうち、大部分が行政文書である。文書の制作者についていうと、秦朝中央のものもあれば、郡・県、さらには郷あるいは個人のものもあり、その関連する範囲は相当に広い。これは秦代の文書運用の研究および国家機関運行の研究にとって、すべて非常に重要で豊富な資料である。[18]

その三は、いくつかの新たな行政区の資料が発見されたことである。秦代の郡設置の問題は、清代以来の議論を経て、譚其驤氏の関連研究が出るにいたり、もはや基本的に解決されたと思われた。しかし里耶秦簡、岳麓書院秦簡の資料は巨大な衝撃をもたらした。いくつか史書に既見の郡の設置年代について改めて考察する必要が出てきた以外に、蒼梧・洞庭・江胡といったこれまで聞いたことのない郡名は、その治所や郡域の所在、設置年代およびその沿革など、さらに興奮させられる新たな研究テーマである[19]。

その四は、いくつかの数術文献の新発見である。例えば岳麓書院秦簡『数』と『夢書』は、現在発見されているこの種の文献の中で最も時代の古いものである[20]。

第二の方面の要素は、それまでに出土、発表された簡牘が、赤外線画像処理技術の応用によって、重要な新発見があったことである。たとえば四川青川郝家坪木牘は、一九八〇年に出土して以来、一号木牘のみが公刊され研究されてきた。二号木牘については、肉眼や通常のカメラではまったく文字が見えない。我々は中国教育部哲学社会科学研究重大課題攻略プロジェクト「秦簡牘の綜合的整理と研究」を担当することになった機会を利用して、新型赤外線デジタルカメラ（FinePix Is Pro）を用いて二号木牘を撮影したところ、百字近くの文字を発見し、すでにおおよそ大意を知ることができている。放馬灘秦簡の赤外線映像を撮影した際にも、喜ばしい発見があった。

第三の方面の要素は、秦代の簡牘と漢代の簡牘いずれも相当に豊富な程度にまで蓄積され、二者間で横方向の比較校勘、相互証明をすることができるだけでなく、縦方向にその発展・変遷を分析し、そこからさらに正確に簡牘文献を解読し、秦漢の歴史を認識することもできるようになったことである。

筆者は、岳麓書院秦簡『数』書の「有婦三人」という算題中の「織有功」の「織」の解釈を「威」に改めた。威とは夫の母親のことであり、婦は嫁で、威・婦は嫁姑関係である。この字の解釈を改めたことによって、この算術題は家庭形態の研究において特別な意義を有することになった。この算題は張家山漢簡『算数書』にも見えていたが、その中の「威」字は不鮮明で、整理者は「織」と解釈していた。秦簡『数』書を比較対照することによって、我々は自信を持って漢簡『算数書』中のこの字も「威」と改めることができたのである[21]。

さらにもう一つ例を見てみよう。睡虎地秦簡には行書律の律文が二条あり、張家山漢簡『二年律令』行書律にはさらに多くの律文があるが、その中のあるものは睡虎地秦簡と対照して読むことができる。岳麓書院秦簡はさらにいくつかの新たな内容を提供した。そのうちの卒令丙三には次のようにある。(22)

・令曰、書當以郵行、爲検、令高可以旁見印章、堅約之、書検上應署、令□負以疾走。不從令、貲一甲。・卒令丙三　1162/1169

・令にいう、郵によって送らなければならない文書は、検を作り、その高さは印章がどこからでも見えるようにし、堅くこれを結んで、検の上に署名すべきことを記し、□にそれを背負って疾走させよ。令に従わなければ、貲一甲に処す。・卒令丙三

「負」の上の字は、あるいは「郵」字かもしれない。この簡文は、郵によって伝達される文書の封緘、署名や運行方式面の技術的な要求にとって、きわめて有意義な発見と言うことができる。(23)

三

まさに秦簡牘研究の新段階の到来にかんがみて、武漢大学簡帛研究中心は二〇〇八年に「秦簡牘の綜合的整理と研究」という研究テーマを計画し、中国教育部哲学社会科学研究重大課題攻略プロジェクトとして支援を得ることができた。本プロジェクトの整理パートでは、赤外線カメラを利用して、ほとんどすべての秦簡牘をあらためて撮影しな

おし、新たな釈文と注釈を作る。研究パートは、政治と経済制度、法制、地理、数術、語言と文字という五つの専門テーマをめぐって展開される。プロジェクトチームは武漢大学簡帛研究中心を中核とし、十五の組織、三十一名の研究者が参加、その中には日・韓・仏三ヶ国六名の研究者も含まれている。

このプロジェクトは二〇〇八年末に起動し、目下順調に進展中である。すでに睡虎地秦簡、龍崗秦簡、周家台秦簡、放馬灘秦簡と郝家坪秦簡の赤外線写真を撮影し、これらの簡牘の釈文と注釈もすでに初稿を完成させ、二〇一三年に出版される見通しである。里耶秦簡牘の第一次出版は、湖南省考古研究所が担当している。その内容は図版と釈文のみで、一七〇〇〇余枚の簡牘を収録し、五冊に分けて文物出版社から近いうちに陸続と出版される。秦簡牘プロジェクトの重要な部分として、我々は里耶秦簡が一冊出版されると、ただちに釈文改訂版と注釈を出版し、すべての里耶秦簡が出版されたあかつきには、赤外線写真を撮影し、図録（赤外線写真）・釈文と注釈からなる新たな版本を出版する計画である。

岳麓書院秦簡二〇〇〇余枚は、五冊に分けて出版される計画である。第一冊は日書・夢書・質日で、二〇一〇年末に出版された。第二冊は『数』書で、二〇一一年末に出版された。第三冊から第五冊は奏讞書と律令である。岳麓書院秦簡は残念ながら秦簡牘の綜合的整理と研究の研究プロジェクトに組み込むことができなかったが、我々はこの秦簡の研究と発表に高い関心を寄せており、プロジェクトの研究パートでは、できるかぎりこれらの重要な資料を取り込むつもりである。

注

＊　本稿は教育部哲学社会科学研究重大課題攻略プロジェクト「秦簡牘の綜合的整理と研究」（08JZD0036）の段階的な成果であ

る。

（1）一九九二年、江陵揚家山一三五号墓から竹簡が出土し、その大部分は保存状態が完全で、すべての竹簡が束になって秩序正しく置かれており、全七十五枚、内容は遣策である。『文物』一九九三年第八期に荊州博物館「江陵揚家山135号秦墓発掘簡報」が掲載され、墓葬と竹簡について紹介している。そのタイトルから分かるように、整理者は秦墓として扱っている。しかし陳振裕氏は、「報告者はこの墓の年代を秦代とし、この竹簡を秦簡であると考えている。しかしこの墓から出土した青銅器・陶器・漆器を仔細に分析比較すると、雲夢睡虎地十一号秦墓とはなおいささかの違いがあり、その年代は秦漢の際から前漢初年とするのが比較的妥当と思われる。かつ竹簡の内容は遣策であり、現在発見されている秦代簡牘を通観すると、秦代簡牘にはこの類の内容がまったくなく、それはおそらく秦人の葬送習俗と関係があるのだろう。それに対して前漢時期の簡牘の内容が遣策であることはすでに常に見られることであり、これも当時の葬送習俗と関係があるのだろう」と指摘している（「七十年代以来湖北出土秦漢簡牘概述」、簡帛研究網、二〇〇〇年九月十一日）。

（2）「質日」はもと「暦日」とも称した。秦漢簡では「質日」と自称している。李零「視日、日書和葉書――三種簡帛文献的区別和定名（視日・日書と葉書――三種の簡帛文献の区別と命名について）」（『文物』二〇〇八年第十二期）、陳偉「岳麓書院秦簡〝質日〟初歩研究（岳麓書院秦簡『質日』の初歩的研究）」（『中国出土資料研究』第十六号、中国出土資料学会、二〇一二年）を参照。

（3）「葉書」の呼称については前掲の李零氏の文章を参照。

（4）陳松長「岳麓書院所蔵秦簡綜述」、『文物』二〇〇九年第三期。

（5）拙稿「岳麓書院秦簡考校」（『文物』二〇〇九年第十期）を参照。

（6）陳松長「岳麓書院所蔵秦簡綜述」、『文物』二〇〇九年第三期。陳教授は簡文「士吏」の「士」を誤って「工」と書いて引用している。「酒」の上の字は、睡虎地秦簡整理小組は「醢」と釈しているが、陳松長教授は「醘」と釈している。待考。

（7）睡虎地秦墓竹簡整理小組『睡虎地秦墓竹簡』、文物出版社、一九九〇年、図版二三、第四二頁（釈文注釈）。

（8）陳松長「睡虎地秦簡〝関市律〟弁正」、『史学集刊』二〇一〇年第四期。本文で引用する際、断句に改めたところがある。

（9）陳松長「岳麓書院所蔵秦簡綜述」。
（10）陳松長「睡虎地秦簡〝関市律〟弁正」。
（11）張建国『帝制時代的中国法（帝制時代の中国法）』、法律出版社、一九九九年、第二六～二八頁。
（12）この違いは、陳松長氏が推測した原因以外に、令と律の帰属に違いがあることによる可能性もある。例えば、陳松長氏が公開した三条の行書律と関係のある「令」は、それぞれ「卒令丙二」、「卒令丙三」、「卒令丙五」という標題が記されている（陳松長「岳麓書院蔵秦簡中的行書律令初論（岳麓書院蔵秦簡中の行書律令初論）」、『中国史研究』二〇〇九年第三期）。そのうち卒令丙五は張家山漢簡『二年律令』行書律二七三～二七五号簡と類似するところがある。岳麓書院秦簡行書律令の釈読については、陳偉「岳麓書院秦簡行書律令校読」（簡帛網、二〇〇九年十一月二十一日）を参照。もう一つの可能性として、ほとんど同じ内容がもともと異なる律に存在していたということが考えられる。『晉書』刑法志が秦漢の旧律を批判して「一章之中或事過數十、事類雖同、輕重乖異。而通條連句、上下相蒙、雖大體異篇、實相採入。『盜律』有賊傷之例、『賊律』有盜章之文、『興律』有上獄之法、『廄律』有逮捕之事、若此之比、錯糅無常」（一つの章の中に規定事項が数十以上あったり、規定事項の部類は同じなのに罰の軽重が大きく異なっていたりした。ところがそれらの条文を通じさせ注釈を連ね、上も下もたがいにだましあい、全体としては篇を分けてあったが、実際には互いに重複する内容を含んでいた。『盗律』に賊傷の案例があったり、『賊律』に盗章の文があったり、『興律』に上獄の法があったり、『廄律』に逮捕の事があったり、こうしたたぐいで、内容が入り混じっていて原則がなかった）と述べているのはこうした現象を指す。陳偉「関于秦与漢初〝入銭缿中〟律的幾個問題（秦と漢初の〝入銭缿中〟律のいくつかの問題について）」（『考古』二〇一二年第八期）を参照。
（13）大庭脩著、林剣鳴訳『秦漢法制史研究』、上海人民出版社、一九九一年、第一〇頁。
（14）張建国「秦令与睡虎地秦墓竹簡相関問題略析（秦令の睡虎地秦墓竹簡と関係する問題についての簡略な分析）」、『中外法学』一九九八年第六期、『帝制時代的中国法』所収、法律出版社、一九九九年。
（15）蔡万進・陳朝雲「里耶秦簡秦令三則探析」（『許昌学院学報』二〇〇四年第六期）を参照。
（16）陳松長「岳麓書院所蔵秦簡綜述」。

(17) 李学勤「《奏讞書》解説（下）」（『文物』一九九五年第三期）、彭浩「談《奏讞書》中秦代和東周時期的案例（『奏讞書』中の秦代と東周時代の案例について）」（『文物』一九九五年第三期）を参照。案例一七、一八、二二について、李氏・彭氏はいずれも秦代のものとしている。案例二二は、彭浩氏は秦代のものとするが、李氏は漢初のものとする。

(18) 湖南省文物考古研究所『里耶秦簡（壹）』（文物出版社、二〇一二年）、陳偉主編『里耶秦簡牘校釈』第一巻（武漢大学出版社、二〇一二年）を参照。

(19) 陳偉「秦蒼梧、洞庭二郡芻論」（『歴史研究』二〇〇三年第五期）、陳松長「岳麓書院蔵秦簡中的郡名考略（岳麓書院蔵秦簡中の郡名考略）」（『湖南大学学報（社会科学版）』二〇〇九年第二期）、陳偉「〝州陵〟与〝江胡〟——岳麓書院蔵秦簡中的両個地名小考（〝州陵〟と〝江胡〟——岳麓書院蔵秦簡中の二つの地名に関する一考察）」（『中国歴史地理』二〇〇九年第一期）を参照。

(20) 陳松長「岳麓書院所蔵秦簡綜述」、肖燦・朱漢民「岳麓書院蔵秦簡《数》的主要内容及歴史価値（岳麓書院蔵秦簡『数』の主な内容と歴史的価値）」、『中国史研究』二〇〇九年第三期。朱漢民・陳松長主編『岳麓書院蔵秦簡（壹）』、上海辞書出版社、二〇一〇年。朱漢民・陳松長主編『岳麓書院蔵秦簡（貳）』、上海辞書出版社、二〇一一年。

(21) 陳偉「岳麓書院蔵秦簡《数》書J9+J11中的〝威〟字（岳麓書院蔵秦簡『数』書J9+J11中の〝威〟字）」、簡帛網、二〇一〇年二月八日。

(22) 陳松長「岳麓書院蔵秦簡中的行書律令初論」、『中国史研究』二〇〇九年第三期。陳偉「岳麓書院秦簡行書律令校読」を参照。本文で引用する際、句読についてさらに新たに改めたところがある。

(23) 陳偉「関于秦文書制度的幾個問題（秦文書制度のいくつかの問題について）」（「第四回日中学者中国古代史論壇」報告論文、二〇一二年五月、東京）を参照。

楚簡・秦簡研究と日中共同研究
――コメントに代えて――

工藤元男

はじめに

古代東アジア世界で最初の中華帝国を形成した秦の法制支配と地域社会の関係を検討する上で、〝秦簡〟の発見は画期的な意味をもっている。すなわち、一九七五年末に中国湖北省雲夢県で睡虎地秦簡が発見されて以来、現在に至るまですでに四十年近くが経過し、そのあいだにも種々の秦簡が発見され、中国古代史研究は大きく進展した。私が所長を務めている長江流域文化研究所では、陳偉教授を主任とする武漢大学「簡帛研究センター」と共同して、日本における秦簡研究の現状を総括して中国に紹介しているが[1]、さらにその訳注を日本で出版することも計画している。そこで以下、これまでの陳偉教授との共同研究の経緯と現況について紹介することにする。

一　睡虎地秦簡の発見、およびその他の秦簡の出土状況

1睡虎地秦簡の発見以前

秦あるいは秦の始皇帝に対する一般的なイメージとして、国是としての法治主義、あるいは厳格な法の執行ということが挙げられる。しかしそれは多分に秦史に関する基本文献史料、すなわち前漢の司馬遷の『史記』秦本紀、秦始皇本紀などの記述により醸成されたものである。というのは、『史記』は秦を滅ぼした前漢を正当化する側から記述されている以上、秦に対する叙述も勢い厳しいものとならざるを得ない。このことは故栗原朋信先生が詳細に指摘されたことである。(2) そのため後世の人は『史記』を通じて、秦あるいは始皇帝のイメージが大きく影響されてしまうことになる。そのような傾向は、基本的に一九七五年末に睡虎地秦簡が発見されるまでつづいた。

しかし意外なことであるが、秦の法治主義の実態を示す秦の法令（以下、秦律）は、じつはほとんど残されていないのである。たしかに、明・董説『七国考』巻一二秦刑法には、秦の律文に関するものとして四一条の関連史料を列挙している。たとえば、そこに挙げられている有名なものとして、次のような前漢・桓寛『塩鉄論』の注がある。

衛鞅の法、……（中略）……灰を道に棄つる者は、刑を被る。

ただしこれは、繆文遠氏も指摘しているように、『史記』巻六八商君列伝の『集解』に引かれた前漢・劉向『新序』の佚文であり、(3)『新序』はいうまでもなくはるか後代の前漢末の文献である。百歩譲って、仮にそれが秦律の内容を伝えたものであったとしても、秦律の原文そのものではない。その意味で、睡虎地十一号秦墓から出土した戦国時代末期の秦律を主とする法制資料は、それが秦の一次史料であるという意味において、まさに画期的な意義をもってい

るのである。そこで以下に、睡虎地秦簡を初めとする近年の秦簡の出土状況を紹介しよう。

2 睡虎地秦簡

睡虎地秦簡は「編年記」、「語書」、「秦律十八種」、「效律」、「秦律雑抄」、「法律答問」、「封診式」、「為吏之道」、「日書」甲乙篇の諸篇を含む。(4) 詳しくその内容を説明するまでもないが、ごく簡単に紹介すれば次のようである。「編年記」は秦昭王元年（前三〇六）〜始皇三十年（前二一七）までの九十年間における秦国の重大事件を編年体で記したもの。そこには墓主の個人的な経歴や家族のことなども付記されている。「語書」は南郡守騰が秦王政二十年（前二二七）に南郡属下の県と道の長官に対して、秦律の徹底化を督促した下達文書。「秦律十八種」は一〇八条からなる秦律の正文を集成したもの。ぜんぶで十八種あり、睡虎地秦簡の中心をなす。「效律」は県レベルの地方行政機関の物品の帳簿調査に関する律文。「秦律雑抄」は秦律の正文から抜粋された律文の集成。「法律答問」は律文の意図するところや律文の術語の意味を問答体で解説した文書。「封診式」は爰書と呼ばれる公証書の文例集。「為吏之道」は秦国政府が期待する官吏像について述べた文書。「日書」は当時巷間に流布した占書。

私が睡虎地秦簡の実物を初めてみたのは、一九九四年、東京の世田谷美術館で開催された「秦の始皇帝とその時代展」においてである。会場には「秦律雑抄」七簡、「效律」四簡が展示されていた。みるところ、長さ二三〜二四センチ（秦漢のほぼ一尺）、幅五ミリ、厚さ一ミリのやや黒ずんだ竹札であった。会場の売店でレプリカとして数本のセットが一万円で売られていた。あまりの高額に驚いたが、仕方なく買った。その後、中国に行ったとき、湖北省博物館の売店できわめて廉価で売られていたので、悔しい思いをしたが、またこれも買った。ともに同じ田律（第四簡〜第七簡）のレプリカである。これらは現在でも授業の教材として活用している。

その後、実物をみたのは一九九九年十月である。それは現存最古（戦国時代中頃）の「老子」が発見された郭店楚簡のシンポジウム「郭店楚簡国際学術検討会」が武漢大学で行われたときである。このとき私は陳偉教授に招聘されて発表する機会を得た。[5] シンポジウム会場である珞珈荘のホールで、細長いガラス板を上下に挟んで保存された多数の秦簡が展示された。このときの印象としては、最初に世田谷美術館でみたときよりも竹簡の色がだいぶ白く感じられた。保存処理が進んだせいであろうか。

3 王家台秦簡と周家台秦簡

一九九三年三月、湖北省江陵県荊州鎮郢北村で一群の墓葬が発見され、その中の王家台十五号墓から多くの秦簡が出土した。年代は上限は白起抜郢、下限は秦代とされる。[6]

その内容は效律の一部、および「日書」と易占である。とくに效律は睡虎地秦簡の效律とほぼ同じ内容であることに注目される。睡虎地秦簡や王家台秦簡の出土地は、戦国秦が前二七八年に楚の都郢（紀南城）を抜き、その地一帯に建置した南郡に含まれる。その中心地である紀南城の周辺からこのような法制資料がしばしば出土するのは、まさに秦の占領地支配を反映するものである。[7]

また同年六月、湖北省荊州市沙市区関沮郷清河村の周家台三十号墓から発見された竹簡は、整理者によって「暦譜」、「日書」、「病方及其它」に清理された。「暦譜」は始皇帝三十四年・三十六年・三十七年を含み、また二世皇帝元年の木牘「暦譜」により、年代は秦代末年とされている。[8]

4 放馬灘秦簡

以上は白起の抜郢によって開置された南郡内から出土した秦簡であるが、一九八六年三月、陝西省天水市東南の秦嶺山中の放馬灘の一号墓から、甲乙両種の「日書」、および「志怪故事」が出土した。(9) 発掘簡報では年代を戦国晩期としているが、最近、海老根量介氏は「日書」中の「罪」と「辠」、「殹」と「也」、「黔首」などの語彙分析から、その書写年代を秦の統一以後としていることに注目される。(10) なお、本簡のテクストの完成版は二〇〇九年に刊行されたが、その刊行の準備のため、二〇〇八年四月、武漢大学の簡帛研究センターで「出土数術文献国際学術検討会」が開催され、中国から劉楽賢・李零・陳松長・陳偉・晏昌貴・宋華強・李天虹・楊華・劉国勝・彭浩の各氏、台湾から劉増貴氏、韓国から尹在碩氏、フランスからマルク・カリノフスキー氏、日本から森和君と私が参加し、中華書局の李解民氏の主宰の下でテクストの一部に対する釈文の合同審議が行われた。その成果は、甘粛省文物考古研究所編『天水放馬灘秦簡』（中華書局、二〇〇九年）として公刊された。

5 青川木牘「為田律」

秦簡はさらに長江上流の四川から一点だけ出土している。一九七九年～八〇年、四川省青川県郝家坪五十号墓から、田地の区画や道路整備の時期などを定めた律文が出土した。(11) その内容は秦の阡陌制と密接な関係を持っている。その冒頭に、戦国秦の武王二年（前三〇九）十一月一日の紀年が記されており、年代は戦国後期である。二〇〇五年、この木牘の出土地を四川大学芸術学院の盧丁教授と共に現地調査し、また四川省文物考古研究院では高大倫院長からその実物をみせていただいた。木牘はガラスに挟んで保管されている。発掘簡報で紹介されたその図版は不鮮明であったが、実物では文字が比較的鮮明で、李昭和副院長によれば、長期の保存によって乾燥し、出土当時よりも鮮明にみえるようになっているという。(12)

6江陵嶽山秦墓木牘「日書」

次に、やや時代を下って、六国統一後の秦代に属するものを挙げよう。一九八六年九月～十月、湖北省江陵県嶽山の三十六号秦墓から木牘二枚が出土した。その内容は「日書」である。年代は六国統一の初め～秦末である。(13)

7龍崗秦簡

一九八九年に睡虎地秦簡出土地のすぐ東南の龍崗六号秦墓から、秦代末年の竹簡・木牘が発見された。その内容は「禁苑」・「馳道」・「馬牛羊」・「田贏」・「其它」に分類され、その中の「禁苑」は龍崗秦簡の主たる内容である。(14)

8里耶秦簡

二〇〇二年に、湖南省龍山県の里耶古城の一号井戸から、秦代の大量の行政文書が発見された。里耶古城は、洞庭湖から沅水をさかのぼった支流の酉水の北岸に位置し、秦代では洞庭郡に属する遷陵県の城址とみなされている。年代は秦の六国統一前年の始皇帝二十五年（前二二二）～二世皇帝二年（前二〇八）で、秦代の文書行政の実態を具体的に示す画期的な資料を提供している。この地域は戦国時代における秦と楚の境界に位置し、一号井戸からはそのような秦牘の他に、一部ではあるが楚系文字（戦国楚国の文字）で記されたものも発見されていて興味深い。(15)

9嶽麓書院蔵秦簡

以上の考古発掘によるもの以外に、盗掘によると思われる秦簡も発見されるようになった。すなわち、二〇〇七年十二月、湖南大学嶽麓書院は香港の骨董市場から二〇〇〇簡余りの秦簡を購入した。翌年八月には香港の収蔵家から自ら購入した七十六簡が嶽麓書院に寄贈された。両者は字体・内容などが同じだったので、同一墓葬からの出土物とみなされ、両者を合わせて「嶽麓書院蔵秦簡」（以下、嶽麓秦簡と簡称）と呼んでいる。これは睡虎地秦簡に次ぐきわめて重要な発見である。その内容の詳細は早々と陳松長氏によって「嶽麓書院蔵秦簡綜述」（『文物』二〇〇九年第三期）として公表された。それによると、その内容は「日志」・「官箴」・「夢書」・「数書」・「奏讞書」・「律令雑抄」の六種である。この「綜述」の発表後、二度の国際検読会での議論をへて、その第一冊が朱漢民・陳松長主編『嶽麓書院蔵秦簡　壹』（上海辞書出版社、二〇一〇年）として刊行された。

本書では「綜述」で行われた区分とその篇名にかなりの修正が加えられた。「前言」によると、全体は一「質日」（「日志」を改定）、二「為吏治官及黔首」（「官箴」を改定）、三「占夢書」（「夢書」を改定）、四「数」書（「数書」を改定）、五「奏讞書」、六「秦律雑抄」（「律令雑抄」を改定）、七「秦令雑抄」（同上）に再区分され、そのうち本書に収められているのは一～三である。翌二〇一一年に第二冊が刊行され、四の「数」が収められている。

二　フィールドでの調査

次に、これらの秦簡の出土地に関するフィールドでの調査について紹介したい。

二〇〇二年三月、長江流域文化研究所は秦簡の出土地を中心とする現地調査を行った。同行していただいたのは、武漢大学の考古学者で陳偉教授の同級生の王然教授である。私たちは孝感市博物館館長の熊卜発館長の案内で、睡虎地秦簡の出土地、楚王城址、龍崗秦簡出土地の順で現場を調査した。

睡虎地秦簡の出土地である雲夢県は湖北省東部に位置し、武漢からほぼ一〇キロメートル西北の地点にあり、涓水《いんすい》の東方へ市街地がひろがっている。一九五八年以来、その市街地を西半にふくむ「楚王城」が試掘され、戦国時代の楚国の「安陸故城」と同定されている。その市街地の西側を漢丹鉄道（漢口～丹江）が縦断しており、その雲夢駅よりほぼ一〇〇メートル北方に睡虎地は位置している。ここで鉄道の排水溝を掘っているとき、十二基の秦漢墓が発見され、その一つの十一号秦墓から一一五〇簡余りの竹簡が出土したわけである。むろん墓葬はすでに埋めもどされており、その跡はみたところ何の変哲もない線路沿いの溝川である。現場で写真を撮っていると、長い列車が通りすぎてゆき、発掘現場だった雰囲気は少しも残っていない。

龍崗秦簡の出土地はこの「楚王城」の東南に位置し、訪れたときその場所にはすでに刑務所が建っていて、撮影は許可されなかった。だが王然教授の粘り強い交渉によって、やや遠くからの撮影が許された。遠くからでも緊張する撮影であった。

ところで、睡虎地秦簡出土地の近くで、前漢初期の睡虎地漢簡の漢律が発見され注目されている。すなわち二〇〇六年、漢丹鉄道の路床を補強するための工事中に、雲夢駅の北で小型の竪穴土坑墓の七十七号漢墓が発見され、その中から前漢初期の簡牘が多数出土した[16]。場所は睡虎地秦簡を出土した十一号秦墓のすぐ東南である。簡牘は竹簡と牘（竹牘と木牘）に区分され、前者の竹簡の内容は「質日」、「日書」、書籍、「算術」、法律に大別され、後者の竹・木牘は司法文書と簿籍からなる。この七十七号漢墓の年代は前漢文帝末年～景帝期である。つまりそれは下限を前漢高祖劉邦の妻呂后二年とみられる張家山漢簡「二年律令」のすぐ後の年代のものということになる。二〇〇七年三月の調査で湖北省博物館を訪問したとき、その地下室で清理中の実物をみる機会があった。その正式な発掘報告書が出るのが待たれる。

このように、ざっと紹介しただけでも、戦国秦から秦代に関する資料がぞくぞくと増加しており、その研究は国際的に大きく展開している。古代東アジア世界の秩序構造を復原された故栗原朋信先生は、その名著『秦漢史の研究』の序論において「秦代史の研究が、低調であると謂わざるを得ない理由は、……（中略）……なんといっても、その致命的な理由は、史料が乏しいと考えられていることにもとづくであろう(17)」と指摘されたが、それを考えるとまことに感慨深いものがある。秦史研究はこうした多種多様な出土資料の増加によって、陳偉教授の言われるようにまさに「新段階」を迎えているのである。(18)

三　武漢大学「簡帛研究センター」との共同研究

1簡帛研究センター

秦簡に代表される出土文字資料の研究は、目下、中国古代史研究の最尖端の分野として、多くの研究者がその成果を競っている。なかでも陳偉教授が設立した武漢大学「簡帛研究センター」は、当該分野の世界的研究拠点を形成し、内外の研究機関や研究者をはばひろく組織していることで知られる。その研究成果や簡帛発見に関する情報は、同センターの web サイト「簡帛網」（http://www.bsm.org.cn/）に随時アップされ、世界に向けて発信されている。簡帛資料に関する論文を書くときは、学術雑誌で関連論文を探す前に、まずこの専門サイトにアクセスして検索するのが今や常態となっている。

2長江流域文化研究所との共同研究

武漢大学では、これまで中国教育部の国家プログラムの①「戦国時期楚系簡牘資料綜合研究」（一九九九年～二〇〇三年）、②「楚簡の綜合整理と研究」（二〇〇四年～二〇〇八年）、③「秦簡牘の綜合整理と研究」（二〇〇八年～二〇一一年）を獲得し、陳偉教授は①の主持人、②③の首席専家として、中国歴史学界を代表する研究者・オルガナイザーとしての地位を確立している。

長江流域文化研究所では、二〇〇一年以来、陳偉教授を客員教授として招聘し、私も武漢大学の兼職教授（二〇〇〇年三月～二〇〇一年二月）、客座教授（二〇〇一年三月～二〇〇四年五月）として招聘され、お互いがそれぞれの研究組織の中に参加することによって、有機的な研究連係を築き、簡帛資料の共同研究を行ってきた。とりわけ②のプログラムでは、早稲田大学が二〇〇二年度に採択された二一世紀COEプログラム「アジア地域文化エンハンシング研究センター」（拠点リーダー、大橋一章教授）と連係し、二〇〇三年十二月に開催した国際シンポジウム「アジア地域文化学の構築」に陳偉教授を招聘し、上博楚簡「容成氏」に関する「禹之九州与武王伐商的路線——以竹書〈容成氏〉為例看楚簡的史料価値」のご報告をいただいた。[19] この会場で私は、陳偉教授からノートパソコンの画面上で「哲学社会科学研究重大課題攻関項目」の企画書をみせられた。そこで私は初めて自分が「楚簡中の宗教と方術」部門の担当者の一人にリストアップされていることを知った。

またその共同研究の一環として、楚地出土の前漢初期の法制資料、すなわち張家山漢簡の漢律集成「二年律令」および裁判資料「奏讞書」の釈文・注釈の作成にとりくんだ。その成果は『二年律令與奏讞書』（彭浩・陳偉・工藤元男主編、上海古籍出版社、二〇〇七年）として刊行された。このテクストを作成するため、長江流域文化研究所は簡帛研究センター内に「赤外線リフレクトグラフィ用カメラシステム」を設置し、撮影された竹簡の電子データを共有し、釈文・注釈の作業はそれに基づいて行われた。この作業では、正直なところ、当初想定した以上の困難もあった。われわれも武漢側も大学院のゼミ形式で作業を実施した。すなわち両者で事前に担当箇所を分担し、成稿後に互いに原稿を交換して相手の原稿をチェックするわけであるが、しばしば大幅に削除された原稿が戻ってきて呆然とすることがあった。不出来と評価された箇所が遠慮なく削除されるのは当然なのであるが、なぜ削除されたのかが理解に苦しむ場合も少なからずあった。それはわれわれと武漢側の間で当該条文に対する関心の在り方が異なることに原因があるらしい。むろん、われわれも同じようなことを武漢側の原稿に対して行っているのであるが。日中共同研究も形式ではなく、本気でやればこのような一種の神経戦になることを学習した。それだからこそ得がたい貴重な体験だった。

3 楚簡研究の成果

ともあれ、陳偉教授はこうした②のプログラムの成果として、『楚地出土戦国簡冊［十四種］』（経済科学出版社、二〇〇九年）を上梓した。[20] これは戦国楚の故地から出土した包山楚簡など十四種の戦国楚簡に対する新しい釈文・注釈の集成である。それらに最新の釈文・注釈を施した本書は、湖北・河南・湖南の順に排列し、以下のような構成となっている。

一、包山2号墓簡冊（附簽牌）
二、郭店1号墓簡冊
三、望山1号墓簡冊（附簽牌）
四、望山2号墓簡冊
五、九店56号墓簡冊

六、九店621号墓簡冊
七、曹家崗5号墓簡冊
八、曾侯乙墓簡冊
九、長台関1号墓簡冊
十、葛陵1号墓簡冊
十一、五里牌406号墓簡冊
十二、仰天湖25号墓簡冊
十三、楊家湾6号墓簡冊
十四、夕陽坡2号墓簡冊
主要参考文献

これら十四種の竹簡の担当者は次の如くである。包山簡は陳偉・劉国勝・胡雅麗の三氏、郭店簡は李天虹・彭浩・劉祖信・龍永芳の四氏、望山簡は許道勝氏、九店簡は李家浩・白於藍の両氏、曹家崗簡は劉国勝氏、曾侯乙簡は蕭聖中氏、長台関簡は劉国勝氏、葛陵簡は彭浩・賈連敏の両氏、五里牌簡以下の湖南の諸簡は陳松長氏による。出土文字資料のテクスト化で最も困難な作業の一つである外字作成は、葉芃・劉浄の両氏が担当している。

またそれを基本テクストとして著された「楚地出土戦国簡冊研究シリーズ」の専著、すなわち以下の十冊が刊行された。新テクストに基づく最新の楚簡研究の成果である。

陳　偉『新出楚簡研読』（武漢大学出版社、二〇一〇年）
丁四新『郭店楚竹書《老子》校注』（同、二〇一〇年）
陳仁仁『戦国楚竹書《周易》研究』（同、二〇一〇年）
曹建国『楚簡与先秦《詩》学研究』（同、二〇一〇年）
虞万里『上博館蔵楚竹書《緇衣》綜合研究』（同、二〇〇九年）
宋華強『新蔡葛陵楚簡初探』（総五二九頁、同、二〇一〇年）
晏昌貴『巫鬼与淫祀――楚簡所見方術宗教考――』（同、二〇一〇年）
呉良宝『戦国楚簡地名輯証』（同、二〇一〇年）
蕭　毅『楚簡文字研究』（同、二〇一〇年）
李明暁『戦国楚簡語法研究』（同、二〇一〇年）

四　早稲田大学簡帛研究会と秦簡研究

長江流域文化研究所は陳偉教授のプログラム③「秦簡牘の綜合整理と研究」とも連係し、その研究分担者として参加してきた。早稲田大学側では私の他に水間大輔（廈門大学歴史学系博士後研究人員）と森和（慶應義塾大学等非常勤講師）の二人が正規メンバーである。その一環として、二〇一〇年八月前半、猛暑のなかセンターを訪問し、二週間滞在して共同研究に参加した。ほんとうは一ヶ月の滞在を求められていたのであるが、異常に暑い夏だったので、半分に短縮して帰国したが、日本の夏の暑さもさして変わらなかった。滞在中、湖南省長沙市に足をのばし、走馬楼呉簡や里耶秦牘を実見することができた。

翌年の二〇一一年七月には、東北学院大学に滞在中の陳偉教授をお迎えし、長江流域文化研究所・中国出土資料学会臨時例会共催で、「岳麓書院秦簡〝質日〟初歩研究」と題する講演会を早稲田大学で開催した。このときの講演は、私と森和君によって訳され、『中国出土資料研究』第一六号（二〇一二年）に掲載されている。

目下、簡帛研究センターとの共同研究で進めている③の事業は、睡虎地秦簡の訳注である。そのため私の研究室に拠点を置き、「早稲田大学簡帛研究会」では大学院の元ゼミ生を中心にして秦簡の総合的研究を行っている。その成果の一部として、「日本秦簡研究現状」（中文）を『簡帛』誌に紹介した。韓国における秦簡研究の現状に関しては、すでに韓国の尹在碩教授が担当され、「韓国的秦簡研究（一九七九〜二〇〇八）」（『簡帛』第四輯、二〇〇九年）を発表している。本来ならばこれと一緒に同誌に掲載するはずであったが、日本の場合は韓国とくらべて関連論著が多いので、結局、『簡帛』第六輯（二〇一一年）に掲載されることになった。この作業を進める上で私たちは、手分けして関連論著を蒐集し、それをＰＤＦ化した関連論文五一九本、関連書籍四十二冊、それらの目録を「簡帛研究センター」に送った。むろんまだ漏れているものもあるであろうし、またどこまでを「秦簡論文」の範疇として扱うべきかという判断の難しい場合も少なくない。全体的に言えることは、少なくとも日本では秦簡の専門論著が比較的少なく、むしろ秦簡も使った中国古代史研究という研究傾向が多い。研究者層の厚い中国では文字通りの専著が多いのと対照的である。

こうして蒐集された秦簡関連論著の電子データは研究会のメンバーで共有され、執筆された。各項目の担当者は以下の如くである。

序　工藤元男

律令的編纂・継承	楯身智志
司法・刑法	水間大輔
官制	池田敦志
地方行政制度与文書行政	渡邉将智
家庭制度	小林文治
算賦・徭役・兵役	小林文治
田制・農業	谷口建速
牧畜・禁苑	岡本真則
工商業・貨幣	柿沼陽平
爵制・身份制度	楯身智志
対外関係	柿沼陽平
地理	池田敦志
学術・思想	川村　潮
日書	森　和

その後、陳偉教授より現時点までの拡張増補版が求められ、その準備を進めているところである。

目下、残された最大の事業は睡虎地秦簡の訳注と日本での出版であるが、これは単なる訳注ではなく、めざすところは張家山漢簡「二年律令」・「奏讞書」から逆に睡虎地秦簡を読み直す作業である。

むすび

秦簡研究の出発点から現在の研究状況まで、陳偉教授との共同研究を軸にして縷々述べてきた。想い出すことは、一九九八年の夏期、陳偉教授に招聘されて武漢大学「中国伝統文化研究中心」の兼職教授として、愛媛大学の藤田勝久氏と共に専家楼に滞在したことである。私は留学の経験がなかったので、そのひと月の生活が強烈な印象として残っている。このひと月のあいだ、部屋にとじこもって包山楚簡「卜筮祭禱簡」の研究をした。包山楚簡のテクストは大半が外字を要するものなので、通常のデータベース化は困難である。そこで私は、手書きした一簡ごとの原文をさまざま組み合わせして床に並べ、文字通り〝手動データベース〟を繰り返し行った。その検討結果を一九九九年十一月三日に東洋史研究会で「楚簡における卜筮祭禱簡の構造と復元」と題して報告し、論文「包山楚簡「卜筮祭禱簡」の構造とシステム」（『東洋史研究』第五九巻第四号、二〇〇一年）として発表した。これは私の楚簡研究の出発点となったものである。私が部屋で黙々とそのような作業をしているので、みかねた藤田氏が呆れかえり、たびたび外に連れ出してくれた。私としては、旅費から研究費まですべて出して下さった武漢大学への学恩返しのつもりであった。

注

（1）　工藤元男編「日本秦簡研究現状」（『簡帛』第六輯、二〇一一年）。

（2）　栗原朋信『秦漢史の研究』（吉川弘文館、一九六〇年）。

（3）　繆文遠『七国考訂補（下）』（上海古籍出版社、一九八七年）六五四頁。

（4）睡虎地秦簡に関する以下の記述は、拙著『睡虎地秦簡よりみた秦代の国家と社会』（創文社、一九九八年）、とくに「日書」に関しては拙著『占いと中国古代の社会――発掘された古文献が語る――』（東方書店、二〇一一年）を参照されたい。

（5）このときの報告は、工藤元男「従卜筮祭禱簡看〝日書〟的形成」として『《人文論叢》特輯　郭店楚簡国際学術検討会論文集』（湖北人民出版社、二〇〇〇年）に掲載されている。

（6）荊州地区博物館「江陵王家台15号秦墓」（『文物』一九九五年第一期）。

（7）前掲の拙著は、南郡をモデル地域として、睡虎地秦簡にもとづき、占領者の秦と被占領者の楚の関係を〝法と習俗〟という視座から分析したものである。

（8）湖北省荊州市周梁玉橋遺址博物館『関沮秦漢墓簡牘』（中華書局、二〇〇一年）。

（9）甘粛省文物考古研究所・天水市北道区文化館「甘粛天水放馬灘戦国秦漢墓群的発掘」（『文物』一九八九年第二期）。

（10）海老根量介「放馬灘秦簡鈔写年代蠡測」（『簡帛』第七輯、二〇一二年）。

（11）四川省博物館・青川県文化館「青川県出土更修田律木牘――四川青川県戦国墓発掘簡報」（『文物』一九八二年第一期）。

（12）工藤元男・水間大輔・森和「早稲田大学長江流域文化研究所二〇〇五年度夏期海外調査報告――蜀地における秦人墓の調査を中心に――」（『長江流域文化研究所年報』第四号、二〇〇六年）。

（13）湖北省江陵県文物局・荊州地区博物館「江陵嶽山秦漢墓」（『考古学報』二〇〇〇年第四期）。

（14）龍崗秦簡に関する最も新しい総合的な研究として、馬彪『秦帝国の領土経営――雲夢龍崗秦簡と始皇帝の禁苑――』（京都大学学術出版会、二〇一三年）がある。

（15）里耶秦簡を活用して秦代の文書行政を体系的に論じたものとして、藤田勝久『中国古代国家と社会システム――長江流域出土資料の研究――』（汲古書院、二〇〇九年）があり、拙稿の書評「藤田勝久著『中国古代国家と社会システム』」（『日本秦漢史研究』第十一号、二〇一一年）を併せて参照されたい。

（16）湖北省文物考古研究所・雲夢県博物館「湖北雲夢睡虎地 M77 発掘簡報」（『江漢考古』二〇〇八年第四期）。

（17）前掲栗原朋信『秦漢史の研究』。

(18) こうした秦史に関する最新の総合的な研究成果として、鶴間和幸『秦帝国の形成と地域』（汲古書院、二〇一三年）を挙げることができる。

(19) 『アジア地域文化エンハンシング研究センター報告集Ⅱ——二〇〇三年度——』所収（アジア地域文化エンハンシング研究センター、二〇〇四年）。

(20) 本書と「楚地出土戦国簡冊研究シリーズ」に対する書評として、拙稿「陳偉等著『楚地出土戦国簡冊［十四種］』」（『史滴』第三二号、二〇一〇年）がある。

韓国の木簡研究の現況
――東アジア資料学の可能性――

金 慶 浩
（河英美訳）

一 はじめに

二十世紀以来、韓国をはじめとする東アジア三国の古代史研究の傾向を注意深く探ってみると、出土文字資料[1]は歴史研究の二次資料ではなく、主要な研究資料と位置づけられていることがわかる。このような出土文字資料の重要性は、中国の場合、甲骨文や敦煌文書の発見で甲骨学や敦煌学という専門の学問領域が成立したように、竹簡・木簡に代弁される簡牘資料に関する新たな学問領域の可能性も注意深く提起されているというのが実情である。[2]王国維が早くから新しい資料の重要性を強調したように[3]、簡牘と命名される出土文字資料の発掘と整理は、従来ないがしろに取り扱われていた簡牘資料に対する関心が向上し、廃棄されるかもしれない「木のかけら」に新しい生命力を吹き込むことになった。その結果、東アジア三国から共通して出土された木簡の数量が徐々に増加しているのはその良い例である。韓国で発掘された約七百枚余りの木簡（そのうち墨書簡は四〇二枚）をはじめとし、中国と日本ではそれぞれ約四十万枚と二十二万枚の木簡発掘はこれをよく代弁している。

韓国古代史研究で木簡に対する関心と研究は、韓国古代史学会が一九九九年、金海博物館で「咸安城山山城の出土木簡の内容と性格」という主題で開催した学術会議が重要な役割を果たした。この学術会議で発表された三編の論文[4]は、その後の出土文字資料研究の底辺拡大と中国・日本学界との積極的な交流活動の推進および古代東アジア社会の性格を理解するための媒介物として、韓国古代木簡の東アジア史的位置を確定する契機を準備したと言っても過言ではない。特に韓国古代木簡は、文字や文書の発達過程で紙・木の併用時期の過渡期的性向および文字の普及と関連し、日本の古代社会を理解するための重要な内容を含んでいるため、たとえ出土整理された数量は少なくてもその意味は決して過小評価することはできない。

このように韓国をはじめとする東アジア三国で紀元前四世紀から紀元後八〜九世紀に至る期間に製作・使用された多様な用途と形態の木簡資料は、各国の古代史研究に省くことのできない一次資料としての効用であるのみならず、三国の木簡相互間の有機的な伝承関係にある資料が多数含まれているだけに、三国の木簡研究を通した東アジア文化圏の実体を確認するきっかけを提供している。この過程で特に注目される点は、「中国—韓国—日本」に続く木簡の伝承と使用例を中心に見る際[5]、たとえ出土数量は少なくても三国間の漸移地帯にかかっている韓国出土木簡は、三国の木簡における有機的な研究に非常に重要な比重を持っている。

韓・中・日の三国の木簡研究を通した古代東アジア社会に対する理解が、最も重要であるにも関わらず、韓国木簡に対する認識が非常に低い中国の簡牘学会や韓国木簡に対する関心が比較的高い日本の木簡学会、そして中国の竹木簡に比べ日本の木簡に対し相対的に関心が少ない韓国学会などは、木簡に代弁される出土文字資料を通した交流や疎通の空間を活性化できずにいるのが実情である。[6]よって、本稿においては、韓国木簡に対する東アジア学界の関心の向上と東アジア三国の木簡資料に対する有機的な研究のネットワークを構築するきっかけをつくる一環として、韓国木簡研究の現況と課題を眺望しつつ、木簡に代弁される出土文字資料の研究を通じた東アジア資料学の可能性についても注意深く言及しようと考える[7]。

二　韓国木簡の出土現況

韓国で木簡が初めて発見されたのは、一九七五年八月二十日、五十枚の木簡が発掘された慶州の雁鴨池であった[8]。以下、表Ⅰにまとめたように、韓国では二〇〇九年十月現在まで、残簡及び無文のものを含めて全部で七二二枚が発掘され、そのうち四〇二枚に墨書が確認されているものとして報告されている[9]。その中で代表的なものとして、慶州の月城垓子の出土木簡約三十四枚は、六～七世紀に製作された新羅の医薬・王京六部・文書行政に関する画期的な内容を含んでいる[10]。そして新羅の文書行政はもちろん、新羅吏読の発展過程を研究する際に重要な資料として評価されている[11]。河南二聖山城の木簡は、都である慶州からはずれた地方で、新羅の木簡が発掘されたという点において発掘史的な意義が深い。この木簡に関しては、二〇〇〇年十二月に第八次発掘報告書[12]とともに、木簡全体に対する正式な報告書も刊行されたが、木簡の使用年代は、七世紀初頭説が有力である[13]。

一九九二年から木簡が発掘され始めた咸安城山山城の木簡は、二〇〇九年まで十四回にわたる発掘調査を通して単一の場所から最も多い二八一枚（墨書木簡合計二二四枚）が出土した[14]。一九九二年の六枚をはじめに、一九九四年の二十一枚、一九九七年の二十七枚、二〇〇〇年の二枚、二〇〇二年の九十二枚、二〇〇三～四年の一枚、二〇〇五～七年の一一九枚、二〇〇八年の五枚、そして二〇〇九年には三十五枚が追加で出土されたのである[15]。現在の木簡の釈文と内容およびその用途と意味に関する研究が活発に行われている[16]。このような研究とともに『韓国木簡字典』[17]の刊行と

表Ⅰ、韓国出土主要木簡一覧表（二〇〇九年一〇月現在）

木簡出土遺跡	発掘年度	木簡年代	枚数（墨書）	特異点
慶南　昌原　茶戸里	一九八八	紀元前一世紀		筆、削刀（書刀）
仁川　桂陽山城	二〇〇五	百済（四、五世紀？）	三（三）	觚（論語）
忠南　扶余　陵山里寺	一九九二―二〇〇二	百済六世紀中盤	二十四（二十）	削屑、觚（文書）
忠南　扶余　陵山里寺	二〇〇九年公開	百済	一二九	削屑
忠南　扶余　官北里	一九八三―二〇〇三	百済七世紀	十二（十）	木簡廃棄行程
忠南　扶余　双北里一〇二番地	一九九八	百済七世紀	二（二）	唐尺
忠南　扶余　宮南池	一九九五―二〇〇一	百済七世紀	十一（三）	觚
忠南　扶余　双北里県内	二〇〇八	百済六～七世紀	十四（七）	觚
全南　羅州　福岩里	二〇〇六―二〇〇九	百済	六十五（十三）	觚（習書）
慶南　咸安　城山山城	一九九一―二〇〇七	新羅六世紀中盤	二七七（二一〇）	題籤軸
京畿　河南　二聖山城	一九九〇―二〇〇〇	新羅六～七世紀	二十九（十三）	觚（文書）
慶北　慶州　月城垓子	一九八四―一九八五	新羅六～七世紀	三十四（二十九）	觚（文書）
慶北　慶州　皇福寺址	一九四二	新羅七〇六年		仏経冊書簡
慶北　慶州　雁鴨池	一九七五	新羅八世紀	一〇七（六十九）	觚（六面墨書）
慶北　慶州　博物館敷地	一九九八	新羅八世紀	四（二）	
慶北　慶州　皇南洞三七六	一九九四	新羅八世紀	三（三）	
慶南　金海　鳳凰台	二〇〇〇	新羅	一（一）	觚（論語）
全北　益山　彌勒寺址	一九八〇	新羅	二（二）	觚
慶南　昌寧　火旺山城	二〇〇五	新羅	一（一）	觚
合計　十九　遺跡			七二二（四〇二）	觚　十五点以上

これを通した文字が確認される二二四点の城山山城の木簡が整理され、木簡の大きさと形態、書式、筆体などの比較分析に対してより積極的な進行ができるようになった[18]。一九九四年発掘された慶州の皇南洞木簡からは〝椋〟という字が見え、倉庫と関連して注目されたが、この木簡は新羅の帳簿作成の過程と倉庫の管理方式に対する理解を深めてくれた[19]。また、二〇〇五年に発掘された慶尚南道昌寧郡の火旺山城内の三か所の蓮池から出土した七点の木簡の中、判読可能な木簡は四点である。出土された編年が九世紀前半から十世紀半ばのものであることや木簡の性格が祈雨祭や祈晴祭のように水と関連した内容を祈願する祭祀と関連のある用途であったという解釈は、羅末麗初の呪術の性格を理解する重要な木簡と考えられる[20]。

宮南池の木簡二枚は、百済の人口把握方式を示す非常に重要な資料として、さらに中国西魏の丁中制の影響を受けたものとして評価される[21]。扶余陵山里では、棒状の男根型のような木簡をはじめ、五～六点の木簡が発掘され[22]、二〇〇一年に十七点、二〇〇二年に一点が追加で発掘された。また「貸食」という用語からもわかるように、穀物貸与と関連する「佐官貸食記」木簡が扶余双北里から出土され、多くの研究者の注目を引いている[23]。特に百済地域から出土された木簡の出土地が官北里、双北里、宮南池などの地と同じように、主に百済の最後の首都だった扶余地域に集中していたが、最近羅州伏岩里地域から木簡六十五余点が出土し、百済または新羅と同じく、王京だけでなく地方からも木簡が文書行政に使用されていたことがわかる[24]。それだけではなく、羅州文化財研究所では二〇一〇年に正式報告書とともに伏岩里に関する国際学術シンポジウムを開催して伏岩里木簡の研究に対する基礎的な論議を共有できる基盤が提供された。現在まで文字の判読が可能な十三個の木簡の内容は大略表Ⅱの通りである。

表Ⅱのような初歩的な内容で整理された伏岩里木簡についてはその用途や製作時期について現在まで様々な意見が発表されている[25]。

表Ⅱ、羅州伏岩里の出土木簡の主要内容

簡号	主要内容
1	逃亡者の逮捕
2	百済の戸口別の年齢
3	月別の労働報告
4	米貢進の命令文書
5	月別の穀物栽培の労働報告帳簿
6	封緘文書（？）
7	僧侶名を並べた付札
8	昨年の貢進物納入の荷札
9	麻の付札
10	〝郡得分〟付札
11	紀年〝庚午年〟が刻された付札
12	人名だけ記録された付札
13	習書

二〇〇一年に釜山大学博物館からは、金海市鳳凰洞で『論語』公冶長篇の一部を記録した四面の木簡を発掘した。[26] これは韓国で発掘された最初の典籍木簡として新羅時代の政治、および思想史研究の重要な資料と評価を受けている。[27] これに続いて二〇〇五年には、仁川桂陽山城でも『論語』木簡一枚が発掘された。この木簡は、鳳凰洞のそれと類似した多面木簡として公冶長篇など、『論語』の一部が木簡の五面に記載されている。[28] この木簡については、発掘機関が百済の三～四世紀の木簡と推定し[29]一方で、新羅の木簡だという説も提起されている。[30]『論語』木簡の出土は古代東アジア社会での文字や思想の普及という側面からどのような木簡よりも研究者の関心を呼び起こしたが、両地域から出土した資料は各々一枚で、その実状を知るには限界があった。なお『論語』竹簡の一部である〈顔淵〉・〈先進〉の部分が平壌貞柏洞三六四号墳から出土した事実が学界に報告されてからそれに関連のある研究者の関心と成果が増しつつある。[31] とくに、平壌出土の『論語』竹簡はその年代が前漢元帝初元四年（ＢＣ四五）と明らかになってから一九七三年中国河北省定県から出土された宣帝の五鳳三年（ＢＣ五五）の定州漢墓竹簡『論語』[32]とその年代が非常に近接しているため同時代に遺伝した資料としてさらに注目されるようになった。定州漢墓竹簡『論語』は唐山大地震のため完簡がほとんどなかったが、平壌出土の『十語』竹簡は簡文が完整しており、その記載方式や形制の把握ができ『論語』の変遷を理解するのに最も重要な資料として評価されている。

三　韓国の出土文字資料の研究現況

(1)主要研究内容

韓国は出土資料に対する蓄積された研究や組織を持つ中国や日本に比べ、この分野において研究者の数や成果、出土した資料の数量はまだ微々たるものである。韓国の出土文献研究の現況は、中国や日本とは少し違う形相を呈している。韓国の出土資料研究の現況は、韓国で出土した資料についての研究と韓国での中国出土資料についての研究に大別してみることができる(33)。

まず韓国の出土文献研究の現況について探る(34)。韓国の出土文献研究の「画期的」な契機は、咸安城山山城での木簡出土、及びこれに関する研究と『韓国の古代木簡(35)』の出刊、そして二〇〇七年一月九日、韓国木簡学会の成立である。事実、韓半島で最初の木簡出土は、一九三一年の平安南道大同郡彩篋塚で発見された楽浪時期の木簡一点である。その後、一九七五年新羅の都である慶州の雁鴨池で木簡数十点が発見され(36)、これに対する関心が徐々に高揚した。このような雰囲気のなか、数量や内容の面で最も注目されたのが、一九九一年から二〇〇九年まで十四次にわたって発掘が進行した城山山城であった(37)。城山山城の出土木簡の主要内容は、六世紀中葉の洛東江を中心に新羅の地方経営、及び地方の人・物の掌握、物流・通信、徴税や力役、「律令」運用の断面、戸籍作成、文字を使用した文書行政などの具体的な内容などが含まれている(38)。このような「一次資料」の出土は、単に新羅と百済を中心とした韓国古代史研究だけでなく、言語、文字、書体の方面においても活発な研究(39)を可能にさせ、韓国古代社会についての理解が多角的にできた。

本格的な出土文字資料に関する研究は、『韓国木簡基礎研究』（李鎔賢、新書院、二〇〇六年）と『木簡が聞かせる百済の話』（尹善泰、周留城、二〇〇七年）という著書の出版と韓国木簡学会の創立、そして学会学術誌『木簡と文字』（二〇〇八年六月）の創刊号の発刊に代弁することができる。勿論、このような研究活動は中国や日本に比べるとまだ不十分なのは事実である。しかし、一九八〇年代後半から韓国国内各地で出土文字資料の発掘はほとんど毎年報告されており、特に出土文字資料の年代が日本より早い六世紀ごろであることを考慮するならば、韓国の出土文字資料は古代東アジアの文化交流を理解するための「中間的」性格とその重要性が漸次強調されている。また、韓国木簡は紙と併用した時期に出土されているため、叙事材料の変化過程を確認することができる。よって韓国木簡研究は、叙事材料の変化ばかりでなく、これと関連した多様な文書様式の変化とそこに伴う政治、行政、社会制度にまで及んだ影響を把握することができる。[40] たとえ、このような変化に対する認識が韓国の出土木簡研究によっても可能ならば、つまり古代東アジア社会についての共通の認識も可能になるため、その重要性と「中間的」位置を強調することができる。

韓国の出土文献研究のもうひとつの特徴は、中国古代史研究者らによる中国出土資料に関しての研究が進んでいるという点である。この場合、研究者の数が少なく、資料に直接触れる機会がほとんどないため、釈読や考証のような基礎的作業に関する成果よりは、古代中国の歴史像を再構成する側面に焦点が集まっている。よって、簡牘「自体」に対する研究よりもこれを主要資料として利用し、歴史像を復元しようとする試みが主な傾向である。[41] このような中国と日本に比べ、相対的に「劣悪な」研究状況であるが、一九七〇年代、陰鬱な韓国の政治状況と制限された情報の中でも理念や体制を異にした中国（当時は「中共」とよんだ）から雲夢秦簡が出土されたことによって、これを積極的に活用し、秦帝国の支配構造問題を解明する李成珪[42]と金燁[43]の研究は、雲夢秦簡の重要性を世間に知らせる機会となった。特に李成珪は、以後持続的な研究を通して、居延漢簡、尹湾漢簡、そして上孫家寨漢簡ばかりでなく、(44)最近一部の内容が整理・公表された里耶秦簡関連研究(45)と国内外の学者たちがさほど注意を傾けていなかった『香港中文大学文物館蔵簡牘』(46)に紹介された漢簡の内容(47)にいたるまで、出土資料に関する多様な問題意識の提起と研究成果を収めた。また、金燁の連坐制についての持続的な研究は、後学らに積極的に簡牘資料を活用した古代史研究の基盤を形成したと言える。

八十年代初頭の研究成果を基盤として、本格的に出土資料の研究が改進されたのは、八十年代中盤以降からである。この時期の主要な研究傾向は、雲夢秦簡を中心に論議が展開され、(48)九十年代に入ってからは、簡牘資料を基礎とした実に多様な論議が展開された。(49)しかし、九十年代までは少ない研究者数でありながら個別分散的な研究傾向であったとするならば、二〇〇〇年代以降にはより組織的で体系的な研究活動が展開されたと言える。このような研究活動の始まりは、二〇〇一年八月十六～十九日まで湖南省長沙市で開催された「長沙三国呉簡暨百年来簡帛発現与研究国際学術研討会」においての韓国の学者の参加であった。学会終了以後、発刊された論文集に参加者の論文が掲載され、合わせて学会で発表された論文を中心に学会参観記が報告され、本格的な海外学界の出土資料関連研究傾向が国内に向けて紹介され始めた。(50)

二十一世紀に入り、このような持続的な出土資料の発掘と公刊に足並みを揃えるかたちで、出土資料関連研究が持続的に増加し始めた。このような契機のひとつは、中国古代史学会（後に、中国古中世史学会と改称）の成立と、二〇〇五年九月慶北大学で最初の研究会を持ってから現在まで毎月の定期的な集まりを通した簡牘資料の輪読、また中国や日本をはじめとする外国の学者らを招聘して意見交換に非常に大きな役割を遂行した秦漢簡牘研究会の成立である。(51)簡牘研究会で講読した主要な簡牘は、里耶秦簡、張家山漢簡の二年律令、額済納漢簡、そして敦煌懸泉置漢簡などである。さらに最近関連出土文字資料の図版が提供されたことにより、簡牘研究会の進行は単純な講読というよりは、図版を通じた簡牘の形態、書体の分析など多様な研究分野にまで漸次関心の幅が拡大され、学際的研究の可能性が模索されたりもしている。特に研究会では、張家山漢簡の二年律令の資料的価値に注目し、これに対する集中的な講読と、中国および日本で発刊された訳注本および訳注論文など、関連研究成果をもとに国文訳注本を出刊する計画などもある。また一方では、活発な海外学者との交流を通じ、講読過程で解決できなかった内容や新たな研究動向に直接触れるための学術交流も並行して行っている。秦漢簡牘研究会のような研究組織の活性化は、以前の時期に比べ組織的に出土文字資料に対する研究を可能にし、その結果、関連研究成果は質的・量的に飛躍的な成果を収めている。

二〇〇〇年度以降、韓国学界の中国出土資料研究現況は、大体次のように整理することができる。まず楚簡と関連した研究である。秦漢簡牘に比べれば、少ない人数の研究者によりその研究が進行されていたが李承律の主導的な研究[52]や『老子の声で聞く道徳経』（崔珍晰、ソナム、二〇〇一年）や『老子』（崔在穆、乙酉文化社、二〇〇六年）、『帛書老子』（李錫明、清渓、二〇〇三年）などのような著・訳書の出刊とともに、以前の時期の微々たる研究成果とは違い活気を帯びている。また、他の特徴はまだ初歩的であるが、特定の専攻分野の研究者らの占有物ではない、いわゆる「学際的」な研究になっていることである。成均館大学の東アジア学術院東アジア資料学研究会の傘下の組織として始めた「楚簡輪読会」の研究会は、現在〝東アジア出土資料研究会〟という独自的な研究会を設けた。この研究会は金文と楚簡、特に『上博楚簡』をテキストとし、毎月一回という定期的な研究会を現在まで続けてくるなど、活発な研究活動を展開している。この輪読会の最も大きな特徴は、中国古代哲学（思想）専攻者ばかりでなく、歴史、古代文字、中文学など多様な専攻者が共に輪読を進行しているという点である。もちろん、現段階で楚簡についての研究は中国思想や文学（言語）分野の研究者などが主導的に研究をおこなっている。しかし、楚簡研究分野で中国古代思想専攻者の研究成果以外に注目されるものは、中国古代史専攻者の朴俸柱[53]、金秉駿[54]、李晟遠[55]などにより「歴史像の再構成」という側面から統治体制、聖人像、体制や楽制などと関連し楚簡資料を積極的に活用しているという点である。

これとは別に、秦簡研究は雲夢秦簡と里耶秦簡に区別することができる。雲夢秦簡の場合、八十〜九十年代の五十余編に至る専論の研究成果に比べれば、絶対的に少ない[56]。おそらくその主要原因は九十年代後半以降、多様な出土資料の公刊による出土資料に関する釈読などのような基礎作業よりは、これを通じた秦漢時代像の再構成に関心が集中していた中国古代史学者らの学問的性向と密接な関連があるだろう。しかし、この過程においてて疎かにしてはいけない部分は、以前の時期の雲夢秦簡に関する研究が前漢初期の国家体制の解釈に集中されているため、後述する張家山漢簡の研究の基礎になったという点である。また三万七千余枚の中、現在百余枚にも満たない少量が整理・報告された里耶秦簡について、中国と日本の学界はすでに「相当な」研究成果を発表している状況とは別に、韓国学界の状況は形相が違っている。

二〇〇七年十月に中国湖南龍山県で開催された学会参加記[57]、主要研究傾向を中心とした資料紹介の文章[58]、『里耶発掘報告[59]』で紹介された里耶簡牘の内容の戸籍簡[60]、および文書行政[61]を中心に叙述した専論が紹介されたというのが実情である。おそらく雲夢秦簡でも龍崗秦簡を通じた秦帝国の性格の理解とは違い、出土された数量のごく一部分だけが紹介されたために、秦帝国像を糾明することが容易でないのみならず、今後の発表情況に注目しているためだと判断される。

韓国での中国出土資料関連研究は、断然漢簡研究が圧倒的だといえる。漢簡に関する限り、たとえ研究成果の数量が中国や日本に比べ不十分でも、関心分野や水準は決してひけを取らないと見ることができる。このような代表的なものが李成珪の尹湾漢簡に関する一連の研究などである[62]。李成珪は九十年代後半から持続的に該当資料の精密な分析を通じ、地方統治の実状や帝国統治の限界性などを糾明したのである。その結果、前・後漢の違いによる漢帝国の理解などを明らかにした。漢帝国の統治制度と関連して出土資料によるこうした理解は、近年関心の対象になった張家山漢簡『二年律令』と松柏木牘に注目して、漢帝国の編戸支配の実情が分かるようになった。(63)

二年律令に対する関心は、二〇〇五年九月の最初の研究会をもった秦漢簡牘研究会でおこなわれた読解の研究会とも密接な関連がある。張家山漢簡関連研究成果などは、大部分の場合簡牘研究会を通した直・間接的な成果物である。その主要な内容を探ってみれば、いくつかの分野に分けることができる。まず、張家山漢簡二年律令についての訳註が学術誌を通じ発表されたという点である。(64)もちろん、訳註の内容がまだ中国や日本のそれらに比べ少し不十分でも、一歩遅れての出土文字資料に対する研究の出発が現時点では一次資料に対する自身の「声」として初歩的な解釈が可能になったという点にその意味があると言える。

一次資料に対する独自的観点の成立は、まさに独自的な研究成果に発展した。前述の李成珪の代表的な研究成果の他に、尹在碩は、本人の九十年代の秦代家族制度の研究成果(65)を発展させた秦漢時期の后子制をはじめとした家族制度についての研究、(66)任仲爀は八十年代秦代の貲罰研究(67)をはじめとし、出土資料に見える多様な刑罰制度の研究(68)と雲夢秦簡に見える隷臣妾をめぐる身分制の論争から始まり、(69)これを含めた刑罰制度に関する研究、(70)金慶浩の秦漢律行書にみえる文書伝達に関する研究、(71)金秉駿の地方統治と郡県支配に関する研究(72)などのような二〇〇〇年以降の研究の特徴は、研究者らが自身の独自的な観点を成立しながら、多様で新しい研究を試みている。その他にもまだ秦漢時期の出土資料の研究に比べ不完全ではあるが、呉簡に対する持続的な関心と研究もやはり注目しなければならない研究対象でもある。(73)また、上記の古代東アジア社会で中心と周辺の関係を明らかにする楽浪地域の出土木簡戸口簿に対する研究も最近出土文字資料研究の主要なテーマとして提起されている。(74)特に戸口簿と同じ墓である平壌市貞柏洞三六四号墳で出土した論語竹簡の一部の内容は、中国河北省で発見された定州論語竹簡との比較研究を通じて『論語』版本に対する新たな理解と古代東アジア社会での文字の普及と受容に対するより深い解釈を可能にしている。[75]

一九九〇年代、以前の時期とは比較できないほど刮目すべく成長した出土文字資料の研究は、ついに二〇〇四年『歴史学報』（韓国歴史学会）の「回顧と展望」で、出土文字資料だけを一つの研究成果として紹介するほどその重要性が強調されるようになり、[76]二〇一二年「回顧と展望」先秦秦漢史分野の研究成果を「金文と商周史の研究動向」・「楽浪戸口簿論争」・「『二年律令』と秦漢法制史研究」・「出土文献、画像石、礼制、死後世界」などに区分して紹介したのは出土資料を通しての秦漢史研究がすでに重要な内容となったことを意味するのである。[77]なお、上記した二〇〇一年、中国長沙で開催された簡帛学術会議を始めとして「中国社会科学院簡帛学国際論壇」（二〇〇六年、北京）および「中国簡帛学国際論壇」（二〇〇六―二〇一二年、武漢大学）、そして「中国里耶古城・秦簡与秦文化国際学術研討会」（二〇〇七年、中国湖南・龍山）などと同じような学術会議の積極的な参加は、単純な学問交流の次元ではなく、発表や討論を通した相互間の学問的理解を深めることができる機会として作用している。こういった二〇〇〇年度以後の出土文字資料の研究現況は、何よりも八十～九十年代とは違い、新たに発表される出土資料の情報を能動的に応じ、それに伴う研究成果の発表と積極的な学術交流を通した研究基盤が向上している。

(2)　主要研究組織

①　韓国木簡学会

秦漢簡牘研究会の研究組織が韓国の中国古代史研究者を中心に構成された研究会として、主要研究分野は、やはり中国の簡牘資料に比重を置いている。一方、二章で言及した韓国木簡学会は主要研究対象を東アジアの出土文字資料にしていると言える。まず韓国木簡学会組織の大きな特徴は、編集委員の構成が歴史学、国語学、書道学など学際的構成を成しているという点である。合わせて創刊号（二〇〇八年六月）から第五号（二〇一〇年六月）まで毎号中国と日本の簡牘に関する専論が紹介されており、特集主題にも「木簡から見た東アジア世界の文化交流」（創刊号、二〇〇八年六月）、「東アジア古代木簡の形態」（第三号、二〇〇九年六月）のように東アジア的な志向を帯びている。さらに新出資料を紹介する専論の「新出土木簡および文字資料」にも毎号に韓国の資料以外に中国または日本の出土文字資料を紹介している。すなわち、「『長沙走馬楼三国呉簡・竹簡（弐）』新資料の紹介」（于振波、創刊号、二〇〇八年六月）、「唐「故虢王妃夫余氏墓志」考」（第二号、二〇〇八年十二月）、「平壌出土「楽浪郡初元四年県別戸口簿」研究」（尹龍九、第三号、二〇〇九年六月）、「日本出土古代木簡――近年の出土木簡」（三上喜孝、二〇一〇年六月、第五号）、「中国清華大学所蔵戦国時代竹簡」（金錫珍、第七号、二〇一一年）、「日本出土古代木簡――近年（二〇〇八―二〇一一年）出土木簡」（三上喜孝、第七号、二〇一一年）、「二〇一〇年秦漢魏晉簡牘の研究概述」（魯家亮、第八号、二〇一一年）等である。それだけでなく張家山漢簡二年律令に対する訳註の紹介は、韓国古代史研究者のみならず、古代東アジア史を理解するのにも非常に役に立つといえる。

②　成均館大学の東アジア学術院の東アジア資料学研究会

成均館大学の東アジア学術院所属の研究者たちと関連分野の研究者たちが特定の地域及び時期に局限されず、東アジア三国をその研究範囲として想定し、出土文字資料に対する研究を展開するもう一つの研究会は、東アジア資料学研究会である。この研究会は、文献資料の資料的限界の克服と融合を通した古代東アジア社会、歴史、思想などの様々な方面に対する新しい解釈の視野を切り開くために組織した研究会である。つまり、従来の各分野別の孤立的研究を止め、文献と出土文字資料を当時の生活資料という見解から学際的方法で解読しようとする観点を導入し、漢字文化と文字資料の研究領域で古代社会に対するより多角的な理解を可能にする「資料学」という新しい学問分野の可能性を出土文字資料を通じて提示しようとすることが主要な目的である。

研究会を組織した翌年（二〇〇八年八月二十六—二十七日）、学際研究を通じて「出土文字資料」という各研究分科の共通主題を選定、国内で最初に東アジア諸国家（韓国、中国、日本、台湾）、および諸研究分野（歴史学、哲学、古代言語および文字学など）の研究者らが統合的研究を進行した「東アジア資料学の可能性摸索——古代東アジア史の理解を中心に——」という国際学術会議を開催した。合わせてその結果を『東アジア資料学の可能性——古代東アジア史の理解を中心に——』（成均館大学出版部、二〇〇九年）という単行本を出版し、東アジア各国の研究者がその研究成果を共有するために中国社会科学院歴史研究所の簡帛研究中心が発刊する『簡帛研究叢書』シリーズとして発刊された。（『東亜資料学的可能性探索』、中国広西師範大学出版社、二〇一〇年十月）

また、研究会では持続的な国内外学者の招請講演と関連資料に対する講読班を運営して該当分野の先導性を確保している。その良い事例が最近公開された平壌出土貞柏洞三六四号墳竹簡『論語』の資料発掘、および関連国際学術会議の開催（主題：『論語』と東アジア、二〇一〇年八月二十六—二十七日）、そして研究会組織以来、毎月一回ずつ続けている東アジア出土資料の輪読会の定例的運営を言及できる。こういった学術会議と小規模な研究会の活動は、新しい研究方法論および研究過程進行のモデル開発の可能性を一層高めている。言い換えれば、具体的な資料発掘から始めて個別（共同）研究、チーム研究、研究所単位の研究につながる向上的な完結構造を確保したと言える。

二〇〇七年十一月に組織された東アジア学術院の東アジア資料学研究会の主な活動や研究成果は毎月開催される定例発表会以外にもこれまで三回にわたり開催された国際学術会議や関連叢書の発刊があげられる。なお、発刊した叢書は国内では、はじめて東アジア出土資料を対象とした専論である点にその意味がある。叢書の主な内容は次のようである。

(1)『東アジア資料学の可能性――古代東アジア史の理解を中心に』(権仁澣・金慶浩・李承律責任編集、成均館大学出版部、二〇〇九年十月)[78]

第一部：出土文字資料研究の可能性
金慶浩(成均館大学)：二十一世紀東アジア出土資料研究現況と「資料学」の可能性――古代東アジア史の理解を中心に――
李承律(成均館大学)：出土文字資料と中国古代思想史
藤田勝久(日本愛媛大学)：中国古代の簡牘と記録――木簡研究に対する一視点――
平川南(日本国立民俗博物館)：古代日本出土文字資料研究の新視点
第二部：文字と言語
季旭昇(台湾　玄奘大学)：経学と文字学を通してみた上博楚簡の学術史的価値(従経学及文字学談談上博楚簡在学術史上的価値)
陳偉(中国　武漢大学)：『二年律令』中の「偏(颇)捕(告)」に対する新しい解釈(『二年律令』〝偏(颇)捕(告)〟新詮)
権仁瀚(成均館大学)：咸安城山山城木簡の中の固有名詞の表記について
犬飼隆(日本　愛知県立大学)：日本語史と東アジア木簡
第三部：地域と社会
谷中信一(日本　日本女子大学)：先秦時代斉・楚文化の源流
陳松長(中国　湖南大学岳麓書院)：岳麓書院所蔵の秦漢にみえる郡名についての一考察(岳麓書院蔵秦簡中的郡名考略)
李均明(中国　清華大学)：秦漢文書制度考察

（2）『竹簡・木簡に反映された古代東アジア』（金慶浩・李承律　責任編輯、成均館大学出版部、二〇一〇年十二月）
一部：東アジア木簡の研究現況
金慶浩（成均館大学）：韓中日東アジア三国の木簡出土および研究現況
李承律（成均館大学）：中国の木簡
二部：韓国木簡の世界
李成市（日本　早稲田大学）：東アジアから見た新羅木簡の位相――日本出土木簡との比較を中心に
尹善泰（東国大学）：木簡から見た漢字文化の受容と変容
呂静（中国　上海復旦大学）：韓国の慶州の雁鴨池出土〝策事〟木簡に関する試論
三部：木簡と言語・文字の世界
李鎔賢（国立扶余博物館）：木簡から見た韓国の文字と言語
大西克也（日本　東京大学）：出土資料から見た中国古代の文字と言語
三上喜孝（日本　山形大学）：日本古代の文字と言語
四部：木簡と秦漢帝国
卜憲群（中国社会科学院歴史研究所）：湘西里耶秦簡と秦代歴史研究
胡平生（中国文化遺産研究院研究員）：里耶行政文の運営から見た秦王朝の基層統治
彭浩（武漢大学簡帛研究中心研究員）：数学と漢代の国土管理
趙凱（中国社会科学院歴史研究所）：『漢書・文帝紀』「養老令」新考

(3)　『地下の『論語』、紙上の『論語』』（金慶浩・李昤昊　責任編集、成均館大学出版部、二〇一二年）

一部：出土文献『論語』と東アジア
金慶浩：出土文献『論語』、古代における東アジア史での受容と展開
尹在碩：韓国・中国・日本出土『論語』木簡との比較研究
李成市：竹簡・木簡から見た東アジア世界
二部：出土文献『論語』の性格と内容
尹龍九：平壌出土『論語』竹簡の記載方式と異文表記
橋本繁：韓国で出土した『論語』木簡の形態とその用途
三上喜孝：日本古代地方社会での『論語』の受容——習書木簡の検討を中心に
梁濤：出土簡帛と'子曰'問題の再考察
単承彬：古本『論語』に関する再認識
三部：『論語』に関わる様々な論議
李昤昊：朝鮮論語学の形成と展開様相
全在東：正菴李顕益の『論語』解釈研究
李昤昊・孫喆培：James Legge の『論語』翻訳の特徴と位相
唐明貴：二十世紀以来の中国学者の『論語』研究に関する文献綜述

四　結び――東アジア資料学の可能性

筆者が注目した出土文字資料の研究方向は、東アジア地域をその研究の範囲に設定しなければならないという点である。周知のように中国の出土資料は、紀元前三世紀から紀元後八世紀にかかる時期のことであり、その大部分が完備した形態を整えており、内容もまた当時の社会像を理解するための資料としての性格を整えている。したがって、たとえ韓国の木簡と出土時期が違っても、叙事材料が同一であるために一定水準までは二つの地域の出土資料を比較・分析することが可能である。韓国の木簡と日本の木簡は中国のそれに比べ、時期的に隣接しているので形態の類似性や内容分析を通した二つの地域の文化発展関係などを理解することができる。例えば記録簡の記載様式を見れば、六世紀前半と推定される夫余陵山里寺址木簡（三〇四号）には「四月七日宝憙寺智眞慧」と明記され、日時や署名、そして小さい文字で僧侶の名前が記録されている。これと類似の内容の日本の木簡の中で七世紀後半と推定される福岡大宰府出土木簡には「八月□日記貸稲数［　］財財マ人×物×」の記載内容を見れば、やはり日時を書き、その下に二行で人名を明記している。したがってこのような書式の共通性により文化の断面を確認することができる。[79]また韓中日三国で共通で出土された『論語』木簡の場合、韓国で出土した『論語』木簡は、觚という多面体に叙事されている。このような叙事様式は中国で仮に觚と書かれた『論語』木簡は見られないが、漢代には觚を使った叙事様式を確認できる点は西域で出土した漢簡の影響を受けたと見られる。[80]また、日本でも仮に觚と書かれた『論語』ではなく、『千字文』の事例が確認される点など、中国漢代の叙事方式の影響を受けた韓半島の独自の文字文化がまた日本に伝播した事例として解釈することができる。[81]

もし出土資料の『論語』を単純に典籍で取り扱い文献学的分析だけを試みるならば、現存の文献資料との対照研究[82]に終わる可能性が濃厚である。この資料を通じて古代東アジア社会で当時の人々が共通して『論語』を学習（あるいは習書）用の主要テキストと見なしたとしても、これを受け入れる各社会では制度や文化の差により異なった様相を見せただろう。こういった東アジア地域での『論語』木簡の受容過程を文化や制度が違う各国家でそれぞれ歴史的位置に付与する際、単純な論語木簡の意味ではない東アジア社会を理解できる生き生きとした資料としての意味を持つようになるのである。もちろん、東アジア社会を理解するための方法論としての出土資料研究を強調したのは、筆者の外にも多くの先・同学らが言及したことである。[83]今一度筆者が言及する主要な理由は、過去二十世紀の百余年間、各国での出土資料研究は該当資料に対する正確な釈読と、これを通じた時代別歴史社会像の構築であったと言及することができる。しかし二十一世紀の出土資料研究は、制限された空間と時間を跳び越え縦横に疎通し、東アジア社会の下絵を作り出す研究が進行されなければならない。そのようにしてこそ、最近一部で議論されている実証（体）なき「言説」あるいは「理論」としての「東アジア論」を克服した実証的資料研究を通した立論が可能だからである。なぜなら、社会的背景や情報の流通の中で形成されたのが資料ならば、このような資料の内容はまさに当時の社会を理解できる情報なのである。よって二十一世紀以後、多くの研究者間の学際的研究と交流の進展は、歴史の真の輪をより一層拡大させることであり、最終的にこのような研究は決して実現できない対象ではないだろう。合わせてこのような研究が「夢」でない現実として具現される時、はじめて出土文字資料と紙文書を含む名実共に「資料学」としての独自の学問が成立するのではないかといえる。

注

（1）本稿で扱おうとする出土文字資料の対象は、中国の戦国～秦漢時期に出土された竹簡と木簡、六～八世紀を中心に韓国及び日本で出土された木簡に限定して叙述しようとする。

（2）研究者らは、習慣的に或いは叙事材料によって「簡帛学」、「簡牘学」、「木簡学」の多様な用語を使用している。また、研究範囲および他の学問との関係に対しての成立がまだ不明瞭のようである。例えば、何茲全は簡牘に対する整理研究とこれを通じた中国史研究の開拓であると定義した後、協議の簡牘学という簡牘自体に対する整理と考訂であると言及した（何茲全、「簡牘学与歴史学」、『簡帛研究』第一輯、一九九三年、一―三頁）。一方で高敏は、すべての出土簡牘を総合した縦横の研究を進行して古代簡冊制度の淵源、内涵、演変などの関連した内容を明らかにする学問であると言及した（高敏、「略談簡牘研究与簡牘学的関係和区別」、『秦漢魏晉南北朝史論考』、中国社会科学出版社、二〇〇四年）。筆者もまた二十一世紀以後、研究者間の学際的研究と交流の進展は「資料学」であるという独自の学問の成立の可能性を提起したことがある（拙稿、「二十一世紀東アジア出土資料研究現況と「資料学」の可能性」『史林』第三一号、二〇〇八年）。

（3）王国維、「最近二三十年中中国新発見之学問」、〝古来新学問起　大都由于新発見〟（胡平生・馬月華校注、『簡牘検署考校注』、上海古籍出版社、二〇〇四年、九頁から再引用）。

（4）『韓国古代史研究』一九（韓国古代史学会、一九九九年）は咸安城山山城の特集号として謝桂華（尹在碩　訳）、「中国から出土された魏晉代以降の漢文簡紙文書と城山山城出土木簡」、平川南、「日本古代木簡研究の現状と新視点」、李成市、「韓国木簡研究の現況と咸安城山山城出土の木簡」をそれぞれ発表した。

（5）李成市、「古代朝鮮の文字文化と日本」、『国文学』四七巻―四号、二〇〇二年、一五頁。氏は咸安城山山城の木簡を中国と日本の木簡の中間段階として理解したのち、韓国・中国・日本の古代木簡の共通性と類似性を「中国大陸（A）→韓半島（A'→B）→日本列島（B'→C）」という図式を設定し、東アジア古代木簡の伝播、受容、そして変容について説明している。

（6）韓・中・日の東アジア三国の出土文字資料を通した交流と疎通の空間は、最近中国と日本に比べて相対的に韓国学界の役割と比重が徐々に増加しているようである。たとえば、『古代中国の公・私文書流通と帝国秩序』（中国古中世史学会第三回国際学術討論会、二〇〇八年五月二十二〜二十三日、忠北大学）；『東アジア資料学の可能性模索——出土資料を中心に——』（成均館大学　東ASIA学術院　人文韓国事業団　国際学術会議、二〇〇八年八月二十八〜二十九日、成均館大学）；『古・中世中国の出土文物と統治政策』（第一五九回　中国古中世史学会　定期発表会、二〇〇八年九月二十七日、慶北大学人文大学）；『東アジア古代木簡の形態』（韓国木簡学会　第三回　国際学術会議、二〇〇八年十一月二十九日、慶北大学）；『東アジアの木簡研究と新出土文字資料』（韓国木簡学会　第四回　国際学術会議、二〇〇九年十一月二十八日、ソウル大学）などが代表的な学術交流空間である。これ以外にも、日本の愛媛大学「資料学」研究会（研究主題：『東アジアの出土資料と情報伝達と研究』、代表：藤田勝久）の研究活動、または東アジア三国の出土文字資料研究と関連した持続的な研究を行っている。

(7)　權仁澣、金慶浩、李承律　責任編集、『東アジア資料学の可能性——古代東アジアの理解を中心として——』（成均館大学出版部、二〇〇九年）から歴史、思想、文字、言語などの学際的側面から出土文字資料に対する研究成果を紹介している。

(8)　李基東、「雁鴨池から出土された新羅木簡に関して」、『慶北史学』一、一九七九年、一一五〜一三三頁。雁鴨池木簡に関して、最近赤外線撮影などを通した新しい判読文の提示など、従来一部の木簡についてだけ進行されていた研究に、再検討がなされている。これについては、尹善泰、「雁鴨池出土「門号木簡」と新羅東宮の警備——国立慶州博物館撮影赤外線　善本写真を中心として」；橋本繁、「雁鴨池木簡判読文の再検討」；咸舜燮、「国立慶州博物館所蔵の雁鴨池木簡の新たな判読」（以上、『新羅文物研究』、創刊号、国立慶州博物館、二〇〇七年）を参考。

(9)　韓国の古代木簡研究現況については、朱甫暾、「韓国の木簡研究三十年、その成果と展望」；李成市、「韓国木簡と韓国史研究」；朴鍾翊、「考古資料としての古代木簡」（以上、『古代の木簡、そして山城』、国立扶余博物館、国立伽耶文化財研究所編、二〇一〇年）。また、朝鮮文化研究所編、『韓国出土木簡の研究』（雄山閣、二〇〇七年）、第一篇「韓国出土木簡の相貌」に掲載された四編の論文（李基東、韓国古代木簡の発見による新羅・百済史研究の新たな進展」；李鎔賢、「韓国における木簡研究の現状」；尹善泰、「韓国古代木簡の出土現況と展望」；李鎔賢、「新羅木簡の形状と規格」）などを参照。

(10)　国立慶州文化財研究所、『月城垓子——発掘調査報告書Ⅱ—考察—』、二〇〇六年；李鎔賢、「第一編　慶州月城垓子木簡」、

『韓国木簡基礎研究』、新書院、二〇〇六年・；尹善泰、「月城垓子出土の新羅文書木簡」、『歴史と現実』五六、韓国歴史研究会、二〇〇五年・；李成市、「朝鮮の文書行政——六世紀の新羅」（『文字と古代日本——文字による交流』二、吉川弘文館、二〇〇五年）。

(11) 金永旭、「古代韓国木簡に見える釈読表記——郷歌表記法の起源を探って——」、『口訣研究』一九、二〇〇七年・；李鎔賢、「木簡から見た新羅の文字、言語生活」、『口訣研究』一八、二〇〇七年・；李鎔賢、「文字資料としてみる三国時代言語文字の展開」、『口訣研究』一九、二〇〇七年・；鄭在永、「月城垓子一四九号木簡に現れる吏読について」、『木簡と文字』（創刊号）、二〇〇八年。

(12) 漢陽大学博物館、『二聖山城』、第八次発掘報告書、二〇〇一年。

(13) 発掘報告者は、五世紀ごろの木簡とみなし、百済時代のものと判断しているが（鮮文大考古研究所、『桂陽山城』、二〇〇八年）、一般的には七世紀の新羅時代のものとみなしている（朱甫暾、上の論文、二〇一〇年、二三頁）。二聖山城の年代と関連し、朱甫暾、「二聖山城出土の木簡と道使」、『慶北史学』一四、一九九一年・；金昌鎬、「二聖山城出土の木簡年代問題」、『韓国上古史学報』一〇、一九九二年・；李道学、「二聖山城出土木簡検討」、『韓国上古史学報』一二、一九九三年などを参照。

(14) 国立伽耶文化財研究所、『咸安城山山城　発掘調査報告書Ⅵ』（二〇一一年）。

(15) 国立伽耶文化財研究所、『咸安城山山城第十二次発掘調査現場説明会資料集』、二〇〇七年十二月十三日・；国立伽耶文化財研究所、日本早稲田大学朝鮮文化研究所共同研究資料集、『咸安城山山城出土木簡』、二〇〇七年十二月・；国立伽耶文化財研究所、日本早稲田大学朝鮮文化研究所共同研究記念学術大会発表集、『咸安城山山城出土木簡の意義』、二〇〇七年十二月・；大韓民国国立伽倻文化財研究所、日本早稲田大学朝鮮文化研究所編、『日韓共同研究資料集咸安城山山城木簡』、雄山閣、二〇〇九年。；国立伽耶文化財研究所、『咸安城山山城第十三次発掘調査現場説明会資料』（二〇〇八年）、『咸安城山山城第十四次発掘調査結果報告』（二〇〇九年）などを参照。これと関連して城山山城の木簡研究はだいたい三期に区分できる。第一期は一九九八年二十七枚の木簡の公開で、第二期は二〇〇四年『韓国の古代木簡』を刊行する際、一一六点の木簡を中間報告した時期で、第三期は二〇〇六—七年から二〇〇九年まで毎年現場説明会資料というかたちで一五二点が追加で公開された時期に区分できる。

(16) 本稿では、咸安城山山城出土木簡の成果の全てを取り上げることはできない。ただ、主要研究論文とその脚注で紹介された研究論文を参考にしていただきたい。主要研究成果としては、金昌鎬、「咸安城山山城出土木簡について」（『咸安城山山城』、国立昌原文化財研究所、一九九八年）；朴鍾益、「咸安城山山城発掘調査と木簡」；朱甫暾、「咸安城山山城出土木簡の基礎的検討」；李成市、「韓国木簡研究の現況と咸安城山山城出土の木簡」；平川南、「日本古代木簡研究の県境と新視点」（以上、『韓国古代史研究』一九、二〇〇〇年に収録）；尹善泰、「咸安城山山城出土新羅木簡の用途」（『震檀学報』八八、一九九九年）；李鎔賢、「咸安城山山城出土木簡」（『韓国の古代木簡』、国立昌原文化財研究所、二〇〇四年）；李鎔賢、「咸安城山山城出土木簡と六世紀新羅の地方経営」（『国立博物館東垣学術論文集』五、二〇〇三年）；李京燮、「咸安城山山城木簡の研究現況と課題」（『新羅文化』二三、二〇〇四年）；李京燮、「城山山城出土荷札木簡の製作地と機能」（『韓国古代史研究』三七、二〇〇五年）；全徳在、「咸安城山山城木簡の内容と中古期新羅の収取体系」（『歴史と現実』六五、二〇〇七年）；金在弘、「咸安城山山城出土木簡と村落社会の変化」（『国史館論叢』一〇六、二〇〇五年）；鄭桂玉、「城山山城木簡の出土状況について」（『韓国出土木簡の世界』、雄山閣、二〇〇四年）；橋本繁、「城山山城木簡と六世紀新羅の地方支配」（工藤元男・李成市編、『東アジア古代出土文字資料の研究』、雄山閣、二〇〇九年）などを参照。

(17) 孫煥一編著、『韓国木簡字典』（国立伽耶文化財研究所、二〇一一年）。この字典には二〇一一年十一月の現在まで発掘されたすべての墨書木簡を網羅して赤外線写真と判読文を提示している。しかし、編著者一人により作成され、一部の内容に対する削文は再検討が要求される。なお、簡号もまた同じ機関から刊行した『韓国の古代木簡』とは異なる体制を働き、混沌の余地がある。

(18) 李京燮、「城山山城出土新羅木簡の研究の流れと展望」、韓国木簡学会第七回定期学術大会の発表文参照。

(19) 金昌錫、「皇南洞三七六遺跡出土木簡の内容と用途」『新羅文化』一九、二〇〇一年；李成市、「韓国の木簡について」、『木簡研究』一九、一九九七年；李鎔賢、上の本（二〇〇六年）、「皇南洞三七六遺跡出土木簡の性格と復元」四四〇～四六五頁参照。

(20) 金在弘、「昌寧火旺山城龍池出土木簡と祭儀」(『木簡と文字』第四号、二〇〇九年十二月);金昌錫、「昌寧火旺山城蓮池出土木簡の内容と用途」(『木簡と文字』第五号、二〇一〇年六月)参考。

(21) 扶余宮南池木簡の性格については、文書木簡(朴賢淑、「宮南池出土百済木簡과 王都 五部制」、『韓国史研究』九二、一九九六年に見える〝部—巷〟の記録を基礎とし、王都五部制を論じながら、特に〝西部 後巷〟の存在は王都五部制が変化・発展した事実として理解し、武王代の王都五部制が五部五項制に改編したことを言及している)、過所木簡(李鎔賢、「扶余宮南池出土木簡の年代と性格」、宮南池、国立扶余文化財研究所、一九九九年には、王都の西部である巳達巳斯がどんな規定により、あるいは巳達巳斯と依□□□の二丁二帰人六人を連れ、移動するのに必要な通行証と把握している)、戸籍木簡(尹善泰、『木簡が聞かせる百済の話』、周留城、二〇〇七年、二一三〜二一八頁では、西部沪杭に所属していた丁二人と中口四人、小口二人など八人が単一の戸を構成した人々だと把握していた)などとしてその性格を理解している。それ以外にもホン・スンウ、「木簡資料として見る泗沘時期百済律令」(『第六回韓国木簡学会　定期発表会発表文』、二〇〇九年、四九〜五二頁。)では、この木簡が戸籍類ならば、後面の丁二人は、「一丁男　一丁妻」の可能性を提示した。また、朴珉慶、「百済宮南池木簡についての再検討」(『木簡と文字』第四号、二〇〇九年)では、「帰人」と「部夷」の意味を外来界出身に既存の百済民と区別されていることを強調している。

(22) 尹善泰、上の本、二〇〇七年、一一三〜一三三頁参照。

(23) 孫煥一、「百済木簡佐官貸食記の分類体系と書体」、『韓国思想と文化』四三、二〇〇八年、一〇六〜一〇七頁。;李鎔賢、「「佐官貸食記」と百済貸食制」、『百済木簡』、国立扶余博物館、二〇〇八年・;盧重国、「百済の救恤・賑貸政策と「佐官貸食記」木簡」、『白山学報』八三、二〇〇九年、二一三頁・;三上喜孝、「古代東アジア出挙制度試論」、『東アジア古代出土文字資料の研究』、雄山閣、二〇〇九年、二六七頁・;鄭東俊、「「佐官貸食記」木簡の制度史的意味」、『木簡と文字』第四号、二〇〇九年;ホン・スンウ、「「佐官貸食記」に現れる百済の量制と貸食制」、『木簡と文字』第四号、二〇〇九年などを参照。

(24) 伏岩里出土木簡に関しては金聖範の初期の研究が大きな役割をはたした。主な研究では「羅州伏岩里遺跡出土百済木簡とその他の文字関連遺物」、『木簡と文字』第三号、二〇〇九年;「羅州伏岩里木簡の判読と釈読」、『木簡と文字』第五号、二

○一〇年；「羅州伏岩里遺跡出土木簡の判読と意味」、『六―七世紀栄山江流域と百済』（羅州文化財研究所主催、国際学術会議論文集、二〇一〇年）等を参照。

(25) 李鎔賢、「羅州伏岩里木簡研究の現況と展望」、韓国木簡学会第七回定期学術大会　発表文参照。

(26) 釜山大学校博物館、『金海鳳凰洞低湿地遺蹟』（研究叢書　第三三輯）、二〇〇七年、五二～五八頁。

(27) 橋本繁、「金海出土『論語』木簡と新羅社会」、『朝鮮学報』一九三、二〇〇四年；橋本繁、「古代朝鮮における『論語』受容再論」、『韓国出土木簡の世界』、雄山閣、二〇〇七年などを参照。

(28) 李成市、「韓国木簡研究の現在――新羅木簡研究の成果を中心に」、東アジア古代出土文字資料の研究、雄山閣、二〇〇九年、二二三～二二七頁。

(29) 李亨求、『桂陽山城発掘報告書』（鮮文大学考古研究所、仁川広域市桂陽区）、二〇〇八年。李亨求氏の見解によれば、「桂陽山城出土〈『論語』木幹〉の書体も魏晉時期に流行した写経体と密接な関係があると見ることができる。この使用時期は〈『論語』木幹〉と共に出土した円底短径壺の考古学連帯の四～五世紀と概して一致している。また〈『論語』木幹〉が出土した同じ層位（Ⅶ層）で収拾された木材史料で科学的な測定年代が考古学的な年代と符合しており非常に注目される」とあり、その論語木簡の年代を四～五世紀に推定している。

(30) 仁川広域市桂陽区庁、財団法人겨레文化遺産研究院、仁川桂陽山城四次発掘調査略報告書（二〇〇九年九月）によれば、出土された遺物のなかで土器類は新羅～統一新羅時代、年代は統一新羅末から高麗と推定している（二九頁）。このような状況で見るとき、百済の三～四世紀の木簡と推定する現在としては多少無理がある。

(31) 李成市・尹龍九・金慶浩、「平壌貞柏洞三六四号墳出土竹簡《論語》について」、『木簡と文字』四、二〇〇九年；橋本繁訳、「平壌貞柏洞三六四号墳出土竹簡《論語》について」、『中国出土資料研究』第一四号、中国出土資料研究会、二〇一〇年；劉思孟訳、「平壌貞柏洞三六四号墳出土竹簡《論語》」、『出土文献研究』一〇輯、中華書局、二〇一〇年；金慶浩・李昤昊責任編集、『地下の論語、紙上の論語』（成均館大学出版部、二〇一二年）等を参照。

(32) 河北省文物研究所定州漢墓竹簡整理小組、『定州漢墓竹簡論語』、文物出版社、一九九七年。

（33）金秉駿、「韓国木簡研究の現状」『資料学の方法を探る――情報発信と受容の視点から』（七）、愛媛大学「資料学」研究会、二〇〇八年三月。
（34）韓国古代木簡に対する研究現況については、尹善泰、「韓国古代木簡の出土現況と展望」、国立昌原文化財研究所編『韓国の古代木簡』（昌原、国立昌原文化財研究所、二〇〇四年）；「韓国古代木簡の出土現況と展望」、『韓国出土文献の世界』（雄山閣、二〇〇七年）；李鎔賢、「韓国における木簡研究の現状」、『韓国出土文献の世界』（雄山閣、二〇〇七年）；朱甫暾、「韓国木簡研究の現況と展望」、『木簡と文字』（創刊号）、二〇〇八年などを参考。
（35）国立昌原文化財研究所編『韓国の古代木簡』（昌原、国立昌原文化財研究所、二〇〇四年）。本書は咸安城山山城をはじめとする十二か所から出土された木簡の図版と七編の論考、そして付録として「判読文一覧表」、「木簡出土地分布地図」、「参考文献目録」などとして構成されている。
（36）李基東、「雁鴨池から出土された新羅木簡について」、『慶北史学』一、一九七九、一一五～一三三頁。
（37）一九九二年、一九九四年の調査を通じ、二十七点の木簡が発見（墨書が確認されたのは二十四点）され、二〇〇二年に九十二点の木簡発見（墨書確認六九点）と二〇〇三年に一点が追加で発見された。また、二〇〇七年に十二次発掘を通じ、七十六点の木簡が出土された（これについては、国立伽耶文化財研究所、「咸安城山山城第十二次発掘報告書」（現場説明会資料集）、二〇〇七年を参照）。
（38）李鎔賢、「咸安城山山城出土木簡」（前の本、雄山閣、二〇〇七年、二三四頁）；国立伽耶文化財研究所、『咸安城山山城第十三次発掘調査現場説明会資料』（二〇〇八年）、『咸安城山山城第十四次発掘調査結果報告』（二〇〇九年）。
（39）金永旭、「古代韓国木簡に見える釈読表記――郷歌表記法の起源を探って――」、『口訣研究』一九、二〇〇七年；李鎔賢、「木簡から見た新羅の文字、言語生活」、『口訣研究』一八、二〇〇七年；「文字資料からみる三国時代言語文字の展開」、『口訣研究』一九、二〇〇七年；鄭在永、「月城垓字一四九号木簡に現れる吏読について」、『木簡と文字』創刊号、二〇〇八年；高光儀、「六～七世紀新羅木簡の書体と書芸史的意義」、『木簡と文字』創刊号、二〇〇八年；孫煥一、「咸安城山山城出土木簡の書体についての考察」、『韓国の古代木簡』（昌原、国立昌原文化財研究所、二〇〇四年）などを参照。

(40) 叙事材料の編纂による国家政治制度の変化にたいする考察は、すでに富谷至、『木簡・竹簡の語る中国古代』（岩波書店、二〇〇三年→林炳德 訳『木簡と竹簡からみる中国古代文化史』、四季節、二〇〇五年）を参照。

(41) 鄭夏賢、「韓国からの簡牘研究と中国古代史理解」、『中国古中世史研究』一六輯、二〇〇六年には、七十年代後半以降の現在までの簡牘史料関連研究状況を時代別、そして該当簡牘別に整理している。また、李成珪、「第二章 先秦・秦漢史研究」、『韓国の学術研究』第二部東洋史（大韓民国学術院、二〇〇六年）では、この分野の全ての研究成果を網羅している。この二編の論文は必ず参考にしていただきたい。よって、本稿では研究者の個別の研究成果については、紹介していない。

(42) 李成珪教授の「秦の土地制度と斉民支配――雲夢出土秦簡を通じた商鞅変法の再検討」（『全海宗博士華甲紀念私学論叢』）、一九七九年）をはじめとする秦帝国の支配構造に対する問題提起はその著書である『中国古代帝国成立史』（ソウル、一潮閣、一九八四年）にまとめられている。

(43) 金燁、「雲夢出土秦簡と漢初の徴兵年齢」、『全海宗博士華甲紀念私学論叢』、一九七九年。

(44) 以上、李成珪の研究成果については、鄭夏賢の前の論文（二〇〇六年）三一八〜三二二頁を参照。

(45) 李成珪、「里耶秦簡南陽戸人戸籍と秦の遷徙政策」、『中国学報』五七、二〇〇八年。

(46) 陳松長編著、『香港中文大学文物館蔵簡牘』（香港中文大学文物館、二〇〇一年）。

(47) 李成珪、「前漢の大土地経営と奴婢労働――香港中文大学文物館所蔵簡牘「奴婢廩食粟出入簿」の分析を中心として」、『中国古中世史研究』二〇、二〇〇八年。

(48) この時期の代表的な研究としては‘隷臣妾’をとりまく身分制関連論争【林炳德、「雲夢秦簡に見える隷臣妾の身分的性格」、『成大史林』四、一九八七年）と辛聖坤、「‘隷臣妾’身分についての試論的考察」、『ソウル大東洋史学科論集』、一九八五年】、罰金刑に対する研究【任仲爀、「雲夢秦簡の貲罰について」、『東洋史学研究』二四、一九八六年】、士伍身分に対する【尹在碩、「秦代‘士伍’について」、『慶北史学』一〇、一九八七年】などがある。

(49) 九十年代以降、多様な論議については、鄭夏賢の前の論文（二〇〇六年）を参照。

(50) 学会に参加したあと、李成珪、「前漢長安武庫収蔵目録発現――関於尹湾簡牘『武庫永始四年兵車器集簿』之探討」（長沙市文物考古研究所編、『長沙三国呉簡暨百年来簡帛発現与研究国際学術研討会論文集』、中華書局、二〇〇五年）の論文が一足遅く出刊されたのであり、学会参加期が報告され、出土資料に対する本格的な国外の研究傾向を紹介され始めた。

(51) 二〇〇五年九月慶北大学ではじめての研究会を開催して以来、毎週第一土曜日に定期的な研究会を現在（二〇一一年二月）まで合計五十七回を行っている。

(52) 「郭店楚簡「唐虞之道」の「尊賢」思想と先秦儒家の尚賢論」『東洋史学研究』七八、二〇〇二年；『郭店楚簡儒教の研究——儒系三篇を中心にして』（汲古書院、二〇〇七年）；「上海博物館蔵戦国楚竹書《容成氏》の古帝王帝位継承説話研究」『大巡思想論叢』一七、二〇〇四年などがある。

(53) 「包山楚簡に翻訳された楚の統治体制」『古代中国の理解』三、一九九七年；「郭店楚簡の君臣論とその楚国史的意味」『東洋史学研究』七八、二〇〇二年など。

(54) 「神の笑、聖人の楽——中国古代神聖概念の再検討——」『東洋史学研究』八六、二〇〇三年。

(55) 「古代中国の楽の起源とその変更——社会統合性理解を中心として」『東洋史学研究』九四、二〇〇六年。

(56) 韓国の秦漢研究の現況については、尹在碩、「韓国的秦簡研究（一九七九—二〇〇八年）」『簡帛』四、二〇〇九年を参照。

(57) 中共龍山県委と龍山県人民政府が主観した中国里耶古城、秦簡与秦文化国際学術研討会が二〇〇七年十月十七日から十九日まで、龍山県で開催された本会議で韓国からは、尹在碩、「里耶秦簡戸籍簡牘反映的秦朝戸籍制度和家庭結構」；金慶浩、「里耶秦簡里程簡的内容与秦的地方統治」；金秉駿、「秦漢時代的河運——以里耶秦簡為線索」と少数の韓国考古学研究者が参与した。

(58) 金慶浩、「二千年前里耶鎮からの旅程と里耶秦簡」『中国古中世史研究』一九、二〇〇八年。

(59) 湖南省文物考古研究所編、『里耶発掘報告』（岳麓書社、二〇〇七年）。

(60) 李成珪、「里耶秦簡南陽戸人戸籍と秦の遷徙政策」『中国学報』五七、二〇〇八年。

(61) 呉峻錫、「里耶秦簡よりみた秦代文書行政方式とその特徴」『中国古中世史研究』二一、二〇〇九年；「秦漢代の郵伝機構と文書伝達体系」『東洋史学研究』一〇九、二〇〇九年。

(62)　李成珪、「秦末と前漢末郡属吏の休息と節日――〈秦始皇三十四年暦譜〉と〈元廷二年日記〉の比較・分析を中心として」『中国古中世史研究』五、二〇〇一年；「漢帝国中央武庫収蔵目録の発見――尹湾漢簡〈武庫永始四年兵庫器集簿〉の正体」『歴史学報』一七〇、二〇〇一年；「尹湾簡牘に反映される地域性――漢帝国の一元的統治を制約する地域伝統の一端――」『中国古中世史研究』一三、二〇〇五年。

(63)　李成珪、「'帳簿上の帝国' と '帝国の現実'：前漢前期南郡の編戸斉民とその限界」『中国古中世史研究』二二、二〇〇九年；「前漢更卒の徴集と服役方式」『東洋史学研究』一〇九、二〇〇九年；「計数化した人間――古代中国の税役の基礎と基準」『中国古中世史研究』二四、二〇一〇年。

(64)　林炳德、「江陵張家山漢墓出土『二年律令・賊律』集注・訳」『中国史研究』(韓国) 三九、二〇〇五年；「訳註：江陵張家山漢墓出土『二年律令・具律』集注釈」『中国史研究』(韓国) 四八、二〇〇七年；金珍佑、「張家山漢簡〈二年律令〉爵律・興律(三九二簡―四〇六簡)」『木簡と文字』(創刊号)、二〇〇八年六月；金慶浩、「張家山漢簡〈二年律令〉行書律(二六四簡―二七七簡)」『木簡と文字』二号、二〇〇八年十二月；李明和、「張家山漢簡〈二年律令〉史律［一］(四七四簡―四八七簡)」『木簡と文字』三号、二〇〇九年六月；李明基、「張家山漢簡〈二年律令〉戸律(三二八簡―三四六簡)」『木簡と文字』四号、二〇〇九年十二月；呉峻錫、「張家山漢簡〈二年律令〉伝食律(二二八簡―二三八簡)」『木簡と文字』五号、二〇一〇年六月。

(65)　尹在碩、「秦簡〈日書〉にあらわれる '室' の行動と性格――戦国期秦の家族類型考察のための時論――」『東洋史学研究』四四、一九九三年；「春秋戦国期の家系継承と后子制」『慶北史学』二一、一九九八年。

(66)　尹在碩、「睡虎地秦簡和張家山漢簡反映的秦漢時期后子制和家系継承」『中国歴史文物』二〇〇三年一月；「秦漢律所反映的后子制和継承法」『秦漢史論叢』九、中国秦漢史研究会、二〇〇四年；「中国古代女性の社会的役割と家内地位」『東洋史学研究』九六、二〇〇六年。

(67)　任仲爀、前の論文、『東洋史学研究』二四、一九八六年。

(68)　任仲爀、「秦漢律の罰金刑」『中国古中世史研究』一五、二〇〇六年；「秦漢律の贖刑」『中国史研究』五四、二〇〇六年；

「秦漢律の贖刑、完刑、耐刑」『中国古中世史研究』一八、二〇〇七年；「秦漢律の耐刑」『中国古中世史研究』一九、二〇〇八年；「秦漢律の庶人」『中国古中世史研究』二二、二〇〇九年。

(69) 林炳德、前の論文、『成大史林』四、一九八七年。

(70) 林炳德、「秦・漢の奴役刑刑罰体系と漢文帝の刑法改革」『中国史研究』九、二〇〇〇；「『張家山漢簡』〈二年律令〉の刑罰制度——肉刑と罰金刑・贖刑」『中国史研究』一九、二〇〇二年；「秦・漢交替期の奴婢」『中国古中世史研究』一六、二〇〇六年；「漢文帝の刑制改革とその評価」『中国古中世史研究』一八、二〇〇七年。

(71) 金慶浩、「居延漢簡「元康五年詔書冊」の内容と文書伝達」『中国古中世史研究』一六、二〇〇六年；「張家山漢簡〈二年律令・行書律〉訳註補」、『簡帛研究』二〇〇八年、広西師範大学出版社、二〇一〇年；「秦漢里程簡初探」『第四届歴史地理国際学術研討会『区域歴史地理的時間空間与結構』論文集』、台湾国立彰化大学歴史研究所、二〇一〇年；「秦漢初の行動律の内容と地方統治」、『史叢』七三（高麗大学、歴史研究所）、二〇一一年。

(72) 金秉駿、「漢代の節日と地方統治——伏日と臘日を中心として」『東洋史学研究』六九、二〇〇〇年；「中国古代の簡牘史料を通じてみる楽浪郡の郡県支配」『歴史学報』一八九、二〇〇六年；「楽浪郡の漢字使用と変容」、『古代東アジアの文字交流と疎通』（ソウル、東北亜歴史財団）、二〇一一年；「敦煌懸泉置漢簡に見える漢代の辺境貿易——三韓と楽浪郡の交易に関連して——」、『韓国出土外来遺物　初期鉄期~三国時代』（ソウル、社団法人韓国文化財調査研究機関協会）、二〇一一年。

(73) 李周鉉「呉簡の発掘と簡帛学——長沙三国呉簡暨百年来簡、帛発現与研究国際学術研討会（二〇〇一年八月十六—十九日）参席報告」；尹在碩、「長沙三国呉簡暨百年来簡帛発現与研究国際学術研討会（一九〇一~二〇〇一年）参席報告『慶北史学』二〇〇二年；全孝彬、「走馬楼呉簡倉庫の物資管理体系」『東洋史学研究』九九、二〇〇七年。

(74) 楽浪木簡に対する研究としては、孫永鍾、「楽浪郡の南部地域の位置——'楽浪郡初元四年県別戸口多少□□'」統計資料を中心として」、『歴史科学』一九八、二〇〇六年；「遼東地方前漢郡県の位置とその後の変遷（一）」、『歴史科学』一九九、二〇〇六年；尹龍九、「資料紹介：新たに発見された楽浪木簡」、『韓国古代史研究』四六、二〇〇七年；「平壌出土「楽浪郡初元四年県別戸口簿」研究」『木簡と文字』三号、二〇〇九年；金秉駿、「楽浪郡初期の編戸過程と'胡漢稍別'——「楽浪郡初元四年県別戸口多少□□」木簡を端緒として――」、『木簡と文字』創刊号、二〇〇八年（→「楽浪郡初期の編戸過程――楽浪郡初元四年戸口統計木簡を端緒として」『古代文化』六一―二、二〇〇九年は氏の二〇〇八年論文の書き直し）；李成珪、「中国郡県としての楽浪」『楽浪文化研究』（東北亜歴史財団、二〇〇六年）などを参照。

(75) 李成市、尹龍九、金慶浩、「平壌貞柏洞三六四号墳出土竹簡『論語』について」『木簡と文字』四号、二〇〇九年→（「平壌貞柏洞三六四号墳出土竹簡『論語』について」、『中国出土資料研究』第一四号、中国出土資料研究会、二〇一〇年三月再収録）。これと関連し、竹簡『論語』に関する総合的な考察のための国際学術会議が成均館大学東アジア学術院東アジア資料学研究会議主観で「『論語』と東アジア――地下の論語、紙上の論語」という主題で、開催された（二〇一〇年八月二十六―二十七日、成均館大）。その結果として上記した金慶浩・李昤昊責任編集の『地下の論語、紙上の論語』（成均館大学出版部、二〇一二年）が刊行された。

(76) 尹在碩、「中国古代（先秦・秦漢）」、『歴史学報』一八三、二〇〇四年の項目の中、Ⅱ．'簡牘資料の研究'という部分から八篇の論文を紹介しながら新出資料に対する積極的な活用は非常に鼓舞的で、高いレベルの文章もあると評価したが、資料に対する誤訳と断章取義する傾向を警戒する慎重な接近態度を強調している（三三五～三三六頁）。

(77) 林炳德、「研究地平の拡大と質的な水準の跳躍に向けて」、『歴史学報』第二一五輯、二〇一二年。

(78) 研究成果の主要目的と方向性、課題などについては、本書の序文を参考。

(79) これについては、三上喜孝、「日本古代木簡の系譜」『木簡と文字』創刊号、二〇〇八年に詳細に考証した。

(80) 張娜麗、『西域出土文書の基礎的研究――中国古代における小学書・童蒙書の諸相――』（汲古書院、二〇〇六年）第Ⅰ部「簡牘紙文書から見た小学書――敦煌・居延・阜陽出土の遺文」の第一章「簡牘に記された『蒼頡篇』」、第二章「簡・牘・紙に記された『急就篇』」を参照。

(81) 橋本繁、「金海出土『論語』木簡と新羅社会」（二〇〇四年）；「古代朝鮮における『論語』受容再論」（二〇〇七年）；「東アジアにおける文字文化の伝播――韓半島出土『論語』木簡の検討を中心に――」（二〇〇七年）などを参照。

(82) 李慶、「関於定州漢墓竹簡『論語』的幾個問題――『論語』的文献学探討」『中国典籍与文化論叢』第八輯、二〇〇五年。

（83）　いくつかの事例のなかで筆者は、日本愛媛大学「資料学」研究会の活動に注目した。この研究会は、愛媛大学法文学部、教育学部の歴史学、文学専攻の教授十八名を中心に、二〇〇一年から「資料」についての学際的な研究活動を行っている研究会である。毎年発刊している研究報告書である『資料学の方法を探る――情報発信と受容の視点から』の主要シンポジウムの主題をみれば、「竹簡と木簡が語る日中古代の情報伝達」（二〇〇四年）、「古代社会の文字資料と情報伝達」（二〇〇五年）、「古代東アジアの石刻資料と情報伝達」（二〇〇六年）、「古代東アジアの社会と情報伝達」（二〇〇七年）、「古代東アジアの出土資料と社会」（二〇〇八年）、「東アジアの出土資料と交通論」（二〇〇九年）、「東アジアの交通遺跡と出土資料」（二〇一〇年）などのように、毎年〝古代東アジア〟と〝情報伝達〟という共通した主題の論議を通じ、最終的に『東アジア出土資料と情報伝達』の研究成果を遂行しようとしている。

〔附記〕　本稿は二〇〇七年政府（教育科学技術部）の財源として、韓国研究財団の支援を受け行った研究である。（NRF-2007-361-AL0014）

破莂・別莂考
——長沙呉簡を例として——

關尾史郎

はじめに

前世紀の末に、湖南省・長沙市走馬楼の井窖J二二から出土した三国・呉の時代の簡牘群すなわち長沙呉簡のなかには、「莂」と呼ばれる簡牘類が含まれている。莂とは、『釋名』巻六釋書契に、「莂とは別なり。中央に大書し、中より破《ひら》きて之を別《わか》つなり」（莂、別也。大書中央、中破別之也）とあるように、書写面の中心線に文字を大書した後、その書写面を中心線で左右（あるいは上下）二つに裁断すること、また裁断されたものを意味する。裁断する以前のものも「莂」と呼ばれたようである。文字を大書するのは、裁断後、左右（上下）を比べ合わせる必要が生じることを想定してのことである。したがって裁断後、一定の期間内は、両片が当事者双方によって大切に保管されるべきものであった。その意味で莂は本来的に証書の機能を帯びていたと言うことができる。実際に長沙呉簡のなかには、『釋名』にあるように、「破莂」（莂を破く／莂に破く）とか「別莂」（莂を別つ／莂に別つ）とか記されているものを見いだすことができる。また裁断された一片すなわち「莂」にあたるものも相当数に上る。

本稿では、長沙呉簡中に含まれる各種の莂を取り上げ、その性格や内容について検討し、あわせて莂の特質について考えてみたい[1]。

一　大木簡（吏民田家莂）

長沙呉簡中の莂は、簡牘の形状・材質から、木牘、大木簡、木簡および竹簡の四種に分けることができる。ここでは先ず、五〇センチ前後という長さを有するがゆえに、大木簡と称される莂について検討したい。

これは「吏民田家莂」と名づけられた木簡群である。この名称は、後掲する表題簡に由来するが、長沙呉簡のなかで最初に全点の釈文と写真が公表されたため、豊かな研究成果に恵まれている木簡群でもある。現存している吏民田家莂は、嘉禾四（二三五）年と同五（二三六）年のものだけだが、記載内容から、①各吏・民（冒頭に居住している丘名が冠されている）の保有田土額とその田種、②当該年の旱熟状況、③それに応じた米（税米・租米）・布・銭といった税物の納入状況（納入額・納入年月日・納入先となった倉吏の姓名）の三項が列挙され、最後に④①〜③までの記録を点校した年月日と田戸曹史（田曹の史と戸曹の史の謂であろう[2]）の姓名が記されている。嘉禾四年分の吏民田家莂は翌五年三月に、五年分は翌六（二三七）年二月に点校が行なわれており［關尾二〇〇一B］、田戸曹史が名の部分を自署している[3]。したがって田曹と戸曹が、吏民田家莂作成の責任主体だったと考えることができる。記載内容のうち、①と②が田曹の、③が戸曹の管轄事項だったからであろう。

このような記載内容を有する大木簡が莂たる所以は、頭頂部に「同文」の二字または「同」字（以下、それらを図案化したような記号も含む）が大書されているからであるが、厳密に言えば、大書されているのはその一部であって、いわば残画である。すなわち発見されたのは莂の一片であり、「同文」や「同」が最初に頭頂部に大書され、それに続けて同一の内容が左右に分かち書きされ、最後に田戸曹史が自署した後、中心線で二片に裁断されたのである［關尾二〇〇一A］。「同文」や「同」の縦画から判断すると、発見された吏民田家莂には左片と右片の双方が含まれており、数量的には右片が左片を上回っているが、横画だけのものも少なくないという［胡・汪二〇〇四］[4]。

吏民田家莂命名の由来となった表題簡は以下の四枚である。

ア南郷謹列嘉禾四年吏民田家別頃畝旱孰收一米錢布附授吏姓名年月都莂　（51.9×2.35～2.55×0.2～0.4cm、四・一）

イ環・樂二郷謹列嘉禾四年吏民田家別莂如牒　（49.3×2.2～2.4×0.3～0.6cm、四・二）

ウ東郷謹列四年吏民田家別莂　（52.3×2.3～2.5×0.4～0.7cm、四・三）

エ□□謹《ママ》嘉禾四年吏民田《ママ》一頃畝收錢布萆如牒　（50.9×2.6～2.7×0.4～0.5cm、四・四）

冒頭にある南郷、楽郷、および東郷の三郷は、臨湘侯国管下の郷としてその存在が賦税納入簡（以下、「納入簡」と略記）などから確認されるので[5]、エも含めて、郷から県に相当する臨湘侯国に宛てて送達されたものであろう。これらが表題簡と考えられるのは、計測値を示しておいたように、長さが五〇センチ前後もあり、吏民田家莂の本文と同じ大きさを有しているからである。四枚の文言には出入があるが、嘉禾四（二三五）年の表題簡であること、エを除き「別（～）莂」とあること、という共通点を有する。エの「萆」字について、胡平生氏は「別」の仮借ないしは別字とし、「莂」とも同義としており［胡二〇〇二］、李均明氏も「莂」に通じるとしているので［李他二〇〇二］、ここでは、「莂」と解釈しておく。それでは、このエを除く三枚の「別（～）莂」はどう解釈すればよいのだろうか。

この点についても、胡平生氏が、「別」と「莂」が使い分けられていることに着目し、「別」は「吏民田家別」のことで、吏・民が諸税を納入する都度作成・交付された竹簡の納入簡を意味し、「莂」はアに「都莂」とあるように、個別の賦税納入簡を合算した大木簡すなわち「吏民田家莂」を意味するとしている［胡二〇〇一］。すなわち胡氏によると、吏民田家莂は、収税米別、収租米別、収布別、収銭別、および田家佃田頃畝旱熟別の五種の別の記載を総合したものということになる。しかし早くから紹介されているように［宋・何一九九九］、納入簡も「別」ではなく、「莂」と呼ばれていたことは、次のようなその集計簡などから明らかである。

オ　右莂廿九枚布一□□☒　（壹五七〇八）
カ☒　嘉禾二年一布莂十四枚合卌七匹☒　（壹六三三一）
キ☒　一　張莂一斛二斗九升　（壹六三八九）
ク　張莂二斛□斗□升□一□七十四斛八升□□☒　（壹六三九四）
ケ　右莂卅一枚布合一卌五匹一丈五尺☒　（壹六四九四）
コ右西鄉入嘉禾二年布莂一合五十二枚□☒　（壹六五一二）
サ　右莂卅七枚布一合百三匹一丈六尺一　（壹七七五五）
シ　・右桑鄉入嘉禾二年布一莂五十四枚合六十九匹一一丈七尺　（壹八二五六）
ス　・右莂廿一枚布一合卌六匹二丈二尺　一　（貳五三四九）
セ☒・右莂廿二枚布一合五十四匹一丈　一　（貳五五〇八）
ソ……枚合一百廿四匹一一丈六尺　中　（貳五五三一）
タ☒樂鄉入嘉禾二年一布莂廿八枚合卅七匹一三丈四尺　中　（貳五五九七）
チ☒・右莂廿九枚布一合卅三匹二丈九尺　一　（貳五六一六）
ツ　右莂卅六枚□☒　（貳五七八九）

テ〼破莂保據曹□□□□〼　（簽一一〇〇）
ト　右莂卌二枚布一合五十五匹二丈三尺〼　（簽五八三七）
ナ　・右莂廿九枚布合一六十一匹二丈四尺　一〼　（簽六四七三）

テ以外はいずれも集計簡に相当する。このうち、米に関わるのはキ・クの二点だけで、これと詳細が不明のツ以外は全て布に関するものだが[6]、いずれも等しく「莂」と明記されているのである。とすると、ア〜ウの「別」は納入簡を意味するのではなく、吏民の田家（稼）などを記した莂を別《わか》ったもの（別たれた莂）と解釈すべきではなかろうか。

例えばアは、「嘉禾四年の吏・民の田家（稼）に関して、頃畝・旱と孰（熟）・収めた米と銭と布・（それらの）納付先である吏の姓名・（その）年月を都《すべ》て（記した）莂を別った（もの）」ということになろう。このアには右辺に二か所小さな切れ込みが入っており、上部の切れ込みの横は空格になっているので、当初から編綴することが意識されていたと考えられる[7]。

このような表題簡に続けて本文となる吏民田家莂が編綴されていたわけだが、吏民田家莂本文は、吏・民が所属していた郷名を欠いているので、編綴されていた原状を復元することは困難だし、またその本文の元となった複数の簿籍のうち、税米と租米に関する納入簡（胡氏の収税米別と収租米別）以外は確認できないので[8]、ここでは、莂を保管した主体について検討しておきたい。

表題簡から、吏民田家莂が、郷から県に送達されたものであることは疑う余地がない。また「別（〜）莂」が、「莂を別った（もの）」、「別たれた莂」と解釈できるのであれば、送達された時点で既に吏民田家莂が裁断されていたことも間違いない。ただしイのように複数の郷の分がまとめて送達されている例があるので、送達の主体は特定の郷に専属する郷吏ではなく、勧農掾のような郷を担当する県吏だったと考えるべきであろう。この送達の主体がまた、莂を裁断した主体でもあったと考えるのが自然だろう。(9) 確かに莂の作成主体は県に相当する臨湘侯国の田曹と戸曹であり、その史が点校して完成、莂としての機能が賦与されるわけだが、記載内容の正誤を、県と郷に分有されている資料によって確認する必要があったのではないだろうか。完成した莂は郷（正確には郷担当の勧農掾）に送られ、そこに保管されていた資料によって正しいことが確認された段階で裁断され、一片を郷が保有し、別片が表題簡を付した上で編綴され、県に返送されたということである。再び田曹と戸曹に戻され、おそらくは両曹の掾によって共同で保管されたのであろう。(10)

以上のように考えて大過なければ、裁断の際すなわち「破莂」・「別莂」に当事者双方が立ち会う必要は必ずしもなかったということになる。この点は莂の特質を考える上で重要な問題であるが、表題簡に見える「謹列」という丁寧語の意味するところとともに、ここでは指摘するにとどめたい。

二　竹簡（賦税納入簡）

本節では、賦税納入簡と通称される竹簡について検討する。胡平生氏が収税米別や収租米別と呼んだものも含め、五点を例示しておく。

ニ入廣成鄉三年税米十斛胄畢𠄢嘉禾元年十月廿二日西庫丘番雄附三州倉吏谷漢受　（參二七一七）

ヌ入平鄉嘉禾二年租米六斛胄畢𠄢嘉禾二年十月廿八日東丘番有關邸閣董基附三州倉吏鄭黑受
（25.9×1.0～1.3cm、壹三三二一）

ネ入西鄉二年布一匹𠄢嘉禾二年五月二日上俗丘男子五殷附庫吏潘珛受　（20.1×0.7～0.9cm、壹七九四四）

ノ入桑鄕嘉禾二年所調布一匹〓嘉禾二年五月九日男子李情附主庫掾潘琦受　（24.3×1.0~1.4cm、壹八二四七）

ハ入樂鄕嘉禾二年新調布一匹〓嘉禾二年七月十八日窟丘男子謝震附庫吏殷連受　（貳五六一一）

税米をはじめ各種の米の納入先は倉吏、布のほか銭や皮の納入先は庫吏であり、様式も微妙に異なっているが、[11]①冒頭に「入」字を有すること、②簡の中ほどに「同文」や「同」が大書されていること、および③邸閣郎中・倉吏や庫吏など受領に関与した官員が名を自署していることなど多くの共通点を有している。納入年は黄龍二（二三〇）年から嘉禾六（二三七）年に及ぶが、現在までのところ嘉禾元年から二年にかけてのものが多く、吏民田家莂と同年のものはむしろ少数である。

また右の五点のうち布の納入に関するネ~ハの三点はそれぞれ前節に示した集計簡のコ、シ、タに対応する。[12]コ・ネ、シ・ノ、タ・ハの三組はいずれも整理番号が比較的近接しており、とくにシとネは第十三盆、タとノは第二十盆というように同じ盆に含まれていたので［宋二〇一一］[13]、井窖内の近い場所から発見されたと考えられる。おそらく一緒に編綴され、庫曹で保管されていたのであろう。その際に付されていたと思われるのが、次のような籤牌である［宋（主編）二〇一〇：Ⅵ］。（図一）

ヒ　庫　吏殷連起嘉禾元年七月訖三年三月卅日　（整理番号不詳、表）

庫　所受嘉禾元年襍皮莂　（同上右、背）

（図一）

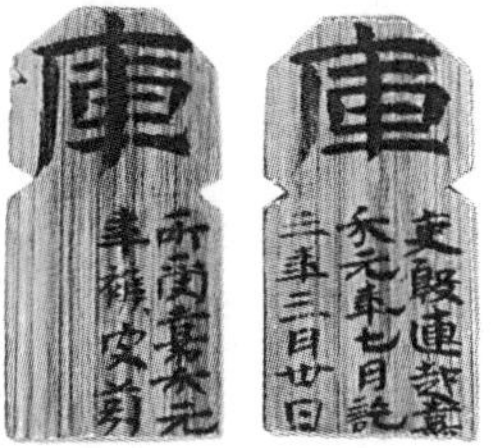

吏・民からは税物として鹿をはじめとする各種の毛皮（襍皮）も庫吏のもとに納入され、その納入簡も出土しているので［中村二〇〇四］、それを編綴した上で、その内容がわかるように、このような籤牌が付されたのであろう。(14)

またこの納入簡には、ごく一部だが、冒頭に「入」字ではなく「出」字を有するものがある。

フ出平鄉私學元年旱限米四斛二斗冑畢冂嘉禾元年九月十九日浸頃丘番桐附三州倉吏谷漢受　中　（參三五八四）

納入簡は、中ほどに「同文」や「同」を大書し、冒頭の一字だけを「入」と「出」に書き分けた本文を左右に書いた後、関係の吏員が名を自署してから左右に裁断して、それぞれを当事者が分有・保管したことがわかる。(15) J二二から出土したのは「入」簡が圧倒的に多いので、「入」簡を手交されるべきところ、「出」簡が誤って手交された例であろう。それではこの当事者とは誰なのか、が問われることになるが、一方は納入簡に自署した倉吏や庫吏すなわち倉曹掾や庫曹掾だったはずである。(16) 彼らが「入」簡を保管したのだが、その前の裁断も彼らの手で行なわれたと見るべきであろう。(17) それに対し、もう一方は諸税を納入した吏・民に手交されたとするのが妥当なところである。「出」簡である。しかし米に関する納入簡が吏民田家莂の作成や点校に必須だったとすれば、吏・民が一貫して保管していたとは思えない。おそらく「出」簡は、倉曹や庫曹から吏・民に手交され、彼らを通じて鄉担当の勧農掾に届けられたのであろう。(18) むしろ「出」簡の保管に責任を負ったのは個別の吏・民ではなく、勧農掾だったと考えるべきではあるまいか。だからこそ、勧農掾は吏民田家莂の内容を点校し、裁断して一片を田曹や戸曹に送達できたのである。もちろん「入」簡のほうも吏民田家莂の作成に際して、倉曹から戸曹に送達されたことは言うまでもない。

したがって、納入簡の場合は、「入」簡が倉曹掾や庫曹掾によって保管され、「出」簡が鄉担当の勧農掾により保管されたということになろう。とすれば、やはりこの場合も、一方の勧農掾は裁断に立ち会っていなかったというふうに解釈せざるをえない。

三　木簡（賦税納入簡）

従来、賦税納入簡としては右に見た竹簡しか知られていなかったが、じつは木簡の納入簡も出土していることが、長沙呉簡の写真集［宋（主編）二〇一〇］から判明した。公表されたのは本文をなす簡（ヘ〜マ）と集計簡（ミ・ム）の計五点である（図二）。

ヘ都郷劉喜入二年税米四斛七斗冑畢＝嘉禾三年四月七日附永新倉吏區苟受　（番号不詳）
ホ沂泛郷鮖呉世入嘉禾二年麻租銭賈米十一斛一斗＝嘉禾二年十二月廿一日附郭浦倉吏谷□受副曹　（番号不詳）
マ沂泛郷監丁□入嘉禾二年帥客米五十斛冑畢＝嘉禾二年十一月十八日附郭浦倉吏谷□受副曹　（番号不詳）
ミ　・右都郷入税革五枚米合八十三斛八斗五升　（番号不詳）
ム　集凡二郷襍米合一百卅二斛三斗一升　（番号不詳）

竹簡では冒頭に置かれた「入」字が文中に位置していること、納入者の姓名がその上に位置していることなど、竹簡との相違点もいくつかあるが、「同文」・「同」が簡の中ほどに記されているなど、共通点も少なくない。また集計簡であるミには「莂」字と同義の「革」字が用いられている。竹簡と木簡の使い分けについては、前者が長沙郡・臨湘侯国のものであるのに対し、後者はそれ以外の郡県のものである可能性を指摘したことがある［關尾二〇一一］。沂泛郷という郷名も、永新倉・郭浦倉という倉名も、類例がないことがその根拠だが、なお今後の検討課題である。（補注一）ただこれら木簡の作成プロセスと保管については、基本的には竹簡と同じだったと考えてよいだろう。

ム　ミ　マ　ホ　ヘ

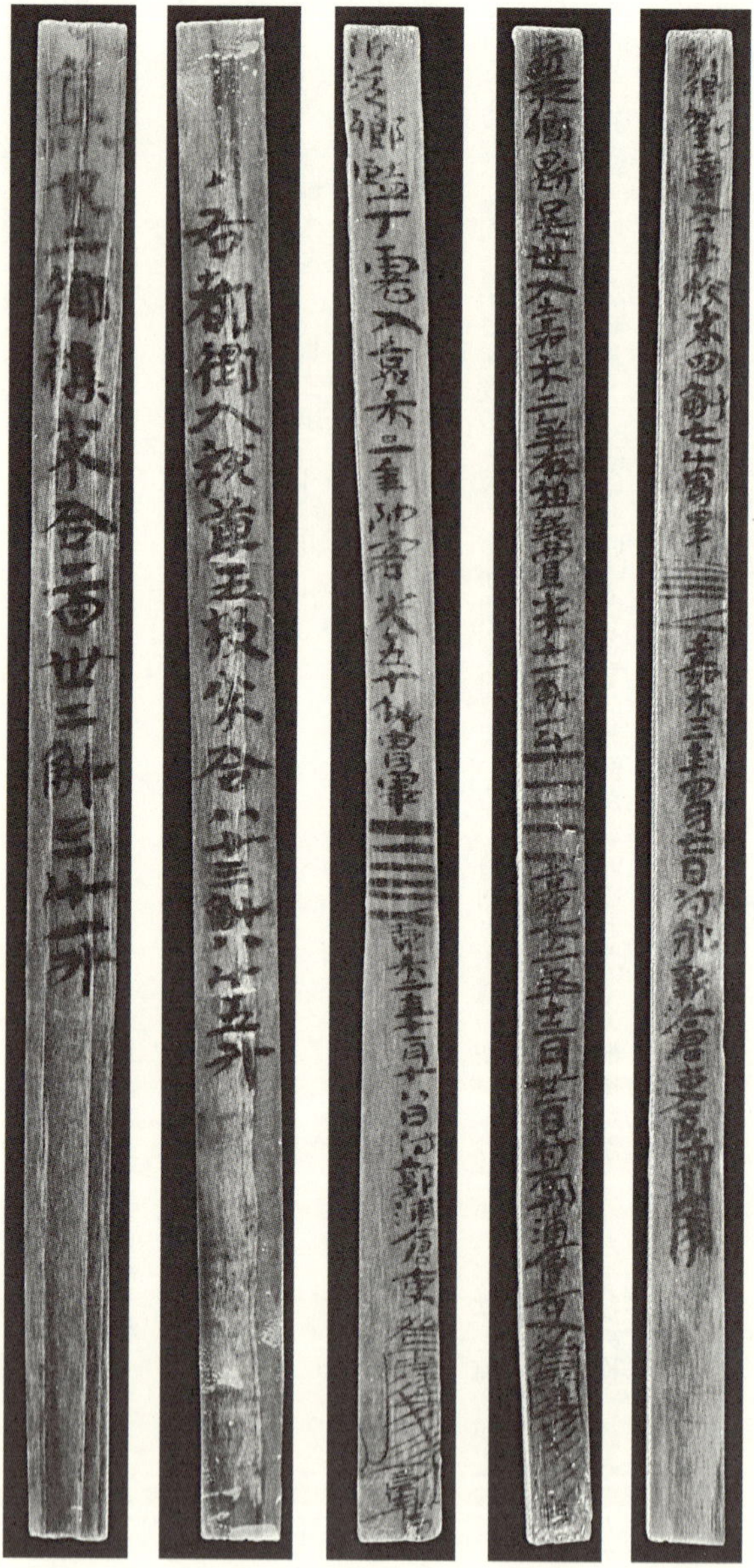

（図二）

四　木牘

長沙呉簡中には、木牘の莂もある。現在まで写真が公表されている木牘の莂は、次に掲げる三点である。これらについては、王素氏による正確な釈読と詳細な分析があるので［王二〇〇九］、これによって釈文を掲げておく。(19)

メ
東郷勸農掾殷連被書、條列州吏父兄人名年紀爲簿。輒料核郷界州吏三人・父兄二人・刑踵叛走、以下戶民自代。謹列年紀、以審實、無有遺脫。若有他官所覺、連自坐。嘉四《ママ》年八月廿六日破莂保據。
（24.2×2.6～3.5×0.5～0.7cm、J二二―二五四三）

モ
廣成郷勸農掾區光言：被書、條列州吏父兄子弟伙處人名年紀爲簿。輒隱核郷界州吏七人父兄子弟合廿三人、其四人刑踵聾歐病、一人被病物故、四人眞身已送及、隨本主在官。十二人細小、一人限田、一人先出給縣吏。隱核人名年紀相應、無有遺脫若後爲他官所覺、光自坐。嘉禾四年八月廿六日、破莂保據。
（番号不詳）

ヤ
都郷勸農掾郭宋言：被書、條列軍吏父兄子弟人名年紀爲簿。輒隱核郷界軍吏八人・父兄子弟合十一人、其一人被病物故、四人叛走、定見六人、其三人跰踵、二人守業。已下戶民自代、一人給吏。隱核人名年紀死叛相應、無有遺脫。若爲他官所覺、宋自坐。嘉禾四年八月廿六日、破莂。
（26.5×3.2×0.5cm、番号不詳。図三）

（図三）

一見すれば明らかなように、いずれも郷担当の勧農掾が言上した文書で、嘉禾四（二三五）年八月二十六日という日付も、文章が「破莂（保據）」で結ばれている点も同じである。文中で用いられている語句も含め、内容にも共通点が多く、県から受けた共通の指示（被書）に対する郷ごとの報告ということになろう。このうちメとモについては、高村武幸氏の名訳があるので［高村二〇〇四］、ここでは、王素氏の成果もふまえながら、ヤの訳を試みておく。

都郷（担当）の勧農掾である廓宋が言上致します。（指示）文書を受け、軍吏の父兄・子弟について人名・年齢を箇条書きにして帳簿を作成しました。郷の管轄区域を調べ上げたところ、軍吏は八人、その父兄と子弟は合わせて十一人で、その一人は病没、四人は本貫を離れ（叛走）、六人だけが現存しています。その（六人の）うち三人には障害（跰踵）があり、二人が生業を営んでおり、自己に代わって下戸に吏役をさせている者が一人です。人名・年齢・死亡・本貫離脱などを調べ上げて（指示に）応えます。遺漏ありません。もし他の官によって（遺漏が）発見されたならば、（私）宋は自ら罪に服します。嘉禾四（二三五）年八月廿六日、莂を破きます。

メとモでは文末が「破莂保據」、すなわち「莂を破いて証拠として保存する」となっているが、意味するところは同じであろう。とすれば、この三点自体が莂ということになるが、それを示すのが、木牘の頭頂部にある横画で、「中央に大書」されたのはこの横画にほかならない。写真から、いずれも右端に縦画が確認できるので、単なる横画ではなく、「同」の右半分であると考えられる。ただし本文の書風や用語と同じように、この記号も簡牘ごとに微妙に異なっているので、[20] 細部は、作成者である郷担当の勧農掾の判断や裁量に委ねられていたのであろう。

さてこれら三枚はいずれも右片と思われるから、左片は勧農掾自身の手元に保管されたと考えられる。それでは、これら右片はどこで、あるいは誰の手元で保管されたのであろうか。それは、この文書木牘の宛先がどこであったのか、という問題でもある。またそもそもこの木牘はいかなる性格の文書だったのだろうか、という問題も残っている。ここでは、後者の問題から検討したい。

メ～ヤ全てに、冒頭に姓名や年齢を列挙した「簿」[21] を作る、とあるので、この木牘は「簿」そのものではない。また「簿」の本文を構成したと思しき州吏・軍吏とその家族の状況を記した名籍竹簡や、そこから本貫離脱（叛走）者だけを抽出したと思しき名籍竹簡も存在が確認できる［關尾二〇〇六］。さらに「簿」の表題簡（ユ・ヨ）や集計簡（ラ〜ル）についても、以下のような竹簡がある。言うまでもなく、いずれも上下二か所に編綴痕が認められる。

ユ南鄉謹列郡縣□吏□☒　（壹九二三六）

ヨ☒模鄉謹列軍吏父兄人—名年紀爲簿　—　（參三八一四）

ラ　集凡中鄉州軍吏四人—父子兄弟三人　—　（參三〇一二）

リ集凡平鄉領州吏三人—父子兄弟合五人　—　（參三〇三二）

ル☒□一□□人父兄子弟合廿五人—　（參三〇九〇）

したがってメ〜ヤは、「簿」の表題簡ではなく、既に高村氏が指摘しているように、「帳簿内容の保証証書（割符）の機能を持つ文書」で、「いわゆる「送り状」の機能も兼備したもの」［高村二〇〇四］ということになろう。表題簡・本文にあたる名籍簡・集計簡を編綴した竹簡群すなわち「簿」が、郷から県（臨湘侯国）に提出された際に、竹簡群の内容証明でもあるこの木牘が「送り状」として付されたのであろう。メ〜ヤにはいずれも、汚れが入ったり、文字の墨色が薄くなったりしている箇所が上下二か所ほど確認できる。したがって、頭頂部に「同」を大書した上で左右に同じ文言を書写して中心線から裁断し、左片を勧農掾が手元に止め、右片を県に提出する「簿」に紐で縛るなどしてつけて送達したのであろう。[22]

「簿」の提出先は県だったとしても、直接の宛先はどこだったのであろうか。この点についても、高村氏の指摘が参考になる。すなわち、いわゆる正式な上行文書であれば、「叩頭叩頭死罪死罪」とか、「誠惶誠恐」といった常套句が本文中で繰り返され、冒頭と末尾に「敢言之」や「白」と明記されている。[23]このうち「白」は、「戸品出銭」竹簡にも使われているが、この類の竹簡は、郷担当の典田掾から県令に相当する臨湘侯相に宛てられたものと考えられている［安部二〇一一］。したがって、このような常套句も、「敢言之」や「白」もともに欠くこれらの木牘が臨湘侯相に直接提出されたとは考えがたい。そもそも三点のなかで丁寧語と言えるのは、メの「謹列」程度である。この二字はユやヨといった表題簡に用いられているほか、吏民田家莂の表題簡ア〜ウにも用いられるなど汎用性の高いものである。既述したように、この吏民田家莂は、一片が郷（担当の勧農掾）から県に送達され、田曹と戸曹の掾の責任において保管されたものと考えられる。これから類推すれば、メ〜ヤを付された「簿」も郷の勧農掾から県の官署、具体的には戸曹に提出されたのではないだろうか。このように考えてよければ、メ〜ヤは勧農掾と戸曹掾の間での証書として、双方によって保管されたということになる(24)。

メ以外には「謹列」という丁寧語がないからという理由で、メとモ・ヤでは送達先が異なっていたと考えることは現実的ではないだろうから、この二文字の丁寧語としての度合いないしは重要性は最初からその程度であったと考えるべきなのである。吏民田家莂の表題簡エでは、「列」が脱落していたことも参考になるだろう(25)。

おわりに

以上、本稿では、長沙呉簡中に含まれる各種の莂を取り上げ、その性格や内容について検討してきた。大木簡の吏民田家莂をはじめ、竹簡と木簡の賦税納入簡、そして木牘と、等しく大書された「同文」や「同」の中央から左右に裁断したという点において、莂にほかならないのだが、裁断の際に、両片を分有して保管することになる当事者双方が立ち会うことはいずれの場合もなかった。また両当事者はいずれも掾クラスの県吏と考えてみた。これが本稿の検討結果であるが、推測に推測を重ねた結果でもあり、確信には程遠い。ただ後者の点については、「呉神鳳元（二五二）年三月孫鼎買冢券」や「西晉太康五（二八四）年九月楊紹買冢地券」など、同時代の買墓田券が手がかりを与えてくれるのではないだろうか。ともに墓田の購入をめぐる売買契約文書だが、買主が売主と「破莂」することで、契約が成立することになっている。[26]売主が土公なので、もとより架空の契約であるし、磚質なのでこれ自体が「破莂」されるわけでもない［冨谷一九八七］。しかし、むしろだからこそ、「破莂」とあることは重要である。売主と買主の対等な関係が、「破莂」という行為の前提になっていたと思うからである。公私の別を超え、長沙呉簡中の各種の莂も、両当事者間のかかる関係性を示唆しているのではないだろうか。

注

（1）本稿は、平成二十一〜二十五年度科学研究費補助金・基盤研究（A）「東アジア木簡学の確立」（研究代表者・角谷常子奈良大学教授／課題番号二一二四二〇二三）による研究成果の一部である。

また大木簡と竹簡については、平成十六〜十八年度科学研究費補助金・基盤研究（B）「長沙走馬楼出土呉簡に関する比較史料学的研究とそのデータベース化」（研究代表者・關尾／課題番号一六三二〇〇九六）、ならびに平成二十〜二十三年度科学研究費補助金・基盤研究（A）「出土資料群のデータベース化とそれを用いた中国古代史上の基層社会に関する多面的分析」（研究代表者・關尾／課題番号二〇二四二〇一九）により作成したデータベースに多くを依拠している。伊藤敏雄氏をはじめ、作成を担当された両プロジェクトのメンバーをはじめとする関係各位に謝意を表したい。

さらに本稿は、既発表の前稿［關尾二〇〇一A］［關尾二〇〇六］の成果に依拠しているが、前稿での理解を一部修正したところがある。

なお本稿では、長沙呉簡の釈文を、走馬楼簡牘整理組などの編集による図録本、『長沙走馬楼三国呉簡』（発掘報告を含む）

から引用する際には、煩雑を避けるため、整理番号だけを明記し、出典を逐一示すことは省略した。また先行の釈文を写真などによって修正した場合も同じ理由で註記を省略した。釈文中、「同文」や「同」は「＝」で示し、編綴痕を「＝」で示した（編綴痕については、写真などから確認できるものに限った）。また簡牘の大きさは長さ×幅×厚さ（一部欠）で示したが、註記しない限り、右記のプロジェクトによる計測の結果である［谷口（編）二〇〇七］。

（2）張榮強氏は、田戸曹史を単一の職位とする［張二〇〇一（張二〇一〇）］。なお田戸曹史ではなく、田戸經用曹史、主者史といった表記も、嘉禾四年簡を中心にして多く見られる。前者は、田曹史と戸曹史を兼務していたということか。後者は、「主者」すなわち担当の責任者（である史）という程の意味であろう。なお最近、徐暢氏が、未公開の簡牘を用いて、臨湘侯国に田曹掾・史、戸曹掾・史が存在していたことを明らかにしている［徐二〇一一］。

（3）ただし、複数の史全員が自署したか否かについては早くから疑問視されていた［宋・何一九九九］。最近、邢義田氏はこれをうけて田戸曹史の名の字体を詳細に比較検討し、本人の自署ではなく、本文の書者による代書が含まれていることを明らかにしている［邢二〇一二］。

（4）中国では、胡平生氏［胡一九九七］や李均明氏［李他二〇〇一］らのように、吏民田家莂が三分された可能性を指摘する論者が多いが、この頭頂部の「同」字に縦画を欠いたものがあるという事実は、秦律十八種や二年律令などの金布律に「參辨券」という語句が見えていることや、吏民田家莂の三枚分に相当する一・五メートルの長大な無文字簡が出土していること［胡一九九七］などとともに、その根拠になっている。しかし納入簡の場合、「同」字の形状はまことに多様であり、横画だけのものも少なくないことは別稿［關尾二〇一二A］［關尾二〇一二B］で明らかにしたとおりである。また「參辨券」についでは、居延漢簡から「吏の立ち会いのもとで券を辨つ」とした籾山明氏の解釈［籾山一九九五］を支持したい。そして無文字簡はあくまでも用途不明の無文字簡であり、これが三分されるとなると、左（中）右ではなく上（中）下という前例のない分割方法になってしまう。したがって吏民田家莂三分説に成立の余地はない、というのが本稿の立場である。

（5）唯一イの環郷だけは、納入簡など他の簡牘からその存在を確認できない。「環」字は写真からは確認できず、あるいは別の文字だった可能性も否定できない。

（6）ソと夕には、末尾に「中」字が挿入されている。この文字の意味するところについては、多くの先行研究があるが、点校・確認のために後入されたとする伊藤敏雄氏の見解を支持したい［伊藤二〇一〇］［伊藤二〇一一］。

（7）アでは、「収」字と「米」字の間が空格になっているが、エでは本来なら「家」字が入るべき「田」字と「頃」字の間が空格になっており、ここが編綴箇所だった。イとウには空格箇所は認められないが、これらも含めて、裏面の編綴痕ははっきりと確認できる［谷口（編）二〇〇七］。

（8）本文に述べたように、胡氏は吏民田家莂の元となった吏民田家別として、①収税米別、②収租米別、③収布別、④収銭別、および⑤田家佃田頃畝旱熟別の五種を想定しているが、最後の⑤は推測の域を脱していないし（そもそもこのような事項が胡氏の言う別によって確認されたのか、という点からして疑問なしとしない）、③と④も現在までのところほとんど実例がない（布や銭を税物とする納入簡は少なからず出土しているが、いずれも納入先が倉吏ではなく庫吏になっており、田土やその収穫に賦課されたものではない）。したがって①と②の存在だけが辛うじて確認できるのだが、その名称も様式も胡氏の推定とは異なる。

（9）これは、郷担当の勧農掾が裁断したということであって、裁断された場所が空間的に郷であったと考える必要性はない。なお長沙呉簡によれば、勧農掾と同じような職掌を有すると思われる典田掾なる存在があるが、こちらは都郷と模郷に関してのみ現れるので［安部二〇一一］、本稿ではより普遍的な勧農掾を想定した。なお勧農掾については、嘉禾二（二三三）年四月に、平郷の勧農掾であるはずの蔡忠（肆四三四六、肆四三七三ほか）が、桑郷の勧農掾としても名が出てくるので（肆四八七七）、同時に平郷と桑郷の双方を担当していたと考えられる。なお蔡忠は、嘉禾六（二三七）年正月の時点では、都郷の典田掾であった［安部二〇一一］。

（10）なお張榮強氏は、吏民田家莂の必須事項は郷で書き込まれ、それが県に送達され、田戸曹史が点校して、最後に名を自署したと考えている［張二〇〇一（張二〇一〇）］。張氏は、証書としてよりも、簿籍（田戸曹史の点校を経た郷の租税簿）としての吏民田家莂の性格を重視しているが、その結果として莂を裁断する主体に考えが及んでいないようである。少なくとも裁断後に、内容の点校が行なわれ、点校者が自署するということはありえない。納入簡の場合、裁断に失敗した例が少なからずあり、別片の邸閣郎中の自署が確認できる［谷口（編）二〇〇七］。張氏のように考えた場合、もう一片にはどのようにして点校と自署が行なわれたのであろうか。また胡平生氏は、「佃戸」（吏・民）と田戸曹で保管されたと推測している［胡・汪二〇〇四］。裁断された莂は、郷（担当の勧農掾）から納入者に交付されたということになるが、その必要性は想定できない。むしろ吏民田家莂の記載内容は、郷でこそ把握されるべきものだったのではないだろうか。これは証書の基本的な性格の理解にも関わる問題である。

(11)　米に関する納入簡と、それ以外の納入簡の様式上の違いについては、別稿［關尾二〇一二C］で簡単にふれた。また前者に関しては、伊藤敏雄氏が様式から細分しているが［伊藤二〇一二］、黄龍年間（二二九〜二三一年）のものを中心に、中ほどの大書を欠く例が見られる。これについては、今後の検討に委ねたい。

(12)　ただし、嘉禾二年を賦課年次とする西郷、桑郷、および楽郷それぞれの布（布、調布、新布、新調布、所調布、および冬賜布など）に関する納入簡は、西郷五十七点（コでは五十二点）、桑郷六十四点（シでは五十四点）、楽郷二十七点（タでは二十八点）に達する。したがって集計簡はその年次の総計を示したものではない可能性が高い。集計簡に関しては、オ〜ナを一瞥すれば明らかなように、竹簡上の書き出しの位置や用語がそれぞれ微妙に異なっており、集計簡相互間の関係も今後の課題である。

(13)　コと同じ第十二盆にも、布に関する納入簡が十七点含まれているが、いずれも下端を欠いているので、本文には例示しなかった。

(14)　ヒの意味するところは、嘉禾元（二三二）年に賦課された各種の毛皮のうち、同年七月から翌々年の嘉禾三（二三四）年の三月末までに納入された分の莂、納入簡である。したがって元年七月以前と三年四月以降に納入された毛皮の納入簡は、これとは別に編綴されたということになる。であれば、集計簡に記す枚数が、出土した枚数を下回っていても不思議ではない。なおヒと同じように「莂」字を含む籤牌は他にも複数枚出土しているもようである［宋（主編）二〇一〇：Ⅵ］。

(15)　このような納入簡の作成プロセスと保管については、別稿［關尾二〇一二C］を参照されたい。なお邢義田氏は、納入簡の自署についても精緻な検討を試みており［邢二〇一二］、右の別稿も一部修正の必要がある。

(16) 米に関する納入簡では、州中倉の場合、「倉吏」の黄諱について倉曹掾と書かれることがある［伊藤二〇一二］。したがって三州倉の場合も、「倉吏」谷漢は倉曹掾だったと考えてよいだろう。また庫曹の場合も、潘琬について、ネでは庫吏となっているが、ノには主庫掾とある。例示しなかったが、もう一人の庫吏殷連についても、主庫掾（叄二五）としているものがあるので、彼らは正確には掾（庫曹掾）だったと考えられる。

(17) 米に関する納入簡の場合、邸閣（郎中）の自署がひときわ目立っており、保管と裁断がともにその主導で行なわれた可能性も否定できないが、この職位は臨湘侯国の外部のものであり、かつニのように嘉禾元年の納入簡には関与していないので、本文のように考えた。米以外の納入簡では、烝弁の自署が、邸閣のそれのような位置を占めているが、烝弁の関与には邸閣と違って規則性が認められないので、やはり保管と裁断に関与した可能性は低いと判断した。

(18) 侯旭東氏も、「出」簡は吏・民を通じて郷吏に届けられたとしている［侯二〇〇六］。侯氏の言う郷吏とは勧農掾のことで、勧農掾は県吏ではなく、郷吏という理解が前提になっている。たしかに勧農掾が郷吏と呼ばれることがあるのは、注（9）に掲げた蔡忠の例からも否定できないが、倉曹掾が（県）倉を担当したために倉吏と呼ばれたごとく、勧農掾は郷を担当していたがゆえに郷吏と呼ばれたにすぎない。

(19) 王素氏作成の釈文を基本としたが、写真（メとモについては［編委（編）二〇〇五］、ヤについては大きさも含めて［毎日（編）二〇〇四］）から釈読できなかった箇所は、当該の文字を□で囲んだ。

(20) メは、写真から縦画が二本確認されるほか、「×」が横画の上に複数書き加えられている。「同」字を基本としつつ、実際にはこれが記号化され、作成者ごとに多様な形状がありえたのだろう。

(21) 前稿［關尾二〇〇六］では、このような「簿」を吏籍と呼んだが、ここでは誤解を避けるため、そのまま「簿」と呼んでおく。

(22) 「簿」を構成していたと思われる竹簡群は、第十三、十四、二十六、二十七、および三十一盆などに集中する傾向があるので、一括して廃棄されたものと考えられるが、メ～ヤの出土状況は残念ながら明らかではない。

(23) このような上行文書の実例も、高村氏が紹介している［高村二〇〇四］。「敢言之」とあるのは臨湘侯相から長沙郡府に宛てられたもの（正確にはその控え）、「白」とあるのは郷担当の勧農掾から臨湘侯相（実際にはその功曹か）に宛てられたものと考えられる。

(24) メ～ヤに等しく見えている「他官」も、「他の官」一般というより、戸曹掾をはじめとする戸曹関係の諸吏と限定的に考えるべきかもしれない。

(25) 県の諸曹の掾も勧農掾もともに県の属吏で、その間には上下関係はなく、その範囲では対等だったはずである。納入簡ハにあるように、メの作成者である東郷担当の勧農掾殷連は、嘉禾元（二三二）年から同三（二三四）年まで、庫吏（庫曹掾）の任にあった。彼は庫曹掾を三年間以上勤めた後、勧農掾に転じたのであろう。

(26) 後者にはあえて「對共破莂」とあり、両当事者が立ち会いの上で「破莂」が行なわれることがうたわれている。なお「後漢建寧元（一六八）年正月～八月番延壽買丘券」には、「合莂」（莂を合わす）という文言が見られる［冨谷一九八七］。これが、「破莂」・「別莂」の対概念だったのであろう。

（補注一）　木簡の賦税納入簡についてはその後、「魏晉簡牘のすがた――長沙呉簡を例として――」（待刊）において検討したので、あわせて参照されたい。

図版・釈文（筆画順）

中国簡牘集成編輯委員会（編委）
二〇〇五　（編）『中国簡牘集成』第一三冊・図版選巻上、敦煌文藝出版社。

宋少華
二〇一〇　（主編）『湖南長沙三国呉簡』全六冊、重慶出版社・中国簡牘書法係列。

毎日新聞社・（財）毎日書道会（毎日）
二〇〇四　（編）『湖南省出土古代文物展「古代中国の文字と至宝」図録』、毎日新聞社・（財）毎日書道会。

長沙市文物考古研究所・中国文物研究所・北京大学歴史学系走馬楼簡牘整理組（整理組）
一九九九（編）『長沙走馬楼三国呉簡 嘉禾吏民田家莂』全二冊、文物出版社。
二〇〇三（編）『長沙走馬楼三国呉簡 竹簡』［壹］全三冊、文物出版社。
長沙簡牘博物館・中国文化遺産研究院・北京大学歴史学系走馬楼簡牘整理組（整理組）
二〇一一（編）『長沙走馬楼三国呉簡 竹簡』［肆］全三冊、文物出版社。
長沙簡牘博物館・中国文物研究所・北京大学歴史学系走馬楼簡牘整理組（整理組）
二〇〇七（編）『長沙走馬楼三国呉簡 竹簡』［貳］全三冊、文物出版社。
二〇〇八（編）『長沙走馬楼三国呉簡 竹簡』［參］全三冊、文物出版社。

参考文献一覧

【日本語（五十音順）】
安部聡一郎
二〇一一「走馬楼呉簡中所見「戸品出銭」簡の基礎的考察」、藤田勝久・松原弘宣（編）『東アジア出土資料と情報伝達』、七七～九九頁、汲古書院。
伊藤敏雄
二〇一〇「長沙呉簡中の朱痕・朱筆・「中」字について」、『長沙呉簡研究報告』二〇〇九年度特刊、八七～九四頁。
二〇一一「長沙呉簡中の朱痕・朱筆・「中」字について（その二）――二〇一一年三月の調査結果をもとに――」、『長沙呉簡研究報告』二〇一〇年度特刊、一一～一七頁。
二〇一二「長沙呉簡中の邸閣・倉吏とその関係」、『歴史研究』第四九号、二一～四五頁。
關尾史郎
二〇〇一A「吏民田家莂の性格と機能に関する一試論」、『長沙呉簡研究報告』第一集、三～一五頁。

二〇〇一Ｂ「長沙呉簡所見「丘」をめぐる諸問題」、『長沙呉簡研究報告』第一集、四二～五四頁。

二〇〇六「長沙呉簡中の名籍について――史料群としての長沙呉簡・試論（二）――」、『唐代史研究』第九号、七三～八七頁。

二〇一一「『湖南長沙三国呉簡』の賦税納入木簡について」、『長沙呉簡研究報告』二〇一〇年度特刊、六四～七一頁。

二〇一二Ａ「長沙呉簡中の賦税納入簡について――符券としての側面を中心に――」、『「東アジアの簡牘と社会――東アジア簡牘学の検討――」シンポジウム報告集』、四三～五六頁、中国政法大学法律古籍整理研究所・奈良大学簡牘研究会・中国法律史学会古代法律文献専業委員会。

二〇一二Ｂ「長沙呉簡中の賦税納入簡について――作成者の問題を中心に――」、『資料学研究』第九号、横一～一一頁。

二〇一二Ｃ「「最後の簡牘群」考――長沙呉簡を例として――」、『資料学の方法を探る』第一一集、三七～四四頁。

高村武幸
二〇〇四「長沙走馬楼呉簡にみえる郷」、『長沙呉簡研究報告』第二集、二四～三八頁。

谷口建速
二〇〇七（編）「調査簡牘一覧表」、關尾史郎（代表）『長沙走馬楼出土呉簡に関する比較史料学的研究とそのデータベース化』（平成十六年度～平成十八年度科学研究費補助金・基盤研究（Ｂ）研究成果報告書）、三二一～三九頁、新潟大学人文学部。

冨谷　至
一九八七「黄泉の国の土地売買――漢魏六朝買地券考――」、『大阪大学教養部研究集録』人文・社会科学第三六輯、三一～三二頁。

中村威也
二〇〇四「獣皮納入簡から見た長沙の環境」、『長沙呉簡研究報告』第二集、五四～六八頁。

籾山　明

一九九五　「刻歯簡牘初探——漢簡形態論のために——」、『木簡研究』第一七号、一六五～一八六頁。

【中国語（筆画順）】

王　素
二〇〇九　「長沙呉簡勧農掾条列軍州吏等人名年紀三文書新探」、『魏晋南北朝隋唐史資料』第二五輯、一～一八頁。

宋少華
二〇一一　「長沙三国呉簡的現場揭取与室内揭剝——兼談呉簡的盆号和揭剝図」、長沙簡牘博物館・北京大学中国古代史研究中心・北京呉簡研討班（編）『呉簡研究』第三輯、一～八頁、中華書局。

宋少華・何旭紅（宋・何）
一九九九　「長沙走馬楼二十二号井発掘報告」、整理組（編）『長沙走馬楼三国呉簡　嘉禾吏民田家莂』（前出）上冊、一～六〇頁。

李均明・周自如・楊　慧（李他）
二〇〇一　「関於長沙走馬楼嘉禾吏民田家莂的形制特徴」、『簡帛研究』二〇〇一、四八五～四九一頁、広西師範大学出版社。

邢義田
二〇一二　「漢至三国公文書中的簽署」、『文史』二〇一二年第三期、一六三～一九八頁。

侯旭東
二〇〇六　「長沙三国呉簡三州倉吏〝入米簿〟復原的初歩研究」、長沙簡牘博物館・北京呉簡研討班（編）『呉簡研究』第二輯、一～一三頁、崇文書局。

胡平生
一九九七　「木簡券書破別形式述略」、甘粛省文物考古研究所・西北師範大学歴史系（編）『簡牘学研究』第二輯、四二～五〇頁、甘粛人民出版社。

二〇〇一「嘉禾四年吏民田家莂研究」、『中国出土資料研究』第五号、四～二一頁。

胡平生・汪力工（胡・汪）

二〇〇四「走馬楼呉簡〝嘉禾吏民田家莂〞合同符号研究」、中国文物研究所（編）『出土文献研究』第六輯、二三八～二五九頁、上海古籍出版社。

徐　暢

二〇一一「走馬楼簡所見孫呉臨湘県廷列曹設置及置吏」、長沙簡牘博物館・北京大学中国古代史研究中心・北京呉簡研討班（編）『呉簡研究』第三輯（前出）、二八七～三五二頁。

張榮強

二〇〇一「孫呉〝嘉禾吏民田家莂〞中的幾個問題」、『中国史研究』二〇〇一年第三期、三九～四八頁。

二〇一〇『漢唐籍帳制度研究』、商務印書館・中国中古社会和政治研究叢書。

奄美諸島史料と文書の集合態・複合態

石上英一

はじめに

本稿は、文書の複合態・集合態の概念（石上、一九九八Ａ・一九九九・二〇〇六Ｂ）の更なる検討を奄美諸島近世文書を素材として行い、奄美諸島史料研究と資料学に資することを目的とする。

奄美諸島（奄美群島）は、九州南方の南西諸島（琉球列島）において大隅諸島・吐噶喇列島と琉球諸島の間に位置する、喜界島（喜界町）、大島・加計呂麻島・与路島・請島（この四島を近世の行政地域名称に基づき大島と総称する。奄美市〔笠利町・名瀬市・住用村が合併〕・龍郷町・大和村・宇検村・瀬戸内町）、徳之島（徳之島町・伊仙町・天城町）、沖永良部島（和泊町・知名町）、与論島（与論町）からなる。奄美諸島は、日本中世後期並行期に琉球国の北辺の領土となり、一六〇九年に島津氏による琉球征討に伴い占領され、対外的には琉球国の一部とされながらも鹿児島藩の直接支配する領地となり、明治維新後、鹿児島県の一部となった。奄美諸島は、島、島内諸地域においても文化的・政治的・経済的歴史に異なりがあり郷土意識にも多様性がある。しかしながら、前近代の奄美諸島は、総じて見れば、古琉球文化と、鹿児島藩を通じて導入された日本の近世的統治制度や大和文化とが複合・重層する地域であり、日本列島上に展開した歴史を考える上で重要な地域である。奄美諸島については、古代から現代に及ぶ期間を見れば、奄美諸島史料（近代以降、諸島外に搬出された史料も含む)、鹿児島藩関係史料・日本史料、琉球史料、朝鮮・中国・欧米史料など多様な地域の史料、また宗教儀礼・生産儀礼・歌謡・伝承などの多様な資料群が存在する。このような観点から、筆者は、奄美諸島史料を素材とした資料学研究は、東アジア資料学にとっても必要な分野と考えている。

奄美諸島の近世文書は、鹿児島藩による統治が行われたので、基本的に日本近世の地域統治文書と同様の内容である。しかし同時に、鹿児島藩による代官と間切役人による統治は、近世日本における蝦夷地支配・琉球国支配と並ぶ一種の異国支配であり、また世界の重商主義的・帝国主義的発展に伴うサトウキビ・モノカルチャーを核とした産業構造が構築され階層分解が促進されたことにより、奄美諸島の近世文書は独自の内容も有する。そこに、既に語り尽くされている近世史料学に多少とも加えるべきことがあると考えている。

一　大島の田畑氏と田畑家隠居跡

鹿児島藩統治下の奄美諸島で、初めて外城衆中格に叙せられ、田畑の姓を得たのが、大島の爲辰(号、佐文仁。後、元文四年〔一七三九〕、号を佐伯とす〔田畑勇弘、一九六三、六五頁〕)であった。爲辰の一族は、十六世紀初頃から大島北部の笠利半島の、東岸北部の笠利間切笠利[1]を居地とし、古琉球統治期以来、代々、間切役人を務めた大島北部の豪族で、十七世紀中葉に、第六世第七代・第九代爲季(慶長三年〔一五九八〕生、明暦二年〔一六五六〕歿。号、佐伯)の時、寛永四年(一六二七)、笠利半島の西の笠利湾の西岸に位置する名瀬間切瀬師子(後、龍郷)に居地を移した(田畑、一九六一、三三頁)。この一族は、笠利を居地としていたので、笠利氏とも称していた[2]。以下、爲辰が田畑姓を授けられる以前の一族を、笠利氏と称することとする。

笠利氏の爲季の代に、「系図記録悉焼亡」したので（注2、E参照）、初代爲春（号、佐仁）から爲季までの生歿年は系図には記されていないが、琉球国中山王詔書（学術用語で「辞令書」とも称される）、鹿児島藩の知行目録などで事績が証される人物があり、それらの人物の親族の実在と履歴も検証が可能である。[3]

初代爲春は、琉球国より大島名瀬間切首里大屋子として派遣され、琉球に戻り遣明使にも加わり六十一歳で琉球で歿した。爲春の男の爲充（佐久覇。第二世第二代）は、琉球王府で中城王子与力を務め、大島笠利間切東勢頭となり、次いで瀬戸内東間切首里大屋子となり（注3、文書①）、「笠利間切之内邊留村東大屋司」（笠利間切辺留を居地とし笠利間切東大屋子に任じられた者）の女を妻とした。笠利は、辺留の北に接する集落であり、爲充の時には笠利の集落を居地としていたと考えられる。爲充の男の爲明（佐渡富。第三世第三代）は、大島から琉球に上り、中山王の小姓として奉公し、帰島後、笠利間切喜瀬大屋子、次いで隆慶二年（一五六八）に笠利間切首里大屋子に任ぜられ（注3、文書②）、女の聟養子に母の兄弟の子、爲吉（佐倪統。第四世第四代）を迎えた。爲吉は、笠利間切首里大屋子への任命の詔書を受けるために琉球に渡海上国し、帰島の際に遭難し歿した。爲吉の男爲轉（佐文）は、幼少の時に父を遭難で失い、九歳で琉球に上国して首里の円覚寺で学び、十三歳で首里城に奉公し、その後、大島笠利間切宇宿与人に任じられて帰島し、ついで萬暦十六年（一五八八）に大島瀬戸内東間切首里大屋子に任じられ（注3、文書③）、ついで笠利間切首里大屋子となった。慶長十四年（一六〇九）三月七日に、琉球国制圧のための島津軍は大島の笠利半島を襲い、八日、笠利間切蔵本のある笠利を囲み、笠利間切首里大屋子爲轉は降服し、十一歳の二男爲季（佐伯。明暦二年〔一六五六〕歿）[4]を大将樺山久高に質に差し出した。爲季は、島津軍大将樺山久高に従ったが、病となり瀬戸内西間切西古見から引き返し、翌慶長十五年、改めて質として鹿児島に上国し（石上、二〇〇三、四七一～四七二頁）、寛永四年（一六二七）帰島した（田畑、一九六一、四〇頁）。爲轉の長男の爲有（佐宣。第六世第六代）は、慶長十八年九月に笠利間切赤嶺与人

（赤嶺は笠利集落の西部の丘）として知行を宛行われた（注3、文書⑤⑥）。その後、爲有は父爲轉の笠利間切首里大屋子（注3の文書④では「大嶋之内笠里間切惣役人」の如く「間切惣役人」と称している）の職を継いだらしいが、元和九年（一六二三）八月二十三日に発せられた大嶋置目（注3、⑦。石上、二〇〇六A）により大屋子が廃止となり無役となった。爲有の男爲成（佐元）は、爲季の次の質として寛永四年（一六二七）に十一歳で鹿児島に上国し、仮名として敷根權之助を授けられ、藩主島津家久（島津中書。天正四年（一五七六）生、寛永十五年（一六三八）歿）に仕え、三十一歳まで二十二年間勤め（田畑、一九六一、四一頁）、その間二度、江戸参府に従った。爲成の在府中、爲有の後、弟爲季が第七代（第六世）となった。爲成（第七世第八代）は三十二歳の時、慶安元年（一六四八）に、大島に戻った（田畑、一九六一、四一頁）。しかし、爲成は、間もなく、壮年にして嫡子を無くして歿したので、爲有の弟の爲季が再度承継し第九代となった（田畑、一九六一、四〇頁）。爲季の後は、長男爲政（佐碧。第七世第十代）が継いだが、実子無く[5]、爲季の二男爲壽（第七世。初名、爲宣。号、佐式、次いで佐郁、佐意久。承応二年（一六五三）生、享保元年（一七一六）三月十一日歿）が第十一代となった。爲壽は、大島屋喜内間切大和浜方与人、次いで名瀬間切名瀬方与人となった。爲壽は、元禄五年（一六九二）、大島からの上国与人となって、喜界島の与人永語、徳之島の与人久保知、沖永良部島の与人大城と共に、十月四日、島津綱貴に、琉球国使佐敷王子尚益（『中山世譜』附巻）に次いで、御目見得した。御目見得にあたり、爲壽は、号を佐郁と改めることを鹿児島藩から認められた（注3、⑧）[6]。爲壽は、元禄十三年（一七〇〇）十二月に西間切請島に漂着した清船の琉球王府への送付の警固役となり、同十四年二月に琉球に赴いた。爲壽は、宝永四年（一七〇七）にも鹿児島に上国し、島津吉貴に御目見得している。

　爲壽の二男爲辰（第八世。佐文仁、後に佐伯。延宝六年（一六七八）七月一日生、明和元年（一七六四）五月十九日歿）は、笠利氏の第十二代であり、元禄五年の父爲壽の上国も随従している。爲辰は、「大島新田方、数年出精相勤」とされ、正徳元年（一七一一）、大島古見間切古見方与人寄の時、鹿児島に上り、「国分宮内小村」（大隅国始良郡日当村宮内原）の正徳元年起工の用水・新田開発（『日本歴史地名大系』47・鹿児島県の地名）の現場で学んだ（大山、一九八八、二〇二頁）。正徳二年十月二十日に、大島住用間切寄与人から住用間切新田方定与人に任じられた（「松岡家文書」（仮称）所収、辰（正徳二年）十月二十日大島代官勤富山伝内左衛門代仰渡）(7)。爲辰は帰島し、正徳三年から享保十一年（一七二六）に及ぶ十四年間に大島の各地で一四三〇石余の新田開発を指導し、享保十一年三月十三日、代々嫡子に及ぶ外城衆中格に叙せられ（「松岡家文書」（仮称）所収、午（享保十一年）三月十三日大島代官勤今井六右衛門申渡）、田畑姓（田畑姓は、後、第十一世第十五代爲宗の時、天明五年（一七八五）正月二十日、龍姓に改められる）を与えられた。田畑佐文仁爲辰は、元文三年（一七三八）十一月九日、隠居し、大島名瀬間切龍郷方瀬花留部村玉ノ浦（現、龍郷町瀬留）を居地とした。この田畑爲辰の隠居地の家筋が隠居跡と称された。爲辰の母（第七世第十一代爲壽の妻）は大隅国小根占衆中の小牧孝左衛門尉(8)の女の真加戸樽金（母は、古見間切首里大屋子の孫で赤木名村祝女）、後妻は真加戸樽金の弟牧志の孫（名、不詳）であった。爲辰は、本家を嫡男爲弘（第九世第十三代）に相続させて隠居し、隠居跡を後妻の兄牧悦（小牧孝左衛門尉の曾孫）の男を養子（佐榮文と称す。第九世隠居跡第二代。寛延三年（一七五〇）生、文化九年（一八一二）二月十日歿）に迎え相続させた。「小牧家―阿木名村の住―略系図」に、小牧孝左衛門尉の曾孫牧悦の二男について、「笠利氏隠居跡始祖、佐伯（佐文仁爲辰）の養子と為り、佐榮文（佐伯）と名告り、隠居跡第二代を相続す」とある（田畑勇弘、一九六七、五五～五六頁）。佐榮文（佐伯）の二男佐應志（佐應子。後、佐能應。第十世）とその長男佐應仁（第十一世。明治四十四年頃歿）の子孫の田畑家に伝来した文書が田畑家隠居跡文書と称されている。但し、佐榮文の長男佐榮文（隠居跡第三代）の嫡系は大司氏を称した。したがって、現在、田畑家隠居跡文書と称されている史料群は、田畑家隠居跡の分家のものである。なお、佐應仁は「医を業とす」（後掲の文書10参照）、その弟佐應志も「鹿児島へ上国し、医学を修行す。蘭方医」、「鹿児島士族、郡山家の士族株を継承し、晩年は郡山昌敬と改む」と、田畑勇弘は記録している（田畑、一九六七、六四～六五頁）。

二　田畑家隠居跡文書の佐應子・佐應仁父子関係文書の構成

1　田畑家隠居跡文書群

田畑家隠居跡文書は、次の筆写本及び乾式複写版、史料集により利用されてきた。

①奄美市奄美博物館所蔵「名瀬市史編纂委員会資料」（「六一」等は資料番号）

a六一　「田畑家隠居跡文書　その一」一冊　「田畑家隠居跡文書　佐応子・佐応仁父子関係」の山下文武氏筆写本の青焼版。

b六一　「田畑家隠居跡文書　その二」一冊　「田畑家隠居跡文書　佐応子・佐応仁父子関係」、「由緒人上訴文書群断簡」（仮称）、嘉永四・五年佐應子出入帳等の三史料群。青焼用半透明罫紙にペン書きした読取り本の青焼版。

c一四〇　「田畑家隠居跡文書　佐応子・佐応仁父子関係」　乾式複写版。整序複写版（後述）あり。

d一五一　「笠利（田畑）家々譜（隠居跡所伝）」（田畑嫡家系図。注2のE）

②奄美博物館資料室架蔵資料

e〇九二―一九八二　「田畑家文書」　①a「田畑家隠居跡文書　その一」と①bのうちの「田畑家隠居跡文書　佐応子・佐応仁父子関係」と同内容の史料群の山下文武氏筆写本の青焼版（但し、断簡一点、文書一点未収）。文書配列は年代順に改められている。

③山下文武編『南西諸島史料集』五・奄美諸家文書、南方新社、二〇一二年三月

f山下文武解題・翻刻「田畑家隠居跡文書」「田畑家隠居跡文書　佐応子・佐応仁父子関係」（但し、eと同じ未収あり）、「由緒人上訴文書群断簡」（仮称）収載。

これらの史料は、佐應志（佐應子）の二男佐應志の孫である郷土史研究者大山麟五郎（十三世）が、名瀬市史編纂のために田畑家隠居跡の一族の方から借用して提供したものである。筆者は、原本を見る機会はなく、以下の論述は、右に掲げた複写版・筆写本・史料集にもとづいている。

本稿では、田畑家隠居跡文書のうち、乾式複写版があり、原本の様態を復元できる佐應子（佐應志）・佐應仁父子関係の文書により、文書の集合態・複合態の検討を行うこととする。この文書（文書群）は、単独文書及び継文を成す文書、計二五通から構成されており、また文書には鹿児島藩の大島統治制度による複合態を呈するものがある。

2　佐應子・佐應仁の履歴

初めに、田畑家隠居跡文書佐應子・佐應仁父子関係（以下、佐應子・佐應仁父子関係文書と称す）の二五通の文書から知られる佐應子と佐應仁の履歴を示しておこう。

○佐應子の間切諸役任命履歴

年月日	新職［任期］	〈前職〉	文書番号
文化八年（一八一一）四月二日	御座（代官座）見廻重ミ寄役		1―1
文化十四年（一八一七）正月十四日	龍郷方重黍見廻代		1―2
文化十四年（一八一七）十一月十二日	龍郷方津口横目寄役		1―3

文化十五年（一八一八）二月十二日	龍郷方重竹木横目		1—4
文政二年（一八一九）十二月二十八日	龍郷方重津口横目［来夏仕登相済迄之間］		1—5
文政七年（一八二四）八月	龍郷方津口横目定寄役		1—6—3
文政八年（一八二五）五月四日	龍郷方津口横目	〈龍郷方津口横目定寄役〉	1—7—3

○佐應仁の間切諸役等任命履歴

年月日	新職［任期］	〈前職〉	文書番号
天保十三年（一八四二）	龍郷方重黍見廻		8
弘化元年（一八四四）十二月	龍郷方重黍見廻［来春仕登相済迄之間］		2
弘化二年（一八四五）十二月二十五日	龍郷方重黍見廻［来春仕登相済迄之間］		3—1
弘化三年（一八四六）十二月二十五日	龍郷方幾里村黍見廻寄		3—2
弘化四年（一八四七）十二月十二日	龍郷方黍見廻寄		3—3
嘉永元年（一八四八）四月二十三日	龍郷方久場村掟寄	〈龍郷方有良・芦花部村黍見廻〉	3—4
嘉永元年（一八四八）十二月二十三日	龍郷方有良・芦花部両村黍見廻寄		4
嘉永二年（一八四九）閏四月十九日	龍郷方黍見廻	〈龍郷方有良・芦花部両村黍見廻〉	5
嘉永二年（一八四九）十月二十七日	龍郷方筆子寄	〈龍郷方屋入村・瀬花留部村黍見廻〉	6
嘉永三年（一八五〇）十月四日	龍郷方筆子	〈龍郷方屋入・瀬花留部村黍見廻、龍郷方筆子寄〉	7
嘉永三〜四年（一八五〇〜五一）	自作正余計砂糖、親佐能應（佐應子）の名を以て進上		8
文久二年（一八六二）十月以降	龍郷方田地横目	〈龍郷方筆子、初役より二十か年精勤〉	8

慶応元年（一八六五）六月十二日　英学稽古申付　〈龍郷方田地横目在職〉　9—2
慶応三年（一八六七）　英学稽古上国　10—2
明治三年（一八七〇）五月二十九日　はぶ当り療治方稽古　〈英学稽古方滞国、龍郷方田地横目在職〉　10—1

3　佐應子・佐應仁父子関係文書の概要

次に、佐應子・佐應仁父子関係文書の全文書の目録を史料群の構造を明かにするために示すとともに、集合態・複合態の論述に必要な文書の本文を掲出する。本稿に掲出しない文書本文は、『南西諸島史料集』五を参照されたい。

①形態・数量

名瀬市史編纂委員会資料一四〇の乾式複写版は、数群からなる切紙の文書・文書群（継文）の複写時期未詳の原複写版（複写用紙四八紙。台紙に貼込みし、文書が切紙であることに合わせて台紙天辺・地辺部分を整除し、台紙中央部で縦に半折して仮綴）の再複写版。一冊。再複写版の丁順は、名瀬市史編纂委員会資料本には乱丁があり、奄美群島歴史資料調査事業（二〇〇二～〇四年度）において児玉永伯氏が、仮綴じを外し折目を展開し丁順を整えた、再複写版の第三次複写版（児玉氏整序複写版。本稿では「複写版」と称す。本目録はこの複写版による）により整えられている。本目録では、児玉氏整理の複写版の丁順によりcの丁順を示す。また、法量は複写版により計測する。

②原蔵者

a「田畑家隠居跡文書　その一」に、次の書写奥書がある。

一九六五年二月四日了於市役所／原本龍郷村屋入田畑純一郎氏所蔵　名瀬市商水課長／大山麟五郎氏の御好意により写本す

書写奥書によれば、原蔵者は龍郷町屋入の田畑氏（田畑家隠居跡の一族）である。

山下文武

③概要

近世後期の田畑家隠居跡の佐應子・佐應仁の間切役人任命等の文書群。佐應子・佐應仁を間切の諸役に任命する文書等には、大島代官から龍郷方与人・横目宛に発給されたものがあり、それらは、本来、龍郷方与人の役宅などに保管されていたものと考えられる。なお、与人・横目任命文書及び手交のための召文は、当人に直接手交された。佐應子が、龍郷方与人・横目の役宅などに保管されていた代官発給文書（本目録の1の諸文書のうち龍郷方与人・横目宛の文書）を入手したのは、佐應子が龍郷方津口横目となった時のことと推定する。佐應仁の任命関係文書は、9—2、10—1を除いて写であり（10—2は、10—1に添付された写）、代官より龍郷方与人・横目に文書が発給された際に添えられ佐應仁に手交された代官所作成の写と考えられる。

④佐應子・佐應仁父子関係文書の目録と内容

文書全点の釈文は、既に『南西諸島史料集』五に掲載されているが、同書では、編集方針によるのであろう、文書の区切、料紙の継目や端、正文・写の区別、印影は記されず、また文書目録も掲載されていない。そこで筆者は、複写版により継紙・継文を確認し、個体文書、継文、個体文書と継文とからなる群を、年代順に配列し、文書番号を付与した。以下、全文書の目録を掲載し、併せて文書の集合態・複合態を論じるために必要な文書の本文を掲載する。

【凡例】⑴史料は、文書名、目録（概要、出典・様態・内容・注）、本文の順に掲げる。⑵文書名は、首部に文書名がない場合は、原則として、書止文言、あるいは発給者から宛先への指示に関わる文言による。文中に適当な書止文言等が記されていない場合には、内容に従い文書名を付与する。正文とは、原複写版の複写元となった史料が正文であるとの意味。以下、写も同様（本文書群には、所謂「案」、即ち文書作成時の案や公験案はない）。(3)文書番号は、群（継文〔文書間や文書内の継目が剥がれている状態のものも含む〕、同一事案に関する複数文書の括、個体文書の集合）、副群（同一事案に関わる複数の文書）、個体文書の三階層を表わし、三階層の場合、1―6―1の如く記す。(4)出典の記号は、前掲の写本・複写版・史料集を示す。(5)料紙の大きさは複写版により計測。長さは、右端の継目下を除く、原則として地辺の長さ。(6)本文の「／」は改行、傍点「・」は『南西諸島史料集』五との文字の異同を示し、行頭文字は天辺からのおおよその位置に置く。(7)文書・継文を貼り込んだ台紙については記述しない。

1　大島代官申渡等継文（自文化八年至文政八年）

〔概要〕大島名瀬間切龍郷方瀬花留部村佐應子の間切諸役任命に関わる代官申渡等一一通（正文）の継文（1―6、1―7も継文）。切紙の継文にして台紙（縦一五・三糎）に貼り込まる（2以下の文書も同じく台紙に貼り込まる）。継文の原装訂は仮巻（表紙・軸無し）ならん。

1―1　未（文化八年、一八一一）四月二日大島代官（二階堂與右衛門）申渡（東間切度連方・名瀬間切龍郷方・同名瀬方与人・横目宛）

〔出典〕c、一一～一二頁。f、二四五～二四六頁。e、一丁表～一丁裏。a、一一丁表。b、六頁。〔様態〕一紙。切紙。縦一三・九糎、横四一・三糎。正文。代官名の下に丸印（直径一・二糎。印色及び印文不詳）一顆を踏す。「東間切手安村貞十子」より「横目」まで。右端、一行分空白。左端、余白なし、現状は、1―2に貼り継がる。〔内容〕大島代官、東間切度連方・名瀬間切龍郷方・同名瀬方の与人・横目に東間切手安村貞和子・龍郷方久場村仁與喜・同玉之浦村佐應子に代官座（御座）見廻重寄役を申付けたることを申渡す可きことを命ず。〔注〕本文書は、東間切度連方・名瀬間切名瀬方・同龍郷方に三通発給された文書のうち、龍郷方与人・横目宛のもの。

〔本文〕

東間切手安村之貞十子

子

貞和子

龍郷久場村之仁富

子

仁與喜

右同玉之浦村之佐伯

子

佐應子

右人数御座見廻重ミ・寄役申付候条如例／可申渡候以上

代官

二階堂與右衛門㊞

未四月二日

東間切渡連方

龍郷方

名瀬方

與人

横目

1—2　丑（文化十四年、一八一七）正月十四日大島代官（肥後翁助）申渡（龍郷方与人・横目宛）

〔出典〕c、一二〜一三頁。f、二四六頁。e、二丁表〜二丁裏。a、一一丁裏。b、六頁。〔様態〕一紙。切紙。縦一三・七糎、横三七・八糎（右糊代分含まず）。正文。紙面に丸印（直径一・六糎。印色及び印文不詳）三顆を踏す（右端中央に左半部半存〔1—1との継目下の印影有無不明〕。「右之通〔下略〕」の行の天辺に下半部半存。代官名の下に一顆）。「龍郷方重黍」より「横目」まで。右端、空白なし、現状は1—1に貼り継がる（元の貼り継ぎ痕、複写版では不明）。左端、余白なし、現状は1—3に貼り継がる。〔内容〕大島代官、龍郷方与人・横目に、龍郷方瀬華留部村佐應子を龍郷方重黍見廻西恵喜別勤申付により龍郷方重黍見廻に申付けたることを申渡す可きことを命ず。

〔本文〕

———（1—1トノ継目）———

㊞（継目左、印左半部存）

龍郷方重黍／見廻西恵喜別勤／申付候代

龍郷方

瀬華留部村之

佐應子

㊞右之通申付候条／如例可申渡候　（「右之通」ノ行ノ天辺、印下半部存）

代官

肥後翁助㊞

丑正月十四日

龍郷方

與人

横目

1―3　丑（文化十四年、一八一七）十一月十二日大島代官（喜入休左衛門）申渡（竜郷方与人・横目宛）

〔出典〕c、一三～一四頁。f、二四六～二四七頁。e、三丁表～三丁裏。a、一二丁表。b、六頁。〔様態〕一紙。切紙。縦一三・七糎、横四六・一糎（右糊代分含まず）。正文。紙面に丸印（直径一・七糎。印色及び印文不詳）二顆を踏す（事実書第二行中央。代官名の下）。「龍郷方津口横目」より「横目」まで。右端、一行分空白、現状は1―2に貼り継がる。左端、余白一行分あり、現状は1―4に貼り継がる。〔内容〕大島代官、龍郷方与人・横目に、龍郷方瀬華留部村佐應子を龍郷方津口横目吉喜久病養暇跡寄役に申付けたることを申渡す可きことを命ず。

〔本文〕

――――（1―2トノ継目）――――

龍郷方津口横目／吉喜久病養暇／跡寄役

龍郷方瀬華／留部村之

佐應子

右之通申付候条／如例可㊞申渡候　（「可」の上に印）

代官

喜入休右衛門㊞

丑
十一月十二日

竜郷方

與人

横目

1―4　寅（文化十五年、一八一八）二月十二日大島代官（喜入休左衛門）申渡（龍郷方与人・横目宛）

〔出典〕c、一四～一五頁。f、二四七頁。e、四丁表。a、一二丁裏。b、七頁。〔様態〕一紙。切紙。縦一四・○糎、横三七・○糎（右糊代分含まず）。正文。代官の名の下に丸印（直径一・七糎。印色及び印文不詳）を踏す。「龍郷方瀬花留部村之」より「横目」まで。右端、一行分空白、現状は1―3に貼り継がる。左端、余白一行分あり、現状は1―4に貼り継がる。〔内容〕大島代官、龍郷方与人・横目に、龍郷方瀬花留部村佐應子を龍郷方重竹木横目に申付けたることを申渡す可きことを命ず。

〔本文〕

――――（1―3トノ継目）――――

龍郷方瀬花留部村之

佐應子

右龍郷方一往重／竹木横目申付候条／如例可申渡候

代官

喜入休右衛門㊞

寅二月二日

龍鄕方

與人

横目

1—5　卯（文政二年、一八一九）十二月二十八日大島代官（㝡上孫左衛門）申渡（龍鄕方与人・横目宛）

〔出典〕c、一五〜一七頁。f、二四八頁。e、四丁裏〜五丁表。a、一三丁表。b、七頁。〔様態〕一紙。切紙。縦一三・七糎、横四五・三糎（右糊代分含まず）。正文。紙面に丸印（直径一・四糎。印色及び印文不詳）二顆を踏す（「右之通〔下略〕」の行の天辺に下半部半存。代官名の下に一顆）。「龍鄕方」より「横目」まで。右端、一行分空白、現状は1—4に貼り継がる。左端、余白二行分あり、現状は1—6—1に貼り継がる。〔内容〕大島代官、龍鄕方与人・横目に、龍鄕方瀬花留部村佐應子・同龍鄕村道渡世を龍鄕方重津口横目に申付けたることを申渡す可きことを命ず。

〔本文〕

———（1—4トノ継目）———

龍鄕方

重津口横目

瀬花留部村之

佐應子

龍鄕村之

道渡世

㊞右之通来夏仕登／相濟迄之間重役申付／候条如例可申渡候　（「右之通」ノ行ノ天辺、印下半部存）

代官
寂上孫左衞門㊞
卯
十二月二十八日
龍郷方
與人
横目

1―6　文政七年（一八二四）八月大島代官申付等

〔概要〕佐應子を龍郷方津口横目定寄役に任ずることに関わる文書三通の継文。

1―6―1　申（文政七年、一八二四）八月八日大島代官（税所長左衛門）申渡（龍郷方与人・横目宛）

〔出典〕c、一七〜一八頁。f、二四八〜二四九頁。e、五丁表〜五丁裏。a、一三丁裏。b、七頁。〔様態〕一紙。切紙。縦一四・一糎、横三一・一糎（右糊代分及び左糊代分含まず）。正文。代官名の下に丸印（直径一・六糎。印色及び印文不詳）を踏す。「龍郷方」より「横目」まで。右端、空白部分切除か（欠行なし）、現状は1―5に貼り継がる。左端、余白切除か（欠行なし）、1―6―2に貼り継がる。〔内容〕大島代官、龍郷方与人・横目に、龍郷方瀬花留部村佐應子に代官所当番附役方へ広帯用意にて差越し申出づることを申渡す可きことを命ず。〔注〕①1―6―1・2・3は、任命後、貼り継がれたるならん。②1―6―1は、1―6―3により代官が龍郷方津口横目定寄役を佐應子に申付けるため、龍郷方与人・横目に、佐應子に代官所に広帯の礼装を用意して参上し当番の代官附役に届け出るべきことを申渡す可きことを命ずる文書。

〔本文〕

――――（1―5トノ継目）――――

龍郷方

瀬花留部村

佐應子

右御用候間廣帶／致用意差越当番／附役方江相付届申／出候様可申渡候

代官

税所長左衛門㊞

申八月八日

龍郷方

與人

横目

1―6―2　申（文政七年、一八二四）八月九日大島代官（税所長左衛門）召文（佐應子宛）

〔出典〕c、一八頁。f、二四九頁。e、五丁裏。a、一四丁表。b、八頁。〔様態〕一紙。切紙。縦一四・〇糎、横一八・五糎（右糊代分含まず）。正文。捺印なし。「龍郷方」より「申八月九日税所長左衛門」まで。右端、1―6―1に貼り継がる。左端、余白一行分あり、1―6―3に貼り継がる。〔内容〕大島代官、龍郷方瀬花留部村佐應子に広帯着用にて代官所に出頭を命ず。宛所無けれども、佐應子宛なり。〔注〕①1―6―2と1―6―3は同筆。②代官が、被任命者に代官所への出頭を命ずる文書を、仮に「召文」とす。

〔本文〕

―――――（1―6―1トノ継目）―――――

龍郷方

佐應子

右御用候間只今／廣帯ニ而可罷出候以上

代官

申
八月九日税所長左衛門

1―6―3　申（文政七年、一八二四）八月大島代官（税所長左衛門）申付（佐應子宛）

〔出典〕c一八～一九頁。f、二四九～二五〇頁。e、六丁表。a、一四丁表。b、八頁。〔様態〕一紙。切紙。縦一四・二糎、横三一・二糎（右糊代分含まず）。正文。紙面に丸印（直径一・六糎。印色及び印文不詳）二顆を踏す（「右之通申付候」の行の天辺に下半部半存。代官名の下に一顆）。「龍郷方津口横目」より「申八月税所長左衛門㊞」まで。右端、一行空白、1―6―2に貼り継がる。左端、余白一行分あり、現状は1―7―1に貼り継がる。〔内容〕大島代官、龍郷方瀬華留部村佐應子を龍郷方津口横目佐恵文病気退役跡の龍郷方津口横目定寄役に申付。宛所無けれども書止文言に「申付」とありて、代官より直接、佐應子に発給したる文書なり。横目任命は鹿児島藩家老の申付によるが、横目の代理の横目定寄役の任命は代官の申付による。〔注〕①文書名は、書止文言「申付」による。②複写版によるに、原本左端は、天辺左端より右に二・九糎、下に七・六糎のところより料紙表側に三角形に折れ、1―7―1との継目上半部剝がれたり。折れ曲がりたる料紙左端上端部は「八月」の「八」の左端上部を覆うが、複写版には「八」の覆われたる部分の墨が明瞭に写るは、料紙を透けてのことによるか。③佐恵文は、佐應子の父佐榮文。

〔本文〕

――――（1―6―2トノ継目）――――

龍郷方津口横目／佐恵文病気ニ付／退役跡定寄役

龍郷方

瀬華留部村

佐應子

㊞右之通申付候（コノ行ノ天辺、印下半部存）

代官

申

八月税所長左衛門㊞

1―7　文政八年（一八二五）五月大島代官申渡等

〔概要〕佐應子を龍郷方津口横目に任ずることに関わる文書三通の継文。

1―7―1　酉（文政八年、一八二五）五月朔日大島代官（税所長左衛門）達（龍郷方与人・横目宛）

〔出典〕c、一九～二〇頁。f、二五〇頁。e、六丁裏。a、一四丁裏。b、八頁。〔様態〕一紙。切紙。縦一三・三糎、横二八・八糎（右糊代分含まず）。正本。代官の名の下に丸印（直径一・六糎。印色及び印文不詳）を踏す。「瀬花留部村之」より「横目」まで。右端、一行文空白、現状は1―6―3に貼り継がる。左端、余白一行分あり、1―7―2に貼り継がる。〔内容〕大島代官、龍郷方与人・横目に、龍郷方瀬花留部村佐應子に代官所当番附役方へ広帯用意にて差越し申出づることを申渡す可きことを命ず。〔注〕①1―7―1・2・3は、同筆の文書にして、任命後、貼り継がれたるならん。②1―7―1は、1―7―3により代官より佐應子に龍郷方津口横目を申付けるため、龍郷方与人・横目に、佐應子に代官所に広帯の礼装を用意して参上し当番の代官附役に届け出るべきことを申渡す可きことを命ずる文書。

〔本文〕

―――――（1―6―3トノ継目）―――――

瀬花留部村之
　佐應子

右御用候間廣帯／致用意差越其居／當番附役方江申出／候様可申渡候

代官
　税所長左衛門㊞

酉五月朔日

龍郷方
　與人
　横目

1―7―2　酉（文政八年）五月四日代官所召文（佐應子宛）

〔出典〕c、二〇～二一頁。f、二五〇頁。e、七丁表。a、一五丁表。b、八頁。〔様態〕一紙。切紙。縦一三・〇糎、横一四・六糎（右糊代分含まず）。正文。「龍郷方」より「酉五月四日　代官所」まで。右端、1―7―1に貼り継がる。左端、1―7―3に貼り継がる。〔内容〕代官所、龍郷方佐應子に広帯着用にての出頭を命ず。宛所無けれども、佐應子宛なり。

〔本文〕

――――（1―7―1トノ継目）――――

龍郷方

佐應子

右御用候間廣帯／致着用只今可罷出候

酉五月四日　代官所

1―7―3　酉（文政八年）五月四日大島代官（税所長左衛門）申渡（佐應子宛）

〔出典〕c、二一～二二頁。f、二五一頁。e、七丁表～七丁裏。a、一五丁表～一五丁裏。b、九頁。〔様態〕一紙。切紙。縦一三・一糎、横三四・二糎。正本。紙面に丸印（直径一・六糎。印色及び印文不詳）二顆を踏す（「右之通申付候」の行の天辺に下半部存。代官名の下に一顆）。「龍郷方津口横目」より「酉五月四日」まで。右端、1―7―2に貼り継がる。左端、紙端ならん（欠行なし）。〔内容〕大島代官、文政八年二月を以て、家老新納久命（内蔵）、龍郷方瀬花留部村佐應子を龍郷方津口横目佐恵文退役跡の龍郷方津口横目に申付たる旨を、道之嶋掛御用人より申越されたるにより、佐應子に申渡す。〔注〕①（文政八年）二月家老（新納内蔵久命）申渡（取次志岐休之進宛）（「龍郷方津口横目」より「二月　内藏」まで）を写したる後に、大島代官申渡の文を加ふ。②文政六年（一八二三）四月二日、代官税所長左衛門、伊津部湊着（代官仮屋、寛政十三年（一八〇一）、伊津部（現、奄美市名瀬矢之脇町）に遷る）。大島代官、文政七年八月、佐恵文の龍郷方津口横目退役跡として佐應子を龍郷方津口横目定寄役に任命し、その直後、佐應子横目任命の上申書を上国船に託して三島方掛に送る。三島方掛の申出によりて、文政八年二月、家老、佐應子を横目に任命す。文政八年二月家老申渡の写し、志岐休之進（道之島掛御用人）より三島方掛を通して、文政八年春渡島の新任代官中島宗九郎に託され、同年四月二十七日、代官中馬宗九郎、大和浜方へ着し、四月末に代官税所長左衛門に齎さる。『大島代官記鈔』（東京大学史料編纂所所蔵島津家本）に「右、税所長左衛門殿御事御乗船幷御横目御乗船御付役御乗船酉九月三日大熊ヨリ御出帆、惣次渡七月十日相濟」とあり（鹿児島県立図書館本『大島代官記』、「酉五月三日大熊ヨリ御出帆」とあるは誤記なり。『道之島代官記集成』、六一～六二頁参照）。

〔本文〕

――――（1―7―2トノ継目）――――

龍郷方津口横目／佐恵文退役跡代リ

龍郷方瀬花留部村之

佐應子

右之通申付候

右可申渡旨島代官江／可申越候

二月　内蔵

㊞右之通志岐休之進／御取次を以被仰渡候条／此旨申渡候　（「右之通」ノ行ノ天辺、印下半部存）

代官

税所長左衛門㊞

酉五月四日

2　辰（弘化元年、一八四四）十二月大島代官（代官勤四本八郎左衛門）申渡（龍郷方与人・横目宛）写

本文略す。〔出典〕c、三三三頁。f、二五一～二五二頁。e、八丁表。a、未収。b、未収。〔様態〕写。袖、「龍

郷方」の下方に「写シ」とあり。二紙（分離す）。切紙。第一紙、縦一三・九糎、横六・九糎。第二紙、縦一三・九糎、横一五・五糎。「龍郷方　写シ」より、「横目」まで。第一紙。「龍郷方　写シ」より「佐應仁」まで。左端、紙継れ。第二紙。右端、継目痕無。「右者来巳春仕登」（下半部ノ右半部欠失）より「横目」まで。〔内容〕大島代官、龍郷方与人・横目に、龍郷方屋入村佐應仁を来る巳（弘化二年）春仕登迄の間、龍郷方重黍見廻に申付けたるを申渡す可きことを命ず。〔注〕①第一紙「龍郷方　写シ／屋入村之／佐應仁」の三行と、第二紙「右者来巳春仕登」以下は文続くが、複写版第一紙左端に、第二紙第一行下半部「春仕登」の右端部分見えず。第一紙と第二紙とは元一紙なれども切断され、切除されたる部分あるか。或は、第一紙左端下半部の紙継れの部分に墨痕あるか。②佐應仁は佐應子の長男なり。

3　大島代官申渡写（自弘化二年至嘉永元年）

〔概要〕佐應仁を間切諸役に任ずる文書四通を継紙八紙に書す。本文略す。

3―1　巳（弘化二年、一八四五）十二月二十五日大島代官（河野甚兵衛）申渡（龍郷方与人・横目宛）写

〔出典〕c、二三頁。f、二五二頁。e、八丁裏。a、九丁表。b、五頁。〔様態〕写。袖、「屋入村之」の下方に「写シ」とあり。切紙の継紙第一紙及び第二紙の半ばまでに書す。第一紙、縦一三・五糎、横三・六糎。第二紙、縦一三・三糎、横一八・二糎（右糊代分含まず）。「屋入村之　写シ」より「横目」まで。第一紙、右端、不整形に破損すれども欠行なし。「屋入村之　写シ」の一行のみ。第二紙、「重黍見廻」より「横目」まで。〔内容〕大島代官、龍郷方与人・横目に、龍郷方屋入村佐應仁を来る午（弘化三年）春仕登迄の間、龍郷方重黍見廻に申付けたるを申渡す可きことを命ず。〔注〕3―1・2・3・4は、それぞれに筆致異なり、代官所にて書役が佐應仁の間切諸役に任命されたる折ごとに、切紙の残簡に正文を臨模し、佐應仁に手交したるものならん。

3―2　午（弘化三年、一八四六）十二月二十五日大島代官（代官勤河野甚兵衛）申渡（龍郷方与人・横目宛）写
〔出典〕c、二三〜二五頁。f、二五二〜二五三頁。e、八丁裏〜九丁裏。a、九丁表〜九丁裏。b、五頁。〔様態〕写。切紙の継紙第二紙左端より第四紙に書す。第三紙、縦一四・一糎、横二六・二糎（右糊代分含まず）。第四紙、縦一四・三糎、横三六・二糎（右糊代分含まず）。「田地横目格」より「横目」まで。第二紙左端に、「田地横目格」の右三分の一わたる。第三紙、右端、第二紙に貼り継がれ、「田地横目格」の左三分の二より「佐應仁」まで。第四紙、左端、約五糎の余白ありて第五紙に貼り継がる。「右之通申付候条」より「横目」まで。〔内容〕大島代官、龍郷方与人・横目に、龍郷方幾里村黍見廻佐央人を龍郷方筆子勤源藤志の田地横目格へ別勤の跡の龍郷方筆子勤寄に、龍郷方屋入村佐應仁を幾里村黍見廻佐央人別勤の跡の幾里村黍見廻寄に申付けたるを申渡す可きことを命ず。〔注〕①3―2、継紙第二紙に本文第一行右端がわたるが、3―1とは筆致異なる。3―1、3―2は、筆致異なりそれぞれ正文または控を臨模したるものなれば、第二紙に継紙の第三紙・第四紙を継ぎたる後、3―2を書記したるならん。3―1、3―2は共に代官勤河野甚兵衛申渡なれども、筆致異なるは、正文筆者の異なる文書を臨模したるによるか、或は正文は同筆なれども写の書写者が異なるによるか。②佐央人、田畑二男家第十一世第十八代龍爲富（佐富）の男佐央人（田畑勇弘、一九六四、一一頁）。

3―3　未（弘化四年、一八四七）十二月十二日大島代官（代官勤四本八郎左衛門）申渡（龍郷方与人・横目宛）写
〔出典〕c、二六〜二九頁。f、二五三〜二五四頁。e、一〇丁表〜一〇丁裏。a、未収。b、未収。〔様態〕写。切紙の継紙第五紙より第六紙に書す。第五紙、縦一四・六糎、横四〇・一糎（右糊代分含まず）。第六紙、縦一四・二糎、横一三・三糎（右糊代分含まず）。「龍郷方筆子」より「横目」まで。第五紙、右端、第四紙に貼り継がれ、「龍郷方筆子」より「四本八郎左衞門」まで。第六紙、左端、第七紙に貼り継がれ、「未十二月十二日」より「横目」まで。

〔内容〕大島代官、龍郷方与人・横目に、龍郷方黍見廻佐央人を龍郷方筆子本貴志看病暇願跡の筆子寄に、龍郷方屋入村佐應仁を龍郷方黍見廻佐央人別勤跡の黍見廻寄に申付けたるを申渡すことを命ず。〔注〕3―2奥に余白あり、3―3右端（第五紙）に若干の空白あるによりて、3―3は継紙（第五紙・第六紙）に独立して書かれ、尋で3―1・2に継がれたるならん。

3―4　申（嘉永元年、一八四八）四月二十三日大島代官（代官勤四本八郎左衛門）申渡（龍郷方与人・横目宛）写

〔出典〕c、二九～三〇頁。f、二五四～二五五頁。e、一一丁表～一一丁裏。a、一〇丁表～一〇丁裏。b、五頁。

〔様態〕写。切紙の継紙第七紙より第八紙に書す。第七紙、縦一四・四糎、横五・八糎（右糊代分含まず）。第八紙、縦一四・三糎、横三四・四糎（右糊代分含まず。左端、複写版に写らず）。「龍郷方久場村」より「横目」まで。第七紙。右端、一行分空白、第六紙に貼り継がる。「龍郷方久場村」より「掟清政病養暇」まで。第八紙。左端、複写版によるに、尚、料紙続くならん。「跡寄」より「横目」まで。〔内容〕大島代官、龍郷方与人・横目に、龍郷方有良・芦花部村黍見廻佐應仁を龍郷方久場村掟清政病養暇跡の龍郷方久場村掟寄に、龍郷方阿木名福謙を佐應仁別勤跡の龍郷方有良・芦花部村黍見廻寄に申付けたるを申渡すことを命ず。〔注〕①3―4は、継紙（第七紙・第八紙）に書せられたるを第六紙に貼り継ぎたるならん。②3―3、3―4は代官勤四本八郎左衛門申渡なれども、筆致異なるは、筆者異なる正本または控を臨模したるによるか、或は写の書写者が異なるによるか。

4　申（嘉永元年、一八四八）十二月二十三日大島代官（代官勤四本八郎左衛門）申渡（龍郷方与人・横目宛か）写

本文略す。〔出典〕c、四八・三一～三二頁。f、二五五～二五六頁（但し、複写版の四八頁の分〔第一紙〕は未収）。e、一二丁表～一二丁裏（但し、第一紙未収）。a、未収。b、未収。〔様態〕写。後欠か。切紙の継紙三紙に書す。第一紙、縦一四・二糎、横六・四糎。第二紙、縦一四・三糎、横一三・四糎。第三紙、縦一四・〇糎、横三一・四糎

（右端糊代○・四糎を含む）。「龍郷方筆子」より「申十二月廿三日」まで。第一紙。右端、一行分空白。左端、現状は、第二紙と分離す。第二紙・第三紙とは別台紙に貼り込まる。「龍郷方筆子」及び「源藤志別勤跡寄」の二行。第二紙。右端、複写版には継目痕見えず。左端、第三紙と剝がれた状態にて台紙に貼り込まる。「右同所」より「兩村黍見廻佐央人」（紙継目に書せられたるにより行右半部のみ）まで。第三紙。右端、第二紙と剝がれた状態にて、台紙に貼り込まれ、継目痕（幅、○・四糎）あり。左端、余白あり。「兩村黍見廻佐央人」（紙継目に書せらるたるにより行左半部のみ）より「申十二月廿三日」まで。〔内容〕大島代官、龍郷方与人・横目に、龍郷方有良・芦花部両村黍見廻佐央人を龍郷方筆子源藤志別勤跡の筆子寄に、龍郷方屋入村佐應仁を龍郷方有良・芦花部両村黍見廻佐央人別勤跡の有良・芦花部両村黍見廻寄に申付くるを申渡す可きことを命ず。〔注〕①第一紙は第二紙に接続するならん。②第二紙右端には第一紙左端との継目痕見えず。原複写版にて画像に微欠を生じたるか、或は台紙貼込みの際に切除か。第三紙奥には宛所書さるべきにて、原複写版にて第三紙奥を欠きたるか、或は奥は別紙にて欠失か。

5　酉（嘉永二年、一八四九）閏四月十九日大島代官（代官勤四本八郎左衛門）申渡（龍郷方与人・横目宛）写

本文略す。〔出典〕c、三四頁。f、二五六頁。e、一三丁表～一三丁裏。a、未収。b、未収。〔様態〕写。切紙。一紙。縦一四・二糎、横三四・八糎。「龍郷方」より「横目」まで。右端、二行分空白。空白の左端に本文第一行上部欠損部（「龍郷」）の傍注「龍郷方」あり。左端、複写版に下部の捲れ見ゆ。〔内容〕大島代官、龍郷方与人・横目に、龍郷方有良・芦花部両村黍見廻佐應仁を龍郷方黍見廻実和志退役跡の龍郷方黍見廻に申付くるを申渡す可きことを命ず。

6　酉（嘉永二年、一八四九）十月二十七日大島代官（代官勤中山甚五兵衛）申渡（龍郷方与人・横目宛）写

本文略す。〔出典〕c、三五～三六頁（第一紙）、三七頁（第二紙）。f、二五八頁。e、一六丁表～一六丁裏。a、

二丁裏（但し、第二紙未収）。b、二頁（但し、第二紙未収）。〔様態〕写。切紙の継紙二紙（現状は第一紙と第二紙とは分離し別の台紙に貼り込まる）。第一紙、縦一四・五糎、横三七・六糎。第二紙、縦一四・六糎、横一五・八糎。「龍郷方」より「横目」まで。第一紙、右端、破損、空白なし。左端、現状は、第二紙と分離す。複写版に、左端下部に紙捲れ見ゆ。「龍郷方」より「右申渡候」まで。第二紙。右端、複写版に、上部・下部に捲れありて、第一紙との継目痕不詳。左端、不整形に切断さる。「代官勤」より「横目」まで。〔内容〕大島代官、龍郷方与人・横目に、龍郷方屋入村・瀬花留部村黍見佐應仁を龍郷方筆子本貴志別勤跡の筆子寄に、龍郷方屋入村佐應謙を龍郷方屋入村・瀬花留部村黍見廻佐應仁別勤跡の屋入村・瀬花留部村黍見廻寄に申付くるを申渡す可きことを命ず。

7　戌（嘉永三年、一八五〇）十月四日大島代官（代官中山甚五兵衛）申渡（龍郷与人・横目宛）写

本文略す。〔出典〕c、三八〜四〇頁（第一紙）、四一頁（第二紙）。f、二五六〜二五八頁。e、一五丁表〜一五丁裏、一四丁表〜一四丁裏。a、二丁表（第二紙）、八丁表（第一紙）。b、一頁（第二紙）、四頁（第一紙）。〔様態〕写。切紙の継紙二紙（第一紙と第二紙は分離し別の台紙に貼り込まる）。第一紙、縦一三・八糎、横五九・六糎。第二紙、縦一三・七糎、横三一・一糎（右端継目痕、幅〇・三糎含む）。「龍郷方」より「横目」まで。第一紙。左端に「龍郷村」の右端の残画ありて、第二紙右端の「龍郷村」に接合す。「龍郷方」より「両村黍見廻寄」まで。第二紙。右端に第一紙との継目痕幅〇・三糎あり。右端の「龍郷村」、第一紙左端の文字残画に接合す。「龍郷村之」より「横目」まで。〔内容〕大島代官、龍郷方与人・横目に、龍郷方屋入・瀬花留部両村黍見廻佐應仁を龍郷方筆子源藤志退役跡の筆子寄に、龍郷方阿木名村前喜子を龍郷方屋入・瀬花留部両村黍見廻佐應仁別勤跡の屋入・瀬花留部両村黍見廻に、龍郷方圓・嘉徳両村黍見廻左央人を龍郷方久場村掟勤当番掟兼三和元退役跡の久場村掟勤当番掟兼に、龍郷村元勇喜を龍郷方圓・嘉徳両村黍見廻左央人別勤跡の圓・嘉徳両村黍見廻寄に申付くるを申渡す可きことを命ず。〔注〕第一紙、

複写版は一紙に見ゆれども、或は二紙か。

8　（文久三年、一八六三）十月家老島津左衛門（久徴）申渡（道之嶋掛用人宛）写

〔出典〕c、一〜四頁（第一紙・第二紙）、五〜七頁（第三紙）。f、二五九頁。e、一七丁表〜一八丁裏。a、三丁表〜四丁裏。b、二〜三頁。〔様態〕写。切紙の継紙三紙。第一紙、縦一四・六糎、横〇・八糎。第二紙、縦一四・六糎、横六八・九糎。第三紙、縦一四・五糎、横六八・〇糎。「道之嶋掛」より「十月左衛門」まで。第一紙、右端、切断か、文字なし。第二紙。右端、第一紙に貼り継がれ、左端、第三紙と現状は分離すれどももと貼り継がる。「道之嶋掛」より「人氣潤立追々砂糖」まで。第三紙。右端、複写版によるに、捲れにて継目痕不詳。「増行之時宜成立」より「十月左衛門」まで。〔内容〕鹿児島藩家老島津左衛門久徴、大島龍郷方筆子佐應仁を、大島代官及び三島方掛の申出によりて、龍郷方田地横目に申付くるを道之嶋掛御用人に申渡し、大島代官に申越す可きことを命ず。〔注〕①第一紙、或は原複写版に前部省略か。②文中「亥年」とあるは文久三年癸亥にして、十月は文久三年なり。③田地横目申付にあたり、家老申渡正文（道之嶋掛御用人保管。家老申渡控は家老座保管か）、道之嶋掛御用人申渡（家老申渡を引用。三島方掛保管）、道之嶋掛御用人申渡写（三島方掛より大島代官に申越し）、作成さる。本書は、道之嶋掛御用人申渡写（大島代官保管）より家老申渡部分を抜書きせる写（家老申渡復原写本）にして、代官所より佐應仁に手交せられたるものなり。

〔本文〕

（第一紙）

道之嶋掛・
御用人江

一・田地横目

一勤方是迄之通

大嶋龍郷方／筆子

佐應仁

右者天保十三寅年ゟ／重黍見廻相勤其後／定役申付候処御趣意／汲受黍植付方草取／手入搾砂糖煎方等／支配村江諸下知行届候／者付近年差勞候／龍郷村江役々吟味之上／勤場繰替申付候處／百姓中江何篇叮嚀／申諭爲致精作候付／人氣潤立追々砂糖／增行之時宜成立（コノ行以下、第二紙）／羽書勘定方ニ付而者／毎年黍横目江相付／仮屋元江混与相詰初役ゟ／當務迄弐拾ヶ年正道／致精勤殊ニ家内中江／諸下知相加作職致／出精去ル戌年ゟ亥年ニ／相掛自作正餘計砂糖／都合四千二百斤親／佐能應名前を以致／差上旁寄持成／者候段代官幷三嶋方掛／御役々申出趣有之／以取訳右之通申付候

右申渡嶋代官江茂／可申越候

十月左衛門

9　丑（慶応元年、一八六五）六月大島代官申渡

〔概要〕佐應仁に英語稽古上国を命ずる文書二通の継文。本文略す。

9—1　丑（慶応元年、一八六五）六月十日大島代官（代官勤村田源右衛門）申渡（龍郷方与人・横目宛）写

〔出典〕c、八～九頁。f、未収。e、未収。a、一丁裏。b、一頁。〔様態〕写。切紙。継紙二紙。第一紙、縦一四・三糎、横三九・八糎。第二紙、縦一四・一糎、横一・八糎（右糊代分含まず）。「田地横目」より「横目」まで。第一紙。右端、一行分空白、捲れあり。左端、第二紙に貼り継がる。「田地横目」より「横目」まで。左端、切断か。第二紙。右端、第一紙に貼り継がる。文字なし。〔内容〕大島代官、龍郷方与人・横目に、龍郷方田地横目佐應仁及

び龍郷方黍見廻福盛喜に御用により代官所参上を申渡す可きことを命ず。〔注〕①9―1と9―2とは同筆なり。9―1は正文の写にて、9―2申渡しの際に9―2と併せて佐應仁に手交されたるものならん。②9―1第二紙は、或はもと9―2の右端にて（紙高一致す）、9―1と9―2と貼り継がれて伝えられたるを、後に9―2の右端を切断し、各々、別の台紙に貼込みたるによりて9―1奥に残されたるか。

9―2　丑（慶応元年、一八六五）六月十二日大島代官（代官勤村田源右衛門）申渡（佐応仁宛）

〔出典〕c、一〇頁。f、二五九～二六〇頁。e、一九丁表。a、一丁表。b、一頁。〔様態〕正文。切紙。縦一四・一糎、横二五・五糎。「田地横目」より「丑六月十二日　村田源右衛門」まで。右端、空白二行分。左端、余白一行分あり。〔内容〕大島代官、龍郷方田地横目佐應仁に英語稽古申付けを申渡す。〔注〕本書、代官印捺印無けれども、横目任命書にて、佐應仁に手交されたる正文ならん。

10　午（明治三年、一八七〇）五月大島在番所書役状及び大島在番問合

〔概要〕英学稽古にて鹿児島に在る佐應仁にはぶ当り療治方稽古に従うことを通知する文書二通。本文略す。

10―1　午（明治三年、一八七〇）五月二十九日大島在番所書役状（佐央二宛）

〔出典〕c、四二～四三頁。f、二六〇頁。e、二〇丁表～二〇丁裏。a、五丁表～五丁裏。b、三頁。〔様態〕正文。切紙。縦一四・四糎、横五五・三糎。「別紙御書付之通此節」より「佐央二衆」まで。右端、約二糎空白。左端、複写版によるに端上下に捲れあり。〔内容〕大島在番所書役、英学稽古佐央二（佐應仁）に、大島在番伊東仙太夫、諸島掛生産奉行に、稲実と共にはぶ当り療治方稽古に従はしむることを問合せたるを通知す。〔注〕①10―1と10―2大島在番問合状写（諸島掛生産奉行宛）とは、10―2の正文の大島在番伊東仙太夫問合状と共に上国船に託し鹿児島に送付されたるならん。②本文書は書状様式にて、文書名を状とす。

10―2　午（明治三年、一八七〇）五月二十六日大島在番（在番伊東仙太夫）問合（諸島掛生産奉行宛）写

〔出典〕c、四四～四七頁。f、二六一頁。e、二一丁表～二二丁裏。a、六丁表～六丁裏（第二紙）、七丁表～七丁裏（第一紙）。b、三頁（第二紙）、四頁（第一紙）。〔様態〕写。切紙の継紙二紙。第一紙、縦一四・三糎、横四九・六糎。第二紙、一四・三糎、横三六・七糎（右糊代分含まず）。「寫シ」より「諸島掛／生産奉行衆」まで。第一紙。右端、一行分空白。左端、第二紙と分離し、端欠損す（地辺左端、右方に約二糎破損及ぶ。欠行なし）。「寫シ」より「可給候左候而龍郷方」まで。第二紙。右端、継目痕不詳。左端、或は複写版に写されたるより更に左方に及ぶか。「佐央二与中者英学稽古」より「生産奉行衆」まで。奥に欠行なし。〔内容〕大島在番伊東仙太夫、諸島掛生産奉行に、卯年（慶応三年、一八六七）上国せる英学稽古方佐央二（佐應仁）をして、当年上国の医師・間切横目格稲実と共に英国医師につきてはぶ当り療治方を学ばしむること、及び治療薬代砂糖上納のことを問合す。〔注〕①10―1と10―2とは同筆にて在番所書役の書せるものなり。②文書名、10―1に本文書を「別紙書付」とするが、書止文言「此旨御問合申越候」により、「問合」とす。

三　佐應子・佐應仁父子関係文書における集合態と複合態

1　間切諸役任命文書の二階層

奄美諸島には、近世後期（十九世紀）の間切諸役の任命文書が多数残されている。田畑家隠居跡文書の佐應子・佐應仁父子関係文書は、その一例である。

大島、喜界島、徳之島、沖永良部島・与論島の間切諸役は、元和九年（一六二三）に大島・喜界島に施行された置

目に見られるように（石上、二〇〇六A）、琉球国統治期の首里大屋子を筆頭とする間切諸役が停止されたのち、鹿児島藩から派遣される代官のもとで間切行政を分掌する与人、横目、筆子、掟と臨時諸役で構成されるようになった。享保十一年（一七二六）三月十三日大島代官申渡により爲辰が外城衆中格となり、それ以降、士分として間切与人を務める者も現われたが、間切諸役は基本は百姓身分の者が務めた。現在に残されている間切諸役の任命文書によれば、与人・横目は家老が任命（申付）し代官がその旨を当人に申渡す手続きが取られ、与人や横目の上国や病気などによる欠員をうめる臨時役としてのそれらの寄役や筆子以下の諸役・臨時役は代官が任命し当人の属する間切の与人・横目に当人への申渡を命じた。このような上位役と下位役・臨時役の任命手続きの違いにより、間切諸役の任命文書には二つの様式が使用された。本来は百姓身分の者が務める与人・横目の任命（申付）を家老が行い、家老からの下達に従い代官が与人・横目に任命文書を発給する鹿児島藩の制度は、近世の藩の村落統治方式としては珍しいものであろう。与人は上国し藩主御目見得の機会を得ることがあったことにも、間切統治の特殊性が現われている。なお与人上国制度の変遷及び与人・横目の居地と任地の関係については本稿では触れない。

鹿児島藩では、十九世紀の時期、大島の間切諸役を、家老が任命する場合（与人・横目）も、代官が任命する場合（それらの臨時役やそれら以下の筆子等の諸役）も、「申付」と表現している。但し、与人・横目以外は、代官が直接に当人に申渡を行うのではなく被任命者の居地の間切や方の与人・横目に本人への申渡を命じる。したがって、書止文言は与人・横目への被任命者に対する下達の命令として「可申渡」と表現される。よって、佐應子・佐應仁父子関係文書では、横目任命書も下位役・臨時役任命書も、文書名を便宜的に「申渡」とした。一般に、「申渡」は上位者が下位者に命令を伝える行為で書止文言に使用され、文書名が「申渡」「申渡状」「申渡書」とされる。本文書群の「可申渡」の書止文言は、与人・横目以外の間切諸役の任命の場合に、上位者である与人・横目が下位者である被任命者に

「申渡」という下達行為を行うことを指示する命令であること示す。本来、「可申渡」は、最上位者が中間位者に下位者への下達行為を代行させる命令であるが、中間位者が下位者への案件の「申渡」を下達行為として行うので、便宜、与人・横目以下の下位役や臨時役の任命の文書様式として「申渡」の語を使用した。なお、代官が被任命者本人に直接、間切諸役（与人・横目の本役に准ずる臨時役など）を仰せ付ける文書は、佐應子を津口横目定寄役に任じた文書（1―6―3）の如く、書止文言に「申渡」が使用されていないので、本文中の「申付」をもって文書名とした。

2　文書集合態

佐應子・佐應仁父子関係文書の1「大島代官申渡等継文」は、佐應子の間切諸役任命文書及び関係文書の正文一一通を貼り継いだものである。この中、佐應子の本貫地の大島名瀬間切龍郷方与人・横目に交付された文書の正文（代官の印を踏す）である、代官より与人・横目に交付された1―1～5の文書は、間切の方の役所または与人等の役宅に保管されたもので、佐應子がそれらの正文を入手したのは、自らが龍郷方津口横目となって（1―7―3）より後のことと推測される。佐應子は、自らの間切諸役としての職歴を記録するために、1―1～5の五通の文書と、1―6と1―7の二つの継文を貼り継いで、継文を作成したと考えられる。もちろん、正文を入手する前に、任命時、或はその直後に代官所書役から写を手交されることはあったと考えられる。

佐應仁の間切諸役任命文書群のうち2～7は筆子や臨時役の任命書であり、正文は代官から与人・横目に対して発給されたもので、本文書群に収める文書は全て写である。2・3には端に「写シ」と注記がある。4～7は「写」の注記はないが、代官の印はなく写であることが明かである。

佐應仁の任命書のうち3の大島代官申渡写は、弘化二年・三年・四年と嘉永元年の任命書四通からなるが、3―1

の第一行は一行文の長さの第一紙に書かれ、3―2の第一行は3―1の第二紙左端と3―2の第一紙の右端に亙って書かれ、3―3や3―4はそれぞれ貼り継がれた長短二紙からなっているなど、継紙に書かれている。3の各文書の筆致は、正文または代官所保管の控を模していると考えられるが、3―4は、かなり書風が異なるので、3―1～3に後から継がれたものであろう。3は、筆者が正倉院文書の実例から類型化した文書の集合態の第三類型（文書集合の第二類型）、即ち、ある事象分野に関わる文書案を、多数の料紙を貼り継いだ継紙（続紙）に、記録して集成した文書群（石上、一九九八A、三六〇頁、一九九九、六〇～六一頁、二〇〇六B、六〇～六一頁等参照）に相当する。

佐應子の任命文書は、同様に、集合態の第二類型（文書集合の第一類型）、即ち、ある事象分野において、正文・案文などを問わず、独立して機能する文書を貼り継いだ継文（同前参照）に相当する。文書集合の第一類型は、佐應仁関係文書にも見える。その例が、佐應仁が英語稽古での鹿児島への上国を命じられた、9丑（慶応元年）六月大島代官申渡である。9―1丑六月十日大島代官申渡は、書き止め文言は「申渡」とあるが、英語稽古のための上国の「申付」（鹿児島藩からの指示）を申渡すための召文である。9―2が、佐應仁への英語稽古申渡である。この二文書は、貼り継がれて一具のものとして保管されていたと考えられる。

3　複合文書

中世文書を主対象とした古文書学において、相田二郎『日本の古文書』（相田、一九四九）により複合文書の概念が提示された。相田は、申状本体と、申状を受けた上位者が判許のために申状に加筆した「外題」とからなる文書を「複合文書」と称すべきとした（相田、一九四九、七八一頁）。その後、書状の名充人がその書状に返事を書きこんで返送した勘返状付き書状も複合文書の一種とされた（佐藤進一、一九七一、一八八～一八九頁）。そして、さらに、差出人と充所の両者間を往復する文書は、総称して複合文書と定義された（高橋正彦、一九九一、七三頁）。一方、筆者は、古代文書の事例分析から、「両者間を往復する文書」から更に展開して、複合文書をより広く、「複数、多段階の情報処理・意志表示が、一つの史料体面に時系列重層構造をもって実現されている」ところの複合態として捉えることを提起した（石上、一九九八A、三五三頁）。複数、多段階の情報処理・意志表示が一つの史料体面に時系列重層構造により実現されるのが、史料の普遍的構造の実現形態である（石上、一九九七、第一編第二・三章）。例えば、古代文書においては、外題・判や勘返書入を得て差出者に戻る自己回帰型文書（例、免除領田文書）のほかに、宛先における業務処理で複合態が形成されて差出者には戻らない文書（例、月借銭解）、差出組織の審議・決裁過程が文書作成過程で当該文書に記載される文書（例、官符）、発信者のもとに置かれながら正文発信後の業務処理過程を書入れる文書（例、布施申請解案）など、多様な複合態が見られる（石上、一九九八、三五三頁参照）。

ある案件についての決裁・命令過程を包含する文書の複合態の事例は、佐應子関係の文書の中にもある。1—7—1・2・3は、鹿児島藩が、佐應子を、その父佐恵文の退役跡代として龍郷方津口横目に任命したことに関する文書群である。1—7—1酉五月朔日大島代官達は、龍郷方与人・横目に、佐應子に正装用の広帯を用意して代官所へ参り当番の代官附役へ申し出るよう申渡す可きことを伝える文書である。1—7—2酉五月四日代官所召文は、龍郷方与人・横目から正装を用意しての代官所出頭を伝えられた佐應子が代官所に申し出た際に、代官所当番附役が、広帯着用して直ちに出頭すべきこと佐應子に命じ同人に手交した文書である。1—7—3酉五月四日大島代官申渡は、代官が佐應子に、龍郷方津口横目に任命すること申渡し、本人に手交した辞令書である。1—7—1は、佐應子本人に手交されたものではないが、代官所に出頭する際に当人であることを証する文書として龍郷方与人・横目から渡された可能性を考えてよい。1—7の三通は、複写版によれば、同筆とみてよい。

これらの中で、文書が複合態をなしているのが、1―7―3酉五月四日大島代官申渡である。この文書は、次の（文政八年）二月の家老申渡を包含している。

龍郷方津口横目佐恵文退役跡代リ
　龍郷方瀬花留部村之
　　佐應子

右之通申付候、
右、可申渡旨、島代官江可申越候、
　二月　内蔵

佐應仁関係文書の8（文久三年）十月家老島津久徴申渡写は、宛先が「道之嶋掛御用人」、事書が「一田地横目／一勤方是迄之通／大島龍郷方筆子／佐應仁」、書止が「右之通申付候、右申渡島代官江茂可申越候」とあり、日下の発給者が家老となっている。8の文書は、龍郷方筆子佐應仁を同方田地横目に昇任させるために家老から道之嶋掛御用人へ発給された家老申渡（道之嶋掛御用人保管）を引用した道之嶋掛御用人申渡（三島方掛宛。三島方掛保管）を三島方掛が転写した道之嶋掛御用人申渡写（三島方掛より大島代官に送付され代官所で保管）から、代官所が家老申渡部分を抜き出して復元した家老申渡写（代官所作成）で、代官所より佐應仁に与えられた文書である。なお、8の家老申渡（復元した写）の事実書には、天保十三年（一八四二）以来二十年の精勤の次第と、戌（文久二年、一八六二）・亥（同三年、一八六三）にかけて父佐能應（佐應子が改名。田畑、一九六七、五六頁）の名での自作余計砂糖（黒糖）四二〇〇斤の鹿児島藩への上納が、大島代官と三島方掛から家老に報告されたことが記されている。

1―7―3大島代官申渡は、酉二月家老新納久命申渡を入子状に包含した複合文書である。古代文書の例で言えば、勅を包含した太政官符が複合文書であるのと同様である。このように、鹿児島藩の奄美諸島統治史料にも政務執行過程を包含する複合文書が存在している。これは、奄美諸島の間切の与人・横目など上位役が家老により任命されるという、鹿児島藩における奄美諸島統治の特殊性の現れでもある。

4　史料群としての田畑家隠居跡文書

筆者は、正倉院文書調査研究の経験から、史料と史料群の階層構造を、正倉院文書群に関して次のように述べた（石上、一九九八B、三六〇～三六一頁）。

第一階層　正倉院文書　　第二階層　ある時期の写経所文書群
第三階層　写経事業毎の文書群　　第四階層　集合文書・文書集合
第五階層　個体文書　　第六階層　断簡

この階層構造を、他の時代・分野の史料・史料群にも適用して、ある史料群の一般的階層構造を示せば、次のようになる（石上、二〇〇六B、六〇頁参照）。なお、ある地域の史料・史料群全体を階層構造の最上位に組入れれば、全体は七階層となる。

第一階層　ある史料群　　第二階層　ある時期に形成・編成された史料群
第三階層　事業毎または下部機構の文書群　　第四階層　集合文書・文書集合（群構成文書）
第五階層　個体文書（複合態の文書を含む）　　第六階層　料紙・断簡

史料群一般の階層構造に従えば、佐應子関係文書は、次のような階層上の位置となる。

第一階層　田畑家隠居跡文書

第二階層　佐應子・佐應仁父子関係文書（1〜10）
第三階層　佐應子間切諸役任命文書（1大島代官申渡等継文）
第四階層　文化八年〜文政二年大島代官申渡（1―1〜5）、文政七年大島代官申付等（1―6）、文政八年大島代官申渡等（1―7）
第五階層　1―1から1―7―3までの一一通の各個の文書
第六階層　佐應子間切諸役任命文書は全て切紙一紙であり、第五階層と同じ。

結　語

文書の集合態を、筆者は次のように類型化している（石上、一九九九、六〇〜六一頁参照）。

集合態の第一類型：集合文書　機能を異にする文書・文書群から構成され全体として一つの機能を果す集合体の文書

集合態の第二類型：文書集合第一類型　ある事象分野において、正文・案文などを問わず、独立して機能する文書を貼り継いだ継文

集合態の第三類型：文書集合第二類型　ある事象分野に関わる文書案を、多数の料紙を貼り継いだ継紙（続紙）に、記録して集成した文書群

集合態の第三類型の提示においては、文書の単純な時系列記録を前提として、正倉院文書を資料として類型設定した。この集合態の第三類型は、ある意味で、特定の目的のもと、特定の事象群についての情報を集約し、必要に応じ

て操作し、記録を累積する帳簿、あるいは文書・帳簿などを集積する簿冊と同じ機能の史料集合である。

さらに筆者は、特定の事象分野に関わる文書の写を、特定の政治的・社会的・文化的主題を叙述または主張するために後次的に集成・配列した（即ち編纂した）文書群があり、それを文書集合第三類型（集合態の第四類型）として設定することの可否、文書集合第三類型を設定した場合の史料学における有用性と留意点を検討すべきことを、奄美諸島史研究のために奄美諸島史料を検討する過程で考えている。このようなことを考える契機となったのは、「松岡家文書」（仮称）・田畑家隠居跡文書所収「由緒人上訴文書断簡」（仮称）（注7参照）の十八世紀前・中期の奄美諸島の間切諸役の身分確認のための上訴関係文書群、また鹿児島藩の奄美諸島統治法令を集積した『大島要文集』（東京大学史料編纂所所蔵島津家本）、『列朝制度』巻之十四道之島（藩法研究會編『藩法集』8、鹿兒島藩上、創文社、一九六九年）である。即ち、これらの文書集の中に含まれる個別文書を史実として奄美諸島史研究の基本史料とすると同時に、それと併行してそれら文書の集積（集積過程における不要文書の不採択を含む）・配列の結果を通して編纂者の意図した論理構成と社会的機能をいかにして抽出するのかという課題である。編纂物を史実を探求する史料として利用するには、編纂物の内包する編纂意図、事実の誇張・省略・変改を検出する必要がある。もちろん、集合態の三類型においても、個体文書が集合させられる過程における、目的意識的取捨選択、意図的・非意図的事実誤認の可能性、伝来過程の偶然性・必然性に常に留意する必要がある。かかる資料学の課題を、奄美諸島史料の世界でさらに検討することの必要性を考えている。同時に、奄美諸島史料の全体把握についてより客観性と全体性を確立するためには、奄美諸島内外所在の膨大な奄美諸島史料の総合目録（所在目録及び詳細目録）の整備を行わねばならない。この課題は同時に、奄美諸島歴史文化遺産の総合的把握、記録・保全の事業として遂行されねばならない。小論が、かかる奄美諸島歴史文化遺産総合的把握（石上、二〇一三）の社会実践に寄与する機会のあることを筆者は念じている。

筆者は、二〇〇五年十月二十三日、愛媛大学「資料学」研究会『古代東アジアの石刻資料と情報伝達』にて、「古代日本の資料学」の報告の機会を得た。本来、その折の報告を本書に提出するべきであるが、本稿はその折に触れた「奄美諸島学術調査への参加と奄美諸島史料集成の試み」に関わる研究成果の一部である。また、本稿の基礎となる奄美諸島史料の調査は、一九八八年から継続しているが、特に最近では、宇検村・伊仙町・奄美市「文化財総合的把握モデル事業」（文化庁補助事業、二〇〇八年十月～二〇一一年三月）、奄美市及び伊仙町の地域伝統文化総合活性化事業（文化財総合的把握モデル事業の後継の文化庁補助の諸事業。二〇一一年二月より）に参加の機会を得て進めている（石上、二〇一二参照）。また本稿の佐應子・佐應仁父子関係文書の考察は、奄美市の平成二十四年度「地域の文化遺産を活かした観光振興・地域活性化事業」（文化庁補助事業）による「古い資料から学び継承する活動支援事業・事業成果報告会―奄美群島の豊かな古文書世界へのいざない」（二〇一三年二月九日、奄美市奄美博物館）における「奄美諸島史料集の編纂と課題」の報告の一部である。奄美市の事業では、奄美市教育委員会の奄美博物館より史料調査と成果報告の機会を与えられ、また事業に参加されている弓削政己氏、徳永和喜氏に奄美諸島史料の所在と理解について多くの教示を得ていることを、文末ながら記し、謝意を表する。

注

（1）大島は、北から南へ、笠利間切（旧笠利町地域）、名瀬間切（龍郷町と旧名瀬市北部の地域）、古見間切（龍郷町南部と旧名瀬市南部の地域）、屋喜内間切（大和村・宇検村地域）、住用間切（旧住用村地域）、東間切（古琉球期、瀬戸内東間切。瀬戸内町東部地域）、西間切（古琉球期、瀬戸内西間切。瀬戸内町西部地域）の七間切からなる。

（2）田畑家系図には、翻刻されたものとして、次のものがある。論文等の出典は文献一覧参照。なお、本論における田畑（笠利）氏諸代の説明は諸系図及び田畑勇弘・大山麟五郎の研究を参照した。
A　山下文武「笠利氏家譜―郷土研究資料　その一―」　第一世初代爲春より第五世第五代爲轉まで。
B　山下文武「笠利氏家譜㈡―郷土研究資料　その二―」　第六世第六代爲有より第八世の第十二代爲辰まで。
C「笠利氏家譜」、亀井勝信編『奄美大島諸家系譜集』ABを採録、Bに第六世・第七世・第八世を附加。
D　田畑勇弘「笠利氏家譜」㈠～㈤　読み起こし文と注釈。㈠は第六世より第七世第十一代爲壽までと、一部十世まで。㈡は、第八世第十二代爲辰より嫡家の第十五世第二十一代爲正（昭和期）までと、第八世二男家始祖爲治・同三男家始祖爲遠。㈢は二男家の第十五世（昭和期）まで。㈣は三男家の第十五世（昭和期）まで。㈣は爲辰と隠居跡の第九世隠居跡第二代佐伯より第十三世（昭和期）まで（小牧家系図を附載）。

田畑家系図の写本の複写本・筆写本には次のものがある。


E「笠利（田畑）家々譜（隠居跡所伝）」、奄美博物館所蔵名瀬市史編纂委員会資料、一五一。第十三世第十九代爲禎まで。筆写本の青焼版。筆写本書写奥書、「昭和三十八年八月十九日了於市役所／原本　龍郷村屋入田畑純一郎氏所蔵ニヨル／市商水課長大山麟五郎氏ノ好意ニ／ヨリ写本ス　山下文武」。本書は、隠居跡所伝であるが田畑嫡家系図。「名瀬市史編纂委員会資料」は名瀬市誌編纂委員会（名瀬市誌編纂事業は一九六二年開始。一九六八年、『名瀬市誌』上巻刊行）が名瀬市誌編纂のために収集した資料（謄写版印刷本、筆写本の青焼版、複写本が中心）。

F「笠利氏家譜」、奄美市奄美博物館資料室架蔵複写本。複写本の元は、田畑穆夫氏・笠利虎義氏が一九九一年に作成の複写本（原本は巻子本にて巻首欠。一九九一年複写版はB4版にて、複写時に生じた画像の天辺・地辺の欠あり。複写本作成者による画像欠失部についての補筆あり）。初代爲春より第十一代爲壽の譜の途中まで。古琉球辞令書三点など、写し込まれた文書一三点（注4参照）。一九九八年九月の鹿児島短期大学南日本文化研究所の奄美諸島学術調査に参加の際に伺った笠利虎義氏の話では、原本は嫡家所蔵。

田畑氏一族に所持されている系図には、筆者が一九九八年の奄美諸島学術調査の際に龍郷町で二男家の一族の方の家で閲覧させていただいたG「笠利氏家譜」（爲春より爲轉まで。古琉球辞令書三点の写し込みあり。巻子本）・H「二男家（御殿地住）系図略」（二男家始祖爲治以下。巻子本）や、筆写未見のＩ「三男家爲遠佐喜美家譜」（嫡家家譜も附記）などがある。

笠利氏家譜の解説として次の論文がある。

Ｉ　田畑勇弘「『笠利氏家譜』の解説—郷土研究資料の一端として—」（田畑、一九六一）　爲春より爲辰までの歴代について、右に掲げた系図に記されていない記事、墓誌銘等を掲出して考証し、また嫡家系図、二男家系図、三男家系図の伝来について記す。田畑勇弘氏は嫡家の子孫（十四世）。

（3）笠利氏歴代の事績を証する田畑家系図に写し込まれた十六～十七世紀前半期の文書には、次の一三点がある（石上、一九九八Ｂ、二〇〇五、二〇〇六Ａ参照）。文書を写し込む系図は〈　〉内に記号で示す。

①（年月日欠）琉球国中山王詔書写（大島笠利間切東勢頭〔第二世第二代爲充（佐久覇）〕宛。左端二行欠。瀬戸内東間切首里大屋子に任ず）〈Ａ・Ｃ・Ｆ・Ｇ〉

②隆慶二年（一五六八）八月二十四日琉球国中山王詔書写（大島笠利間切喜瀬大屋子〔第三世第三代爲明（佐渡富）〕宛。大島笠利間切首里大屋子に任ず）〈Ａ・Ｆ・Ｇ〉

③萬暦十六年（一五八八）五月二十七日琉球国中山王詔書写（大島笠利間切宇宿大屋子〔第五世第五代爲轉〕宛。大島瀬戸内東間切首里大屋子に任ず）〈Ａ・Ｆ・Ｇ〉

④慶長十八年（一六一三）八月十一日役人扶持方定写（島津家家老伊勢貞昌・三原重種連署。大嶋之内笠里間切総役人〔爲轉〕宛）〈Ｆ〉

⑤慶長十八年九月十一日知行宛行状写（家老伊勢貞昌・三原重種連署）。大島笠利間切赤嶺之与人（第六世第六代爲有〔佐宣〕宛）〈Ｆ〉

⑥亥（元禄八年、一六九五）六月三日大嶋代官伊知地五兵衛預状写（⑤の原本の写の預状。爲壽宛）〈Ｆ〉

⑦元和九年閏八月二十五日大嶋置目写（家老連署状。大島笠利間切首里大屋子爲有宛）〈Ｆ〉

⑧以下は、爲壽（佐郁）の上国、御目見得に関わる文書である。

⑧申（元禄五年、一六九二）六月二十八日覚写（御国遺座申渡、佐郁宛。取次新納喜右衛門久行。佐郁改名申付）〈Ｂ・

C・F〉
⑨（元禄五年）十月五日新納久行書状写（佐郁宛、封紙上書あり）〈B・C・F〉
⑩（元禄五年）十月二十二日島津久文写（内記）書状（佐郁宛、封紙上書あり）〈F〉
⑪（元禄五年）十月二十二日島津久達写（織部）書状（佐郁宛、封紙上書あり）〈F〉
⑫申（元禄五年）十月二十五日覚写（御国遣座申渡、佐郁宛。御暇幷拝領物頂載証書）〈F〉
⑬（元禄五年）妙谷寺（鹿児島伊敷）和尚授血脈道号記写（佐郁宛）〈F〉

（4）『改訂名瀬市誌』1巻・歴史編（名瀬市役所、一九九六年）、第四章「近世」、（二）「奉行から代官へ」、三一三頁、補説。
（5）大山麟五郎は、田畑家系図で爲政に子が無いとされることに関する、爲政の横死の伝承を記している（大山、一九八八、一九一～一九二頁）。
（6）「勘樽金一流系図」（『奄美大島諸家系譜集』所収）に、喜界島荒木間切花良治を居地とする勘樽金の道嘉が元禄五年上国与人となり、永語への改名を鹿児島藩より認められたときの新納喜右衛門取次の文書を家に伝えることが、記されている。
（7）「松岡家文書」（『奄美郷土研究会報』一九号、一九七九年三月。山下文武翻刻。山下文武編『南西諸島史料集』五・奄美諸家文書、南方新社、二〇一二年、山下文武翻刻「松岡家文書」に再録。松岡桃代氏旧蔵）。「松岡家文書」は、「口上覚　大島」（奄美市奄美博物館所蔵「童虎山房」（原口虎雄蒐集資料・図書）架蔵、原口虎雄書写本、錯簡あり。史料名は原口虎雄による。鹿児島県立奄美図書館所蔵「田畑佐文仁目録及大島与人並諸役人服装由緒書」は原口写本の複写版）と仮称される文書群（以下、「松岡家文書」の仮称をもって表示する）で、大島の由緒人（間切役人層）の身分上訴関係文書一六通（別の文書集に既に採録・編纂されていたものも含む。第一六通目の文書は後欠）の写を集積した書。都成植義『奄美史談』（鹿児島県歴史資料センター黎明館所蔵明治二十四年叙版写本。『奄美史談　附・南島語及文学』名瀬市史資料三集（名瀬市史編纂委員会、一九六四年）所収明治三十三年叙版）には、一部が「大島政典録」として引用される。元、無題のようであるので（あるいは、童虎山房本の「口上覚」が外題の可能性もあり）、「松岡家文書」と仮称する。「松岡家文書」と同じような奄美諸島の由緒人の身分上訴の文書の写を集積した文書群の残簡（但し、大島以外の上訴文書も含む）が、「田畑家隠居跡文書」（名

瀬市史編纂委員会資料六一「田畑家隠居跡文書」その二。『南西諸島史料集』五、山下文武翻刻「田畑家隠居跡文書」、二六二～二七二頁）に残る。

（8）小牧孝左衛門尉は、『大島代官記』（鹿児島県立図書館所蔵本。『道之島代官記集成』福岡大学研究所資料叢書第一冊、福岡大学研究所、一九六九年。松下志朗編『奄美史料集成』、南方新社、二〇〇六年、再録）寛文二年（一六六二）年条に、代官富山九右衛門の附役として「小根占衆中／小牧孝右衛門」と見える。『喜界島代官記』（折田家本、岩倉市郎編、アチックミューゼアム、一九二九年。『道之島代官記集成』）同年条に、「小根占／附役　小牧幸左衛門」とあり。「小牧家―阿木名村の住―略系図」（田畑勇弘、一九六七、五五～五六頁）に小牧孝左衛門尉とある。小牧孝左衛門尉は、寛文四年春の任了後も、帰任せず在島し、正徳四年（一七一四）、七十四歳で歿したと伝えられる（『改訂名瀬市誌』1巻・歴史編、三四五頁。大山、一九八八、一九一頁）。

○文献一覧

相田二郎『日本の古文書』、岩波書店、一九四九年
石上英一『日本古代史料学』、東京大学出版会、一九九七年
「集合文書と文書集合」皆川完一編『古代中世史料研究』上、吉川弘文館、一九九八年A
「古奄美諸島社会史料研究の予備的考察」、吉田晶編『日本古代の国家と村落』、塙書房、一九九八年B
「正倉院文書目録編纂の成果と古代文書論再検討の視角」『古代文書論―正倉院文書と木簡・漆紙文書』、東京大学出版会、一九九九年
「古奄美諸島社会の一七世紀における近世的編成の前提」『日本律令制の展開』、吉川弘文館、二〇〇三年
「奄美諸島における慶長十八年知行目録」『黎明館調査研究報告』一八集、鹿児島県歴史資料センター黎明館、二〇〇五年三月
「元和九年大嶋置目の諸本の再検討」『黎明館調査研究報告』一九集、二〇〇六年三月A

「古代日本史料の世界」浦野聡・深津行徳編『古代文字史料の中心性と周縁性』、春風社、二〇〇六年B
「奄美遺産から日本列島史を見直す」第九三回人文科学とコンピュータ研究発表会・企画セッション、IPSJ SIG JINMONKON93 Technical Report（電子ジャーナル版）、二〇一二年一月
「奄美諸島史から地域歴史文化遺産を考える」『歴史学研究』九〇五号、歴史学研究会、二〇一三年五月
大山麟五郎「ヤマトユ（大和世）の奄美と龍郷」『龍郷町誌』歴史編、龍郷町教育委員会、一九八八年
亀井勝信編『奄美大島諸家系譜集』、国書刊行会、一九八〇年
佐藤進一『古文書学入門』、法政大学出版局、一九七一年
高橋正彦「複合文書」『国史大辞典』一二、吉川弘文館、一九九一年
田畑勇弘「『笠利氏家譜』の解説—郷土資料研究の一端として—」『奄美郷土研究会報』三号、奄美郷土研究会、一九六一年四月
「笠利氏家譜」㈠㈡㈢㈣㈤『奄美郷土研究会報』四・五・六・七・八号、一九六二年一月、六三年一月、六四年六月、六六年十月、六七年十一月
山下文武「笠利氏家譜—郷土研究資料　その一—」『奄美郷土研究会報』二号、一九五九年十月
「笠利氏家譜㈡—郷土研究資料　その二—」『奄美郷土研究会報』三号、一九六一年四月
「田畑家隠居跡文書」、山下文武編『南西諸島史料集』五、南方新社、二〇一二年

第二部　出土資料と情報伝達、地域社会

張家山漢簡『二年律令』の出土位置と編連

——書写過程の復元を兼ねて——

金　秉　駿
（小宮秀陵訳）

はじめに

張家山漢簡『二年律令』に関する既存の研究をふり返ると、多様な研究成果の中でも、テキストの内容のみならず、テキストが記録されている書写材料の特性と大きさや、簡牘の相対的位置などが強調されてきた点が目につく。その理由は、『二年律令』の写真本[1]と赤外線写真本[2]がすべて公開されたのに加え、出土当時の各簡の位置が図（示意図）と表で公開されたからである。考古学的立場から見れば、出土示意図の公開は当然のように思われるかもしれないが、これまでの簡牘資料報告書にはない新しい方法で、簡牘研究の新地平を開いたものと評価される。特に資料の内容を中心とした史料批判に加え、史料の持つ物質的性格を究明する外的史料批判を同時に行っているという点で、〈資料学〉の新たな方向性を提示した。

ただし『二年律令』竹簡は完全な形で出土したわけではない。二四七号墓から発見されたほかの簡牘などとは違い、『二年律令』の場合、竹簡を結んでいた紐が解けて、巻軸の下の部分から強い衝撃を受けくずれた状態で出土してい

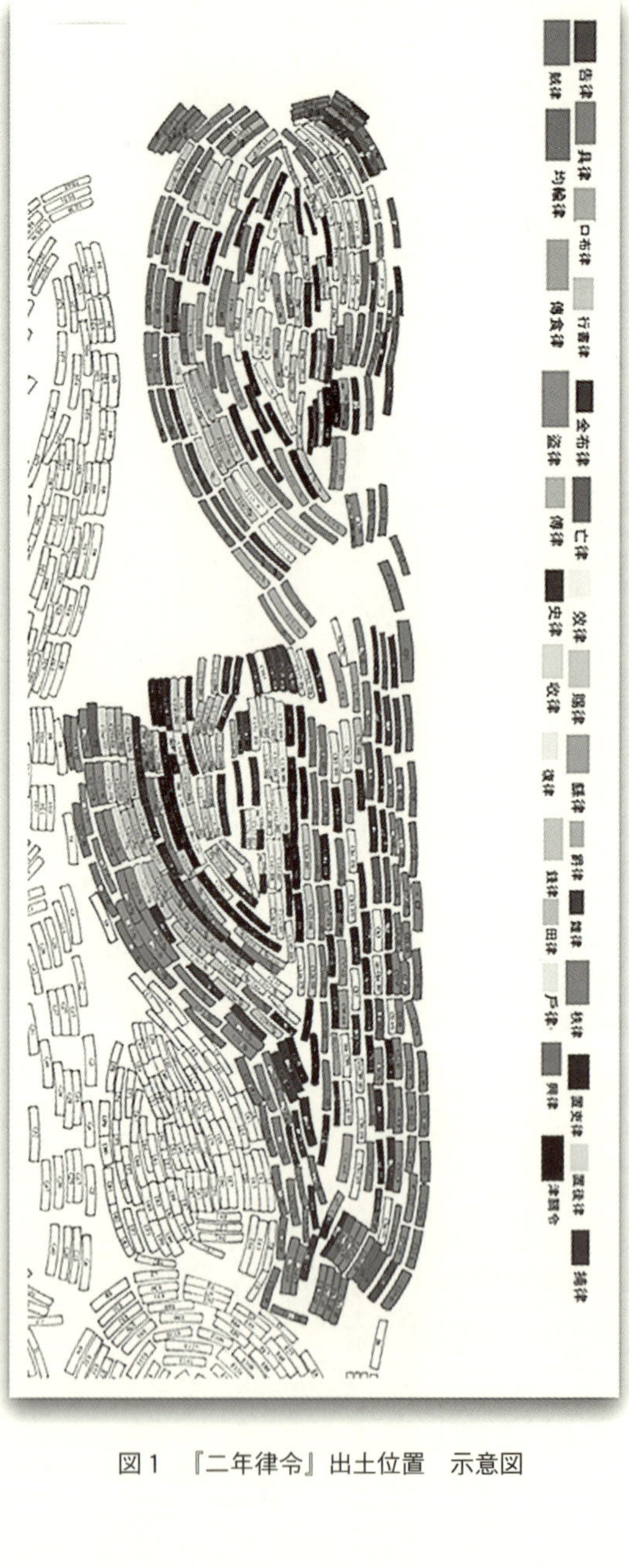

図1　『二年律令』出土位置　示意図

る。そのうえ示意図作成の際に、縮尺の未表記や簡と出土番号の表記の錯誤など、いくつかの誤りも問題視されている。[3]それにもかかわらず、簡の出土位置を通して『二年律令』本来の順序を復元しうると考える研究者が少なくない。[4]本格的な編連の問題でなく、律文一般を扱う場合であっても、ほぼすべての研究者がすすんで出土位置を根拠に立論している。

しかし、こうした研究にはその前提に問題がある。それは、生前に墓主の使用した『二年律令』の原本が、そのまま墓に埋葬されていると認識している点である。すなわち、二四七号墓から発見された『二年律令』と、実際に地方行政で使用された『二年律令』原本の形式と順序は一致するという仮定を前提にして、墓内部の『二年律令』の出土位置は『二年律令』の原本の形式と順序をそのまま反映していると理解するのである。その結果、出土位置の綿密な調査を行い、実際に律令の体系を復元できると信じているようである。

だが『二年律令』に限れば、上記のような前提を再検討する必要があると考える。たとえ墓内部に埋葬された文書と、生前の墓主に関連性があるとしても、その文書は必ずしも実際に墓主が使用した実物であるとは判断できないからである。埋葬された『二年律令』が墓主の使用した『二年律令』の原本そのものでないとすると、埋葬当時の形態を示すに過ぎない。すなわち埋葬当時、原本とは異なる形態で置かれていた可能性がある。

本稿では、まず二四七号墓に埋葬された『二年律令』に編連と書写に関わる問題が多いことを指摘し、すでに埋葬当時からこの問題が存在していたことを考察する。そして、編連と書写の問題がどのように、そしてなぜ生まれたのかを説明するため、『二年律令』の原本が作成されてから埋葬されるまでの過程を追跡する。

一　『二年律令』各簡の出土位置と編連の分析

本章では、まず『二年律令』示意図に表示された各簡の出土位置と、これを整理した釈読本の編連を検討し、そこに見られる問題点を四つにわけて分析したい。まず、二つ以上の簡が結合している律文の位置の隔絶、次いで律文と律名の分離、三つめに各律内の律文順序散乱、最後に『二年律令』内全体の律名順序散乱がそれである。以下順番に考察していこう。

（二）律文の位置の隔絶

二つ以上の簡が結合しているものは非常に多く、五二六枚に及ぶ全体の簡文のうち約半分の二六四枚、律文数では九十八個におよぶ。このうち一部はすぐに連接する位置にあるため、内容や出土位置から一つの条文を構成しているという点で異見はない。しかし、連接していない位置にある簡も相当数を占める。連接していない簡は、いくつかに分類することができる。まず、簡の間に同一律文に属するほかの簡が入り込んでいるものである。次に簡の間に異なる律文が入り込んでいるものである。三つめに一つの条文を構成するいくつかの簡が皆非常に遠く離れた位置にあるものである。[5] 前者二つはそれでも比較的簡同士が近くにあるといえる。この場合、巻軸が外部から衝撃を受けて、ちぎれて崩れ、錯簡が発生した可能性を想定することができる。しかしC群下部の状況を見ると、同一の律に属する諸簡が同じ層位に一列に整然と並んでいる。また、これほどとまではいかないにせよ、C群とF群にもばらばらになることなく、似た層位に一列、あるいは二列に並んだ同一の律に属する簡を確認することができる。その一方で、簡の間に他のさまざまな簡が割り込んでいるものもある。すなわち、同じ方向で同じ衝撃を受けたにもかかわらず、ある層位の簡は順序が乱れ、ある層位の簡は順序通りきちんと並んでいるということはありえないのである。これではいわゆる外部の衝撃により散乱したという説明は成り立ちがたい。そのうえ、三つめのようにいくつかの簡が遠く離れている場合であるなら、ある簡は巻軸の中心部に置かれていて、ほかの簡は巻軸の外側の外層に位置している場合であるとか、ある簡はC群の右側の端、ほかの一つはF群の左側の端に位置するといった場合もまた、外部の衝撃によって引き起こされたと見るのは不可能である。特定の簡をわざわざ選んでほかのところに動かさないかぎり想定しがたいのである。

要するに二つ以上の簡が結合し、一つの条文をなす場合、相当数が連接せずに位置しているが、そうした隔絶した現象をあとで巻軸に物理的な力を加えたものと説明することはできない。

（二） 律文と律名との分離

律文と律令の題目が隣接していないものも多い。賊律の律文簡が外側の第一層に並んで配列されているが、題目簡(54, C18)のみが、唯一第二層に位置しており、盗律(81, F21)、捕律(156, C264)、収律(181, F143)、雑律(196, C88)、均輸律(226, F25)、復律(281, C265)、効律(353, F10)、興律(406, F33)のような題目簡も該当律文の簡などとは連接していない。そのなかでも、捕律、雑律、均輸律、復律の題目簡は完全に別の場所にある。比較的律文に近いところにある場合でも、具律(125, C312)のように律文が連続して並んでいる間に題目簡があったり、収律(181, F143)のように律文と題目簡の間に別の律文簡が入り込んでいるものもある。

（三） 各律内の律文順序の散乱

この問題は、律文が一列に配列されている場合と、ほかの律文と混ざり散乱している場合に分けることができる。後者の場合、律文の順序は復元できない。前者の場合もたとえ出土位置は一列になっていても、律文の内容を見ると、順序が乱れている。したがって釈文本は出土位置と関係なく、整理番号を付していた。仮に賊律の場合、示意図をみると、24簡は31簡と32簡のあいだに配置されており、23簡や25簡とは遠く離れた所にある。このように釈文本が出土位置が離れているにもかかわらず、23簡や25簡のあいだの整理番号をつけた理由は次のように解釈したためと思われる。すなわち24簡の内容は「闘傷人」すなわち、死に至る「保辜」規定であるので「賊殺人」の規定である23

簡と「賊傷人」の規定である25簡の間に配置しなければならないとした。一方、出土状況を見ると、簡の向きが、反対になっているものが多い。たとえば捕律144-145簡の結合簡や147-148-149簡の結合簡すべてがほかの簡とは違い、向きが右側から左側になっている。(6)

(四) 全体の律名順序の散乱

王偉は律の順序が全体的な出土位置によって決まると主張する。まず「二年律令」という題目が背面に書かれている第1簡を起点にすると、第1簡の正面に記録されている賊律を全体の二年律令の最初の律名と見なすことができ、次いで簡牘が巻かれている順序によって律名を配列し、これに従って順序を決めることができるという。この見解によれば、具律簡文の基本的な位置は、賊律簡文の内層にあるという理由で賊律の次に具律が続くことになる。そして、また盗律のあるC群下部をみると盗律が賊律の内層に位置し、さらにその首簡が具律の題目簡と連接しているため、具律の次に盗律が位置することになる。張伯元もこうした原則に則り釈読本とは違い、興律が前に戸律が後ろに位置すると主張する。

だが、このような主張は基本的に律文が大体集中しているところをその律文の中心と仮定した後、各律の間の相対的位置を決めているに過ぎない。実際には（一）（二）（三）のように簡文が四散しており、中心の位置を決めることができないものが多い。のみならず盗律のC群の下部を対象にした律の相対的位置を決める方法が、ほかの律の順序を決めるのに適用できないという問題もある。何よりも律文が並んで配列されていない場合が多く、また律文と題目簡が連接していない状態で律の順序を論じるのは難しいであろう。

そのうえ『漢書』刑法志および『晉書』刑法志、『唐律疏議』など、文献資料の律目の順序と『二年律令』の出土状況が符合するとみている。津関令の場合、釈読本は律と令に分類されるという文献記録により『二年律令』のなかの最後の部分で整理している。しかし示意図を見ると、津関令は『二年律令』の巻軸のうち、ほぼ行書律と賜律の間に編綴されており、これを当時の姿とみなすことはできない。

以上のように、二七四号墓から出土した『二年律令』の巻軸の出土位置を、律令の内容から整理した釈読本の律文と比較した。その結果、まず一つの条文を構成する二つ以上の簡の位置、次いで特定の律に属する各題目簡と律文の位置、第三に特定の律に属する条文の順序、最後に巻軸全体での律の順序の問題において、すべて簡がひどく散乱しているという事実を確認した。あわせて、こうした散乱は決して外部の力や衝撃により起こりうるものではないという事実も確認することができた。結局、二七四号墓に埋葬されていた当時、すでに錯簡されていた状態で編連してあったと思われる。

二　錯簡と誤字

前章で簡牘が散乱して並んでいる理由は、本来埋葬当時に間違って編連されていたためであるという点を指摘したが、本章では、編連以外に『二年律令』全体の形式と内容にも誤謬がある点を指摘しておきたい。

（一）　簡の欠落

二つ以上の簡が一つの律文をなす場合、このうち相当数が連接した位置にない。それゆえ、簡同士の結合の整合性には議論の余地がある。ただし、研究者たちはすべての簡が結合可能であるという前提で出発している。それゆえ簡牘のなかの一部は結合できないものがあるという可能性について注意を傾けていない。もちろん簡の前半部が断裂した断簡が多く、結合させ難いようにみえる場合もあるが、これを十分に考慮しても内容上ほかの簡とつなぐことができない簡も多い[7]。このうちいくつかの事例を挙げると次のようである。

①〼母妻子者、棄市。其悍主而謁殺之、亦棄市；謁斬止刑(?)若刑、爲斬・刑之。其奊詬詈主・主父母妻（44, F186B、F1B）□□□者、以賊論之。（45, C270）

②以縣官事毆若詈吏、耐。所毆詈有秩以上、及吏以縣官事毆詈五大夫以上、皆黥爲城旦舂。長吏以縣官事詈少吏（46, F11）〼者、亦得毋用此律。（47, F15B＋C）

③告、告之不審、鞫之不直、故縱弗刑、若論而失之、及守將奴婢而亡之、篡遂縱之、及諸律令中曰與同法・同罪、其所（107, C294）與同當刑復城旦舂、及曰黥之、若鬼薪白粲當刑爲城旦舂、及刑畀主之罪也、皆如耐罪然。其縱之而令亡城旦（108, C293）舂・鬼薪白粲也、縱者黥爲城旦舂。（109, C290）

④發徵及有傳送、若諸有期會而失期、乏事、罰金二兩。非乏事也、及書已具、留弗行、行書而留過旬、皆（269, F179）盈一日罰金二兩。（270, C193）

⑤□、御史請諸出入津關者、皆入傳□□吏(?)里□長物色□瑕見外者及馬識物關舎人占者、津關謹閱出入之。縣官馬勿識物（498, C122）者、與出同罪。・制曰：可。（499, C129）

整理小組本には①の44簡と45簡、②の46簡と47簡を各々一つの律文としてつないでいるが、赤外線本はこの四つの簡をすべて分離して別個の簡として処理している。その基本的な理由はこれらの簡を連接させる論理的関係を何ら見出せないからである。そうすると、この四つの簡は単独では律文にならないので、ここで各々また別の簡文が続くと見なければなるまい。だが『二年律令』には、今までこの四つの簡につながる簡文がないため、四つ以上の簡が欠けたものとしかみることができない。③も整理小組本では、107簡から律文がはじまるとしたが、最初の文字の「告」という字は、その前の簡に続く文字と考えなければならないという意見が李均明、彭浩、張建国により提起されている。赤外線本では、107簡の前に121簡「城旦舂・鬼薪白粲有罪（遷）・耐以上而當刑復城旦舂、及曰黥之若刑爲城旦舂、及奴婢當刑畀主、其證不言請・誣」をつなげている。ただし121簡に「及曰黥之」で「及曰」としている以上、対句を合わせるために、その前にもう一つの「曰～」が必要である。すぐ後に続く、107-108簡には「曰～、及曰～」の形式が見られる。さらに121簡の「及曰」の後ろに出てくる内容と（黥之、若鬼薪白粲當刑爲城旦舂、及刑畀主之罪也）107-108簡の「及曰」の後に出てくる内容（黥之若刑爲城旦舂、及奴婢當刑畀主）が同一であるので、107-108簡の「律令中曰～及曰～」という形式が121簡にもあったであろうと推定すれば、結局121簡の前に「律令中曰～」という文字が含まれる簡文が続いたものと予想しうる。すなわち、121簡の前にまた別の簡が欠けているということになる。④は整理小組本と赤外線本、ともに一つの律文でつないでいるが、これでは、よく指摘されているように乏事と非乏事の刑量が同じになってしまうという問題が発生する。よって、269簡と270簡は分けて考える必要がある。これについては、270簡ではなく336簡がつながらなければならないという見解も出されている。だがその当為性の可否はともかくとしても、本来336簡が335簡と連接した律文で処理されているために269簡と336簡をつなげると、結局335簡につなぐべき簡文、270簡につなぐべき簡文が欠落してしまうことになる。⑤は整理小組本で一つの律文として扱っているが、その場合、京都大本および、楊建[8]などで指摘されているように文意が通じない。それゆえ赤外線本では、499簡を500-501簡のあとにつないでいる。しかし、これでも499簡につないでいた498簡が途中で切れてしまっているため、ここに連接すべき簡文が欠けることになる。本来、整理小組本では500-501簡を途切れた条文とみて、その後につなぐべき簡文が失われたものと把握していた。だが、結局499簡をどちらにつなぐにせよ、片方は簡が欠けた状態になるのである。

（二）相異なる律文の連続記入

内容上明らかに別の条文であるにもかかわらず、一つの簡に続けて書いているものがある。代表的な事例はつぎのようなものである。

①官爲作務・市及受租・質錢、皆爲銗、封以令・丞印而入、與參辨券之、輒入錢銗中、上中辨其廷。質者勿與券。租・質・戸賦・園池入錢、（429, C160）縣道官勿敢擅用、三月壹上見金・錢數二千石官、二千石官上丞相・御史。不幸流、或能產拯一人、購金二兩；拯死者、購一兩。不智(知)何人、刻貍而（430, C167）瓊之。流者可拯、同食・將吏及津嗇夫・吏弗拯、罰金一兩。拯亡船可用者、購金二兩、不盈七丈以下、丈購五十錢；有識者、豫而令（431, C166）自購之。（432, F73）

②☐金四兩罪罰金二兩、罰金二兩罪罰金一兩。令・丞・令史或偏先自（130, F32）得之、相除。（131, F28）

①の429簡から430簡の「二千石官上丞相、御史」までは、官が租、質、戸賦、園池入銭を受ける際の規定を記録している。だが、429簡の「不幸流」以後の内容は水運に関連したもので前の部分とはまったく関係がない。また、整理小組本は②のように130簡と131簡をつないでいるが、整理小組本、京都大本、赤外線本ではすべて130簡「令、丞、

令史」の前後で内容が異なり、間違えて付け加えた可能性を指摘している。

（三）同一律文の改簡記入

単簡のなかには、比較的短い規定のみを記録しているが、本規定と関連した付属規定、あるいは例外規定につづく場合、本規定とあわせて一つの律文とみなし、連続して記入するのが原則である。ところで、一部の簡は明らかに一つの律文に属する条項にもかかわらず、別の簡に記入されている。

①鞫(鞫)獄故縱・不直、及診・報・辟故弗窮審者、死罪、斬左止爲城旦、它各以其罪論之。其當繫城旦舂、作官府償日者（93, C34）罰歲金八兩；不盈歲者、罰金四兩。（94, C35）
□□□□兩、購・沒入・負償、各以其直數負之。其受賕者、駕其罪二等。所豫臧罪重、以重者論之、亦駕二等。其非故也、而失不（95, C36）

②賜不爲吏及宦皇帝者、關内侯以上比二千石、卿比千石、五大夫比八百石、公乘比六百石、公大夫・官大夫比五百（291, C214）石、大夫比三百石、不更比有秩、簪裊比鬭食、上造・公士比佐史。毋爵者、飯一鬬・肉五斤・酒大半鬬・醬少半升。（292, C213）
司寇・徒隸、飯一鬬・肉三斤・酒少半斗・醬廿分升一。（293, C218）

③不爲後而傅者、關内侯子二人爲不更、它子爲簪裊、卿子二人爲不更、它子爲上造、五大夫子二人爲簪裊、（359, F132）它子爲上造、公乘・公大夫子二人爲上造、它子爲公士、官大夫及大夫子爲公士、不更至上造子爲公卒。（360, F131）

當士爲上造以上者、以適子、毋適子、以扁妻子・孽子、皆先以長者。若次其父所、所以以未傅、須其傅、各以其傅（361, C244）時父定爵士之。父前死者、以死時爵。當爲父爵後而傅者、士之如不爲後者。（362, C243）

④以祝十四章試祝學童、能誦七千言以上者、乃得爲祝五更。大祝試祝、善祝・明祠事者、以爲冗祝、冗之。（479, C231）

不入史・卜・祝者、罰金四兩、學佴二兩。（480, C230）

①は整理小組本や赤外線本はすべて93簡から98簡までを一つの条文としているが、94簡の写真を見ると非常に長い空白が残っている。そしてもう一度簡をかえて、95簡から関連規定を記録している。②の場合、整理小組は一つの条文として処理しているが、簡の写真を見ると292簡の最後の部分に約六文字程度の空白がある。しかし、内容はすべて「不爲吏及宦皇帝者」に賜うもので、292簡の関内侯からその以下293簡の司寇、徒隷まで続く規定である。このように一つの律文であるにもかかわらず、292簡の最後の部分に空白をおいて、もう一度293簡から残りの部分を記入している。③の場合も整理小組本は359-362簡まですべて一つの律文として束ねたものであるが、360簡の最後の部分に五～六文字程度の空白をおいて、361簡を新しい簡として扱っている。④もやはり内容上一つの律文であるにもかかわらず、479簡の最後の部分に五文字程度の空白があり、480簡から記入している。

（四）誤字、異体字および字句の脱落

簡の書写過程に関したもの以外に、簡に書かれた文字にも一定の誤謬がみられる。明らかな誤謬の場合もあり、また異体字が記入されている場合もある。異体字はそれ自体が問題になることはないが、同一の文字が『二年律令』の

なかで他の形態の文字として使われている点は注意すべきである。さらに『商君書』には、法令を行う文字を付けたり、除いたりすれば、処罰するという記録がある。また雲夢睡虎地から出土した秦律のなかの尉律にも、毎年律令を対照しなければならないという法令があった。こうした事情を考えると、誤字と異体字がしばしばみられるからには、『二年律令』を実際の行政で使用されたテキストとみなすのは難しいであろう。一部、簡文には字句が脱落したものも見受けられる。釈読本はこうした誤字と字句の脱落を［　］で、異体字を（　）で表示しており、ここではそのうちの一つ、二つの事例のみを示しておく。

①☐請詐增減券書、及爲書故詐弗副、其以避負償、若受賞賜財物、皆坐贓爲盜。其以避論、及所不當（14, C7）
［得爲］、以所避罪罪之。所避毋罪名、罪名不盈四兩、及毋避也、皆罰金四兩。（15, C8）

②爵戍四歲及繫城旦舂六歲以上罪、罰金四兩。贖死、贖城旦舂、鬼薪白粲・贖斬宮・贖劓黥・戍不盈（96, C58）

①は慣用語として使われる「不當得爲」のうち「得爲」が脱落した事例である。[9] このほかにも354簡、367簡、472簡、485簡、492簡、506簡で一部の字句が脱落している。②は文字が間違って記入されている事例である。爵戍の爵は、衍字である。

三　書写と編綴の過程

以上から『二年律令』で確認した編連そして、字体など多くの問題を確認した。この『二年律令』が官庁で実際に使用された正本であったのなら、認めがたい事実である。しかしまた『二年律令』は、その当時施行された法令の一部であったことも事実である。よって、二四七号墓に埋葬された『二年律令』とは、本来正本であった律令が埋葬されるときまでに何度かの錯誤が積み重なった結果と見ることができる。本章ではこの過程を一つ一つ追跡していきたい。

（一）　律文の選別

『二年律令』の1簡の背面には、「二年律令」と書かれており、また526簡には「律令二十□種」となっているが、『二年律令』全体の簡牘のなかには、実際に二十八種におよぶ律令の題目簡が確認できるので、『二年律令』は総二十八種の律令で構成されていたと思われる。だが『二年律令』は、前漢初期の高祖と呂后の時期に施行された律令のすべてではない。また、『二年律令』には、特定の律名に含まれる内容のうち、一部のみが記されているに過ぎない。その理由は、ある基準により『二年律令』の内容が選別されたからである。秦律の都官の事例からわかるように、官吏は自分が必要な法律を選んで使用している。[10] たとえば、津関令の簡の最初には1から23まで番号を付している。よって津関令の完全なテキストには少なくとも23番までが順番に記録されていなければならない。しかし『二年律令』にはこのうち3番～8番、10番、11番、14番、17～20番がない。たとえ一部が途切れていることを考慮しても、明らかに一部の令文が抜け落ちているのである。

（二）　句読符号の記入

ではこの『二年律令』とは、二四七号墓の墓主が生前に自分の基準にあわせて律令を選別して使用したままの姿であろうか。換言するなら、二四七号の墓主は墓に埋葬された五二六枚の『二年律令』を持ち、これを参照したのであろうか。この問題の端緒は竹簡に記入されている句読符号である(11)。

中国の伝統的書写方式には句読符号がない。句読符号は文字をはじめに書く者が記入するものではなく、後にこれを読む人が記入するものである。居延漢簡や敦煌漢簡などにみられる一次行政文書には句読符号がほぼみられないし、また、紙製の書冊が作られた後も東アジア古代の文献資料には句読符号を記入して刊行することはなかった。『史記』滑稽列伝の東方朔条には「漢武帝が、上奏された文章を上から読んでいき、途中でとまって、そこに乙を記した」と記録されている。さらにその注釈に利用された『風俗通』では「乙を表示するのは、最近の人々が書を読むときに赤い色で∠形の句読点を記すのと同じだ」とある。また《説文》の〈亅、鉤識也〉についての段玉裁の注にも「鉤識とは、最近の人々が本を読むときに鉤勒で句読点を打つのと同じである」と指摘している。明らかに、書籍や文書を読みつつ、句読符号を記しているのである。

したがって『二年律令』に記入された句読符号も一旦は県に保管されている正本を書写し、のちにこれを読みながら記入したものと見なければなるまい。県の正本に符号が記入されている可能性もなくはないが、『二年律令』の場合にはそうした可能性が低い。なぜなら『二年律令』にみられる句読符号の記入には原則もないどころか、いくつかの間違いさえ見受けられるからである。すなわちある場合には文章の間に句読符号を記入し、ある場合には句節のあいだ、あるいは名詞のあいだにさえ記入している。また文章を切るところがあいまいな部分に記入するのが一般的であるが、誰が見ても当然句読点を打つところに記したり、ときには間違ったところに記入したりもしているのである。たとえば284簡の「千石至六百石∠吏死官者」には、千石至六百石と吏は一つの対象であるにもかかわらず、そのあいだに句読符号が記されている。93簡の「其當繫城旦舂∠作官府∠償日者」の場合も、當繫城旦舂と作官府と償日の関係は主語と場所、動詞の関係にすぎないので、普通は句読符号が記入されないはずなのだが、ここには記入されている。結局以上のように恣意的に句読符号を記入しているからには、墓主が使用しつつ二次的にこれを記入したと見なければならないであろう。

(三)　抄写

しかし『二年律令』は墓主が律令を読み、句読符号を記入したそのままの文件でもない。『後漢書』によると、周磬という者が臨終を迎え、《堯典》一篇を書写し、棺の前に置いてくれと遺言を残したという[12]。この記録によると周磬が所有していた《堯典》を埋葬したのではなく、また周磬みずから抄写したわけでもない。彼の遺族は遺言によって抄写を職業とする者を通じて《堯典》一篇を選ばせたのである。『二年律令』も同様の方法で抄写したものであろう。盗律の題目簡である81簡に盗律と書いた後に、簡の下段部に〈鄭炊書〉となっているのがその証拠である。抄写者の名前が書かれている事例がこれのみなので鄭炊という者が本文全体を抄写した可能性もある。だが、抄写者の名前が一簡の背面に書かれた「二年律令」であるとか、526簡の「律令二十□種」とともに記録されたのではなく、盗律というある特定の簡に記入されている点を考慮すると、別の抄写者が記録したが名前を記録しなかった可能性が高い。

一方で、句読符号と文字の間の間隔に注目しても、この『二年律令』が抄写されたものであることが分かる。本来竹簡の文字がまず書かれ、句読符号がのちに記入されるので、文字と文字の間隔は一定している。反面、文字と符号の間隔は文字の間の間隔に比べて相当狭くなるのが普通である。ところが『二年律令』は、いくつかの文字と符号の間の間隔がまるで文字と文字の間の間隔のようになっているものがみられる。句読符号が本文に記入された後の状態を底本にし、誰かがこれを抄写する際に、墓主が記入した句読符号の意味を正しく理解せず、句読符号をまるで一つの文字のように処理したのであろう。

二章で指摘したように、『二年律令』の大部分の錯誤はこの過程で生まれたものである。すなわち簡の欠落、異なる律文を連続して記入したこと、そして誤字や異体字および字句の脱落は、墓主が使用した原本を抄写者が選んだ過程でその内容を充分に把握できなかったために生まれた誤謬と思われる。

このうち律文の改簡と錯誤の過程は具体的に推測できる。前述のように一つの律文に帰属するにもかかわらず、付加した条項が始まる部分を新しい簡に書いたのは、抄写の底本になる原本にこうした表示があったからであろう。抄写者は、何の理由もなしに勝手に簡を変えたりはしないであろう。『二年律令』には、句読符号とは違う別途の符号、すなわち、墨釘とよばれる符号が表示されている。そのうちのいくつかをあげておきたい。

①盗賊以短兵殺傷其將及伍人、而弗能捕得、皆戍邊二歳。〈卅日中能得其半以上、盡除其罪；(141, C16) 得不能半、〈得者獨除。●死事者置後如律。大痍臂臑股胻或誅斬、除。與盗賊遇而去北、及力足以追逮捕之而官□□□□□逗 (142, C67)

②睆老各半其爵徭、□入獨給邑中事。●當徭戍而病盈卒歳及覡、勿攝。(407, F24)

③●御史以聞。●制 (496, C133) 曰：可。(497, C127)

①では、墨釘の前の部分に群盗発生以後の逮捕義務およびその期限についての規定を記し、墨釘の後ろの部分には、逮捕過程途中で発生するさまざまな状況についての具体的規定を記している。すなわち、墨釘を利用して二つの内容が一つの律文に属しているが、本規定とは別の追加規定という関係性を示している。②の墨釘も睆老の徭役と関連し

た付加規定を示すのである。

一方、③の津関令では、墨釘は制詔が定めるさまざまな段階をわけるのに利用されている。同様に皇帝の命令が伝わる順序を示す冊書として居延漢簡「元康五年詔書冊」がある。これは、御史大夫が皇帝に上疏した案件を皇帝が認可したのち、丞相に執行するよう伝えたものである。このうち皇帝の認可部分である「制曰可」は別途の簡で扱っている。[13] すなわち元々制詔の段階別に改簡されているものを、墨釘を施してつないだのが、③にみられる津関令の姿であったといえる。よって①と②も元々は別途の簡に記録されていたものを一つの簡にまとめて記録し、墨釘を施したものと考えられる。

墓主が実際の行政に従事しつつ、参照した律令もまた、①②③のような形式であった。皇帝が頒布し、その時々の地方行政単位へ下達した法令詔勅には「制曰可」のような部分が別個の簡に分かれていたのであろうが、墓主が使用した『二年律令』の原本は竹簡を節約し、また参照しやすいようにこの法令の詔勅をもう一度集成して整理したものであろう。よって一々簡を別にする代わりに、墨釘を施して一つの律文に属する限り続けて記録したのである。ところで、この『二年律令』を抄写した抄写者のうち、一部の者はこの墨釘が単に簡を別にして書いたものに過ぎず、内容上は同一の律文に属すると判断し、墨釘を省略して本規定と付加規定を続けて記した。そしてまた別の抄写者は、墨釘が本来別途の簡へ書かれたことを認識し、その墨釘の表示によってこれを新しい簡に記入したと推定できよう。結果的に『二年律令』にはこうした多様な表記形態があらわれることになったのである。

(四) 編　綴

秦漢時代の書写方式には空白の簡牘を先に配列し、これを紐で編綴したのち、書写するのが一般的である。[14] この場合簡牘に使われる文は紐で編綴された部分を避けて記録するので、紐を除去するとその部分は自然に空白が残ることになる。しかし反対に先に簡牘に文を記入し、その後紐で編綴すれば、編綴された部分に空白はなく、文字が記入されることになる。『二年律令』には、これら二つの方法がすべてとられていると思われる。張伯元の計算によれば[15]、簡の幅が〇・五～一・〇㎝程度なので平均〇・七㎝として、全体の簡数が五二六個なので、すべて編綴して簡牘を広げると、三六八・二㎝におよぶ。すべての簡をこのように長く綴じ合わせて書写したならば、非常に不便である。したがって、若干の簡をまず編綴して記録したあとで、すでに編綴されていたもの同士を結んだり、あるいは一つ一つに記録された個別の簡を結んだのであろう。その事実は、簡の編綴部分の空白からその証拠を見出すことができる。たとえば〈図2〉は捕律に該当する146簡から155簡の写真であるが、出土位置の示意図を参照すると、146-147-(166)-148-149-153-150簡と151-152-154-155簡が連結していたようである（図3）。この簡のうち146簡、150-152簡、154簡、155簡の六つの簡は編綴部分に一定の空白を見出すことができる。反面、147簡、148簡、153簡の三つは編綴部分に文字を詰めて記入しており、また149簡、151簡、166簡は簡文が途中で終わるので、空白可否を判断することができない。このように空白のある簡と空白のない簡が入り混じっているという特徴に注目したい。空白のある簡は先に編綴したものと見ることができるので、151-152-154-155簡の四つの簡がまず綴じられていたと考えられる。そして内容上151-152簡と154-155簡の間にあるべき153簡は別の位置にあり、また編綴部にも空白がない。したがってこの簡は編綴されないうちに先に書写された簡である。これらは編綴する際に文字が紐の下で重なってしまうことを考慮しなかったのである。一方で153簡は編綴部分に空白のない144-145-166-148-149簡と、そして空白がある150簡とともに配列されており、一緒に編綴されていたようである。よって一部の簡は編綴をして書写し、もう一部の簡は別々に書写した後、編綴したことになる[16]。

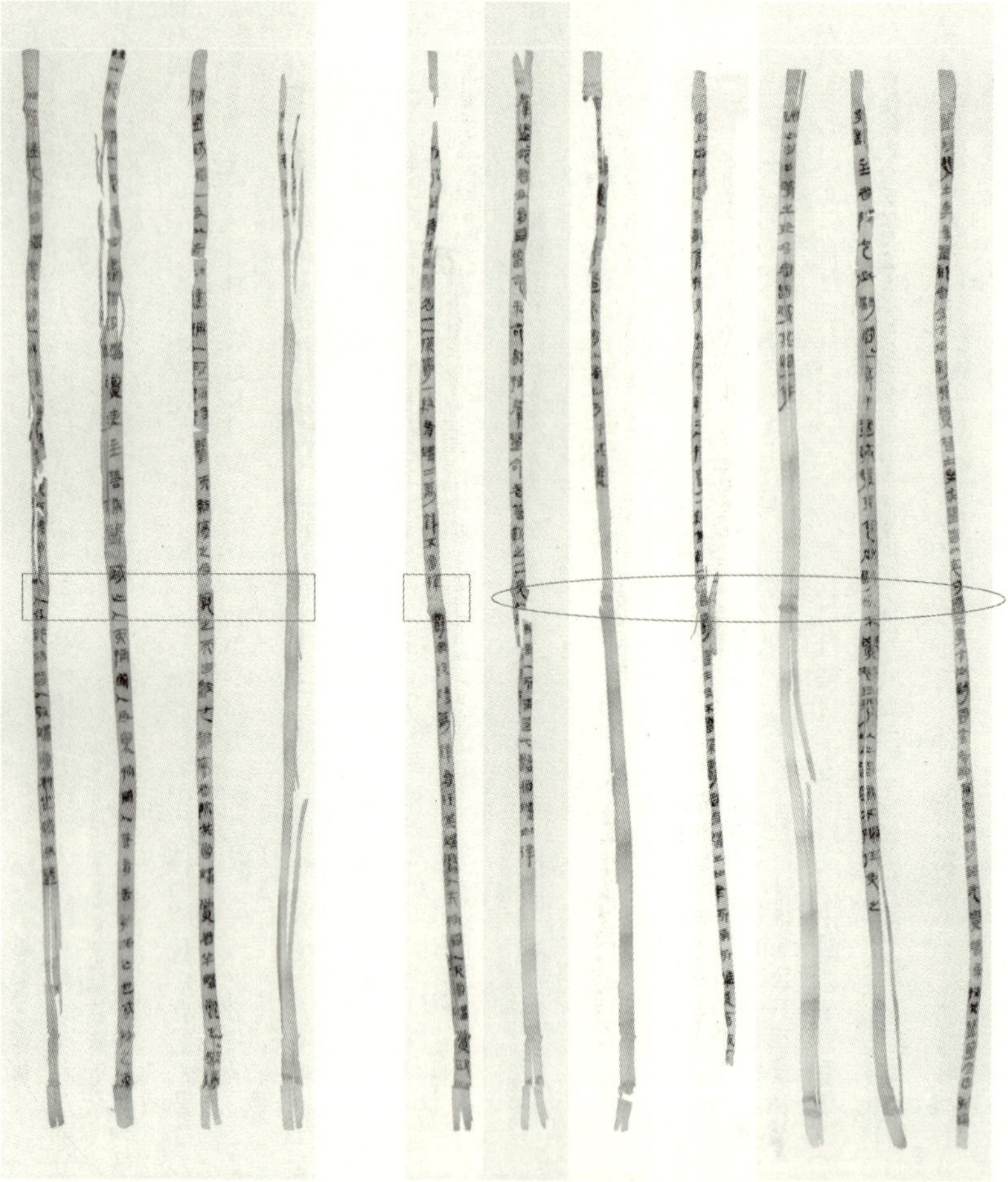

図2　『二年律令』捕律（出土位置順）

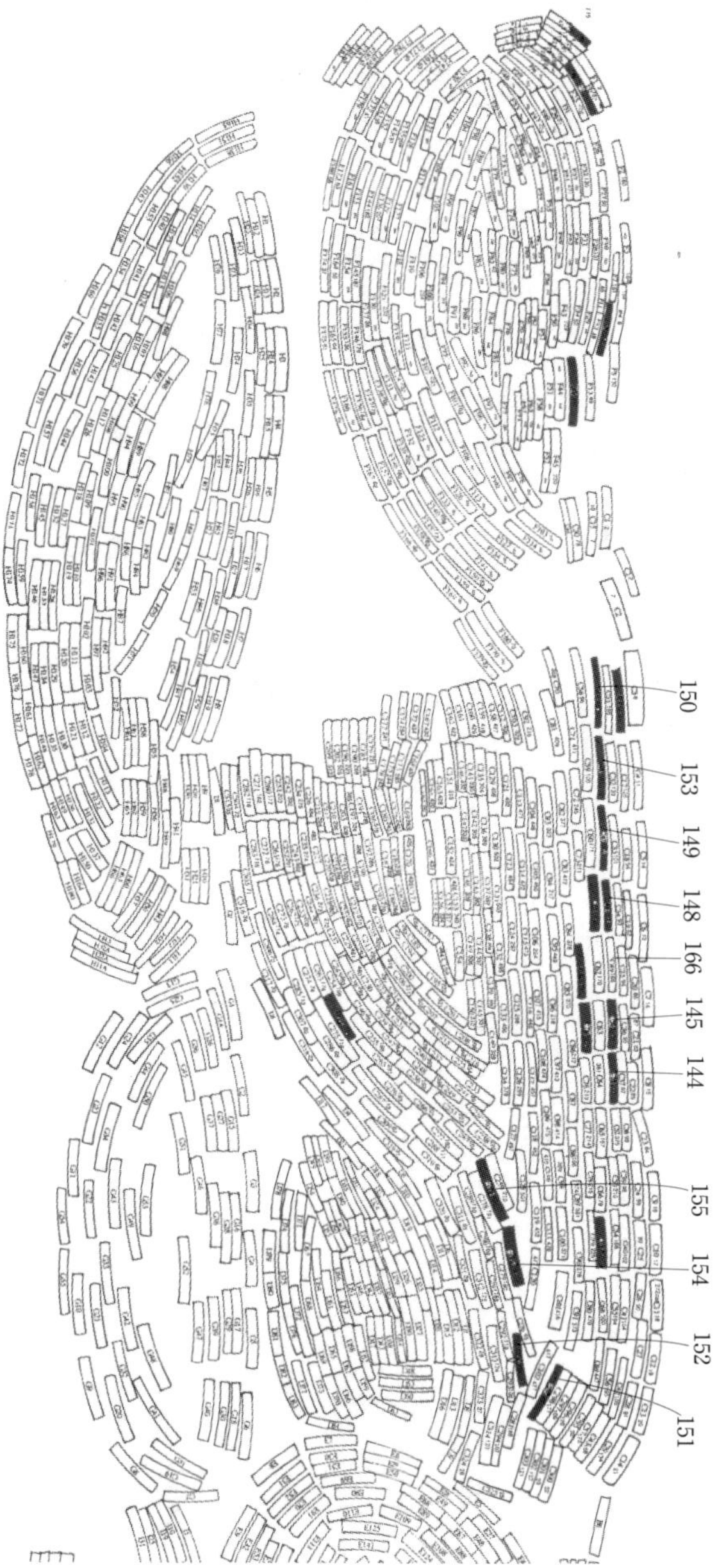

図3　『二年律令』捕律　出土位置　示意図

図4　居延漢簡「建武三年十二月候粟君所責寇恩事」

同じ二四七号墓から出土した奏讞書はこうした過程を理解するうえで有用な資料である。E群に属する奏讞書は比較的整然と編綴されている。すべてで二十二個の案例が右から左へと綴られており、その案例は漢高祖十一年八月から時系列に春秋時代まで遡る形で配列されている。[17] このように整然とした順序の中にも一部の簡牘で左右の配列順序および上下が反対のものがある。これは元々編綴された状態にあった簡牘組が、もう一度やはり先に編綴されていた別の簡牘組と編綴する際に誤って配列がひっくり返ったと解釈できる。もう一つの参考資料は居延漢簡「建武三年十二月候粟君所責寇恩事」である（図4）。この案件は大きく二つの部分で構成されている。すなわち都郷嗇夫が当事者の陳述を受けて県に報告した爰書の内容と、居延県が報告を受けたのち甲渠候官に「写移書」して事実を確認した公文の内容である。ところでこれら二つの文書の書写形式が非常に異なる点は注目される。まず爰書と公文は各々完全に別の書体で書かれている。次に爰書は一列で内容を書くのに対し、公文は二列に記してある。三つめに、爰書は中間に空白なしに続けて記録してあるのに対し、公文は二ヶ所の編連するために紐を置いた部分を空白にして、記入してある。他の人々が他の時間に作成した爰書と公文二つの文書を、後に一つの冊書として綴ったのである。

『二年律令』の編綴もまたこのような方法で行われたのであろう。すなわち前もって編綴を行い、綴じた簡牘に記録したものと、簡ごとに別々に記録したものを最後に紐で綴じ合わせたのである。しかし、こうした作業は非常に非効率的である。もし、抄写者が一人であったなら、このような作業を行う理由がない。よって『二年律令』は何名かの抄写者が各々他の方法で抄写したあと、これを綴じたものと理解することができる。

そして、この際に錯簡がもう一度発生したのであろう。一章で指摘した編連の問題は大部分この過程で発生したものと推測する。つまり、二つ以上の簡が一つの条文を構成するのに、連接していないという問題、同一の律名に帰属するが、その律文が並んで配列していないという問題、そして律の条文の順序が逆になったり、他の条文と混ざっているという問題、最後に律の順序が一定しないという問題はすべて編綴を行う過程で引き起こされたのである。五二六個におよぶ個別の簡を律別、または律内の条文の順序によって編綴するという作業はそれ自体非常に細心の注意を払う必要があるが、複数の抄写者がそれぞれ、他の方法で書写しておいたものを綴じるという作業は決して容易ではなかったはずである。こうした作業中に自然と編綴の問題が発生したのである。

おわりに

本稿は、張家山漢墓二四七号墓に埋葬された『二年律令』についての外的資料批判と、『二年律令』の書写過程の復元を試みた。特に示意図に示された簡の出土位置と、『二年律令』の編連の相関関係を中心に議論を展開した。その結果、律令の内容として判断しうる多様な問題を確認することができた。一つの律文に属するが、出土位置は連接していないという問題、一つの律には属するが、律文が整然と並んでおらず、他の律文と混ざっている問題、また律文と題目が分離している問題、そして律全体の順序に混乱が生じている可能性などである。あわせてこうした散乱状態はたんに編綴が途切れたり、あるいは外部の衝撃により発生した可能性が極めて低いという点も確認することができた。また『二年律令』には、たんに編連の連接のみならず、一部の簡が欠落していたり、異なる律文が一つの簡に続けて記入してあった。時には同一の律文が様々な簡に分かれて記入されていることや誤字あるいは字句の脱落現象もしばしば見られた。これらは、『二年律令』の巻軸が最初から完全な姿で埋葬されたのではないという証拠である。しかし二四七号墓主が実際に使用した律令の正本がこのように不完全なものであるとは考えられないので、墓主の意思により専門の抄写者に正本の一部を選ばせ、それを墓に埋葬したものと見なければならない。『二年律令』に記された句読符号もこれを示している。句読符号は墓主が『二年律令』を読みながら文字の間に記入したものであるが、これを抄写する際にテキストと区別せずに扱ったことは、この『二年律令』が正本実物ではないという証拠である。これらの抄写者のうちの一人が盗律の題目簡に書かれている鄭奻であった。まさに抄写の過程で簡の欠落、条文の分割記入、誤字のような一時的誤謬がうまれた。この抄写の過程では、抄写者によりまず編綴を行い記録する方法、反対にまず記録したのち編綴をするという二つの方法が採られた。その後これらをもう一度すべてつないで編綴する。出土位置から確認できる編連の問題はこの過程で発生したものと思われる。

結論として、張家山漢墓二四七号墓から発見された『二年律令』の巻軸は、前漢初期に実施された律令全体でもなく、二四七号墓の墓主が生前に直接使用した正本そのものでもない。墓に埋葬するために墓主あるいは、その遺族により正本の一部が抄写され、これを編綴したのである。墓から出土した文字資料の中には実際に使用した書籍類が埋葬されることも多いが、『二年律令』のようにその一部が抄写されることも少なくなかった点は留意する必要があろう。既存の研究が編連の問題を挙げて新しい編連を主張してきたのは、基本的に『二年律令』を完全な姿と想定したからである。このような基本的前提を変えることができれば不必要な議論も減らすことにつながるだろう。

注

（1）張家山二四七号漢墓竹簡整理小組（二〇〇六）、『張家山漢墓竹簡［二四七号墓］（釈文修訂本）』、文物出版社。
（2）張家山二四七号漢墓竹簡整理小組（二〇〇一）、『張家山漢墓竹簡［二四七号墓］』、文物出版社。
（3）冨谷至編（二〇〇六）、『江陵張家山二四七号墓出土漢律令研究：訳注篇』、朋友書店。七～八頁、李力『張家山二四七号墓漢簡法律文献研究及其述評』、東京外国語大学アジア・アフリカ言語文化研究所、二〇〇九、四〇二頁。
（4）王偉（二〇〇六）、「張家山漢簡《二年律令》編聯初探」、簡帛　第一輯、張伯元（二〇〇五）、「《二年律令》編聯札記（四則）」、出土法律文献研究、商務印書館。
（5）金慶浩は岳麓秦簡0792簡「後有盈十日、輒加一甲」を根拠に270簡の「盈一日罰金二両」を269簡の追加刑罰と理解し、269簡と270簡の結合を肯定している（金慶浩〔二〇一二〕、「秦・漢初 行書律의 内容과 地方統治」、『史叢』七三）。一方、王偉は出土位置が離れているために270簡を外して考える必要があるとする（王偉、前掲論文、三六六～三六七頁）。近年若江賢三・畑野吉則もこの部分に着目し、269～270の結合の代わりに269～336の結合を提案した。しかし、336簡の位置がF群の上側外層部に位置するF26なので、配列位置が離れていることに変わりはない。若江賢三・畑野吉則「張家山漢墓竹簡『二年律令』の接続と配列について――三七四・三八一及び二六九簡について」、『人文学論叢』一二（愛媛大学人文学会）、二〇一〇。
（6）賊律の場合、11簡以後左側から右側へ展開するが、4-5簡は右側から左側の方向へ並んでいる。
（7）赤外線の撮影により残簡の文字が釈読され、一部の簡の結合関係が明らかになっている。79簡は、途中で簡文の切れたものであるが、残簡X3簡と連接する可能性が指摘されている。しかし釈読された残簡十四個のうち、連接しうる可能性のあるものはX3とX4の二例にすぎない。

（8）楊建（二〇〇二）、「張家山漢簡〈二年律令・津関令〉簡釈」、『楚地出土簡帛思想研究』（一）。

（9）そのほかにも354簡、367簡、472簡、485簡、492簡、506簡で一部字句の脱落が見られる。

（10）『雲夢睡虎地秦墓竹簡』186簡、内史雑「縣各告都官在其縣者、寫其官之用律」。

（11）金秉駿（二〇〇九）、「如何解読戦国秦漢簡牘中句読符号及其与閲読過程的関係」、『簡帛』四輯。

（12）『後漢書』巻三九、周磐伝。

（13）大庭脩（一九八二）、「居延出土の詔書冊」、『秦漢法制史の研究』、創文社。

（14）鄭有国（二〇〇八）、『簡牘学綜論』、華東師範大学出版社。

（15）張伯元（二〇〇五）、「《二年律令》編聯札記（四則）」、『出土法律文献研究』、商務印書館、六八頁。

（16）144簡より前の簡の編綴部分を見ると、143簡は空白がなく、また142簡は空白があり、141簡は空白がない。

（17）蔡万進（二〇〇六）、『張家山漢簡《奏讞書》研究』、広西師範大学出版、三九～四一頁。

漢代郵駅システムにおける駅の接待方式
——懸泉漢簡の二つの残冊書を中心とする考察——

張　俊　民
（廣瀬薫雄訳）

懸泉置は、前漢時代、敦煌郡がシルクロード沿線に設置した九つの駅のうちの一つであり、ここを通り過ぎる官吏や使者の接待や、彼らに飲食や車馬、宿泊といったサービスを提供する任務を担当した。懸泉置はまた、漢代敦煌郡の郵書、公文書、政令を東西方向に伝達する重要な組織でもあった。これに類似する組織は六九四漢里（訳者注：一漢里は約四一五メートル）におよぶ酒泉郡では十一箇所あった。

発掘、整理と初歩的な研究の結果、懸泉置の前漢時代における運営方式や運営手続きについて初歩的なことがすでに分かってきている。例えば懸泉置には平均四十匹の伝馬、九両の馬車が備えられ（陽朔二年伝車亶轝簿）、宿泊・車馬・飲食を分担する組織として「置」、「廏」、「厨」があり、これらの組織の内部にはそれぞれ「嗇夫」と副官の「佐」が設けられていた。いくつかの完全な形で残された冊書や資料は、後人が漢代の置の運営方式を知るのにも初歩的な情報を提供してくれた。例えば、「過長羅侯費用簿」は、長羅侯の部下たちがこの地を通過するときに使われた接待費についての文書記録であり、これを通して前漢期の懸泉置の機能を知ることができる。「元康四年正月尽十二月鶏出入簿」は、一年間の懸泉置の「鶏」の出納簿であり、ここには当時の「置」という組織がここを通り過ぎる官吏の食事に提供した「鶏」肉の情況、鶏の仕入先やさまざまな情報が反映されている。「永光五年案験失亡伝信冊」では、漢代の「伝」の形式、「伝」の使用や「伝」をなくしたときにどのようにして捜し処理するのかが具体的に再現されている。「案験康居王使者献橐冊」は、漢と西域の交流の情景および交流において存在する問題を一つの側面から映し出している。こういった情報はこれまでになかった証拠を提供したが、二万枚近い懸泉漢簡からすれば、目下公開されている情報と資料は氷山のほんの一角に過ぎず、我々の懸泉置出土文書とそれが示している社会の情報についての認識も初歩的な、表層的なものでしかない。本稿では、二つの残冊書の復原を基礎として、復原された二つの残冊書から、懸泉置がいかに運営されていたかを見る。本稿に不適切なところがあれば、識者におかれてはご教示を賜りたい。

一　縁　起

懸泉置は漢代の東西交通路線上の重要な駅であり、東には広至県の魚離置があり、西に行くと同じく效穀県に属する遮要置がある。懸泉置と遮要置、魚離置の中間点にある騎置の距離からすると、遮要置と懸泉置は約一〇〇漢里離れており、懸泉置と魚離置の間の中間点にある騎置は万年騎置であるが、懸泉置と万年騎置の距離をもって推し量ると、懸泉置から魚離置までの距離は約八〇漢里である。[1]騎置と騎置の間にはさらに亭があり、「置—亭—騎置—亭—置」という形式で漢代交通路線上の各階級の組織は構成されている。そのうち「置」の規模が最も大きく、その次が「騎置」で、最も小さいのは「亭」であったろう。「置」そのものの付近にはさらに「騎置」と「亭」があった。

このような構造をした郵駅システムは、その運営方式はどのようであったろうか。その主要な用途は送迎であり、その送迎には人の接待と送迎、公文書と政令の伝達がある。どのようにして人を接待するかは、「過長羅侯費用簿」からその一、二を知ることができる。しかしこれは一面にしか過ぎない。業務の繁雑な懸泉置からすれば、「過長羅侯費用簿」が明らかにしている情報は一つの側面でしかない。また情報量が雑多な簡牘文書が反映している社会の様相から言っても、そのうちの一点でしかない。ゆえにいまだ多くの注目に値する問題が解決されないまま残されている。

懸泉置の規模、大きさ、構造、組織形態から見て、主体となる建築物は八〇×八〇メートルの大きさであった。その内部には多くの部屋があり、現在では二十八まで編号がつけられ、[2]廏が二つあり（「温廏」、「西廏」）、四十匹の馬が備えられ、それぞれ異なる仕事と任務を持つ厨、廏、置などの部門がある。さらにそれに加えて付近には「騎置」や「亭」などの下級部門が設置されている。このように複雑な組織と人員が日常生活においてわいわいがやがやとした生活風景を作り出していたのである。官吏や使者が来たら、いかにして各部門の任務を調整して接待をしていたのだろうか。いかにして接待の任務に参与する者に短時間のうちにどういう階級の官吏が懸泉置に到着したことを知らせていたのだろうか。そのための専門の人がいて、走って知らせていたのだろうか、それともなんらかの方式を使って伝達していたのだろうか。接待の際に、もしここを通り過ぎる官吏の接待に手落ちがあった場合、いかに処理したのだろうか。前漢時代、これらの問題を解決するためにいかなる方式と手段をとっていたのだろうか。これが本稿で答えようとする問題である。

本稿では、懸泉漢簡に見える漢律資料を整理していた際に、令の角度から思いがけずに復原できた二つの残冊書を扱う。一つは「鼓令冊」で、[3]もう一つは「適令冊」である。[4]そしてこの二つの残冊書は、我々が懸泉置の運営方式、特に官吏の接待方法を知るうえで非常に重要な意義を有している。これに啓発されて、「鼓令冊」と「適令冊」から懸泉置の運営方式を検討しようという発想が出てきたのである。

二　「鼓令冊」及びその他

「鼓」は、『説文』に「鼓、郭なり。春分の音なり。万物皮甲を郭として出づ、故に鼓と曰う。壴に从い、屮、又に从う。屮は飾を象り、又は其の手もて之を撃つを象るなり」（鼓は、外郭であり、春分の音である。万物は皮甲を外郭として出てくるので、鼓という。壴で構成され、屮、又で構成される。屮は垂れ飾りを象り、又は手でたたくさまを象る）とある。(5) 鼓の用途は主として二つある。一つは楽器で、例えば『孟子』梁恵王下に「今王此に鼓楽す」（今、王がここで太鼓を演奏されたとします）とある。(6) もう一つは軍鼓で、『左伝』僖公二十二年に「列を成さざるに鼓せず」（隊列が整わない敵に太鼓をたたいて攻撃をしかけることはしない）とある。(7) 鼓にはさらに時を告げる機能がある。いわゆる「晨に鐘し暮に鼓す」の鼓である。もちろん戦国時代の諸子百家のうち防御「非攻」で有名な墨子は鼓を防御過程にも運用している。すなわち「城上三十歩ごとに一聾竈、人ごとに苣長さ五尺を擅にす。寇城下に在り、鼓音を聞けば、苣を燔き、復た鼓せば、苣を爵穴中に内れ、外を照らす」（城上では三十歩ごとに一つ竈を設け、一人ずつ長さ五尺のたいまつを持つ。敵が城下にいて、太鼓の音を聞くと、たいまつに火をつけ、再び太鼓がたたかれると、たいまつを爵穴の中にいれて、外を照らす）とあり、さらに「寇前池の外廉に傅攻せば、城上の当隊鼓すること三、一幟を挙ぐ。水中周に到れば、鼓すること四、二幟を挙ぐ。藩に到れば、鼓すること五、三幟を挙ぐ。馮垣に到れば、鼓すること六、四幟を挙ぐ。女垣に到れば、鼓すること七、五幟を挙ぐ。大城に到れば、鼓すること八、六幟を挙ぐ。大城の半以上に乗ずれば、鼓すること休む無し。夜は火を以てすること、此の数の如し。寇卻解せば、輒ち幟を部すること進数の如くして、鼓すること無し」（敵が堀の外辺にとりついて攻めてきたら、城の上の敵の真向かいにいる部隊は三度太鼓をたたき、旗を一つ挙げる。堀の中州にまで来ると、四度太鼓をたたき、旗を二つ挙げる。堀の内側にある垣根にまで来ると、五度太鼓をたたき、旗を三つ挙げる。その次の垣根にまで来ると、六度太鼓をたたき、旗を四つ挙げる。城壁の前のひめがきにまで来ると、七度太鼓をたたき、旗を五つ挙げる。城壁にまで来ると、八度太鼓をたたき、旗を六つ挙げる。城壁の半分以上まで登ってきたら、休むことなく太鼓をたたく。夜は旗のかわりに火によって示し、その数は同じ。敵が退却して囲みを解いたら、そのつど進攻のときと同じ数だけ旗を下ろしていき、太鼓はたたかない）とある。[8]

簡牘文書が出土した後、李均明氏はかつて既発表の鼓に関係する資料について詳細を尽くした考証を行ったことがある。[9] この研究は、我々が漢代、特に辺境地区の鼓について知るのに一定の参考価値を有している。

これ以外に、鼓の用途にはもう一つの方式と方法がある。それが懸泉漢簡の資料に記されたやや独特な方式である。懸泉漢簡の法律文書を整理していた際、我々はいくつかの太鼓のたたき方に関する規定を記した文書資料を発見した。それはおそらく一つの冊書であったろうという印象を我々に抱かせる。実物の考察と結びつけて、今ここに示しているものが、我々が紹介しようとする「鼓令冊」である。

簡文はそれぞれ次のとおりである。

1、使者持節、撃廿五鼓。　〼　　II T0314②:222[10]

（節を持つ使者が到着した場合には、太鼓を二十五回たたく。）

2、使者不持節、撃十五鼓。　　II T0314②:326

（節を持たない使者が到着した場合には、太鼓を十五回たたく。）

3、長史到、擊八鼓、數之。　ⅡT0314②:337

（長史が到着した場合には、太鼓を八回たたき、これを何度も繰り返す。）

4、守丞到、擊六鼓、數之。　ⅡT0314②:349

（守丞が到着した場合には、太鼓を六回たたき、これを何度も繰り返す。）

5、候丞、縣丞、尉秩三百、擊三鼓。▨　ⅡT0113③:101

（秩三百石の候丞、県丞、尉が到着した場合には、太鼓を三回たたく。）

以上五枚の木簡についての記録は次のとおりである。

簡1：紅柳、右・下部残損あり、残長九・六、幅〇・五、厚さ〇・二センチメートル。

簡2：紅柳、完全、長さ二三・五、幅一、厚さ〇・三センチメートル。

簡3：紅柳、完全、長さ二三・三、幅一、厚さ〇・三センチメートル。

簡4：紅柳、完全、長さ二三・七、幅一、厚さ〇・二センチメートル。

簡5：紅柳、下部残損あり、残長一一・五、幅一、厚さ〇・二センチメートル。

以上の五枚は、簡牘の形状、材質から文字の書風、文章の内容にいたるまで、みな現在の冊書復原の要件を満たしており、それらを一つの冊書としてみなすことに何も問題はあるまい。すなわちそれらは一つの冊書であるが、ただ記載内容からすると、この冊書は完全ではなく、一部の簡牘及び内容が欠けている。ゆえにここでは残冊書と称する。

記載内容から見ると、様々な階級の官吏がある場所に到着すると何回太鼓をたたかなければならないかが記されており、それによって官吏の身分と階級を示し、様々な部門の作業人員が様々な接待方式をとったり、様々な規格の接待用品を準備したりすることができるようにした。このばらばらになった冊書の出土地点が懸泉置であることから、その出土地点の機能的性格と文字記録を結びつけて、我々はこれを漢代郵駅システムにおける特殊な「令」文であるとみなし、しばらく「鼓令」と称することにする。その冊書がすなわち「鼓令冊」である。

「鼓令冊」は、様々な階級の官吏が懸泉置のような郵駅組織に到着したら、どのような方式で伝達し、接待を担当する様々な部門の関係者にこの情報を知らせるべきかについて明確に規定している。第一簡は、節を持つ使者が到着したら、太鼓を二十五回たたかなければならないと規定している。第二簡は、節を持たない使者が到着したら、太鼓を十五回たたくと規定している。第三簡は、長史が到着したら、太鼓を八回たたかなければならず、かつ何度も繰り返してたたかなければならないと規定している。第四簡は、守丞が到着したら、太鼓を六回たたくことを何度も繰り返さなければならないと規定している。第五簡は、候丞、県丞、尉などが到着したら、三百石という彼等の官秩にもとづいて太鼓を三回たたくと規定している。

これを表にまとめると上のようになる。

官　　名	太鼓をたたく回数	太鼓のたたき方	簡号
使者（持節）	二十五	不明	ⅡT0314②: 222
使者（不持節）	十五	繰り返さない	ⅡT0314②: 326
長史	八	繰り返す	ⅡT0314②: 337
守丞	六	繰り返す	ⅡT0314②: 349
候丞、県丞、尉	三	不明	ⅡT0113③: 101

この表の中で不明としているのは、簡牘そのものが残欠していることによるものであり、その後に繰り返してたたくことを意味する「數之」の二字があったかどうかは、今は知るよしがなく、「不明」とするしかない。

太鼓をたたくという方式によって、懸泉置のような駅内にいるすべての者にどういう階級の官吏が到着したかを知らせたのである。太鼓をたたくという方式を用い、太鼓の音を用いて情報を伝達するのは、もちろん人をやって口頭で伝達するよりも速い。しかも口頭で伝達すると到着したのかしていないのかという争いが生ずるおそれがある。太鼓をたたくという方式を規定にしたのはそれなりの存在理由があるのである。もちろん、官吏の到着は、太鼓をたたくという方式で情報を伝達すると同時に、太鼓をたたくというそのことがおそらく歓迎の方式なのであって、官吏に対する礼遇の形式だったのだろう。

「鼓令冊」の内容によると、そこに記録されている官吏は全面的ではなく、少なくとも太守、県令等の官吏が到着した時にどのように太鼓をたたくのかについての規定が見えない。つまり「鼓令冊」は残冊書に過ぎないのである。残冊書ではあるが、それが提供してくれる情報は、以前の資料には記録されていないものである。それは例えば次のようなことである。

どのような階級の官吏がやってきたら何回太鼓をたたくのかというのは、いかなる基準にもとづいて定められたのだろうか。残冊書の簡5はそのことについてはっきりと教えてくれている。それは官吏の品秩によるのであり、ある品秩の官吏がやってくると、彼等の品秩にもとづいて太鼓をたたく回数と方式を確定するのである。「候丞、県丞、尉」の三つの官は、品秩が三百（石）なので、三回太鼓をたたく。そうであるとしたら、長史は八百石で、「守丞」は六百石であると推定することができる。

「長史」という職については、現存する史書文献中に見える前漢の長史は、主に以下のいくつかがある。すなわち丞相府に「両長史有り、秩千石」、『漢書』百官表上・大司馬の下に「長史有り、秩千石」、前後将軍府に「長史有り、秩千石」、「辺郡に又た長史有り、兵馬を掌る、秩皆な六百石」という。[11]『漢書』に記されている長史の品秩は二つあり、一つは千石で、一つは六百石であって、ここで推測した「八百石」はない。すなわち正史の資料中には、長史が「八百石」であったという記録はないのである。ここに正史の記録と出土簡牘文献との違いが体現されている。

この差異については、『二年律令』中の「長史」に関する資料が、「長史」の職が八百石であったことの旁証を提供してくれると思われる。ただし、『二年律令』は丞相長史と衛将軍長史の品秩についての規定である。その原文は、「・丞相長史の正・監、衛将軍長史、秩各々八百石」（丞相長史の正と監、衛将軍長史は、秩それぞれ八百石）である。[12]そうすると、長史の品秩が八百石であったことが、前漢に確かにあったことになる。ただ現在一般に見る『漢書』にはそれが記録されていないだけのことである。おそらく単に『二年律令』の年代が比較的早く――「二年」は一般に呂后二年（BC一八六年）であるとされる[13]――、『漢書』に記載されている史実がそれよりも遅いためだけのことだろう。そうすると、『二年律令』に記されている長史の品秩は、史書『漢書』と一定の違いがあるのみならず、その違いはちょうど懸泉漢簡に見える長史がおそらく八百石であったことに確かな旁証を提供してくれるということが分かってくる。

もし長史が到着した場合に太鼓を八回たたくことが長史の品秩が八百石であることによって決められているのであれば、上に引いた懸泉漢簡の鼓令は比較的早い時代の文書資料であるはずである。少なくともそれが前漢初期の長史の品秩が八百石であったことと一定の関係がある。そしてこの関係は、逆に、鼓令が成立あるいは制定された時代を考えるのに一定の参考とすることができる。

「守丞」が到着した場合に太鼓を六回たたくということは、その品秩は六百石である。これはちょうど史書に記されている太守府丞が六百石であることと符合している。すなわち『漢書』百官表上に「郡守、秦官……丞有り、辺郡に又た長史有り、兵馬を掌る、秩皆な六百石」（郡守は、秦の官である。……丞があり、辺郡にはまた長史があって兵馬を掌り、その秩はいずれも六百石である）と記されている。[14]太守府丞と県レベルの組織に属する県の「守丞」とは表現にはっきりとした区別がなされている。県レベルの丞は「県丞」と称するので、「守丞」は当然太守府の「丞」

である。しかもここでの「守丞」は官吏が「丞」に任ぜられたばかりのときに「守」官と称する「守丞」ではなく、太守府内の丞の呼称である。そうであるとすれば、前に「守」・「県」を付け加えることによって太守府の丞と県府の丞を区別していたということになる。この認識は、伝統史学における争いに証拠を提供してくれるように思われる。すなわち『史記』、『漢書』に見える「守丞」の理解をめぐる争いはこれで終止符を打つことができる。伝統的に争いになっている箇所は二つある。一つは陳渉が「陳」を攻めたときの話で、もう一つは丙吉伝の皇孫が獄にいたときの話である。原文はそれぞれ次のとおり。

『史記』陳渉世家に「陳を攻む、陳の守令皆な不在にして、独り守丞のみ与に譙門中に戦い、勝たず。守丞死し、乃ち入りて陳に拠る」（陳を攻めた。陳の守令はみな不在で、ひとり守丞だけが譙門の中で戦ったが、勝たなかった。守丞が死んで、それから入城して陳に拠った）とあり、司馬貞『索隠』に「張晏云う、『郡守県令皆な不在』は、非なり。按ずるに『地理志』に秦三十六郡と云い並びに陳郡無ければ、則ち陳は止《た》だ是れ県なるのみ。守令と言うは、則ち守は官に非ざるなり、下の守丞と同じなれば、則ち『皆』は是れ衍字なり、と」（張晏が言うには、「『郡守県令皆な不在』というのは間違っている。按ずるに『地理志』に秦三十六郡とあって陳郡がないのであるから、陳は県に過ぎない。守令というのは、守は官名ではなく、下の守丞と同じであるから、『皆』は衍字である」と）とある。[15]

『漢書』陳勝項籍伝に「陳を攻む、陳の守令皆な不在にして、独り守丞のみ与に譙門中に戦う」（陳を攻めた。陳の守令はみな不在で、ひとり守丞だけが譙門の中で戦った）とあり、顔師古は「守、郡守なり。令、県令なり」（守は郡守である。令は県令である）といい、また「守丞、郡丞の守に居る者を謂う。一に曰わく、郡守の丞なり、故に守丞と曰う、と」（守丞とは、郡丞の見習い期間中の者をいう。また一説には、郡守の丞のことで、ゆえに守丞と言うのだという）という。[16]

『漢書』丙吉伝に「既に大赦に遭い、吉守丞誰如に謂う、皇孫当に官に在るべからずと、誰如をして書を京兆尹に移せしむ」（大赦に遭ったのち、丙吉は守丞の誰如に、皇孫は獄官にいるべきではないと言い、誰如に文書を京兆尹に送らせた）とある。ここでの「守丞」には二つの解釈がある。孟康注は「郡守の丞なり、来りて京師の邸に詣り獄を治む、姓誰名如。皇孫当に獄官に在るべからず、宜しく郡県に属すべきを言うなり」（郡守の丞である。京師の邸に来て獄を治めていたのである。姓は誰で名は如。皇孫は獄官にいるべきではなく、郡県にいるべきだという意味である）とし、顔師古注は「守丞なる者は、獄官を守るの丞なるのみ、郡丞に非ざるなり。誰如なる者は、是れ人名、譙字に作らざれば、姓と言うは、又た非なり」（守丞というのは、獄官を守る丞に過ぎず、郡丞ではない。誰如というのは人名であって、「譙」と書いていないのだから、姓と言うのもまた間違っている）とする。[17]

今、「鼓令冊」の簡1、2に立ち返って見てみると、この二枚はもっぱら使者を接待することについて規定したものである。使者を区別する根拠は「持節」と「不持節」である。「節」は、史書の解釈によると、「節は毛を以て之を為り、上下相い重ね、象を竹節に取り、因りて以て名と為す、命を将《おこな》う者之を持ちて以て信と為す」（節は毛で作り、上下に重ねて、竹の節にかたどるので、それによってそれを名前とする。命を奉ずる者はこれを持って身分の証明とする）という。[18]最も有名なのが蘇武の牧羊の故事で、『漢書』に「(蘇武) 漢節を杖として牧羊し、臥起操持し、節の毛尽く落つ」（(蘇武は) 漢の節を杖として羊を放牧し、寝ても起きてもそれを持ち、節の毛はすべて抜け落ちてしまった）と記されている。[19]漢代の社会生活において節を持つ使者と節を持たない使者の違いは大きかったが、伝統文献の記載はあまり詳細ではない。今、「鼓令冊」によって両者の違いを示す旁証とすることができる。一方は二十五回太鼓をたたき、一方は十五回太鼓をたたく。太鼓をたたく回数は官吏の等級によって定められているのだから、両者の違いの大きさは一目瞭然である。

ここでいう太鼓をたたく回数は官吏の品秩によって定められるというのは、「持節使者」は太鼓を二十五回たたくから二千五百石で、節を持たない使者は太鼓を十五回たたくから千五百石であるということではない。このような規定は、おそらく当時の便宜的な方法と一定の関係があるのだろう。節を持つ使者は皇帝がみずからやってくるのと同じであるから、品秩でいえばもちろん二千石よりも上である。また二千石の官吏も非常に多く、いかにして二千石以上の官吏を区別するのかについてもおそらく一定の方法があったのだろう。このような方法を太鼓をたたく回数に応用すると、少なくとも二十回以上になるはずである。節を持たない使者は太鼓を十五回たたくというのも、おそらくそれを品秩が千石から二千石までの官吏の間とみなして、その決まりを用いたのだろう。品秩が千石から二千石までの間の官吏は多く、これらの官吏の太鼓をたたく回数はみな十から二十までの間であるはずで、それで節を持たない使者の太鼓をたたく回数は十五回となる。

「鼓令冊」の記載によって「持節」の使者と「不持節」の使者の違いが分かると、懸泉漢簡に存在する記録も理解しやすくなる。というのは懸泉漢簡では二者に対して厳格に記録しており、使者が「持節」であるかどうかを特に明示しているからである。例えば次のような例がある。

6、持節使者姚君用車一乗、馬三匹。金城遣書佐一人侍使者、縣易車、廄吏・御・使者食、聽縣所上胡王使者貴
I T0210①:83

（持節使者の姚君、車一乗、馬三匹を用いる。金城郡が書佐一人を派遣して使者を接待させ、県ごとに車を換え、廄吏・御者・使者の食事は……（以下意味不詳）

7、入東書一封、侍郎印詣持節使者董君所。元始五年八月壬申日半時縣泉置佐受□□　II T0214①:24

（東行きの文書一通、侍郎の印で封印、持節使者の董君の所宛て。元始五年八月壬申の日の日半時に懸泉置の佐が……から受けとる）

8、持節使者黄粱斗六升、復炊粟一斗以食龐子文。
世□炊白米六升、復炊□炊黄粱米四□□主簿二人、炊八升米。　II T0313③:10
（持節使者、黄粱一斗六升（を炊き）、また粟一斗を炊いて龐子文に食事を提供した。世□、白米六升を炊き、また□を炊き、黄粱米四□□を炊き、主簿二人、八升の米を炊いた。）

9、者臣護衆持節承詔……　V T1812②:112
（……者である臣護衆、節を持ち詔を承け……）

10、五鳳二年十一月己卯朔丁亥、侍謁者光持節使下敦煌大守承書從事、今敦煌大守書言今年地動、如詔書。　II T0115③:77
（五鳳二年十一月九日、節持使である侍謁者の光が敦煌大守に下す。書を受け取ったら任務に従事せよ。今、敦煌太守の文書に「今年地震があった」という。詔書のとおりにせよ。）

以上の数枚は、懸泉漢簡においてわずかしかない「持節」に関する記録であり、その数量は普通の使者に比して少なく、常見する使者は一般に「持節」の二字がない。使者の類型にはさらに漢朝の国外から入ってきた外国の使者があり、漢朝みずからの使者では「勞邊使者」、「護羌使者」、そして外国の客の往来を護送する漢朝の使者などの数種がある。しかし普通の文書、特に懸泉置自身の記録の出納帳簿文書では、多くは「使者」二字だけが用いられている。おそらくこのような文書では使者の具体的な身分を記録する必要がなかったのだろう。例えば次のようなものである。

11、出錢七十二、買肉廿五斤。以食使者姚君所送□副　ⅡT0216③:82
（七十二銭を出し、肉二十五斤を買った。これで使者姚君が送った□副……に食事を提供した。）

12、使者廿三人再食。用米石八斗四升、用肉百一十五斤、用酒四石六斗。　ⅤT1309③:20
（使者二十三人が二回食事をとった。米一石八斗四升を用い、肉百一十五斤を用い、酒四石六斗を用いた。）

13、出米三石、治酒三石。二年十月中、以過使者趙君所將客東。　ⅤT1311③:34
（米三石を出して、酒三石を作る。二年十月中、これで使者の趙君が送った客を東に通過させた。）

以上が「鼓令册」について行った簡単な分析であり、官吏の品秩によって太鼓をたたく回数が決められた「鼓令册」には、懸泉置のような郵駅組織がいかなる方式で到着した官吏の階級を伝え、関係者に接待の準備をするように要求していたかが反映されている。これは接待業務の開始と言え、もちろんこれにひきつづいてすべき業務はまだ多い。たとえば要求にもとづいて太鼓をたたかなかったらどうするのか。客の接待の仕方が不真面目な者に対してどのような処罰手段があったのか。これが次に紹介する「適令册」が特に規定している内容である。

三　「適令册」及びその他

「適令册」の出現は、それ自身が有している特徴以外に、「鼓令册」とも密接不可分な関係がある。というのは、我々が「鼓」についての資料を検索していた時に、このような資料を発見したからである。それは太鼓をたたくべきときにたたかなかった場合にどのように処置するのかについて記されている。簡文は次のとおりである。

14、官到鼓不趨、鼓適二百里。　不受報白、有所辨除、適事百里。　ⅡT0114④:314
（官吏が到着したのに、すぐに太鼓をたたかなかった場合には、太鼓をたたくべき回数一回ごとに二百里離れたところにまで罰労働に行かせる。

報告を受けず、処理すべきことが処理されなかった場合には、百里離れたところにまで罰労働に行かせる。）


「適」を手がかりとして検索して見つかった資料はほかにもいくつかあるが、簡牘の形状・材質・文字内容・書写形式から上述の簡文と一つの冊書として綴合できるものは二枚しかない。それは次のとおり。

15、侍府都吏不謹有譴、適二百里。　私自便利、適二百里。　ⅡT0114③:482
（太守府の都吏を接待して不行き届きがあり、譴責された場合には、二百里離れたところにまで罰労働に行かせる。

私的にみずからの用事を済ませた場合には、二百里離れたところにまで罰労働に行かせる。）

16、侍使者・丞相・御史・長史・守丞及具有譴、適千里。　當所辦不辦、適□百里。　ⅡT0216③:133
（使者・丞相・御史・長史・守丞及び具を接待して譴責された場合には、千里離れたところにまで罰労働に行かせる。

処理すべきことがあるのに処理しない場合には、□百里離れたところにまで罰労働に行かせる。）

以上三枚の木簡についての記録は次のとおりである。

簡14：紅柳、完全、長さ二三・三、幅〇・九、厚さ〇・三センチメートル。

簡15：紅柳、完全、長さ二三・五、幅〇・九、厚さ〇・三センチメートル。

簡16：紅柳、完全、長さ二三・五、幅〇・八、厚さ〇・二センチメートル。

以上の三枚は、簡牘の材質、形状が同じで、大きさは基本的に一致している。書風は一致していて、墨の色は薄く淡い灰色を呈しており、字体は粗雑である。字体の風格と書き方から見ると、「適」、「百」、「里」の書き方が一致しており、三枚は同一人物の手になるものであろう。このように類似している以外に差異もあって、それは簡牘に記された文章で、字数が異なるために、上・下段の文章、特に下段の文章の起点が一致していない。しかしこの点は、この三枚が一つの冊書であった事実を否定しうるものではない（文末の付図を参照）。しばらくこれを「適令冊」と呼ぶことにする。

「適」は「謫」に通じ、『説文』に「謫、罰なり。言に从う啻の声」（謫は、罰である。言で構成され、啻の音で読む）、「讁、謫問なり。言に从う遣の声」（讁は、謫問である。言で構成され、遣の音で読む）とある。[20]「適」字の簡牘文書における特殊な用途と用法はこれまでに出土した西北簡牘中に見えており、漢代の行政管理制度について知るために重要な参考資料を提供してくれている。研究者の整理によると、居延漢簡（額済納漢簡を含む）中に全部で十三例ある。[21]一般には一種の「行政処罰」の手段として見なされ、具体的な方式は「懲罰的労働」に類似している。

「適令冊」三枚の形式はやや独特で、それは簡牘に記されている文章が二段に分けられて記されているところにある。上段と下段の文章の内容は明らかに異なっており、簡牘の上段の文章同士は直接的な関係がある。すなわちこれを使用する際には、文章の内容と用途にもとづいて、まず上段の文章を横に読み、それから下段の文章を横に読んでいくのである。

簡14中の「鼓」は明らかに先に見た「鼓令冊」から来ており、両者をつなげて見ると意味がはっきりする。「鼓令冊」は、官吏が懸泉置のような郵駅機関に到着した後、どのような方法で伝達し、みなに知らせるかに関するものである。太鼓をたたくことにこのような用途があるので、「適令冊」の上段の文章は要求にもとづいて太鼓をたたかなかった者に対する処罰の規定である。「不趨」は時間どおりにしないという意味に理解することができ、官吏がやってきたのにすぐに太鼓をたたいて伝達しないと、太鼓をたたくべき回数一回ごとに二百里離れたところにまで罰労働に行かせるのである。上述の「守丞」は六回たたくというのによると、千二百里になり、県丞は三回なので、六百里となる。

簡15、16の上段はすべて「侍」字から始まっている。『説文』に「侍、承なり。人に从う寺の声」（侍は、承である。人で構成され、寺の音で読む）とあり、段注は「承は奉なり、受なり、凡そ侍と言うは皆な敬恭承奉の義なり」（承とは奉であり、受である。およそ侍と言う場合は、みなつつしんでたてまつるという意味である）という。[22]懸泉置のような組織で用いる「侍」は、今日の言葉でいうと「接待」である。接待に不行き届きがあると、おそらく労役的性格の行政処罰「適」に直面しなければならなかったのだろう。簡15は「都吏」を接待する場合について言ったもので、接待に不行き届きがあると、二百里離れたところにまで「適」せられる。簡16は「使者・丞相・御史・長史・守丞」の接待についてのもので、接待に不行き届きがあると、千里離れたところにまで「適」せられる。

「都吏」は、一般には、もっぱらある業務を処理したり、あるいは官吏の統治を監督したりするためだけに太守府が派遣する官吏であり、品秩は高くない（普通は二百石である）が、権力は大きい。二百石にもとづいて二百里離れたところにまで「適」せられているというのは、「適」せられる道里は品秩と関係があるようである。しかし簡16では、

「使者・丞相・御史・長史・守丞」という太守府丞以上の官吏をひとまとめにして千里離れたところにまで「適」するとしている。明らかに、ここでは完全には官吏の品秩によって事務にあたった者を「適」罰に処しているわけではない。こうして見ると、「鼓令冊」が規定している太鼓をたたく回数と品秩との関係は密接で、まさに品秩によって処理しているとさえ言える。それに対して「適令冊」の処罰規定と接待を受ける官吏の品秩との関係は比較的小さく、関係がないとさえ言える。

三枚の木簡の下段の内容はそれぞれ次のとおりである。

簡14下段は、「報白を受けず、辦除する所有り」についてのもので、処理すべきなのに処理しない場合は百里離れたところにまで「適」すると規定する。「報白」二字は『説文解字』段注にいう漢代の論罪と近いが、実際には漢代には「報」あるいは「白」の二つの方面で多く用いられ、報告するという意味がある。

簡15下段は、「私自に便利すれば、適すること二百里」という。文字面からすると「私自便利」の行為についての処罰であるが、そこにはまた別の意味が含まれているように思われる。「便利」は二つに分けることができ、一つは許可を得ている便利行為で、もう一つは未許可の便利行為である。後者が私自便利である。ある階級の官吏は出張の機会を利用して、通常の公務にさまたげがないかぎりにおいて、許可された範囲（時間、地域）内で私的な用事を済ませることができる。例えば人情の常である「帰省」や「友人の訪問」等である。

簡16下段は、「当に辦する所なるべくして辦せずんば、適すること□百里」という。この規定は広範囲にわたっていて、処理すべきなのに処理しないたぐいに属する行為は、みな「適□百里」に処することができる。残念なことに「□」の字がはっきりせず、いったい何里なのか分からない。しかし、確かに言えることは、この数字はおそらく小さくないだろうということである（「千」字ではないか）。

「適令冊」三簡の上段は、官吏を接待する時に注意しなければならない問題についてのもので、もし接待に不行き届きがあった場合にどのような行政処罰に処されるかが記されている。それが懸泉置で出土したことは、それと郵駅システムとの関係がとりわけ密接であることを示している。三簡の下段は、懸泉置で出土したものの、その限定範囲は広範で、郵駅システムには限定されない。ゆえに上・下段の文章の用途が一致している点は、いずれも官吏の職務について言っており、その権限内でまじめに仕事をしないとどのような処罰を受けなければならないかが書かれていることである。両者が異なるのは、上段の内容が接待の管理方面に重点を置いていることである。というのは、漢代にはただ郵駅システムだけに接待の任務があるわけではなく、一般の組織もおそらく特定の時間内に官吏を接待することがあったからである。本簡が懸泉置で出土したのは、それと郵駅システムとの関係がより密接であるからというだけのことである。

「適令冊」三枚は、あわせて六種の「適」罰に服することを定めた法律条文を反映しており、現在簡牘学界でよく知られているのは漢代の「適」事であるのに対して、それは主に令文部分であり、みなが現在知っているのは事文部分に属するものである。前者は「適」の根拠であり、後者は「適」の結果である。つまり、「適令冊」の記載内容とこれまで簡牘学界が知っている漢代の「適」事とは一定の差異が存在するのである。両者の違いをさらによく示すために、ここでこれまでに知られている十三例の「適」事を羅列してみよう。

17、萬歳候長田宗、坐發治大司農茭卒不以時遣吏將詣官、失期、適爲驛馬載三㙈五石致止害。　61・3[23]

（万歳候長田宗、大司農が使用する茭（まぐさ）を準備する任務に従事する卒を派遣するのに、時間どおりに官吏を派遣して卒を送って候官にまで行かず、期日に遅れたかどで、「適」罰に服し、駅馬のために三㙈隧の茭五石を載せて止害隧まで送り届けさせる。）

18、☐坐移正月盡三月四時吏名籍、誤十事、適千里。　185・32

（……正月から三月までの四時吏名籍を送ったところ、誤りが十件あったかどで、千里離れたところにまで罰労働に行かせる。）

19、馬□□善令病死、適爲卅井南界載☐　188・17

（馬□□善病死させたため、「適」罰に服し、卅井候官の南の境界のために……を載せて……）

20、私歸當道田舍壹宿。今適福如牒、檄到、遣☐　217・16

（私的に当道田舎に帰って一泊した。今、福を「適」罰に処すること添付文書のとおり。檄が届いたならば、……を派遣して……）

21、第十候長秦忠、坐部十二月甲午留蓬、適載純赤堇三百丈致☐　262・31

（第十候長の秦忠、十二月甲午に烽火の伝達をとどめたかどで、「適」罰に服し、純赤堇三百丈を載せて……まで送り届けさせる。）

22、第十候長楊平、罷卒在正月四日到部私留一日、適運茭五百束致候官、會八月旦。　285・10

（第十候長の楊平、罷卒が正月四日に第十部にやってきたところ、その者を私的に一日とどめたかどで、「適」罰に服し、茭五百束を運んで候官まで送り届けさせる。八月の朝を期日とする。）

23、☐長甲、坐君行塞弩五闕戾□還、適車☐　403・15

（……長甲、君が塞を視察されたところ、五つの弩の装置がゆがんでいて、□還であったかどで、「適」罰に服し、車……）

24、□坐勞邊使者過郡飲、適鹽卌石輸官。　E.P.T51:323(24)
（労辺使者が郡を通過して飲んだかどで、「適」罰に服し、塩四十石を官まで送る。）

25、第十候長傅育、坐發省卒部五人會月十三失期、毋狀、今適載三泉茭二十石致城北隧給驛馬、會月二十五日畢。　E.P.T59:59
（第十候長の傅育、この月の十三日を期日として部ごとに五人ずつ省卒（他の部署に出向して作業に従事する卒）を派遣すべきところ、その期日通りに派遣せず、失態を犯したかどで、今「適」罰に服し、三泉隧の茭二十石を載せて城北隧まで送り届け駅馬に給する。この月の二十五日を期日として完了せよ。）

26、俱南隧長范譚留出入檄、適爲驛馬運鉼庭茭廿石致止害隧。　E.P.T59:72
（俱南隧長の范譚、出入檄を留め置いたかどで、「適」罰に服し、駅馬のために鉼庭隧の茭二十石を運んで止害隧まで送り届けさせる。）

27、□坐閏月乙卯官移府行事檄留遲三時九分、不以馬行、適爲戍卒城倉轉一兩□致官、會月十五日畢。　E.P.T59:96
（……閏月乙卯、候官が都尉府の行事檄を送ったところ、郵送時間を三時間九分遅らせ、馬で送らなかったかどで、「適」罰に服し、戍卒城倉のために車一両に積んで移送し……候官まで送り届けさせる。この月の十五日を期日として完了せよ。）

28、鉼庭候長王護、坐隧長薛隆誤和受一苣火、適載轉一兩到□□　E.P.T65:228
（鉼庭候長の王護、隧長の薛隆がかがり火一通を誤って受信したかどで、「適」罰に服し、車一両に積んで移送し□……まで行く）

29、臨之隧長毛平當適載赤〼　2000ES7SF1:93S
（臨之隧長の毛平当、「適」罰に服し、赤……を載せて……）

以上の十三例は、みな居延地区で出土したものであり、居延漢簡の範疇に属する。一例が文書の記載に十箇所の誤りがあったために千里離れたところに「適」された以外は、その他の十二例は（簡23の文意が不完全であるほかは）「適」の処罰がみな具体的で、あるいは「運茭」、あるいは「運塩」、あるいは「運糧」などとなっている。こうした異なる「適」例の差異は、社会的な背景、すなわちそれを生み出したあるいは形成した原因があるはずである。

まず、我々が知っている「適」令は、みな「適」何里という形で現れており、これが漢代の「適」の根拠である。その次に、文書の記載に十箇所の誤りがあったかどで「適千里」された簡文は、「適」された者が犯した誤りとそれに対する懲罰が「適」何里にあたるのかを記録したものであろう。そして最後に、ここに見える居延漢簡中の「適」事の例がくるのであり、これらはみな具体的な行政処罰であって、「適」された者がある種の労役に類似した方式で「適」に服しており、漢代の具体的な「適」事に服した例である。したがって、これによって漢代の行政処罰の全過程を描き出したことになる。漢代の行政管理、特に懸泉置について言えば郵駅の管理について知るうえで、非常に重要な史料価値を有している。

このほか指摘しておくべきことは、現在見ることのできる資料はすべて労役に類似した行政処罰の「適」であるが、これがすべての漢代の「適」令あるいは「適」事の全貌を示しているわけではないということである。我々の認識は依然として資料の制限を受けており、一定の限界がある。大部分の資料が示している「適」は労役的性格の行政処罰であるが、このような現象は見せかけの姿に過ぎない。例えば居延新簡の中にはこのような簡文がある。すなわち

「○始建國天鳳一年六月以來所受枲蒲及適槧諸物出入簿」（始建国天鳳一年六月以来に受領した枲、蒲、及び「適」により納付された槧の諸物の出納簿）である。[25] そこに記録されている「適」に服する方式は、現物を納付するというものである。

この資料の時間ははっきりしており、我々がこれまでに言及したどの簡文資料の年代よりも遅く、新莽の時代の資料である。「始建國天鳳一年」は紀元十四年である。これらの「枲」、「蒲」、「槧」といった物品を単独でまとめて「出入簿」を作っているのは、これらの物品がみな当時の文書あるいは文字を書く時に欠かせない材料だからであり、それらは当時の文書を編むための縄や簡牘の材料である。秦簡に「県及び都官をして柳及び木の楘にして書に用う可き者を取らしめ、之を方して以て書とせよ。方毋き者は乃ち版を用いよ。其れ県山の茾多き者は、茾を以て書を纏めよ。茾毋き者は蒲・藺と枲を以て之を萷《と》じよ。各々其の擭時を以て多く之を積め」（県と都官に、柳や柔らかくて書写材料に使うことのできる木を採集させ、それを方にして書写材料とせよ。方がなければ版を用いよ。県内の山に茾が多い場合は、茾を用いて書写材料をまとめよ。茾がない場合は蒲・藺や枲を用いて緘じよ。それぞれその植物の収穫時に多く集めよ）という記録がある。[26]「適」に処された者は「槧」を納めることができる。「槧」とは簡牘を製作するための半完成品の材料であり、これを割って簡、牘等を製作することができる。

ありがたいことに、懸泉漢簡にちょうどこのような資料があり、当時の社会生活において確かに何らかの実物を納付するという方式をもって労役という方式で「適」罰に服することに替える現象が存在していたことを示してくれる。その簡文がこれである。

30、金曹掾滑諶適出槧三頭。　今入畢。　ⅣT0918③:1

（金曹掾の滑諶、「適」罰に服し、槧三頭を出す。　今、納付は完了した。）

本簡の材質は松、破損はなく、長さ二三・三、幅一・一、厚さ〇・二五センチメートル。金曹は漢代の郡府の五曹の一つで、貨幣や塩鉄の業務をつかさどる。金曹掾は金曹の長官である。「滑諶」は人名。「適」は、一般にいう労役的性格の懲罰の意味である。しかし本簡が非常に独特なのは、「適」が何里離れたところに行くという懲罰ではなく、物品をある場所に運ぶという労役的性格の処罰でもなく、罰金に類似した懲罰であることであって、滑諶は「槧」三頭を納めなければならないという。その下の「今入畢」という三字はその結果で、滑諶はすでに三「槧」を納付し、「適」の用件は完了したということである。

四　小　結

以上が、我々が復原した二つの残冊書「鼓令冊」と「適令冊」をもとに検討した漢代の管理方式である。簡牘の出土地点について言うと、残冊書と懸泉置の関係はさらに密接である。すなわち「鼓令冊」は、懸泉置のような郵駅機構が、官吏の到着後、どのような方法でそのことを伝達すべきかを示しており、品秩の異なる官吏に対して太鼓をたたく回数を別にすることによって区別し、すべての接待役の者にその階級の官吏を接待する準備をするよう通知していたことを教えてくれる。「適令冊」は接待の仕方が不真面目であった者についての処罰規定であり、その「鼓不趨」という記載と「鼓令冊」とを関係づけることによって、二者の関係もとりわけ密接なものとなる。もしこの二つの冊書が反映している制度規定を漢代の郵駅システムに適用したとしたら、それは必ずしもうまくいくとはかぎらない。

なぜなら懸泉置のような機構しかこれほど複雑な内部構造を有しておらず（人員が多く、接待の任務が重い）、規模の比較的小さな組織（郵亭など）ではおそらく類似する問題は出てこないだろうからである。冊書中の用語やそこに反映されている長史の品秩は、これらの規定の成立年代が比較的早いこと（おそらく宣帝より前）を物語っていると思われ、そこに反映されている接待制度と接待方式は前漢中期より前の状況であろう。もちろんこのような状況は後代にも受け継がれたが、どの程度まで受け継がれたのか、差異があったのかは、今後の検討にまつべき問題である。

注

（1）張経久・張俊民「敦煌漢代懸泉置遺址出土的〝騎置〟簡」、『敦煌学輯刊』総六〇期二〇〇八年第二期。
（2）甘粛省文物考古研究所「甘粛敦煌漢代懸泉置遺址発掘簡報」、『文物』二〇〇〇年第五期第八頁。
（3）牛路軍・張俊民「懸泉漢簡所見鼓与鼓令」、『敦煌研究』二〇〇九年第二期。
（4）張俊民「懸泉漢簡所見適与適令」、『蘭州学刊』二〇〇九年第十一期。
（5）段玉裁『説文解字注』、上海古籍出版社、一九八一年、第二〇六頁。
（6）楊伯峻『孟子訳註』、中華書局、一九八四年、第二六頁。
（7）楊伯峻『春秋左伝注』、中華書局、一九八三年、第三九八頁。
（8）張純一編著『墨子集解』、成都古籍書店、一九八八年、第四八八、五二〇頁。
（9）李均明「尹湾漢墓出土〝武庫永始四年兵車器集簿〟初探」、『尹湾漢墓簡牘綜述』、科学出版社、一九九九年、第一一〇―一一一頁。
（10）懸泉漢簡 II90DXT0314②:222。簡番号があまりに長いので、本稿で引用する懸泉漢簡の釈文は、発掘年度を意味する数字（90など）と敦煌懸泉置を意味する「DX」はみな省略する。以下同じ。
（11）班固『漢書』、中華書局、一九八三年、第七二四―七二五、七二五、七二六、七四二頁。

(12) 武漢大学簡帛研究中心等『二年律令与奏讞書』、上海古籍出版社、二〇〇七年、第二六〇頁。
(13) 武漢大学簡帛研究中心等『二年律令与奏讞書』、第八七頁。
(14) 班固『漢書』、第七四二頁。
(15) 司馬遷『史記』、中華書局、一九八二年、第一九五二―一九五三頁。
(16) 班固『漢書』、第一七八七―一七八八頁。
(17) 班固『漢書』、第三一四九―三一五〇頁。
(18) 班固『漢書』、第二二三頁。
(19) 班固『漢書』、第二四六三頁。
(20) 段玉裁『説文解字注』、第一〇〇頁。
(21) 李均明「居延漢簡〝適〟解」、『文史』第三十二輯、一九九〇年。徐世虹「額済納漢簡法律用語零拾」、孫家洲主編『額済納漢簡釈文校本』所収、文物出版社、二〇〇七年。
(22) 段玉裁『説文解字注』、第三七三頁。
(23) この種の簡番号は居延旧簡である。以下同じ。
(24) この種の簡番号は居延新簡である。以下同じ。
(25) 簡番号はE.P.T59:229。
(26) 睡虎地秦墓竹簡整理小組『睡虎地秦墓竹簡』秦律十八種・司空条、文物出版社、一九九〇年。

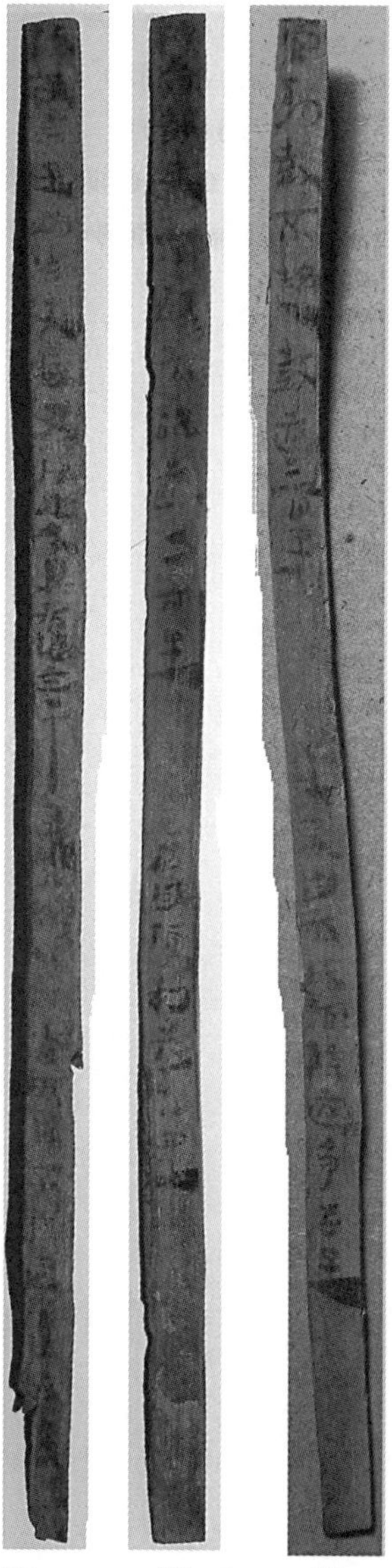

簡 16　簡 15　簡 14

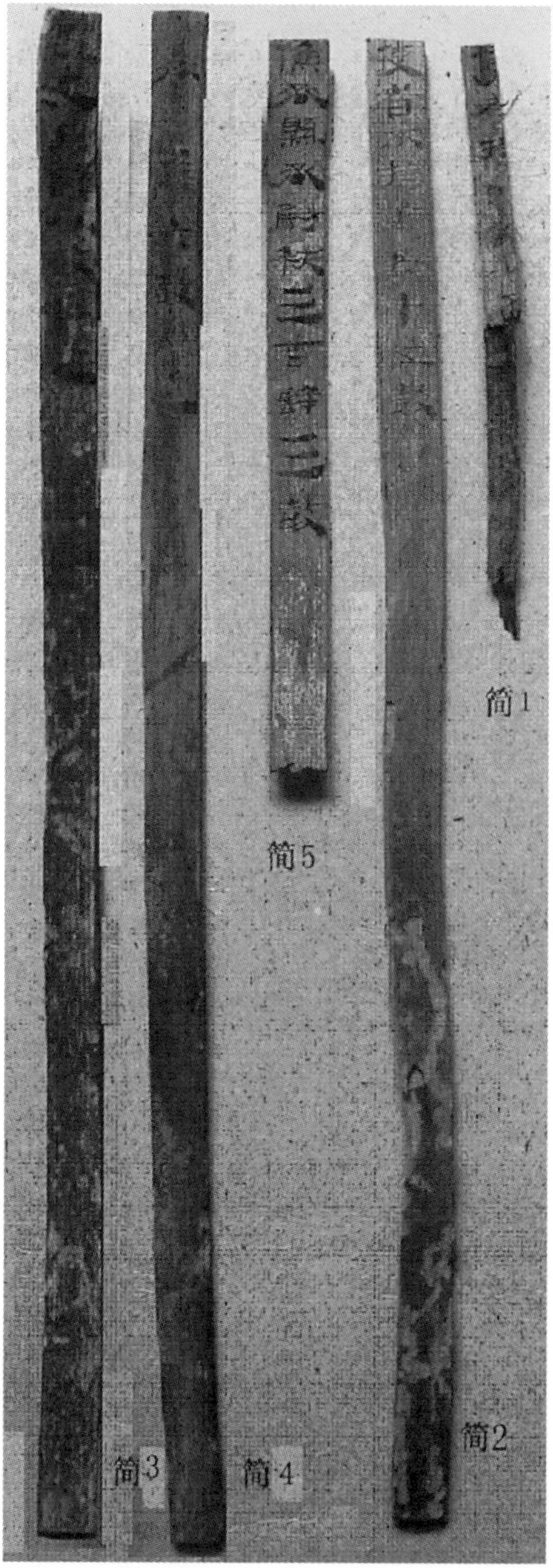

簡1　簡5　簡3　簡4　簡2

後漢『乙瑛碑』における卒史の増置に見える政務処理について

――「請」・「須報」・「可許」・「書到言」を中心に――

侯　旭　東
（佐々木正治訳）

はじめに

『乙瑛碑』または『孔子廟置卒史碑』・『百石卒史鉌碑』は、後漢桓帝永興元年（一五三年）に立碑されたもので、原碑は山東曲阜孔廟の大成殿東廡に位置する。[1] この碑は宋代にはすでに著録があり、これまでも学問的に注目され、題跋の考述が重ねられ、[2] 二十世紀以後も様々な角度から研究がなされてきた。[3]

『乙瑛碑』は、末尾二行の讃を除き文書が主体であり、孔廟の官吏を増設する事案が発生し、その処理過程を記録したものである。永興元年に、魯相乙瑛が朝廷に対し孔子廟に百石卒史一名を増設し守廟と礼器の管理をさせることを提議し、司徒呉雄と司空趙戒が乙瑛の上書を受領した後、太常祠の曹掾・史に諮問し了解を経て、その増設に賛同している。また併せて皇帝の認可を得ている。司徒・司空（以下、二府と称する）は再度魯相に下達し卒史を選任する具体的な要求を提出させ、乙瑛退任後の魯相平らは詔書を受領した後、要求に従い、守文学掾孔鉌を卒史に補充することとし、司空府に上書した。

1 司徒臣雄・司空臣戒稽首言、魯前相瑛書言、詔書崇聖道、勉□藝、孔子作春秋、制孝經、□□五經、演易繫
2 辭、經緯天地、幽讚神明、故特立廟、襃成侯四時來祠、事已即去。廟有禮器、無常人掌領、請置百石□□一
3 人、典主守廟、春秋饗禮、財出王家是、給犬酒直。須報。謹問大常、祠曹掾馮牟・史郭玄辭對、故事、辟雍禮未
4 行、祠先聖師。侍祠者、孔子子孫、大宰・大祝令各一人、皆備爵。大常丞監祠、河南尹給牛羊豕雞□□各一、
5 大司農給米祠。臣愚以爲、如瑛言、孔子大聖、則象乾巛、爲漢制作、先世所尊。祠用衆牲、長吏備□、今欲加
6 寵子孫、敬恭明祀、傳于罔極。可許。臣請魯相爲孔子廟置百石卒史一人、掌領禮器、出王家錢、給犬酒直、
7 他如故事。臣雄・臣戒愚戇誠惶誠恐、頓首頓首、死罪死罪、臣稽首以聞。
8 制曰可。　司徒公河南□□□□字季高
9 元嘉三年三月廿七日壬寅奏雒陽宮　司空公蜀郡成都□戒字意伯
10 元嘉三年三月丙子朔廿七日壬寅、司徒雄、司空戒下魯相、承書從事下當用者、選其年卌以上、經通一
11 藝、雜試通利、能奉弘先聖之禮、爲宗所歸者、如詔書。書到言。
12 永興元年六月甲辰朔十八日辛酉、魯相平、行長史事卞守長擅叩頭死罪敢言之、
13 徒司空府壬寅詔書、爲孔子廟置百石卒史一人、掌主禮器、選年卌以上、經通一藝、雜試能奉弘先聖
14 之禮、爲宗所歸者、平叩頭叩頭、死罪死罪、謹案文書、守文學掾魯孔龢、師孔憲、戶曹史孔覽等雜試、龢修
15 春秋嚴氏、經通高第、事親至孝、能奉先聖之禮、爲宗所歸、除龢、補名狀如牒。平惶恐叩頭、死罪死罪、上
16 司空府
17 讚曰、巍巍大聖、赫赫彌章、相乙瑛字少卿、平原高唐人、令鮑疊字文公、上黨屯留人、政教稽古、若重規矩、
18 乙君察舉・守宅、除吏孔子十九世孫麟廉、請置百石卒史一人、鮑君造作百石吏舍、功垂無窮、於是始□。

碑文の主体は魯相が受領した詔書とその返答の底本を刊刻したものであり、鑿刻する際に二府を顕彰し、碑文の第8・9行目の空白部分の末尾に両名の本籍・姓名・字を記し、「公」の尊称を加えている。また文末に讃を書き、この事案を提議した乙瑛と実行した県令の鮑畳を顕彰している。

この碑は早くに注目されていたものの、碑文の内容に対する総合的な考察、中でも百石卒史を増置する事案の処理過程についての考察は必ずしも十分ではなかった。漢代の政治過程については、近年詳しい分析がされているが、それは各種の分散した資料から帰納的に導き出されたものである。『乙瑛碑』は一件の事務事案を取り巻く過程を集中的に記録したものであり、この事案の発生・処理の経過を通事的に分析し、その参加者の役割を明示することは、後漢時代の政治過程の認識を深めることとなろう。

前頁のように碑文を再録し、校点を加えておきたい[4]。

碑文に刻される文書の数については異なる見解があるが[5]、大庭修による前漢時代詔書の復元研究によると[6]、厳密には壬寅詔書（第1―11行）と魯相平らの司空府への回答（第12―16行）という二つの文書となる。壬寅詔書は二府の奏請文書（第1―7行[7]）と、皇帝の批准（第8行）及び行下の辞（第9―11行[8]）から構成される。奏請文書中には前魯相瑛の上書の概要を再録し（第1―3行）、行下の辞には二府による卒史の人選に対する具体的な要求が含まれる。文書中に関連の文書を差し挟むのは当時の文書行政でよく見られることである[9]。

この事案が発生し処理していく過程と、その間に君・臣がどのような役割をどのように発揮したかといった問題は、文書中の「請」・「須報」・「可許」・「書到言」の四つの言葉に現れており、以下、この四つの文言をもとに議論を展開していく。まずその背景として、百石卒史および漢代の官吏の編制について紹介しておく。

一　卒史と吏員

乙瑛が増設を請願した孔廟中の守廟百石卒史は魯国に属する属吏であろう。[10]「壬寅詔書」によれば、卒史の職責は「典主守廟」と「掌領礼器」である。「卒史」は官称であり、「百石」は官秩の等級を示す。この官は桓帝永寿二年（一五六年）の『礼器碑』と霊帝建寧二年（一六七年）の『史晨后碑』の題名において、「守廟百石」とされており、職掌と官秩に基づいて称されたのであろう。

秦代の「卒史」は郡府の重要な属吏であり、漢以後は都尉府[11]・封国・朝廷の九卿にいずれも設置され、[12]また各地の工官に広く見られるようになる。[13]卒史は郡国属吏の正式呼称として後漢時代に至るまで継続する。『続漢書』百官志五注引『漢官』に並べられる後漢河南尹の吏員のなかに「百石卒吏二百五十人」があり、「吏」は「史」の当て字と考えられ、『乙瑛碑』もその証拠である。

百石卒史は、官職・官秩ともに低く、郡国守相が自ら任用することができるもので、なぜ一人を増設するのに司徒・司空を通じ、さらに皇帝の批准を得る必要があるのであろうか。これは、当時の官制におけるもう一つの重要な問題である「吏員」に関わることである。乙瑛が要求したのは、組織として一つの百石卒史の機構を増置することなのである。

秦が官僚制の帝国を建国してから今日に至るまで、官吏の管理には常に機構編制が存在する。[14]朝廷は郡県の吏員の管理に対して厳格であった。尹湾漢簡一号木牘「集簿」には、東海郡と所属の県級機構における吏員の総数が記録され、各郡国は毎年朝廷にそのデータを報告していたのであり、朝廷が吏員の変動に対して大きく注目していたことを示している。

各級の官府における吏員の員数は、前漢時代、律令に規定されていたと考えられ[15]、また後漢時代においても同様であり、『漢官』中には多くの後漢時代朝廷機構における吏員の人数について記載があり、おそらく律令に基づくものである。地方に関しては河南尹と洛陽令についてのみ知られるが、その他の郡国でも同様であり、史書に記載されなかったにすぎない。

吏員を設置する目的は様々で、その一つは財政上の問題である。官吏の人数が制御できなければ、俸給は増加の一途をたどり、財政収入に限度がある以上、多方面の支出に支障が出る。朝廷が厳格に吏員を制御していても、変動は免れられず、しかしその数量が律令に定められるならば、増減には律令の改正が必要になり、おのずと皇帝の批准が必要となる。

漢代の規定は明らかでないが、唐代においては確かな例がある。『唐六典』中書省中書令に記載される七種の王言之制のうち、「発日敕」の用途に「増減官員」すなわち官府の官吏機構の増減が含まれている[16]。実例は『旧唐書』太宗紀下の貞観二十二年十二月に、殿中侍御史らの官吏の人数を増置したものがある。

吏員の増加は、多くが何らかの場面における実際の人手不足を解決するためであり、実現は困難であり、官府はなんとか解決の糸口を探さなければならない。尹湾漢簡の五号木牘の例を見ると[17]、秦漢時代によく見られる「給事」も一つの方法である[18]。

では、乙瑛が卒史の増置を提議した事案はなぜ成功したのであろうか。一つには、設置の目的と関係がある。乙瑛の提議は孔子廟守廟の礼器の管理のためであり、孔子は後漢時代には先聖師として奉られ、その地位は高く、詔書の名目を掲げれば拒否しがたい。いま一つは、朝廷は、褒成侯の封地が瑕邱にあり、季節の折に曲阜で祭祀を行った後に封国へ帰還し、常に孔子廟を詣でるのが難しいことを理解していたことである。[19]さらには、乙瑛は「財出王家錢、給犬酒直」と、祭祀用品だけでなく、卒史の俸祿も東海王が請け負うことを提議しており、[20]朝廷の負担を増やさずにいるため、朝廷の財政を考慮する必要がなかったことが理由としてある。

二　「請」と臣下の建議

この事案は、魯相乙瑛の上書に端を発し、二府が上書を受け取り、審査の結果妥当と判断し、皇帝に批准を建議したものである。この二つの行為は同一の文書用語である「請」に見ることができる。

碑文第2行に「請置百石□□一人」とみえ、欠字は「卒史」であろう。第6行にも「臣請魯相爲孔子廟置百石卒史一人」とあり、第18行にも「乙君……請置百石卒史一人」とある。三句の主語は同じではなく、一つめと三つめは魯相乙瑛であり、二つめは司徒と司空となるが、「請」字はいずれも請求を意味しており、何らかの行為に対して建議を提議することであり、通常は地位の低いものから高いものへ提出されるものである。第三の「請」は讃の中にあるのでここでは論じない。

古人の称する「請」は、「求也[21]」・「乞也[22]」と認識され、後代の学者は「以卑承尊、有所启請[23]」と捉えた。「請」に含まれる請求の意は、礼儀上において通用される相手を敬う意味のものであり、文献・簡牘・石刻等に見られる「請」は君臣間においてよく見られるだけでなく、人々の書面のやり取りにおいても広く用いられる。私人の手紙の初めと終わりにはよく「～伏地再拜請[24]」と用いられており、「請」は「謁」を意味し、相手に対する尊重を表し、双方に尊卑の関係があるかは分からないが、敬語ないし挨拶の決まり文句となっていたようである。

「請」字は現在においても常用句であり、品詞に関しては言語学会においてもなお異なる見解があり[25]、詳しくは触れないが、その見解として、「請」字の最もよく見られる意味は「請求」であり、主体者が相手に対し建議や要求を提出する、あるいは自分が何らかの行為を行うことを提案することを意味し、人と人との間における相互作用を表す。各種の史料にはよく臣下や民衆が「請」の方式により、皇帝に対し何らかの建議をしたり意見を提出したりする事例が見られる。

しかし、言語学界において「請」字に対して語彙や句の変化、また社会心理との関係など、研究が少なからず行われているのに対し[26]、こういった状況は統計するのが困難なほど高い頻度で繰り返し現れてくるため、いわば習慣的になり見過ごしてしまい、歴史家の関心を引くことがなかったようである。

「請」は頻繁に使用されており、全てを検討することはできないが、ここでは官府文書における「請」および史書に見られる類似の語句をもとに君臣間の政務処理に関わることについて議論を進めたい。

上述の状況における「請」はいずれも何らかの行為に関する建議を提出するもので、その続きには具体的な動作や行為を示す動詞ないし動詞と目的語の句が見える。『乙瑛碑』には、「請置百石卒史一人」とあり、この種の語句は臣民の朝廷に対する各種の建議を表している。当時「丞相御史請書」と称される文書があり[27]、建議を提出することを主とする文書である。それに対し、一般の請書があり、史家が記す「奏請」ないし「請」はおそらくここに由来する。

詳しく見ると、史書における皇帝に対しての「請」は二種類がある。一つは上奏ないし文書中に実際に「請」字を使用するものである。もう一つは、歴史家や他人が記述の際に用いる「請」である。これは実際の文書で「請」字を用いるか否かに関わらず、歴史家が皇帝に対する建議について記録する際に「奏請」・「請」を用いるものである。

まず陳情するものは、下に平民から、上は丞相・三公があり、天下の臣民はひとしく可能であった[28]。秦の統一後、丞相綰らが「諸侯初破、燕、齊、荊地遠、不爲置王、毋以塡之。請立諸子、唯上幸許」と進言し、丞相を筆頭として諸子を分封して王とすることを請求した[29]。また『史記』巻六秦始皇本紀によれば、斉人徐市らは、「海中有三神山、名曰蓬萊、方丈、瀛洲、僊人居之。請得齋戒、與童男女求之」と上書し、それにより徐市に童男童女数千人を派遣させ、海に入り仙人を求めさせた。一般平民が皇帝に建議し許可を得た事例である。

漢代も同様であり、『後漢書』宗室成武孝侯順伝の建武八年条に、「數年、帝欲徵之、吏人上書請留」とあり、皇帝が吏民の陳情により官員を留任させた事例である。

陳情の理由は非常に多様であり、ことの大小にかかわらず陳情することができ、以下のようなものがある。

〈立太子・立皇后の建議〉大きなものでは、『史記』孝文本紀元年正月にある有司の言で「蚤建太子、所以尊宗廟。請立太子」とあるものや、同年三月の「有司請立皇后」、二年三月の「有司請立皇子爲諸侯王」など、皇帝に対し立太子・立皇后の建議をすることがある。『史記』三王世家には、武帝時に皇子を建てることを議し、最後に廟を建て冊封するまでの諸文書が詳しく記載されており、これはまず霍去病が上疏した建議であり、君臣間におけるこの事案についての陳情・拒否のやり取りが見られる[30]。

〈皇帝の廃立の建議〉皇帝の廃立についても見られ、『漢書』宣帝紀の元平元年四月条において、昭帝が崩じた際、大将軍霍光が皇后に昌邑王を徵するよう請い、また後に霍光は「奏王賀淫亂、請廢」と、皇帝の廃立を請求し、宣帝を立てた。

その他の陳情の請求には以下のようなものがある。

〈制度の設立・改変〉これについては漢初の『二年律令』置吏律に明確に規定されている。

縣道官有請而當爲律令者、各請屬所二千石官、二千石官上相國・御史、相國・御史案致、當請、請之、毋得徑請者。徑請者、罰金四兩。

この条の規定は、県・道の官員が何らかの律令の制定を請求するならば、上級機関へ逐次上報し、相国・御史に至って、律令とするのに妥当かどうか審査し、最後に相国と御史から皇帝の決済を請うというものであり、県・道の官員から直接皇帝に請求することはできない。このように規定することで、審査の回数が増え、提議が否決されることもあり、おそらくは皇帝の仕事量を減少させることと関係があろう。

『二年律令』津関令には、下級の官員から建議が陳情され、逐次上書され、最終的に皇帝の批准を得て令と規定されたものが、現存する十八条の令文の中に九条存在する。また、相国と御史（ないし御史個人）が協議した後、または直接奏上し、皇帝の批准を得て令となったものは六条見られる。[31] 直接皇帝が詔を下して令となったものは二条にすぎない。[32] このほか、湖北荊州紀南松柏一号漢墓出土の前漢時代木牘に、文帝十六年に発せられた「令丙第九」が見られ、丞相が提議した「請令……」と、御史が奏上した「御史奏、請許」に対し、皇帝が批准したものである。[33]

文献に見える類似の例としては、『漢書』食貨志下に、武帝時に桑弘羊が物価および運輸コストが高いため、「乃請置大農部丞數十人、分部主郡國、各往往置均輸鹽鐵官」としたものがあり、社会的な影響の大きい均輸政策は、大臣の陳情が発端であった。

〈政策の制定〉『史記』秦始皇本紀の二世二年冬の条に、義軍が咸陽にせまりあわてる二世に対し、章邯が、付近の県兵も間に合わないことから、「酈山徒多、請赦之、授兵以撃之。二世乃大赦天下」と、章邯の提議に基づき刑徒を許し兵となし迎撃した。『漢書』食貨志下に、「有司言三銖錢輕、輕錢易作姦詐、乃更請郡國鑄五銖錢」とあり、これも有司が銭貨を改鋳する建議を提出したものである。

〈皇室活動への建議〉『漢書』五行志中之下の建昭四年三月の条に、雨雪により燕が多く死に、谷永はその責を皇后に帰し、「宜齊戒辟寢、以深自責、請皇后就宮、鬲閉門戶、毋得擅上。且令聚妾人人更進、以時博施。皇天說喜、庶幾可以得賢明之嗣。」と、谷永は天気の異常により、皇后にその対応を建議した。

〈建設工事の提議〉『漢書』溝洫志武帝元鼎六年の条に、児寛が左内史となり、「奏請穿鑿六輔渠」と、水路の建設工事を実施した。

〈官員任免の建議〉『史記』張釈之伝に、釈之が長年郎を勤めるも不調で、帰郷を考えていた際、「中郎將袁盎知其賢、惜其去、乃請徙釋之補謁者」と袁盎が彼をとどめた。『史記』巻一二〇汲黯列伝に、武帝時に公孫弘が丞相となり、武帝に対し「右內史界部中多貴人宗室、難治、非素重臣不能任、請徙（汲）黯爲右內史」と建議している。

〈重要案件の処理に対する意見の提出〉『史記』巻一一八淮南列伝に、文帝時、淮南王が謀反をおこし、丞相張倉らは文帝が法に基づき処理するに忍びないことを知り、「臣請處（劉長）蜀郡嚴道邛郵、遣其子母從居、縣爲築蓋家室、皆廩食給薪菜鹽豉炊食器席蓐。臣等昧死請、請布告天下」と上言し、文帝は基本的に張倉らの建議を採用した。

〈官員個人の田地の請求〉また些少なことでは官員個人の田地の請求がある。『漢書』張禹伝に、張禹が年老い、墓地と祠堂を延陵に近く地味豊かな牛亭に治めんと、これを奏上し請求し、これを賜るところとなった。

次いで、陳情の内容と臣民の職責の関係に基づくと、制度の要求による陳情と、折を見て行われる陳情の二種類がある。

何らかの状況の下で現れてくる「請」は、制度ないし律令の規定から出されたものであり、この時の「請」ないし請示は個人による建議ではなく、ここで注目するものとは異なる。この種の事務には次のようなものがある。州郡の蔵穀を開いて災民を救済することや[34]、北軍のような朝廷軍隊の動員、これは一・二位の秩次といった位の低い軍吏が西域に遠征するもので、やはり皇帝の同意が必要であり、そのため長吏が奏請する[35]。また死刑判決に対しても、「上書請」により朝廷の批准が必要である。[36] この他、特定集団の犯罪処理に関しても、規定により「請」が必要である。[37]

さらに多いのは、臣下が自らの見解に基づき提出するもので、多くの場合その職分を超えたものである。

次いで陳情の背景についてみると、大きく二つに分かれる。一つは、完全に臣民の意思により提出するものと、いま一つは、臣下が、君主が明確に示唆したり、それとなくほのめかした上意をくみ取って陳情するものである。『漢書』刑法志には、文帝が詔を下して肉刑を除し、かつ「令罪人各以輕重、不亡逃、有年而免。具爲令」と要求した。丞相張蒼と御史大夫馮敬は議論の後に具体的な律条を提出し、「臣謹議、請定律曰」・「臣昧死請」と上奏し、文帝は「制曰可」と改正した律条を批准した。これは皇帝の意思に基づき具体的な措置を講じた典型的な令で、形式上は陳情の方式を採用したものである。この他、各種の詔獄の審査に関して、臣下により判決の具体的な建議を提出することも、明確な詔旨を実行しているのである。

漢代の皇帝は常に詔を下し上書を求めた。この時に詔に応じるものは多くの建議を提出する。著名な賈譲の『治河三策』も哀帝時の詔に応じて上奏したものである。

あることを君主が実行しようと思うものの、明言しにくい場合、顔色を察するのが得意な臣下が君主に代わり表に出る。『史記』呂太后本紀に、「太后風大臣、大臣請立酈侯呂臺爲呂王、太后許之」といった令がある。また『漢書』巻四九晁錯伝によれば、七国の乱が起き、丞相らが晁錯を弾劾し、腰斬に処することを請求したが、事前に景帝の意を得ていたものであった。『史記』巻一二二酷吏列伝によれば、武帝時に商人が利を求めることが多く、張湯が「丞上指、請造白金及五銖錢、籠天下鹽鐵、排富商大賈、出告緡令、鉏豪彊幷兼之家」としたことも、同様のものである。

しかし、多くはやはり臣民が自ら提出したものである。前述の『二年律令』津関令に見える郡国からの陳情はみなこれに類するものである。『漢書』晁錯伝によれば、景帝の時期に、晁錯が「請諸侯之罪過、削其支郡」と陳情した結果、「奏上、上（令）公卿列侯宗室（雜議）、莫敢難、獨竇嬰爭之」というように、晁錯個人が当時の朝廷と諸侯国の形勢を鑑み自ら提議したものである。朝臣以外の臣民の陳情は多くがこの種に属する。

最後に陳情の結果であるが、採用されるものとされないものの二種類になる。しばしば、最終的に批准されるものの、数度の文書の往来を経る場合があり、それは往々にして皇帝個人や皇室の事務と関係があり、前述の武帝の子息を立て王とすることなどがこれに当たる。『史記』五宗世家には、膠西王劉端がたびたび法を犯すものの、「漢公卿数請誅端、天子為兄弟之故不忍」と、武帝が公卿の建議を聞き入れなかったことが記される。宗室の犯罪を処理する際、皇帝は往往にして、公卿が律令に基づいて提出した建議を、私情により否決することがあった。

この他、国家の事務上において、時に次のような状況がある。『後漢書』馬援伝には、鋳銭を行うことを建議した際の、臣下の建議にかける力量が見られる。「初、援在隴西上書、言宜如舊鑄五銖錢。事下三府、三府奏以爲未可許、事遂寝。及援還、從公府求得前奏、難十餘條、乃隨牒解釋、更具表言。帝從之」とあり、馬援のさらなる主張がなければ、この事案は成立しなかったであろう。

ここでみた晁錯の建議や馬援の事例は、臣下の陳情に対し時に皇帝が決断を下しがたく、その際にはさらに公府の衆議を経る必要があり、同意が得られなければ、再度皇帝に許可を求めることができないことを示している。ただし、全ての臣下の陳情が衆議を経る必要があるわけではない。おそらく臣下による上奏の文書形式（章・奏・表・封事）やその上奏プロセス（公車司馬・尚書・謁者を通じて、または直接皇帝へ）[38]、また上奏者の身分および内容の重要性などと関係があると考えられる。しかしこの種の情報は史書においては往々にして簡略であり、さらなる検討は難しい。

文献中にはさらに特殊な「請」の形式、すなわち「自請」がある。一般的に「請」とは皇帝に対して建議するものであるが、その建議の実行を期待するのは皇帝ないし朝廷である。一方、「自請」とは、自らその役を買って出るもので、建議者は自ら皇帝に対し自身が何らかの任務を請け負い、あるいは自身の管轄区や権限の中で何らかの事案を解決することを要求するものである。この種の「自請」は史書による記録の中に見出すことができ、例えば、『史記』巻一〇九李将軍列伝によると、武帝元狩四年に、衛青・霍去病が匈奴に出撃するくだりで、「(李)廣數自請行。天子以爲老、弗許、良久乃許之、以爲前將軍」と李広の事績が記載される。

以上は、秦漢時代における臣民が皇帝に対して陳情し、建議を提出する状況を概観したにすぎないが、伝世史料には限りがあり、異なる皇帝の治世においてこの種の建議がどれだけ存在し、どのように影響を持ったか、系統的に理解するのは難しいものの、広く存在し影響があったと考えられる。

『乙瑛碑』の文書に見られる二つの「請」字についても、上述の背景のもとに考える必要がある。文献では直接皇帝に建議を提出するものが主であったが、ここではまず三公に提出され、その審査を経た後に、再度皇帝の批准を求めている。郡国属吏の定員は律令により決められており、魯相乙瑛は卒史一人を増置することを望み、それには律令を改正する必要があり、それは「制度の改変」に属する建議である。前述の『二年律令』置吏律の規定では、この種の事案に関して、「二千石上相國・御史、相國・御史案致、當請、請之」と規定されている。

乙瑛の上書がどの機関に渡されたかは碑文には明示されていないが、第二件目の文書にある魯相平等の返答について「上司空府」(第15―16行)とあり、最初は司空府であった可能性が高く、[39]二府ないし司徒府ではない。司空の前身である御史大夫の職務と関係があると考えられる。秦と前漢の御史大夫の基本的な職責は、律令の草案の制定・律令の管理、そして律令の執行を監督することであり、[40]司空と改名しても、もともとの職務は保たれたであろう。今回の事案は律令に及ぶものであり、それゆえ司空の審査を経なければならない。またこの事案は孔子を祭ることに由来し、その職務は太常に属し、太常は司徒所部に属する。それゆえ上書は司徒・司空の二府の調査・審議ののちに、連名で皇帝へ上奏されるのである。

三　「須報」と「待報」

碑文の第三行にみえる「壬寅詔書」の中で、司徒雄と司空戒による上奏のなかに「須報」の一句が現れており、これまでの研究では触れられておらず、検討に値する。

「報」は秦漢以後の官文書や書信によく見られる語句であり、かつて楊聯陞が社会関係における「報」の意義について論じている。[41] 実際のところ、官文書における日常的な意義は分析する必要がある。[42]「報」の基本的な意味は、「反」ないし「復」であり、[43]「答」・「答復」・「回復」と解釈できる。「報」は各種の文書で多く見られ、書信でも見られる。司馬遷の『報任安書』など顕著な例であろう。秦漢の行政・司法の文書で繰り返し各種の「報」が現れてくるのは、上級が下級に対して要求する場合や、下級の回答の場合や、同格の機関の間のやり取りの場合などがある。[44]

文書のやり取りの中では、常に受け取った側が回答する必要があるのであり、場合によっては「報書」という種類の文書もある。[45] 居延甲渠候官出土の E.P.T52:284 には、

□五月以來大守君　（A面）

□塞擧及部報書　（B面）

とあり、この簡は簽牌の残欠と思われる。「挙」は「挙書」を意味し、「部」は候官所属の「候」と考えられる。官府には報書を担う専門官が設置されていた。『続漢書』百官志一太尉条に、所属の記室令史が主に「上章表報書記」を執り行ったとされる。司徒と司空の属吏に関する記載は簡略であるが、実際はこういった小吏であったと思われる。[46]

無論、朝廷であろうと郡県または内地・辺境であろうと、ことなる部門の官府の間で、「報」を手段の一つとして文書の往来を行うのであり、そこで記録されるのは、各種事務の処理経過である。

このほか、「報」は皇帝と臣下の往来文書で繰り返し見られる。『続漢書』百官志三尚書条本注に「掌錄文書期會。左丞主吏民章報及騶伯史」と尚書左右丞の職掌が述べられる。

ここに見られる「主吏民章報」とは、吏民が皇帝に上奏した奏章に対する返答を指すと考えられ、後漢時代になってから出現したのではなく、前漢以来、文書の受領と発布を担う尚書固有の任務であった(47)。

皇帝の「報」は、時に制度ないし律令の規定の需要により皇帝が批准する事務に見られる。またよく見られるのは、先述の州郡が災害の救済のため倉を開いた際で、すでに説明した制度上の規定である「請」を必要とする行為であり、通常は皇帝の具体的な詔書に対する回答ではない。またある種の詔書はそれを実行する機関や官員の「報」をもとめるが、ここでは言及しない。

本節で注目したいのは、皇帝が臣下（単于などの外藩を含む）の上奏に対して回答した「報」である。理屈の上ではこの種の「報」は皇帝が奏章を審査し自ら発布するものであるが、領尚書事である外戚や尚書などの皇帝の近臣や、さらには小黄門などの宦官らが皇帝に代わって発布することもある。ただし「報」を受け取る臣下の側からすれば、皇帝本人の意見と同じである。

明確に皇帝の意見を表示する「報可」や具体的な内容を付記する「報曰……」という形式のほか(48)、「待報」・「不報」・「未報」・「須報」など、皇帝の臣下の上書・上奏に対する異なる処理方法を表しており、同時に臣下が皇帝の処理を待つ際の異なる受け取り方を示す。

「待報」は、臣下が上奏した後に皇帝の回答を待っている、あるいはある一つの上奏が皇帝の回答を待っている過程であることを示す。制度的な規定からも、上奏が行われてから回答が出るまでに一定の待機時間が生ずるのは当然である。また、上奏と報の間に時間差があり、両者は完全に対等ではないことを暗示するが、皇帝が上奏を処理するのに時間がかかることを示す。『漢書』王莽伝に、王莽が実権を握った際、処理すべき文書がきわめて多く、夜を徹して行うも完成せず、「尚書因是爲姦寢事、上書待報者連年不得去」という状態であったが、これは極端な例である。

「未報」・「不報」は、上奏に対する皇帝の回答を得ていない状況であるが、「未報」は報を待っている状況であり、皇帝の回答を期待している状態であり、その後回答を得ることがある。『漢書』趙充国伝に羌人の反乱を平定する過程が記され、

（羌）豪靡忘使人來言、願得還復故地。充國以聞、未報。靡忘來自歸國賜飲食、遣還諭種人。護軍以下皆爭之、曰此反虜、不可擅遣。充國曰諸君但欲便文自營、非爲公家忠計也。語未卒、璽書報、令靡忘以贖論。

とある。「語未卒、璽書報」は誇張もあろうが、この記事には、趙充国の靡忘の事案を処置するに当たり、「未報」から「報」に至る過程が記され、充国の判断が朝廷の法案と結び付いたことを表している。また、この記事は、「未報」が「報」の至ることを期待していることを表している。『後漢書』馮衍子豹伝に、馮豹が尚書郎となり、「毎奏事未報、常俯伏省閤、或從昏至明。肅宗聞而嘉之」という記事があり、馮豹が尚書に留まったのは上奏が「未報」の状態であり、皇帝の返答を待っていたからである。

「不報」は、上奏から時間が経っているものの、回答が得られず、上奏した者は皇帝の回答を期待していない状態を示す。『漢書』朱買臣伝に、朱買臣が計吏に従い長安に至り、「詣闕上書、書久不報、待詔公車、糧用乏」とある。「不報」は制度ないし皇帝の側から「寢」・「留中」と称する。(49)『後漢書』丁鴻伝に、父が亡くなり、丁鴻がその侯爵を受け継ごうとし、「讓封與（弟）盛」と上書するも、結果は「不報」であった。その後、丁鴻は書を残して盛と逐電

するが、書には「身被大病、不任茅土。前上疾狀、願辭爵仲公、章寢不報、迫且當襲封……」とあったが、上書に対する結果を「章寢不報」と称することが分かる。

以上の三種の「報」に明確な規定による区分はなく、上奏したものの主観的な受け取り方により、さらには上奏者の地位と皇帝との親疎と比例するであろう。より親しいものや地位の高いものは、「報」の期待はより大きいため、「不報」の場合の印象も大きいであろう。皇帝の上奏に対する反応は、報を待つ上奏者が皇帝本人の意向を知るための指標であり、次の行動を考える参考になる。

文書の往来に各種の「報」が存在する由来は複雑である。各級官府の間における文書の往来に存在する「報」は、政務を分担して処理するに当たり、その監督者と事務処理をする官員の間にある部門の違いや空間的な距離、そして文字を媒介として意見を伝達するという行為と無関係ではない[50]。臣民は皇帝の「詔報」を渇望しており、多くの事務が皇帝名義の採決を得て執行が可能となるのであり、臣民の建議は皇帝の指示を期待するのである。

空間的な距離においては、居延地区における都尉府と塞壁に沿って漫然と分布する所属の候官・隧の間や、郵路上の置と置の間のように、自然地理に基づく場合が多い。また臣下と皇帝の間のように人為的な距離があり、朝臣・太子と皇帝の間のように、実際の空間的距離は非常に近いものの、多くの臣下は皇帝に随時面会することはできず、「君臣不相接見、上下否隔」という状態であった[51]。よって、直接皇帝の決断を得ることや、自らの意見や日常の挨拶を伝えることはできず、文書の伝達によってのみ可能なのである。以上のような距離感は時間的な停滞を生み出し、また文書が転送される間に選別・棚上げ・留置などの扱いがなされ、さらに皇帝の文書に対することなる処理方法があり、これにより上述の各種の「報」が生じたと考えられる。こういった背景をもとに、さらに『乙瑛碑』に見られる「須報」の意味を分析したい。

「須報」の語句は、『里耶秦簡』（壱）八―一二二のように秦代の文書ですでに使用されており、『後漢書』旧注では「須」を「待」と解釈しており、[52]つまり「須報」は「待報」と見なされ、皇帝の返答を待っていることとなる。しかし、こういった解釈は漢代以来の「須」字に含まれる意味の発展変化を見落とすものである。

「須」字を動詞と見ると、その最初の意味は「待」であり、待つことを意味する、[53]その後「需要」の意味が派生し、最後に願望・意思を表す助動詞・副詞・接続詞の意味へと発展し、助動詞とする場合の意味は「～すべき」となる。[54]「需要」の意味は前漢後期には見られる。

「須」の最初の意味である「待」の用例は非常に多く、枚挙にいとまがない。『史記』本文の「須」字を統計すると、人名・地名・胡須（ひげ）・復合名詞（須臾・斯須など）といった用例を除き、動詞として用いられる九例は、いずれも「待」の意味であり、ほとんどは「需要」とは解釈できない。ただ『滑稽列伝』において、武帝の幸臣である郭舎人が武帝の乳母に言った「陛下已壮矣、寧尚須汝乳而活邪」という中の「須」のみ、「待」と「需要」の二つの解釈ができる。[55]おおよそ前漢武帝時に至るまで、「須」字は動詞として「待」の意味で用いられていた。

「須」に「需要」の意味が生じたのは、最も早くて前漢後期のようであり、後漢以後に増え始め、三国時代に広く用いられた。

最も早い用例は、甘粛金塔県肩水金関遺跡出土の前漢甘露二年（前五三年）の「丞相御史書」に見え、その文書末尾は張掖肩水司馬行都尉が所属の候・城尉に発した文書であり、その最後に、

1・　廋索界中毋有、以書言、會月十五日、須報府、毋□□、如律令〼令史□

『肩水金関漢簡（壱）』73EJT1:3

とあり、この「須報府」は肩水都尉府の所属機関に対する要求であり、単純に都尉府に返答するのを「待つ」もので

はなく、当月の十五日前に為さねばならないことであり、「需要」と解釈すべきであろう。文献では、やや新しい時期のものが多いが、最も古いものでは成帝時のものが見える。諸例をあげると、

2．成帝召見劉歆、欲拜爲中常侍。臨當拜、左右皆曰未曉大將軍。上曰此小事、何須關大將軍。左右叩頭爭之

『漢書』巻九八元后伝

3．王莽對增加封地表示謙讓、說臣莽國邑足以共朝貢、不須復加益地之寵。願歸所益。

『漢書』巻九九王莽伝上

4．東漢章帝時尚書張林上言又鹽、食之急者、雖貴、人不得不須、官可自鬻。

『後漢書』巻43朱暉伝

5．桓帝時劉陶上疏云臣聞……帝之與人、猶頭之與足、相須而行也。

『後漢書』巻五七劉陶伝

6．（桓帝延熹九年）陳蕃上疏云君爲元首、臣爲股肱、同體相須、共成美惡者也。

『後漢書』巻六六陳蕃伝

7．魏王令曰老耄須待養者、年九十已上、復不事、家一人。

『三国志』巻一魏書武帝紀注引『魏書』

8．亮遺命葬漢中定軍山、因山爲墳、冢足容棺、斂以時服、不須器物。

『三国志』巻三五蜀書諸葛亮伝

これらの例が示すように、前漢後期ごろから「須」字は次第に「需要」の意味が発展していく。

漢語史学者が示すところでは、「須」に含まれる意味は、その発展の中で次第に主観的な意味合いが増していく。

「待」の意味の場合、人が何らかの条件・人・事務・機会・状態などの出現・到来を待っており、動作の主体は自ら行動する必要はない。そして、「需要」の意味が現れてから、「須」の主体者は待つだけではなく、自ら何かを要求する、あるいは要求される対象となり、願望を示す助動詞として用いられた際にそれが顕著となる。[56]

後漢の大臣が皇帝に上奏した中に（例4・5・6）、こういった意味の「須」字がある。『乙瑛碑』が刊刻された桓帝朝を含め、前漢末以降、朝廷の文書の中で言及される「須」字は単純に「待」を表すのではなく、「需要」の意味も持つ。「須」字の多義化は、「須報」の意味を認識する背景であり出発点となる。

『乙瑛碑』の中の「須報」は、まさに以上の言語の発展状況の中で用いられている。前漢後期における「須」字の意味の豊富さを考えると、「須報」は当然「待報」の意味だけではなく、「返事が必要である」という意味を内包する。このように「須報」の意味が明らかになると、当然それは、魯相乙瑛ではなく二府から発せられたものと分かる。

おそらく二府は「須」の多重的に意味を持つ点を考慮し、上奏時に「須報」の句を選択したと思われ、その目的は桓帝にこの上書が批准を待っており、その回答が必要であることを知らしめることであり、実際桓帝は上奏の当日に批准しており、その積極性に対する回答であろう。

「須報」の二字からは、二府がこの事案の処理に積極的である姿勢が見受けられる。その表現方法は婉曲的であるものの、皇帝にどのように処理するかを促している。こういった婉曲表現は双方の職分の違いに基づき、「報」が必要か否かに関わらず、決定するのは皇帝ないし皇帝にきわめて近い職責を持つ近臣であり、二府はあくまで建議をするのみであり、それゆえ婉曲に表現したのであろう。

これは梁冀が権勢を握っていたが故の特例であるのか、あるいは一般的なことであるのか。『後漢書』梁冀伝に、元嘉元年（一五一年）に有司が「十日一入、平尚書事」と上奏しており、これは「機事大小、莫不諮決之」・「百僚側目、莫敢違命、天子恭己而不得有所親豫」と評されたが、彼は事の大小に関わらず関与し、そのうえ十日に一日のみ入省し、必ずしも省中に常駐せずに、尚書の事務を行っていた。

注意すべきは、後漢以来、三公の職責は軽減され、尚書の職責が増加したことである。『後漢書』巻四六陳忠伝によれば、安帝時に尚書僕射に任ぜられた陳忠は、「三府任輕、機事專委尚書、而災眚變咎、輒切免公臺」・「非國舊體」という状況により、上疏して諫言し「漢典舊事、丞相所請、靡有不聽」と述べた。前漢時代については不明であるが、少なくとも後漢中期の大臣はこのような印象を抱いていた。「選擧誅賞」といった重要事において三公の権力は次第に尚書に奪われており、今回の事案のような小事においては、皇帝への上奏においては非常に苦心したと思われる。かつこの時の二府には、趙戒が順帝永和六年（一四一年）以来十数年にわたり三公を任じ、四帝に仕えており、呉雄は司徒に任ぜられてから二年に満たないものの、役人としての経験は十分であった[57]。今回の「須報」の語句は、あるいは二府が「任軽」という局面の中で選択したものかもしれない。

四　「可許」と建議の実施

「須報」の後の五行を見ると、

3．謹問大常、祠曹掾馮牟・史郭玄辭對、故事、辟雍禮未
4．行、祠先聖師。侍祠者、孔子子孫、大宰・大祝令各一人、皆備爵。大常丞監祠、河南尹給牛羊象雞□□各
一、
5．大司農給米祠。臣愚以爲、如瑛言、孔子大聖、則象乾巛、爲漢制作、先世所尊。祠用聚牲、長吏備□、今欲

加

6．寵子孫、敬恭明祀、傳于罔極。可許。臣請魯相爲孔子廟置百石卒史一人、掌領禮器、出王家錢、給犬酒直、

7．他如故事。臣雄・臣戒愚戇誠惶誠恐、頓首頓首、死罪死罪、臣稽首以聞。

とある。そのうち第6行の「可許」の校点に関しては、なお意見が分かれる。丁念先・高文は「可許臣請」とし、永田英正らは「臣請」を下文に含める。ここでは後者に従う。

第3行の「謹問大常」から「大司農給米祠」までの数句は、実際祭祀を管轄する太常属吏が祭祀に関する故事に関して尋ねたもので、「臣愚以爲」以下は二府が自身の見解を提出したものである。

朝廷の先聖先師を祭る場所は、実際には曲阜ではなく都城洛陽南郊の辟雍にあった[58]。十数年後に曲阜に建てられた『史晨碑』に記載される史晨の上奏には、「臨璧雍日、祠孔子以太窂、長吏備爵、所以尊先師重教化也」と記載されている。これは天子が太学で先師を祀る礼のことであり、先秦時代に由来する。二府はこの故事を調査し、太常祠曹掾と史の答えを再録し、魯相の上書を処理するための儀礼上の参考と根拠を提供した。

こういった調査のほか、二府は孔子の漢代における地位の崇高さ、それゆえ孔子の子孫と祭祀を保護すべきことを繰り返し、これは実際のところ後漢朝廷の指導思想の一つであった。そして二府は「可許」と彼らの意見を明示している。「可許」の「可」は「宜」と解釈でき[59]、「許」は、『説文』言部に、「許、聽也」とあり、『広雅』釈詁四も同じである。「可許」は「聞き入れるべき」という意味であり、皇帝に乙瑛の陳情を聞き入れるよう建議している。「可許」以下から「他如故事」までの四句は、二府が皇帝に提出した具体的な計画であり、それゆえ「臣請」云云の表現方法が用いられており、その計画は基本的に乙瑛の上書を採用している。「謹問大常」から「可許」までの数句には二府の処理過程と意見が記述されており、その見解は明確で的確である。

こういった明確な姿勢は、桓帝が上奏に対して返答するであろうという仮定に基づくが、どのように「報」を行うかは二府の職責に属するがゆえに、「可許」といった明確な字句が用いられたのであろう。

総じて見ると、二府はまず事前に故事を調査し、思想的根拠が十分であり、朝廷の財政負担に影響がないことを挙げ、その上で桓帝に返答が必要なことを提示し、桓帝が上奏を受け取った後、すぐに批准されたのである（第8行）。この処理において、桓帝は二府の示唆に導かれるように裁可したといえる。

文書中に「尚書」は現れておらず、やや後の『無極山碑』には「▨月十七日丁丑尚書令忠奏雒陽宮」・「光和四年八月辛酉朔十七日丁丑尚書令忠下」の二句がある。二府の上奏はどういったルートで桓帝にもたらされたのであろうか。漢代の章奏文書が上書される過程では、一般的に尚書を経由すると考えられており[60]、ここで触れられていないのは、長らく習慣的に存在することを示すものかもしれない。『史記』三王世家に記録される多くの武帝への上奏文書がそれを示しており、大司馬霍去病の上疏にのみ、尚書令を経由していることが明記される。上奏が尚書を経由するならば、尚書の職能もまた単純な「奏・下文書」を執り行うものと考えられる。

漢代の各種朝議における朝臣が、人事問題を含む国家の重要事案に対して、各種の書面や口頭で意見や建議を提出し、皇帝の政策の決定に影響を及ぼすことや、また尚書や前漢昭帝以後に現れた内朝官員による皇帝の決定に対する補助的作用といった問題について、過去の研究は非常に多い[61]。しかし三公が文書行政においてどのような役割を果たしたか、理解は必ずしも十分ではない。

これまでの後漢の政治制度に関する研究において、多くは尚書台の役割を強調しており、改めて三公の地位について検討がなされているが、しかし三公の地位と役割に対する見解は一致しない。伝統的な見方は、当時において「雖置三公、事帰臺閣」というもので、またもう一つの見解は、三公はなお大きな権力を擁し、宰相であったとするものである。[62] いま一つの観点は、後漢時代、三公による分業体制が敷かれており、光武帝と明帝により監察を担う大司徒司直が廃止され、三公による地方行政の日常的事務を統轄・指導する職責が削減され、三公の地方行政に対する「無責任体制」が出現することとなるというものである。[63] 実情は複雑といえる。

五　「書到言」と司空の監督

陳情が皇帝の裁可を受け詔書となると、二府は詔書が提示した要求を執行し、また実施を督促することとなり、それは碑文の第10～11行に見られる。

司徒・司空の両人の上奏は元嘉三年（一五三年）三月二十七日に皇帝に進呈され、その日に批准され、そして同日に、両人は詔書を魯相に下し、詔書以下には「承書従事下当用者」といった決まり文句だけでなく、さらに卒史を担うものの条件に対して若干の具体的な要求を提示している。

選其年卌以上、經通一藝、雜試通利、能奉弘先聖之禮、爲宗所歸者。

と、年齢や経学の修養、課試の成績、儀礼上の態度、そして孔氏宗人のなかでの評判に及んでいる。[64] 概して、調査の際に強調されていた「經明行修」を具体化したものである。また候補者の年齢は四十歳以上に設定され、かつ考試を通過していることが必要であり、順帝陽嘉元年（一三二年）に開始した左雄の新制を受け継いだものと考えられる。[65] これらの詔書に対する補充は、二府が追加した命令と言え、[66] 後で「如詔書」と付記するように、詔書と同じようにみなすことを要求している。魯相平が八月に司空へ宛てた返答の中で「司徒司空府壬寅詔書」と称しており、二府の命令は壬寅詔書中に包括されていると考えられる。

最後に「書到言」とあり、魯相に詔書を受け取った後に返信するよう要求しており、それはこの場合司空であり、詔書を執行するのを監督する具体的な状況である。

この最も早い例の一つは、『史記』三王世家に見える。霍去病の三月乙亥の上奏に対し、武帝が制して御史に下し、その結果「六年三月戊申朔乙亥、御史臣光守尚書令・丞非、下御史、書到言」となり、丞相らの集議の後、霍去病の建議に同意することとなった[67]。ここでいう「書到言」は、守尚書令らが武帝の制書により補充する命令であり、目的は大臣らの意見を集約し取り入れることであった。

また、比較的完全なものが甘粛敦煌懸泉置遺跡出土の前漢元始五年の「詔書月令五十條」に見える。王莽の上奏が皇太后の認可を得て、逐次下級機関に下され、行下の辞は欠けているものの、三か所に「到言」（94行）・「〔書〕到言」（96行）・「書〔到〕言」（99行）と見え、三公・二千石・敦煌所属都尉に達した行下の辞の末尾にそれぞれ記される[68]。これらは同一の詔書が各級機関でそれぞれ書写される過程でより上級の官員により追加された文字であり、下級機関の回答を要求するものである。

三公が詔書を下達した後に命令を追加し監督することができるのに加え、刺史・太守もこの職務を有する。甘粛甘谷出土の漢簡詔書の第二十二簡正面に、

延熹二年四月庚午朔十二日辛巳、涼州刺史陟使下郡國大守・都尉、承書從事下當用者、如詔書。各實核準、爲州集簿☐如律☐、書到言。

とあり、簡末に欠損があり、文意は完全ではないものの、「各實核准、爲州集簿……」と「書到言」は、涼州刺史陟が提出した要求、おそらく詔書に追加した具体的な指示であったと考えられる。前者はおおよそ所属郡国に境内にある宗室のなんらかの情況を調査させる内容で、後者は上報を要求するものである。また第二十三簡はその翌日に[69]、漢

陽太守が、刺史が転送した詔書を受領した後に下達した行下の辞で、

延熹元（二）年四月庚午朔十二（三）日壬午、漢陽大守濟・長史億下冀中西部督郵□掾術・亮・史敘、屬縣令長、承書從事下當用者、如詔書。各實所部、正處。書到言。如詔書律令。(70)

とあり、所属の部署に実施を要求するほか、刺史の命令に従い提出したものである。「各實所部、正處」の「實」は事実の意味で、「正處」は正確な判断を意味する。そして結果として「書到言」を要求している。詔書が各級機関に下達される過程で、命令を追加することができ、そこからの返答を参考として下級機関の実施を監督した。(71)

居延と敦煌の漢簡には、「書到言」が記載されるものが少なくなく、集成がなされている。(72)編縄が朽ちており簡冊は散乱しているが、多くの行下の辞に「書到言」が見える。具体的に何を指すかは不明であるが、この種の要求はよく見られ、丞相や九卿ら朝官および郡守など地方長官が、下級機関に命令を下し監督することが普遍的に存在していたことを示している。下級機関は文書を受領した後に返答し、漢簡中にやはり少なくない。『乙瑛碑』の第12～16行に、一か月ほどのちに、魯相らが司空府に宛てた返答が記載されており、卒史を選んだ状況を報告している。「書到言」と魯相の回答は、二府と郡国長官の間における監督者と実施者の関係を具体的に示している。

丞相の権力については、百官の政策実施を監督することで、主に年末に律令・詔書を根拠として官吏の政策実行の状況を検査し、皇帝へ昇進・免官・賞罰状況を報告することであるとの指摘がなされている。(73)ここでは特定の詔令に関する執行状況についての監督であり、具体的な事務に対してである。事務は文字により文書の中に書かれるのであり（ここでは詔書）、監督も文書の書写とやり取りによって実現するのであり、間接的なものとなり、文書を媒介とする事務型監督といえる。「書到言」は監督の具体的な方法を明確にあらわすものである。(74)

どの官員から監督されるかは、文書を下した機関に基づく。『乙瑛碑』の「司徒司空壬寅詔書」のように、相・三公・九卿が直接ある種の問題に関わり、某地の官員に命令を下達するならば、官員は直接丞相・三公九卿の監督を受けることとなる。逐次的に下級へ命令が下されるならば、逐次監督することとなり、直接一級上の官員からの監督を受けることとなる。この種の上から下への命令・監督の一体的管理方式は、「委事責成」の具体的な体現といえよう。三公が地方行政において形成した「無責任体制」というものも再度検討する必要があろう。

この種の監督の終着点は事務の進展状況によって決まる。今回の事案ならば、魯相が卒史を選任した状況を報告して、処理は終わることとなる。最終的には司空府の文書上に至り、おそらくは一組の事務文書として編集され、「建武三年十二月候粟君所責寇恩事」（EPF22:36）に類する簽牌をつけて処理の終結を宣言し、保存書類の中に収められることとなるのであろう。もっとも、孔氏宗人はこの事案の意義を重視したため、往来文書を石碑上に刻み、後の世に貴重な資料として留められることとなった。

おわりに

以上の分析により、『乙瑛碑』に記される魯相による卒史一名を増置する事案の処理過程について、おおよそ明らかにすることができた。行政事案としては些少なことであったが、律令の改正に皇帝の批准を経なければならないことを示すものである。まとめると、魯相が提議し草案を提出し、司徒司空が審査のうえ処理を進め、皇帝が裁可した後、具体的な実施計画を制定し、司空の監督により実行することとなる。このような監督の在り方を、「事務型監督」ということができよう。上奏が尚書を経由するならば、同時に奏・下文書を受け取る職責も尚書に存在することになる。

ここで、処理の在り方について三つの注目点がある。一つは、臣民の陳情の意義である。乙瑛の最初の陳情と草案がなければ、その後の処理は存在しなかった。些少な事務であり、外戚梁冀が権力を掌握していた時代であるが、臣民の陳情は常に見られるのであり、国家統治における陳情の意義を検討する必要があろう。相当多くの陳情が上級機構または皇帝により否決されているであろうが、しかし少なからずが「報可」といった皇帝の認可を得て、朝廷の制度や政策となっているのである（その間には往々にして朝議といった議論を経ている）。陳情の存在は、皇帝や朝廷が献策された臣民の知恵を取り入れることを促進し、統治者が衆知を集めて有益な意見を広く取り入れることを促し、帝国統治は単に上から下への命令だけではなく、政府と民間の相互の関係を内包する。帝国統治に対する認識は、こういった相互に影響する位置にあるといえる。

二つめは、後漢後期の三公の役割である。この事案が些細なものであるものの、上奏文書に見える二府が皇帝に返答を建議する婉曲な用語の「須報」や、調査や意見、明確な建議といったものは、二府の主体的な役割を示しているが、これを基に三公のその他の政務における役割を推定するのは難しい。「書到言」が示す司空の具体的な事務の執行に対する監督の在り方については、三公の監督職務に対する認識を新たにし、いわゆる「無責任体制」という考えは検討の余地があろう。

三つめは、皇帝の役割の多面性である。これまでに見た陳情を最終的に皇帝が採用する点から、皇帝は帝国の支配者であるだけでなく、同時に臣民の建議の傾聴者といえる。こういった側面は文献中によく見られるものの、あまり注目されておらず、皇帝に対する認識から欠けているようである。

皇帝の帝国に対する支配に関して、『乙瑛碑』は皇帝の政務処理における受動性と象徴的な面を示している。二府の主体性はかえって皇帝の受動性を浮き彫りにする。行を変え一字上げた「制曰可」は、象徴性の顕著な表れである。これまでの中国皇帝に対する認識では、この点があまり注意されず、往々にして皇帝は主体的に個人の意思を表す強力な権力者とされ、皇帝の役割を誇大なものとし、異なる側面が軽視されてきた。

皇帝の象徴性は、当時碑を建立した孔氏宗人には非常に明確であった。碑文の第8～9行下端の空白部分には、この事案の実現に助力のあった二府の郡望・諱を刻して顕彰し、末尾の讃では発起人である乙瑛と実現した鮑畳を称揚し、この事案を批准した皇帝については、碑面上で「制曰可」の三字を一字上げて改行してはいるものの、具体的には触れられていないのである。こういった当時の人々の印象は我々の認識の重要な参考となるであろう。

本稿は、二〇一一年十一月二十六日の愛媛大学「資料学」研究会における発表を基にしており、藤田勝久先生、關尾史郎先生、金秉駿先生のご教示を得た。また、二〇一二年八月十五日の清華大学歴史系の学術討論会において、黄振萍先生、方誠峰先生、陳侃理先生、孫正軍先生、王彬先生のご指導を得た。記してここに感謝したい。

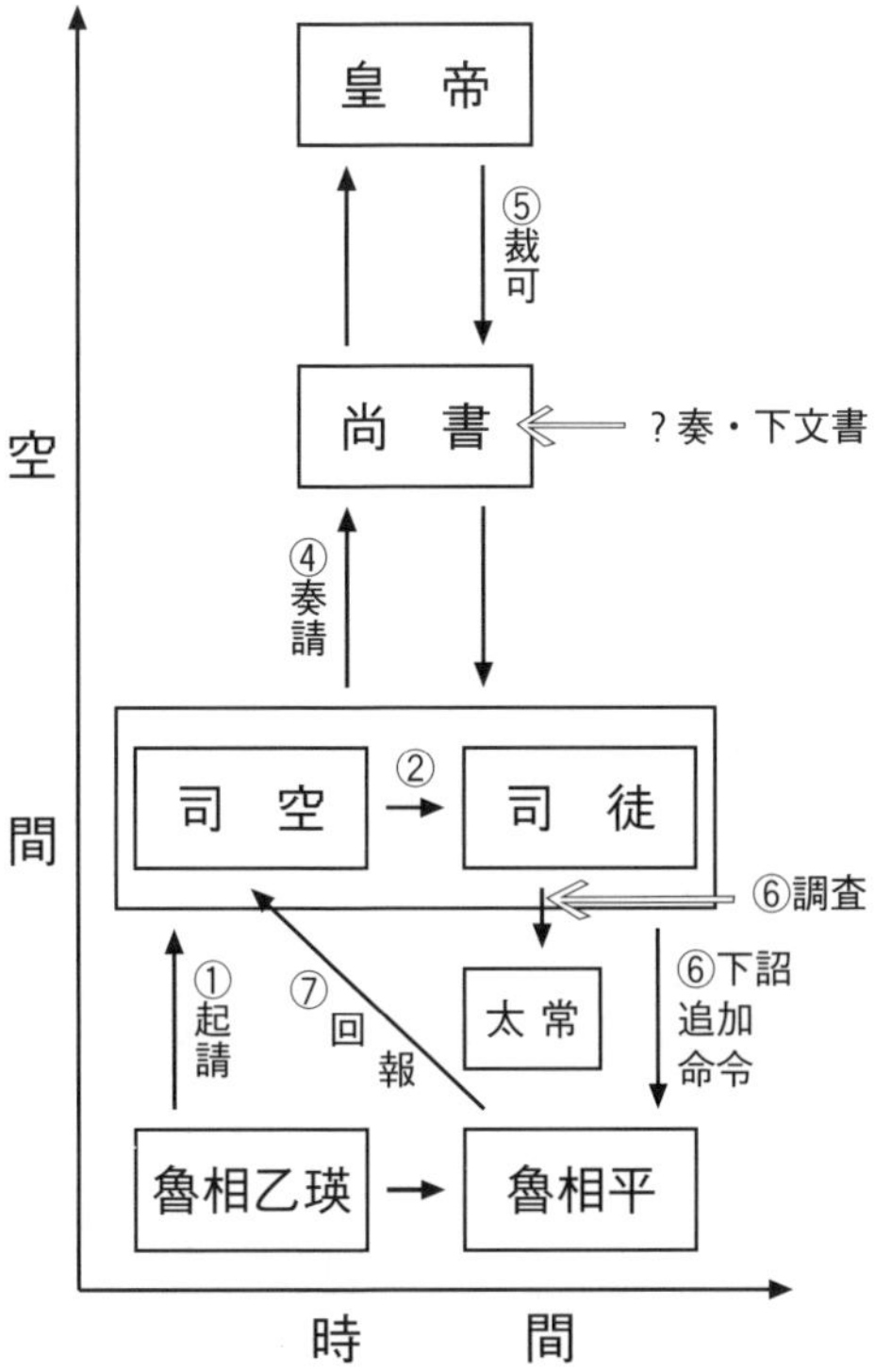

①～⑦は事案の処理順序を示す

注

（1）一説にはもともと孔廟の同文門付近にあり、現在は孔廟漢魏碑博物館北屋にあり、西から第十石である。駱承烈編『石頭上的儒家文献——曲阜碑文録　上冊』（斉魯書社、二〇〇一年）。

（2）楊殿珣『石刻題跋所引』（増訂本）所収「雑刻・漢」（商務印書館、一九九〇年）を参照されたい。宋代以来の跋語の集成は、容媛編『秦漢石刻題跋輯録　上冊』（上海古籍出版社、二〇〇九年）を参照されたい。

（3）労榦「孔廟百石卒史碑考」（『史語所集刊34』上冊、一九六二年）、丁念先「漢魯相乙瑛請置孔廟百石卒史碑考釈」（『華岡学報』5、一九六九年）、秦公「談東漢『乙瑛碑』拓本及其它」（『文物』一九八一年第七期）、永田英正主編『漢代石刻集成図版・釈文篇』（同朋舎、一九九四年）、高文『漢碑集釈（修訂本）』（河南大学出版社、一九九七年）。黄進興「聖賢与聖徒」（『権力与信仰：孔廟祭祀制度的形成』北京大学出版社、二〇〇五年）においても言及される。詔書の形態・類型を分析した論著でこの碑に注目するものは多く、書法の分野でこの碑を論じるものも非常に多い。

（4）前掲永田英正主編『漢代石刻集成』。また、『漢乙瑛碑』第二版（文物出版社、二〇〇四年）の影印王氏拓本も参照する。「王氏拓本」は欠字が少ないものの、割裱本である。欠字は洪適『隷釈』巻一「孔廟置守廟百石孔龢碑」により補う。また校点は前掲丁念先『漢魯相乙瑛請置孔廟百石卒史碑考釈』・高文『漢碑集釈』を基とする。

（5）『隷釈』巻一「孔廟置守廟百石孔龢碑」の跋によれば、洪適は三件とし、労榦は四件とする（前掲『孔廟百石卒史碑考』）。

（6）大庭脩『秦漢法制史の研究』「漢代制詔の形態」（創文社、一九八二年）参照。その後、大庭氏は文書の結語に基づき前半の文書の性質を詔書と判断している。大庭脩『漢簡研究』（同朋舎、一九九二年）所収の「漢簡の文書形態」・「肩水金関出土の『永始三年詔書』冊」を参照されたい。

（7）丁念先は司徒・司空が乙瑛の上奏文を皇帝に上奏したとする。前掲『漢魯相乙瑛請置孔廟百石卒史碑考釈』。また「請詔書」ないし「請詔」とも称する。李均明・劉軍『簡牘文書学』（広西教育出版社、一九九九年）および李均明『秦漢簡牘文書分類輯解』（文物出版社、二〇〇九年）を参照されたい。

（8）祝総斌は詔書の内容に対する分類が異なり、また「第二部分が詔書の本文であり、尚書の手筆になる」とするが、その示すところは不明である。祝総斌『両漢魏晋南北朝宰相制度研究』（中国社会科学出版社、一九九八年）。
（9）大庭修は漢代文書の特典の一つとして、「文書が往来する時、復信中に来信中の記載がくり返されるという特色」（復唱の原則）を指摘する。前掲『漢簡研究』序章、一一頁。
（10）労榦「従漢簡中的嗇夫・令史・候史和士吏論漢代郡県吏的職務和地位」（『史語所集刊』55―1、一九八四年）。
（11）前漢の東海郡都尉府に「卒史二人」を設置していたことは、「集簿」に見える。連雲港市博物館・東海県博物館・中国社会科学院簡帛研究中心・中国文物研究所編『尹湾漢墓簡牘』（中華書局、一九九七年）。
（12）楊天宇「談漢代的卒史」（『新郷師範高等専科学校学報』17―1、二〇〇三年）。
（13）伝世品および発掘で出土した漢代の漆器・銅器・兵器上の銘文には、しばしば「護工卒史」と見られる。洪石『戦国秦漢漆器研究』（文物出版社、二〇〇六年）の第四章表二「漆器紀年銘文一覧表」を参照されたい。また関連の研究は、陸徳富「西漢工官制度諸問題研究」（『文史』二〇〇九年第三期、総88輯）、紙屋正和『漢時代における郡県制の展開』（朋友書店、二〇〇九年）を参照されたい。
（14）閻歩克『中国古代官階制度引論』（北京大学出版社、二〇一〇年）。
（15）前掲紙屋正和『漢時代における郡県制の展開』四一九～四二五頁。
（16）発日敕は発敕とも称する。中村裕一『隋唐王言の研究』（汲古書院、二〇〇三年）を参照。
（17）前掲『尹湾漢墓簡牘』図版第一四・一七頁、釈文第七十九・百頁。五号木牘背面の合計と、各項目の総数は合わないが、字跡はあいまいで、分析は難しい。この点は比較的注目されるものの、十分な解釈は見られない。五号木牘背面の分析については、雛水傑「簡牘所漢県属吏設置及演変」（『中国史研究』二〇〇七年第三期）、閻歩克『従爵本位到官本位　秦漢官僚品位結構研究』（三聯書店、二〇〇九年）を参照されたい。
（18）漢代の「給事」に関しては、侯旭東「長沙走馬楼三国呉簡所見給吏与吏子弟――従漢代的給事説起」（『中国史研究』二〇一一年第三期）を参照されたい。

(19) 建寧二年（一六九年）に立てられた『史晨碑』の中で、史晨は「雖有褒成世享之封、四時來祭、畢即歸國」と上奏している。前掲永田英正『漢代石刻集成 図版・釈文編』。また、『漢書』巻一八外戚恩澤侯表の褒成侯条によれば、当時の褒成侯の居住地はその封地である瑕邱であり、洛陽でないことが分かる。労幹の見解には誤りがある（前掲『孔廟百石卒史碑考』）。また前掲丁念先『漢魯相乙瑛請置孔廟百石卒史碑考釈』を参照されたい。

(20) 魯国と東海王の関係については、近年、周振鶴「後漢的東海王与魯国」（『歴史地理』第3輯、上海人民出版社、一九八三年）、李曉傑『東漢政区地理』（斉魯書社、一九九九年）に研究が見られる。

(21) 『礼記』王制「墓地不請」鄭玄注、『礼記正義』巻十二、阮元『十三経注疏』上、『広雅』釈詁三、など。

(22) 『広雅』釈言上に「求請也」とあり、『爾雅』釈言に「告謁、請也」とある。

(23) 劉淇『助字辨略』巻三（商務印書館、一九三六年）。

(24) 『居延漢簡』10.16A・10.25・34.7A・36.8A・45.6B・74.9・183.11Bや、懸泉簡Ⅱ0114③:610、帛書『元致子方書』などのように、漢簡中に同様のものは多く、また習字簡にも多く、当時の熟語であったことが分かる。

(25) 現在の中国語では、「請」は敬語として使われ、相手に何かをしてもらうことを希望し、単独ないし目的語を伴って用いられる。呂叔湘主編『現代漢語八百詞』修訂本（商務印書館、一九九九年）。

(26) 李運富「〈左伝〉謂〝請〟字句的結構転換」（『湖北民族学院学報』12—3、一九九四年）。

(27) 『史記』巻一一八淮南列伝、『漢書』巻四五伍被伝。李均明・劉軍は、「請詔書」は「皇帝に関連問題に批准することを請求する報告書」と認識する。前掲『簡牘文書学』。

(28) 大庭修は、皇帝へ上書する身分について分析を行っている。前掲『秦漢法制史研究』。

(29) 『史記』巻六秦始皇本紀。

(30) この過程については、廖伯源が具体的な分析をしており（「秦漢朝廷之論議制度」、『秦漢史論叢』収録、五南図書出版公司、二〇〇三年）、霍去病の建議は武帝の意を受けて提出したものと推測している。

(31) 「禁民毋得私買馬出關」条の開始部分は欠けており、提議者の身分は不明であるが、後面に「御史以聞、請許」および「制曰可」とあることから見て、皇帝は制詔を頻発していたのではないことが分かる。

(32) 楊建『西漢初期津関制度研究』(上海古籍出版社、二〇一〇年)を参照されたい。

(33) 彭浩「読松柏出土的四枚西漢木牘」(『簡帛』第四輯、二〇〇九年)において分析されている。

(34) 『後漢書』王望伝に、望が青州刺史に遷った際、州郡に旱害があり、「因以便宜出所在布粟、給其稟糧、爲作褐衣、事畢上言。帝以望不先表請、章示百官、詳議其罪」と、事後に上書したことが罪に問われた。同様の例は史書に多く見られ、必ずしも「請」字を用いてはおらず、『漢書』巻五〇汲黯伝、『後漢紀』巻一九順帝紀下の永和四年(一三九年)第五訪事、同巻二四『霊帝紀中の光和二年(一七九年)橋玄事などにあるように、「待上詔」・「先表聞」等と称された。

(35) 侯旭東「西北漢簡所見〝伝信〟与〝伝〟」(『文史』二〇〇八年第三期、総84)参照。

(36) 『史記』巻一二二酷吏・王温舒列伝。

(37) 『漢書』巻八宣帝紀記載の「夏四月、詔曰……吏六百石位大夫、有罪先請、秩祿上通、足以效其賢材、自今以來毋得擧」、『漢書』巻一二平帝紀記載の「公、列侯嗣子有罪、耐以上先請」、『続漢書』百官志三宗正本注記載の「(宗室)若有犯法當髠以上、先上諸宗正、宗正以聞、乃報決」など。

(38) 汪桂海『漢代官文書制度』(広西教育出版社、一九九九年)参照。後漢の『史晨碑』では、尚書を通じて皇帝に上奏するのと同時に、「副」(副本)を太傅・太尉・司徒・司空・大司農府治所に上呈している。

(39) 祝総斌は「漢代の丞相・三公は、全国の政務はすべて皇帝への奏請を通じ、令が下詔されて進められるよう指揮する」(前掲『両漢魏晉南北朝宰相制度研究』)と認識するが、確かではない。渡邉将智は、乙瑛が将上奏の副本を司徒・司空に送り、正本は尚書を通じて皇帝に送られたとし、確実な証拠はないものの可能性が高い(「政策形成と文書伝達――後漢尚書台の機能をめぐって」『史観』一五九、二〇〇八年)。渡邉氏は、後漢和帝以前に、王莽の漢王朝簒奪の教訓から、皇帝の側近官僚の役割が弱められ、皇帝の支配が強化され、三公と尚書の役割が強まり、和帝の後は、外戚と宦官の勢力が台頭すると認識するが、三公の政務処理においては、皇帝を補助する一面のみに注目し(渡邉将智「後漢洛陽城における皇帝・諸官の政治空間」『史学雑誌』一一九―一二、二〇一〇年)、三公がなお独立して政務を処理する場合のあることは触れていない。

（40）侯旭東「西漢御史大夫寺位置的変遷——兼論御史大夫的職掌」待刊。

（41）Lien-sheng Yang, "The Concept of *Pao* as a Basis for Social Relations in China" in *Chinese Thought and Institutions'* ed.' by John King Fairbank. Chicago: University of Chicago Press, 1957.

（42）「報」については、冨田健之「後漢後半期の政局と尚書体制——〝省尚書事〟をめぐって」（『九州大学東洋史論集』二〇、二〇〇一年）に研究がなされるが、「報」を皇帝による上奏文の採決に限定しており、「報」の使用範囲を限定的に見ている。

（43）『穆天子伝』巻六「報哭于大次」の郭璞注、『広雅』釈言、『淮南子』天文訓の「東北為報德之維」の高誘注等に見られる。

（44）睡虎地秦簡『秦律十八種』行書律では「行傳書・受書、必書其起及到日月夙莫(暮)、以輒相報殹」と規定され、里耶秦簡8-63の始皇廿六年文書に、「問可(何)計附、署計年爲報」とあるように、里耶秦簡でも各種の「報」が見られる。居延漢簡の詔書など下行文書（61.9・203.22・E.P.T48:56・E.P.T50:48・E.P.T52:16A）には、しばしば「別書相報、不報者重追之」といった句があり、上級の文書を受領した後、下級に対し文書により回答すること（別書）を要求し、回答がなければ再度詰問されることとなる。下級の上級に対する回答では（E.P.T2:12・E.P.T51:100・E.P.T51:494・E.P.T51:722・E.P.T53:50・E.P.T59:126・E.P.T59:161）、往々にして「謁報、敢言之」を結語とする。

同級機関漢の文書としては、懸泉漢簡Ⅱ0115③:96が、甘露二年二月丙戌（二十七日）に魚離置の彬軾嗇夫が懸泉置に発送した文書であり、派遣した佐光が携行した麋と茭の数量を説明し、文書の末尾に「今寫券墨移書到、受薄入三月、報、毋令繆(謬)、如律令」とあり（胡平生・張德芳『敦煌懸泉漢簡釈粋』二〇〇、上海古籍、二〇〇一年）、これらの麋・茭は三月の帳簿に計上する必要があり、回答を要し、誤りのないよう律令に基づき処理せよ、という意味である。この「報」は懸泉置が同級の魚離置への返答である。

張家山漢簡『奏讞書』には、多くの事案で「敢瀐獻(讞)之、謁報」と「廷報」という語句が現れており、前者は郡県の上行文書中の用語で、表示献上疑獄の事案を上げ回答を請求するもので、後者は廷尉が郡県に対し上報した疑案の採決である。張建国『帝制時代的中国法』の「漢簡〈奏讞書〉和秦漢刑事訴訟程序初探」（法律出版社、一九九九年）、蔡万進『張家山漢簡〈奏讞書〉研究』（広西師範大学出版社、二〇〇六年）、池田雄一『中国古代の律令と社会』Ⅱの「第六章　漢代の瀐獻制」・

「第十章　『奏讞獻書』の構成」（汲古書院、二〇〇八年）などを参照されたい。

(45) 李均明・劉軍は、ある類の文書を「報書」と区分し、「受領した文書に対しての回答」であると認識し、回答文の前にはしばしば「●」印を標識として置き、書面の内容を区別する。また、「上行回報文」というものがあり、多くは「報書」に属すると考えられると指摘し、実際に「回報文」は上行文書に限らず、下行文書・平行文書の中に見られる。前掲『簡牘文書学』。

(46) 類似のものとしては謁者のような職掌がある。『続漢書』百官志二。

(47) 『漢官旧儀』に、「（尚書）丞二人、主報上書者」とある。

(48) 甘粛甘谷漢簡第九簡に、「其月辛亥詔書報可」とあり（図版を見るに、「報」字の左側が欠けているが、輪郭から見て「報」と解釈して間違いない。張学正「甘谷漢簡考釈」『漢簡研究文集』甘粛人民出版社、一九八四年、第八九頁および巻頭図版）、この詔は後漢永和六年（一四一年）九月三十日（辛亥）に下されたもので、「詔書報可」は当時の人の言い方であり、文献において概括的に記録される「帝報」ないし「詔報」といったものは、これを踏襲したものである。文献中には例が多く枚挙にいとまがない。『漢書』巻二九溝洫志に、武帝時、斉人延年が上書し、黄河上流の山嶺を切り開き、水を胡中に流し、再度海へ流れさせ、関東の水災と匈奴の辺憂を解決しようと建議するが、「書奏、上壯之、報曰延年計議甚深。然河乃大禹之所道也、聖人作事、爲萬世功、通於神明、恐難改更」と検討された。

(49) これに対しては、汪桂海の研究がある。前掲『漢代官文書制度』。

(50) この問題は、近年少なからず研究者の注目を引き、渡邉将智の分析がある。前掲「後漢洛陽城における皇帝・諸官の政治空間」。

(51) 王鳴盛『十七史商榷』巻三七「後漢書・台閣」。

(52) 『後漢書』巻四三何敞伝に、何敞が太尉宋由に「劉暢宗室肺府、……上書須報」と説き、李賢注に「須、待也」とあり、この「須報」は「返答すべき」と解釈するべきである。漢簡中の「須」字は「待」と解釈される。籾山明『中国古代訴訟制度研究』（京都大学出版会、二〇〇六年）を参照されたい。

(53) 王力『同源字典』（商務印書館、一九八二年）。

(54)「須」字に含まれる意味の変遷の概略は、段業輝『中古漢語助動詞研究』(南京師範大学出版社、二〇〇二年)、呉春生・馬貝加「須的語法化」(『温州大学学報』社会科学版、二一巻三期、二〇〇八年)を参照されたい。

(55)漢語史学者には、この例を「須」字に「需要」の意味が生じた根拠とする。前掲呉春生・馬貝加「須的語法化」。

(56)前掲段業輝『中古漢語助動詞研究』。

(57)『後漢書』巻六順帝紀、巻七桓帝紀、巻四六郭躬伝などに見られる。

(58)後漢時代において、皇帝ないし重臣が曲阜へ赴き孔子を祭ったのは数度に及び、最も早いもので、光武帝建武五年十月にある(『後漢書』巻一光武帝紀上)。その後、明帝・章帝・安帝はそれぞれ一度自ら赴いている。徐天麟『東漢会要』巻五礼祠孔子を参照。

(59)『後漢書』巻六五皇甫規伝にみえる「今日立號雖尊可也」の李賢注。

(60)前掲汪桂海『漢代官文書制度』および渡邉将智「政策形成と文書伝達――後漢尚書台の機能をめぐって」を参照されたい。

(61)漢代の朝議に関しては、永田英正「漢代の集議について」(『東方学報』四三、一九七二年)、前掲大庭修『秦漢法制史研究』、渡辺信一郎「朝政の構造――中国古代国家の会議と朝政」(『天空の玉座』柏書房、一九九六年)、前掲廖伯源「秦漢朝廷之論議制度」を参照されたい。

(62)前掲祝総斌『両漢魏晉南北朝宰相制度研究』および渡邉将智「政策形成と文書伝達――後漢尚書台の機能をめぐって」。

(63)前掲紙屋正和『漢時代における郡県制の展開』六四九～六七五頁。

(64)大庭修はすでにこの点に注目しているが(前掲『秦漢法制史研究』「居延出土の詔書冊」)、碑文のこの部分について、「まさしく執行命令たる特色」(二五〇頁)としている点は検討の余地がある。

(65)陽嘉新制については、閻歩克『察挙制度変遷史稿』(遼寧大学出版社、一九九一年)を参照されたい。

(66)前掲大庭修『秦漢法制史研究』、鷹取祐司「漢簡所見文書考」(冨谷至編『辺境出土木簡の研究』朋友書店、二〇〇三年)。

(67)『史記』巻六〇、三王世家。校点は改変している。関連の分析は、前掲大庭修『秦漢法制史研究』を参照されたい。

(68)〔　〕内の字は整理者が残存した空間と文意から補ったものである。中国文物研究所・甘粛省文物考古研究所『敦煌懸泉月令詔条』（中華書局、二〇〇一年）。

（69）「壬午」は「辛巳」の翌日であり、原釈に誤謬があるようである。

（70）釈文は前掲張学正「甘谷漢簡考釈」、何双全『簡牘』（敦煌文芸出版社、二〇〇四年）に基づき、改変している。

（71）李均明は詔書行下の辞に見える「書到言」に注目し、詔書が下される過程で、各級機構は詔書を受領した後、すぐに返答し、詔書の返答では執行状況を報告する必要があると認識する。前掲『秦漢簡牘文書分類輯解』。上級機構の側から見ると、返答を要求することは上から下への監督状況を示している。

（72）前掲李均明『秦漢簡牘文書分類輯解』。

（73）前掲祝総斌『両漢魏晉南北朝宰相制度研究』。

（74）王国維は「漢代において行下の公文には書を受け取った日を報告しなければならず、それを「書到言」ないし「言到日」といい、その意味は一つである」（『流沙墜簡』考釈簿書六、中華書局一九九三年）とするが、実際は、「書到言」が要求するのは「書を受け取った日」だけでなく、具体的な実行状況を含んでいる。

漢晉時代の倉廩図にみえる糧倉と簡牘

馬　怡
（佐々木正治訳）

現在見られる漢晉画像は、主に墓葬内の壁画や画像石・画像磚である。数量は非常に多く、第一次資料という一般的な考古資料の長所だけでなく、誇張はあるものの古代人が実見し思い描いた情景を生き生きと表現しているという独自の特色を有し、資料として研究価値が高い。

画像の中では様々な人物や物が組み合って一幅の画面に収められ、一つの場面を構成している。よって、それらの群像を観察・区別し、各々の関係を理解することで、人物・物の組み合わせの意義など多くの情報を知ることができる。これは一般的な考古資料や文献資料では得難いものである。

漢晉画像にはしばしば題材が同じものがあり、原型となる母題があったのであろう。「倉廩図」もそういった題材の一つである。墓葬中の倉廩図は享祀や祈福の意味を持つと思われるが、本稿では倉廩図に示される糧食出納の場面を考察し、その中の糧食倉庫・量器・簡牘等について検討を進め、関連する制度や社会について認識を深めていきたい。

図1　密県打虎亭一号漢墓画像石[3]

一

漢晉画像では次のような場面が見られる。一座または複数の家屋があり、比較的大きく目立つ位置にある。その前には穀物の堆積や容器があり、穀物を積み卸したり運んだりする人物が見える。周囲には車輌や休息する家畜・家禽、雀などが描かれるものもあり、こういった図を「倉廪図」と称することができる。この他、細い棒状・束状のものを手に持つ人物や、他の人物と交流するもの、家屋の傍らに座すものなどが描かれる。このうち棒状・束状のものについては、研究者により見解が異なり、簡冊・算籌・「物」といった見方がある。[1] また、棒を持つ人物を倉廪図とは別のものとするものもある。[2] これに対し筆者は、倉廪図中の人物・物、糧倉や量器などから、表現されているものはいずれも糧食出納の情景であり、棒状・束状のものは糧食の出納を記録する券ないし簡札、総じて簡牘であると考える。以下に関連画像を列挙して説明していく。

密県打虎亭一号漢墓画像石（図1　模本）

これは河南省密県打虎亭一号墓の南耳室南壁の画像石で、一九六一年に出土した後漢時代の資料である。『中国画像石全集』では「収租」画像とする。画面右部に二重の庇の楼閣があり、楼閣下側に短い柱があり脇に梯子が付く。糧倉であろう。画面中部上方には、袖の深い着物を着た人物が蓆に座し、その前面に硯台等が置かれ、脇には方形の竹箱があり、その傍らに穀物が盛られている。この人物の前には一人の人物が両手に束状のものを持って跪き、何か報告しているようである。画面下部では方形の敷物上に容器が置かれ、周囲に穀物を量る人や積みこむ人、糧車、糧袋が見える。これは穀物を納入する場面であろう。

図２　広漢東南郷漢墓画像磚(4)

広漢東南郷漢墓画像磚（図2）

これは四川省広漢市東南郷漢墓の画像磚で、一九八四年に出土した後漢時代の資料である。『中国画像磚全集』では「納糧画像磚」とする。画面中に一座の家屋があり、寄棟式の屋根の下に柱があり門は開いている。糧倉であろう。家屋の前には長袖の人物が蓆に座し、数本の細棒を握る。画面下部には二人の短衣の人物が見え、一人は穀物を量り、手にもつ容器を地面の容器に向けて傾ける。もう一人は車から何かを取り出している。馬が二頭、車が二輌あり、うち一頭は車に繋がれ、もう一頭は杭に繋がれる。穀物納入の場面であろう。

図3　護烏桓校尉幕府穀倉[5]

護烏桓校尉幕府穀倉（図3　部分、模本）

これは内蒙古自治区ホリンゴル漢墓の前室西壁にある壁画の一部で、一九七一年に発見された後漢時代の資料である。画面に一座の二重庇の高楼があり基台上に建つ。楼閣一階に門と明り窓があり、二階は吹き抜けとなっている。壁上に「護烏桓校尉莫（幕）府穀倉」と九字の題字があり、官府の糧食倉庫と知れる。画面には三人の人物がおり、一人は穀物の入った袋を肩に担ぎ、一人は門前に佇み、もう一人は数本の細棒を持って楼閣の脇に座っている。やはり穀物納入の場面であろう。

長清大街村漢墓画像石（図4　部分）

これは山東省済南長清大街村漢墓の画像石で、二〇〇五年に出土した後漢時代後期の資料である。[7]『山東省博物館館蔵精品』では「倉廩図画像石」と題する。画像石上に「量穀」二字の榜題があり、穀物を計量している場面と知れる。図の左側に二つの円形の倉庫があり蓋がある。一つは蓋が開けられ、二人の人物が側にいる。図の中部には穀物を量る人物が複数おり、一人は倉庫から糧食を取り出し容器に入れて持ってきている。一人は数本の細棒をもち、地面に置かれた容器を見ている。容器には「斛」の字が見え量器と知れる。一人はその対面に身を屈めて立ち、手に持つ容器を斛に向けて傾ける。口には一本の細棒状のものを咥えている。他に二人の人物が容器を持って家屋に向かって進んでいる。その容器にはそれぞれ一本の棒が刺さる。図の右側が家屋で、外に一人が立ち、屋内に二人の人物が

図４　長清大街村漢墓画像石[6]

図５　敦煌佛爺廟湾37号西晉墓彩絵磚[8]

向かい合って座っている。これは糧食倉庫から穀物を取り出す場面である。

敦煌佛爺廟湾37号西晉墓彩絵磚（図５）

これは甘粛省敦煌佛爺廟湾37号西晉墓の西壁北側の彩絵磚で、一九九五年に発見された西晉時代の資料である。『敦煌佛爺廟湾西晉画像磚墓』では、この図を三つの部分に分け、上部・中部を「楼閣式倉廩」とし、下部の左を「進食」、下部の右を「牛・車」としているが、これはいくつかの磚を組み合わせて倉廩図を構成するものである。画面上部は二棟の楼閣式建築が並び、瓦屋根・欄干が見える。門の色は左が灰色で、右が赤となり、外側にかんぬきがあり門は閉まっている。画面中部は四本の柱が立っているように見え、その間に二つの条形磚を積み重ねた空洞があり、粟が納められ、糧食倉庫であると分かる。門の色が異なるのは、貯蔵するものが異なることを示すかもしれ

図6　敦煌佛爺廟湾M39号西晋墓彩絵磚[9]

ない。画面下部では左側に二人の人物がおり、一人は年長で長いひげをたくわえ、長衣を着て寝台の上に座り、両手には数本の細棒が握られている。もう一人はひげが短く単衣を着て、両手に容器を持って進み寄っている。右側には車と牛が見え、車から牛が解かれ、轅は地面につき、牛は車の横でねそべっている。その前面には弁当箱が置かれる。この情景は糧食の納入を示すであろう。

敦煌佛爺廟湾M39号西晋墓彩絵磚（図6）

これは甘粛省敦煌佛爺廟湾39号西晋墓西壁南側の彩絵磚で、一九九五年に発見された西晋時代の資料である。『敦煌佛爺廟湾西晋画像磚墓』ではこの図を三つに分け、上部・中部を「楼閣式倉廩」とし、下部の左を「撮糧」、右を「母童嬉戯」とする。この図は図5に類似し、やはり磚を組み合わせて倉廩図を構成する。上部と中部は図5と同じであるが、異なる点は、図5の楼閣に六つの門があるのに対し、図6では門が四つとなる。門の色にも違いがあり、左が赤で右が灰色である。図面下部では穀物の堆積があり、一人の女性が容器を持って振り返り、一人の男性がちりとり状のもので穀物を取っている。右側に三人の人物がおり、一人は数本の棒を持って進み寄り、一人は児童で竹馬に乗っている。もう一人は地上に座って児童を呼んでおり、母親のようである。これも糧食納入の場面を表したものである。

以上の建築は、外観や意味合いからみて、糧食倉庫であろう。古代には多種の糧食倉庫があり、倉・廩・京・庾・囷・廥・窖・窌・竇といったものが文献中に見える。『広雅』釈宮に「京・庾・廩・鹿・廥・廱・廦・囷、倉也」とある。「倉」は糧食を貯蔵する場所の総称であり、具体的な建築の名称でもある。『説文』倉部では「倉、穀藏也。倉黄取而藏之、故謂之倉。从食省、口象倉形。凡倉之屬皆从倉」といい、また「口象倉形」とあるので、倉は方形であったと知れる。王禎『農書』には、「『禮』月令曰、孟冬令有司修囷倉、『周禮』倉人掌粟入之藏、此名著於公府者。『甫田』詩曰乃求千斯倉、『管子』曰倉廩實而知禮節、此名著於民家者。推而言之、則知倉之類尙矣。今國家備儲蓄之所、上有氣樓、謂之敖房、前有簷楹、謂之明廈、倉爲總名、蓋其制如此。夫農家貯穀之屋、雖規模稍下、其名亦同」とある。ここから、「倉」という名称は、官府と民家の両者に通用し、様々な形態・規模があったことが分かる。

「廩」は「㐭」といい、やはり穀物を貯蔵する場所である。『説文』㐭部に「㐭、穀所振入。宗廟粢盛、倉黄㐭而取之、故謂之㐭。从入、回象屋形、中有戶牖。凡㐭之屬皆从㐭。廩、㐭或从广从禾」とある。「回象屋形」ということから廩も方形であり、その特徴として「有戶牖」という点があげられる。『詩経』周頌豊年に「豐年多黍多稌、亦有高廩」とあり、毛伝に「廩、所以藏齍盛之穗也」とある。廩はおそらくやや高い建築である。王禎『農書』に「今農家構爲無壁廈屋、以儲禾穗及穜稑之種、卽古之廩也」といい、廩とは屋根があり壁がない建築と認識するが、これは違うようである。ある説では、廩は米蔵のことである。『荀子』富国篇に「垣窌倉廩者、財之末也」とあり、楊倞注に「穀藏曰倉、米藏曰廩」という。米は腐りやすく、その蔵は通気し湿気を防ぐことが必要であり、『説文』にある「有戶牖」は注目される。古代においては、「倉廩」の二字はよく連用され、糧食倉庫の総称でもあった。『漢書』巻二四食貨志に「天子遣使虚郡國倉廩以振貧」といい、『晉書』巻二六食貨志に「所在積粟、倉廩皆滿」とある。

「京」の本義は人工的に高く築いた土堆のことで、また高大な方形の糧食倉庫のことを示す。『説文』京部に「京、人所爲絶高丘也。从高省、丨象高形」、『史記』巻一〇五扁鵲倉公列伝に「見建家京下方石」といい、集解に「京者、倉廩之屬也」とある。「京」と「囷」はよく並列される。『管子』軽重丁に「有新成囷京者二家」とあり、尹知章注に「大囷曰京」とある。また『急就篇』に「門戸井竈廡囷京」とあり、顔師古注に「囷、圜倉也、京、方倉也」という。「京」字は甲骨文で「」とつくり、金文中では「」とつくり(10)、この種の建築の底部には柱があるか、または高台上に築かれていたことが分かる。

方形の倉庫以外にも、いくつかの種類がある。「囷」は円形の倉庫である。『説文』口部に「囷、廩之圜者。从禾、在口中。圜謂之囷、方謂之京」とあり、『釈名』釈宮室に「囷、綣也、藏物繾綣束縛之也」とあり、王先謙注に「禾在口中亦是束縛之意」とある。竹で作った円形の倉庫を「篅」と称する。『説文』竹部に「篅、以判竹圜以盛穀也。从竹耑聲」とあり、『釈名』釈宮室に「囤、屯也、屯聚之也」とあり、その注に「畢沅曰、『説文』𥬠、篅也、从竹屯聲。此囤乃俗字」という。草を用いて作った円形の倉庫を「圌」という。『釈名』釈宮室に「圌以草作之、團團然也」という。このほか「庾」は露天で穀物を貯蔵する場所で、『詩経』小雅楚茨に「我倉既盈、我庾維億」といい、毛伝に「露積曰庾」とある。また『説文』广部に「庾、水槽倉也。从广臾聲。一曰倉無屋者加古」とあり、庾は水辺にある糧食倉庫を指すと知れる。「廥」はまぐさを貯蔵する倉庫である。『説文』广部に「廥、芻稾之藏也。从广會聲」といい、『後漢書』巻三一蘇章伝附不韋伝に「時右校芻廥在寺北垣下」という。廥も倉庫の総称として用いられる。『管子』度地篇に「虚牢獄、實廥倉」といい、『睡虎地秦簡』效律に「禾、芻稾積廥」とある(11)。以上はみな地上建築であり、他に窖・窌・竇といった地下に造られた倉庫もあるが、ここでは省略する。

先に見た六点の画像の建築についてみると、図4以外の建築はみな方形であり、その底部は基台または柱がある。また屋根窓や通風窓を持つもの、欄干を持つものがある。こういった特徴は文献記事に見える倉・廩・京に対応して

1　2　3　4　5　6

図7

いる。これらはみな規模の比較的大きい糧食倉庫であり、囷・庾・廥などと比べて、その構造も複雑で機能が完備し、外観も高大である。こういった点が、倉廩図の題材としてよく用いられる原因であろう。図4の円形倉庫は囷・庾の類で、規模も大きくないが、原図では四軒が並び、その上方に七つの大きな甕形の貯蔵施設があり、やはり富貴を顕示している。

二

以上の倉廩図において特に注意すべき点として、全てに細棒ないし束状のものを持つ人物が登場していることがある。

図1では、手に束状のものを持つ人物が、寝台に座る人に報告している（図7―1）。図4では、細棒を持つ人物が量器の前に立ち、穀物を量る様子を見ている（図7―4）。図6では、細棒を持つ人物が倉庫から穀物に向かって進んでいる（図7―6）。ここでは三人がおり、その振る舞いや場面中での位置からみて、倉庫の主や責任者ではなく、その下で働く人々のようである。図2・3・5では、細棒を持つ人物は、みな整然と座っており、画面中でも大きく表されており、その様子や位置からみて、倉庫の責任者のようである（図7―2・3・5）。

図1にみえる跪いた人物のもつ束状のものについて、簡冊とする見解があるが、図のよ

うに下側がまとまり上端が開き、簡冊には見えない。また糧食の出納現場で、その記録を簡冊上にすることはない。よって、これは束になった券ないし簡札であり、未分割の券と思われる（後述）。

また図2・5の座った人物の持つ細棒を、算籌とする見解がある。しかし、大きさ・使用方法ともに算籌とは異なる。[12]計算に用いる算籌は、漢代には籌策・算・筭などという。『史記』巻八高祖本紀に「運籌策帷帳之中、決勝於千里之外」とあり、『漢書』巻二一律暦志に「算法用竹、徑一分、長六寸、二百七十一枚而成六觚、爲一握」とある。また、『説文』竹部に「筭、長六寸、計歴數者。从竹从弄。言常弄乃不誤也」とあり、算籌の形態は直径一分、長六寸の竹棒と知れ、漢尺は約二三cmであり、一分は〇・二三cm、六寸は一三・八cmとなり、二百数枚で一握とされる。その長さは一般的な券・簡札・簡冊よりも顕著に短い。実際、二十世紀に出土した戦国時代から後漢時代にかけての出土した算籌の類は、ほとんどが一四cm以下である。[13]また算籌は次第に短くなっていく。石家荘の後漢墓で出土した算籌は、長さが七・八〜八・九cmで、おおよそ漢尺の三・四〜三・九寸に当たる。北周甄鸞『数術記遺』に「今之常算者也、以竹爲之、長四寸、以放四時、方三分、以象三才」とある。北周尺は約二四・五cmで、四寸は九・八cmとなる。また、『隋書』巻一六律暦志に「其算用竹、広二分、長三寸、正策三廉、積二百一十六枚、成六觚、乾之策也。負策四廉、積一百四十四枚、成方、坤之策也」とある。隋尺は約二九・五cmで、三寸は八・八五cmとなる。算籌の長さは短縮する傾向にあり、計算に必要な平面を少なくすることで、より多くの複雑な計算ができるようにしたのであろう。[14]算籌を使用する際、算籌を平面上に配置し、積算の方法で数を数え、縦横交互に、左から右へ並べていく。研究によれば、加減乗除の演算を行うのに、おおよそ二百三十枚の算籌と事務机程度の広さが必要とされる。[15]また研究者により、算籌で演算を行うには格子状の算盤が必要とする。[16]以上に見る算籌の状況は、図2・5とは相応しない。手に握られる細棒・束状のものは、糧食出納の手続きに関するものである。比較的規模の大きい糧食倉庫では、当然糧食の出納は記録され、統括するものはその管理をする必要があり、出納の手続きに参加するものも、それに応じた証明が必要になる。簡牘時代においては、こういった出納の記録は、しばしば「券」の形式で書写される。[17]
たとえば、

■卅年四月盡九月倉曹當計禾稼出入券以計及縣相付受
　廷　　第甲
（里耶秦簡⑧774）[18]

（A面）中倉券也
（B面）南山鄉嗇夫租券本也
（東牌楼漢簡105A、B）[19]

この二簡は楬すなわち簽牌であり、もとは相応する文書が付されていた。前者は秦代のもので、「倉曹」の「禾稼出入券」と関連するものと考えられる。後者は後漢時代のもので、租糧を貯蔵する官倉と考えられる「中倉」の券に関わるものと考えられる。「租券」は租糧の出納を記録する券と思われ、「租券本」はおそらく保存された租券の半券で、後世の「券根」に似る。

様々な遺跡で出土した簡牘文書の中で、常に多く見られるのが券である。里耶秦簡では、銭・糧・物の出納を記録した券が総数の十分の一以上を占めている。[20]三国呉簡では、数量の膨大な木券である『嘉禾吏民田家莂』だけでなく、内容の多くが倉庫の出納事務と関連するものである。西北辺境地帯の漢簡および楼蘭晋簡においても、券の数量は多い。これは注意すべき現象といえる。

紙が用いられる以前、簡牘は最も主要な文字媒体であった。紙と比べ簡牘は厚く硬いため、複写や拇印・印章を押すのに不便である。印章を押す必要のある簡牘の場合、まず木・竹材に溝を彫っておき、そこに粘土を詰めその上に押印した[21]。これは労力がかかるだけでなく、印字があいまいになったり、粘土も剝落しやすく、また割り印を押すのも困難である。よって、今日上記のような方法で証拠と認められるものは、簡牘時代においては、符・券を分割する方法が用いられた[22]。その方法は、ある証書を割り、突き合わせられるように二点ないし二点以上に分割する[23]。そして関連諸機関でそれぞれ一つを取り、合致することが証明となる。符はある種の身分や権力を証明し、また何らかの任務を執行するための証しとなる。それに対し、券の応用範囲は広く、債務契約・売買合意・収支の証拠・収支明細など様々な種類の証書となる。

なんらかの契約が行われる場合、券上に文書が書かれ、そののち券を割り、右半は与える側ないし債権者に帰し、左半は受け手ないし債務者が受け取り、証書とされる[24]。『礼記』曲礼に「獻粟者執右契」とあり、鄭氏注に「契、券要也、右爲尊」とあり、孔穎達疏に「粟、粱稻之屬也。契謂兩書一札、同而別之。鄭注此云‘契、券要也、右爲尊’、以先書爲尊故也」とある。券は通常、木・竹を素材とし、長さはおよそ一漢尺で、より長いものもある[25]。分割されていない券は、厚みや幅が一般の簡札よりも大きく、あらかじめ、下端のみ残して券の大部分を割っておき使用に供した。

図8は懸泉置遺跡より出土した未使用の木券で、正面と背面が分かれるように上から下へ割られているが、下端はまだ繋がっており、正・背面ともに墨跡がある。その釈文は、

【正面】出粟　　元始元年正月　懸泉置嗇夫就附

【背面】　入粟　　　元始元年正月

この木券が糧食の出納に用いられたことが分かる。紀年は前漢平帝元始元年（紀元一年）である。その正面に「出粟」を記録し、分割後に右券となり、背面に「入粟」を記録し、分割後に左券となる。「出粟」・「入粟」の下に空白があり書き込みに備えられている。使用の際は、「出粟」・「入粟」の下に額を加え、また券上に手続きに参加したものの名を書き、その後完全に分割する。

券の割れ面で券同士を突き合わせる以外の方法もある。『説文』刀部に「券、契也。从刀、𢍏聲。券別之書、以刀判契其旁、故曰契券」とあり、『釈名』釈書契に「莂、別也、大書中央、中破別之也」とあり、また『周礼』小宰注に鄭司農の説として「傅別、謂爲大手書於一札、中字別之……皆今之券書也」と挙げる。突き合わせの方法から、券は刻歯券と同文券の二種類に分けられる。刻歯券は「契券」と称し、その製作方法は、分割した券を重ね合わせ、その側面に刻みをいれる。刻みにより左右の別や編号が表される(26)。同文券は「莂」・「傅別」と称し、その正面頂部ないし中ほどに墨書の標記があり、「同」や「同文」またはその変形符合が記される(27)。分割後、左・右の二券ないし左・中・右の三券に表記の一部が残る。以上のような刻みや墨書標記は、割れ面とともに、券を突き合わせるための根拠となる。

現存する刻歯券には、多くの債務契約や売買合意の内容のものがあり、主に私人同士の貸借や取引に見られる。立券者は、券の左右を確認し、契約・取引の数字が改ざんされていないこ

背面　正面　側面

図8

とを認める必要があり、そのために刻みが表示する数字を利用する。現存する同文券は、ほとんど全てが会計の証書で、官府と一般民の間における、租税の納入・銭穀の出納物資の棚卸といった経済活動に用いられる。その形態と機能は、数枚つづりの伝票といえ、収支・決算等の証書となる。指摘すべき点は、同文券は秦簡中では見られず、漢簡でもやや少なく、三国呉簡と晋簡中に多くなることで、その流行はやや晩い(28)。

　分割後の券の外観は、細長い条形で簡札に似る。

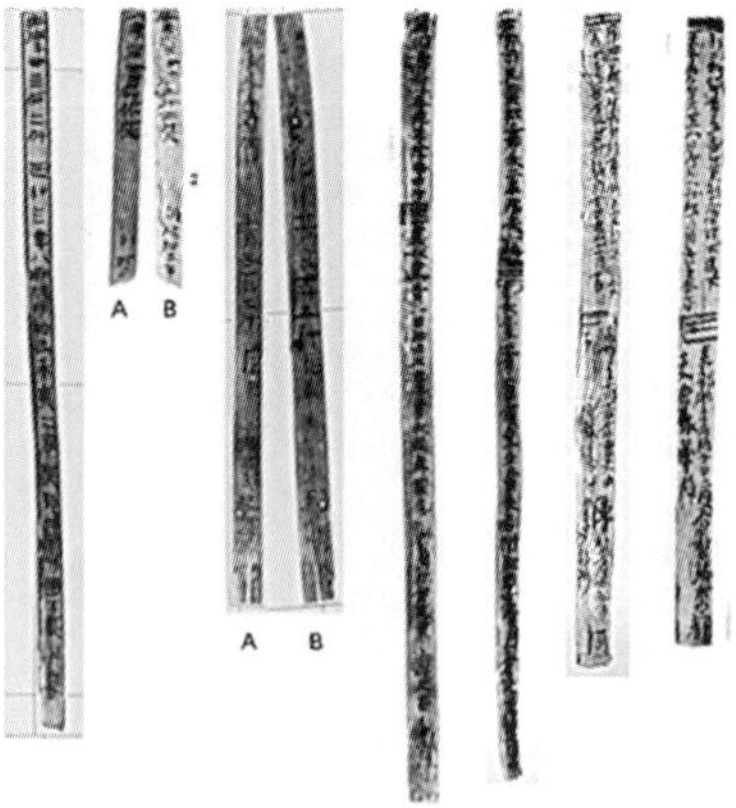

【1】　【2】　【3】　【4】　【5】　【6】　【7】

図9

【1】出糜三石二斗　征和三年八月戊戌朔己未、第二亭長舒附屬國百長千長

(居延漢簡148.1+148.42、長二六・三・寛一・一cm、木質(29))

【2】(A面) 入粟小石・卌一石六斗六升大　□陽▱

(B面) 出粟小石・卌一石六斗六升大　□□陽朔三年▱

(居延漢簡8.5A・B、残長一〇・三・寛一・〇cm、木質(30))

【3】(A面) 城北候長竇何、十一月食一斛五斗　⺁　十月丙寅、掾譚取　卩

(B面) 城北候長竇何、十一月食一斛五斗　⺁　十月丙寅、掾譚取　卩

(居延新簡E.P.T65:8A・B、長二二・七・寛一・二cm、木質(31))

【4】入西鄉嘉禾二年税米廿一斛四斗　≣　嘉禾三年三月二日、松田丘男子魯禮關邸閣李嵩附倉吏黃諱、史番慮受

【5】入西鄉司馬黃松嘉禾二年限米六斛 ≣ 嘉禾三年正月八日、復皐丘大男朱若關邸閣李嵩附倉吏黃諱、史潘慮

（『長沙走馬楼三国呉簡・竹簡〔貳〕』363、長二八・三・寬一・二㎝、竹質㉜）

【6】出 卌一斛七斗六升、給稟將尹宜部兵胡皮鷩十二人、人日食一斗二升、起十月十一日、盡十一月十日。司

泰始二年十月十一日、倉曹史申博、監倉史翟闕攜附書史杜阿 同

（『長沙走馬楼三国呉簡・竹簡〔貳〕』699、長二七・三・寬一㎝、竹質㉝）

【7】入麮二斛八斗、當麥一斛四斗、廩削工・伍佰・鈴下・馬下李卑等五人、日食八升、起六月十一日、盡十七日。

（『楼蘭簡紙文書集成』孔木50、長二四・五・寬一・四㎝、木質㉞）

同 泰始四年六月十一日、受倉曹掾曹顏、吏令狐承附

（『楼蘭簡紙文書集成』沙木728、長二三・六・寬一・三㎝、木質㉟）

これらの例はみな糧食出納の記録である。【1】の紀年は前漢武帝征和三年（紀元前九〇年）で、「出糜」の記録であり、上段右側に数個の刻歯があり、刻歯券の右券と知れる。その背面・側面の写真等が未公開であり、分割方式は不明である。【2】の紀年は前漢成帝陽朔三年（紀元前二四年）で、「入粟」・「出粟」に関する記録であり、正面・背面（A・B）両面の文字は同じで、「入」・「出」のみ異なり、未分割の券で、側面を縦に割るものと分かる。残存状況は悪く、刻歯と墨書標記のどちらで突き合わせるものかは不明である。【3】は紀年がないものの、『居延新簡』E.P.F22:440に記載される「甲渠塞候長居延肩水里公乘竇何年卅五、始建國天鳳上戊五年正月丁丑除」によると、「候長竇何」の活動時期はおおよそ新莽天鳳五年（紀元一八年）から後漢光武帝建武初期である。これは糧食を受け取る記録であり、その正面・背面（A・B）両面の文字は完全に同じである。また中ほどの時期と人名の前に、「同」字の墨

書標記の左半があり、同文券の正面を縦に分割した左券と知れる。券の末尾に、すでに受け取ったという意味の「卩」が見える。【4】の紀年は三国時代の呉帝孫権の嘉禾二年（二三三年）で、「税米」を納入した記録である。上三分の一ほどのところに、「▌≣」の墨書標記がみえ、正面で縦に分割した同文券の左券と知れる。【5】の紀年も「嘉禾二年」（二三三年）で、「限米」を納入した記録である。その中ほどのところに、「≣」の墨書標記があり、正面で縦に三分割した「三辨券」の中券と知れる。【6】の紀年は西晉武帝泰始二年（二六六年）で、「出□」の記録である。その中ほどの時間と人名の前に、「同」字の墨書標記の右半が見え、正面を縦に分割した同文券の右券と知れる。【7】の紀年は西晉武帝泰始四年（二六八年）で、「入麬」の記録である。その中ほど、時間と人名の前に、「同」字の墨書標記の左半が見え、正面で縦に分割した同文券の左券と知れる。以上の例で、糧食を納入した券はみな左券で、糧食を支出した券はみな右券である。【4】・【5】・【6】・【7】では、出納手続きに関わったものの姓名が記されている。

また、糧食出納の記録を簡札に書いたものがある。「簡」は細い竹製で、木製のものが「札」で、ともに長さは一漢尺（約二三cm）である。

【8】入穈小石十四石五斗、始元二年十一月戊戌朔戊戌、第二亭長舒受代田倉監、都丞延壽臨

（居延漢簡273.24、長二三・三・寛一・二cm、木質[36]）

【9】⊠（入）小石十五石、始元三年四月乙丑朔丙寅、第二亭長舒受斥胡倉監建、都丞延壽

（居延漢簡273.8、残長二二・五cm、寛一・〇cm、木質[37]）

【10】入粟大石五十石、車二兩、輸呑遠隊倉　始建國天鳳一年三月乙丑、將輸守尉尊□□⊠

（居延新簡E.P.T65:412、残長一六・二cm、寛一・一cm、木質[38]）

【11】入穀五千五百二斛　受城倉　吏⊠

（居延新簡E.P.T27:11、残長一八・八cm、寛一・一cm、木質[39]）

【12】入黄龍三年佃卒限米□斛二斗一升　▼

（『長沙走馬楼三国呉簡・竹簡［貳］』140、長二一・八・寛〇・八cm、竹質[40]）

【13】出倉吏黄諱・潘慮所領嘉禾元年税呉平斛米八十六斛四斗、爲稟斛米九十斛邸閣右郎中

（『長沙走馬楼三国呉簡・竹簡［貳］』3845、長二三・九・寛〇・八cm、竹質[41]）

【8】・【9】の紀年は前漢昭帝の「始元二年」・「始元三年」（紀元前八五年・前八四年）で、「第二亭長舒」が、「代田倉」と「斥胡倉」から糧食を受領した記録である。文中にはその数量・品種・日付のほか、手続きにおける参加者の名前が記されている。【10】の紀年は新莽の始建国天鳳一年（紀元一四年）で、車輛を用いて糧食を倉庫に入れる記録である。【11】は残りが悪く内容は不完全である。記載される糧食の数量がやや多く、糧食を倉庫に納める記録のようであるが、いずこかの役所が城倉の糧食を統計したものかもしれない。【12】の紀年は「黄龍三年」（二三一年）で、三国時代呉帝孫権の元号である。これは「佃卒限米」を納入した記録である。【13】の紀年は三国時代呉帝孫権の嘉禾元年（二三二年）で、倉米を出す記録である。「領」字と「斗」字の下に縄痕がある[42]。

【8】　【9】　【10】　【11】　【12】　【13】

図10

これらの簡札は数取り棒と思われ、物や銭の出納手続きで用いられ、一定の額を示し、計算や照合に用いられたのであろう。古代に

おいては籌という。『説文』竹部に「籌、壺矢也」といい、徐鍇繋伝に「投壺之矢也。其制似箸、人以之算數也」とある。『急就篇』には「筆研籌筭膏火燭」といい、顔師古注に「籌、所以附與」とある。籌は投壺の矢に由来し、細い棒状の形で、罰金の計算に用いられた。ただしここでいう籌は、先述の算籌（漢代の筭・算・籌策）とは異なるものであり、形態や用法に違いがある。籌は扁平な条形ないし細棒状で、物や銭等を表す。一籌は一個の計算単位となり、そこに一定の額が書き込まれる。古典や出土文献に、漢代にしばしば「算」が計算単位となっていたことが記され[43]、籌は「算」を物として表したものと考えられる。算籌は先述のように小さい計算用具であり、一般的に字を書くことはない。

籌の用法については、図4の長清大街村漢墓画像石が参考になる。その倉廩図中部にある、開いた糧食倉庫の右から家屋の前に立つ人物の左までをみると、左から一人目が管理者で、倉から穀物を取り出し計量し、その手と容器の中に細棒はない。二人目は穀物の計量を主に執り行っており、細棒を一束持っている。三人目も計量者ないし管理者で、穀物を量り、口に棒状のものを噛んでいる。四人目・五人目は管理者で、計量は終了し、容器の中に細棒を挿している。注目すべきは、管理者たちが持つ容器の大きさは類似し、細棒は穀物を量った後に添えられる点である。ここから、細棒は一定量の糧食を示す標識で、それにより計量の便を図っており、図に見える細棒は籌と考えられる。

図4の標題は「量穀」であるが、「量籌」と称することが可能である。『建康実録』巻十二宋太祖文皇帝元嘉八年二月条に、「道濟夜頓、命軍中高唱量沙、散布餘米、明旦去之。虜夜聞量籌、曉見棄粟、謂降者欺己」とあり、元嘉年間に檀道済は北魏軍と戦い、糧食が欠乏した際、命じて夜間に砂を用いて籌を唱え、穀物を計量するように見せかけ、敵をだました。この「量籌」の籌は、後の数取り棒であろう。

以下に見る単独の簡札数例では、記録される糧食の額が一定であることから、籌に用いられたものと考えられる。

【14】　入粟大石廿五石　　車一兩　　居攝三年三月戊申〼

【15】出粟大石廿五石　車一兩　始建國二年正月壬辰訾家昌里齊憙就人同里陳豐附呑遠置令史長

（居延新簡E.P.T7:10、残長一〇・二㎝、寬一・二㎝、木質㊹）

（居延新簡E.P.T59:175、長二二・五・寬一・二㎝、木質㊺）

【16】入粟大石廿五石　車一兩　正月癸卯甲渠官掾譚受訾家茂陵東進里趙君壯就人肩水里郅宗

（居延新簡E.P.T59:100、長二二・五・寬一・一㎝、木質㊻）

【17】出粟二石　廩夷胡隧長朱處六月食

（居延漢簡177.10、長二三・一・寬一・一㎝。木質㊼）

【18】出粟二石　廩候長楊禹六月食

（居延漢簡177.13、長一九・寬一㎝、木質㊽）

【19】出粟二石　⧄

（居延漢簡250.5、残長三・七㎝、寬一・二㎝、木質㊾）

【14】　【15】　【16】　【17】　【18】　【19】

図11

【14】の紀年は前漢孺子嬰の「居攝三年」（三年）で、「入粟」の記録である。「粟大石廿五石」は当時の車一輛の積載量である。【15】の紀年は王莽の「始建國二年」（一〇年）で、「出粟」の記録であり、額面は同じく「大石廿五石、車一両」である。【16】は紀年がないが、「入粟」の記録で額はやはり「大石廿五石、車一兩」である。【17】・【18】・【19】は「出粟」の記録で、紀年はな

図12『建昭三年穬麦出入簿』　『労邊使者過界中費簿』

く、額はみな「二石」となっている。

以上の諸例は、みな「升斗斛（石）」という一定の基準を計算単位としていた。そのうち前漢時代の例は、最も大きい単位はすべて「石」を用いており、新莽時代と後漢時代初期の例では、最大計算単位に「石」（「大石」・「小石」）のほか、「斛」[50]を用い、三国時代と西晋時代の例では、みな「斛」を用いている。

また糧食出納の現場で、その記録はほとんどが条形の券や簡札に書かれたことも分かった。その後、これらの券・簡札は集められ、整理して「穀出入簿」として編纂される。漢簡中にはこの種の資料が少なくないが、多くは散乱している。「遠隊倉建平四年十二月穀出入簿」（居延新簡E.P.T43:63）・「第廿六・廿五倉五鳳五年正月穀出入簿」（居延漢簡101.1）・「呑遠倉建昭三年二月當食案□穀出入簿」（居延漢簡136.48）・「淩胡隧神爵三年九月米出入簿」（敦煌漢簡1746）等のように[51]、標題の残る「穀出入簿」もある。

保存の完全な簿冊もある。編縄の完全な懸泉漢簡の『建昭三年穬麦出入簿』[52]や居延新簡の『労邊使者過界中費簿』(74.EJT21:2-10)[53]といった実物資料がしめすように、この種の記録を持つ簿冊はまず文字を書き、その後、縄紐で連ねている（図12）。

この二点の簿冊の縄は墨跡に掛っており、編縄のための空白を設けていないので、先に書写され、後に縄で連ねられたことが分かる。先に挙げた【13】の例では、二か所に墨跡を乱す縄痕があり、もともと縄が墨跡の上にあったことが知れる。このほか、【1】・【5】・【8】・【9】等の例では、券または簡札に文字が満ち、墨跡もはっきりしており、編縄のための空白などは見られない。

『建昭三年穬麦出入簿』に関して、今少し検討したい。釈文は、

（第一枚）出穬麥小石十六石　　建昭三年四月辛亥、倉嗇夫竟附縣泉廏佐延年
（第二枚）出穬麥小石十六石　　建昭三年四月癸丑、倉嗇夫竟附縣泉廏佐延年
（第三枚）出穬麥小石廿四石　　建昭三年五月甲子、倉嗇夫竟附縣泉佐延年
（第四枚）出穬麥小石七石　　建昭三年五月丙寅、倉嗇夫竟附縣泉廏佐延年
（第五枚）●凡穬麥小石六十三石
（第六枚）建昭三年六月丙戌朔丁未、淵泉守長長・守丞□移縣泉置：嗇夫□持傳馬□□使者諸國客、廩如牒。今寫券墨移、書到、□令史受、薄（簿）入七月。報、毋令繆、如律令。

となる。「建昭」は前漢元帝の元号で、「建昭三年」は紀元前三六年である。この簿冊は六枚の木札から成り、前四枚は四月・五月の四条からなる「出穬麦」の記録で、第五枚はそれまでの目録に対する決算で、第六枚は、六月丁未に淵泉県から県（懸）泉置に発送された文書である。この文書は四・五の二カ月の「出穬麦」について決算した後、目録と合わせて発送したものである。「出穬麦」を記録した四枚の木札についてみると、刻歯や墨書の標記等は見られ

ないが、その内容・格式は、先に挙げた【1】・【2】の「出券」の例に非常に似ている。

　このうち、「券墨」について、一説には、「今寫券墨移書」を一句とし、「券墨移書とは、墨筆を用いて書写した正式な証明とすることができる文書」として、[54]糧食の受け取りを認可された証拠の文書と見るが、ややあいまいである。しかし、『建昭三年穬麦出入簿』の全文を概観すると、「今寫券墨移」と訓読され、糧食の受け取りはすでに終わったことになり、上記の説に疑いが生じる。

　また、『九章算術』方程の劉徽注に「今兩算得失相反、要令正負以名之。正算赤、負算黑、否則以邪正爲異」とあり、沈括『夢渓筆談』象数二にも、「算法用赤籌・黑籌、以別正負之數」とある。ただし『周書』蘇綽伝には、「綽始制文案程式、朱出墨入、及計帳・戸籍之法」とあり、算籌の「正赤負黒」は、帳簿の「朱出墨入」と異なるように見える。しかし、負・正、出・入は相対的なもので、出納の一方が負・出ならば、他方が正・入になるのであり、逆にしても同じことである。「券墨」に関しては、資料が限られ判断しがたい。

　『建昭三年穬麦出入簿』の主な内容は、糧食支出の目録である。先述のようにその内容・格式は「出券」とよく似ている。六月丁未の文書で「今寫券墨移」とあり、「券墨」は糧食出納の記録と関連する。ここで懸泉漢簡一例を参考に見たい。


　神爵二年正月丁未朔己酉、縣（懸）泉置嗇夫弘敢言之：遣佐長富將傳迎長羅侯、敦煌稟小石九石六斗、薄（簿）入十月。今敦煌音言不薄（簿）入、謹問佐長富稟小石九石六斗、今移券致敦煌□……。

（懸泉漢簡I0309③:215）[55]

これは、懸泉置の嗇夫が敦煌郡府に向けて書いた文書である。この文書から以下のことが分かる。「遣佐長富將傳迎長羅侯」によって、小石九石六斗の糧食が受領され、懸泉置はこの目録を十月の簿冊に記録した。そして敦煌方では「不薄（簿）入」といい、そのため懸泉置は「佐長富」に問いただすことを求め、同時に「券」ないし「券致」を敦煌に移送した。ここから、「券」・「券致」は、糧食受領の手続きと関係があり、さらにすでに受領したという証明になったと考えることもできる。[56] 文書にみえる「今移券」（または「今移券致」）と、『建昭三年穬麦出入簿』中の「今寫券墨移」はよく似ており、そこから、「券墨」が糧食出納の記録に関わることが分かる。

『建昭三年穬麦出入簿』にみえる「券墨」は、目録中にある四条の「出穬麥」の記録と考えられる。その「出穬麥」の記録は券文から写したものであり、さらに券を分けたうちの半券の文を写したものといえる。よって「券墨」とは券文または半券の文を指していると思われ、「今寫券墨移」とは、「券文（または半券の文）を書き写して、移送する」という意味に捉えられる。「出券」は糧食を支出するほうに保管される。ここでいう支出方は、「倉嗇夫竟」所在の糧倉であり、六月丁未の文書からみて、淵泉県の所轄と思われる。「出券」が取りまとめられた際に、書写・編集し一冊に綴じられ、『建昭三年穬麦出入簿』となった。そして淵泉県では再度この簿冊を入糧方に発送した。ここでは、入糧方は「縣（懸）泉廏佐殳年」所在の懸泉置で、四件の「穬麥出入券」の「入券」が保管される場所である。懸泉置は文書を受領した後に帳簿を作成し、返送した。このように糧食出納記録が整理されたのは、帳簿を合わせるといった事務手続きと関係するものであろう。また、『建昭三年穬麦出入簿』にある四条の「出穬麥」の記録は、その内容・格式が【1】・【2】と類似するだけでなく、【8】・【9】ともよく似ており、「出」・「入」のみ異なる。【8】・【9】もおそらく券の写し、すなわち「出入券」の「入券」の写しであろう。以上はあくまで「券墨」に対する試論であり、この問題の解決は、さらなる検証が必要であろう。[57]

余論

これまでに挙げた簡牘の諸例と『建昭三年穬麦出入簿』は、みな官倉に関わるものである。それに対し、漢晉時代の私倉に関して、なかでも私倉における糧食出納の資料については、今のところ事例は非常に少ない。しかし、本論で論じた倉廩図の中には、官倉もあれば私倉もある。例えば図1に対しては、地主が農民から私租を取る場面と解釈されることが多く[58]、その糧食倉庫は私倉ということになるが、これについては検討を要する。まず、この画像のある密県打虎亭一号漢墓の墓葬規格は非常に高く、構造も広大で複雑であり、被葬者の高い地位を示しており、その身分は弘農太守と考えられる[59]。改めて図中の糧倉を見ると、方形を呈し、ベランダ・欄干・通風口などを完備した庇のある楼閣で、前面も広く開けている。図中の人物は十名に及ぶが、農民のような人物はごく少ない。体型の小さい騎馬で鳥を射る者とそのお供以外は、みな糧食の出納に関わって忙しくしており、生活の雰囲気は希薄である。そういった人物の中で特徴的なのは、簡牘を手にして跪くものとそれに対面して座るものである。彼らの服装や挙動からみて、二人の関係は農民と地主といったものではないようであり、小吏とその長官に見える。以上の状況から総合的に考えると、この糧倉は私倉ではなく、官倉と考えられる。本図の意義は、「某食此大倉」といった榜題をもつ墓葬倉廩図に類似し[60]、被葬者が「大倉」の供給を受けることを示していると考えられる。「大」は「太」に通じ、「大倉」は国家の「太倉」となる[61]。図2は画像磚の図であるが、画像磚の製作は図像を彫刻した木製の模範を粘土に押し付け、焼成して完成する[62]。そのためその規格化は顕著であり、本図の糧倉は簡略で人物も少なく、官・私の区別は明らかでない。しかし、倉の前に座るものの衣冠や糧食を運ぶ馬車、またこの種の画像磚に共通する共通性などから、この糧倉はおそらく官倉である。図3の糧倉は、障壁に「護烏桓校尉莫（幕）府穀倉」と墨書があり、官倉であることは確かである。「護烏桓校尉」はこの墓葬の被葬者の仕官経歴と一致する。[63] 図4の糧倉が示すのは糧食を出す場面で、その場所は大きく貯蔵施設も多く、券を分ける者の容貌は官吏のようであり、官倉であろう。その意義はやはり「某食此大倉」の榜題の墓葬倉廩図に類似する。[64] 図5・図6の糧倉は全体に、一般の生活の雰囲気があり、図5では被葬者と思われる人物が糧食を見ている場面があり、[65] 手には簡牘を握っている。図6で特徴的なのは、婦女と児童のモチーフで、私倉と考えられる。この二例が属する墓葬は、被葬者が役人でないことを示し、経済力のある豪強地主であると考えられる。[66]

ただし、倉廩図の糧倉の規模に関しては、あまり拘り過ぎるべきでない。墓葬中の画像は誇張されていることが考えられ、倉廩図も例外ではない。漢・晉は農業社会であり、生産力水準はなお低く、食糧と人々の生計は密接に関わっている。そのため当時、倉廩を擁することは富の象徴であり、倉廩が大きければ大きいほど、その富の大きさを示す。よって、墓葬の副葬品でも陶倉がよく見られ、画像でも糧倉を題材とすることが多いのである。『急就篇』に「廩食縣官帶金銀」とあり、顔師古注に「廩食縣官、官給其食也。帶金銀者、或得封侯、或受職任、皆佩印也」という。「縣官」は、国家ないし天子を指し、「金銀」は、王侯と高官の印を示す。「廩食縣官」は豊かであることを象徴し、また身分の尊貴さを代表している。このような理由により、倉廩図の中で官倉は規模が大きく描かれるようになり、必ずしも実情に合っていたかは分からない。「食此大（太）倉」は一種の決まり文句であったのであろう。[67]

また私倉と官倉の間に共通性もある。当時、民間の生業活動は、習俗・規範などの面で官方を模倣していた。『漢書』巻二四食貨志の董仲舒の言に「或耕豪民之田、見税什五」とある。また『前漢紀』文帝紀の荀悦の言に「官收百一之税、民收太半之賦」とある。董・荀の述べるのはいずれも小農が「豪民」にたいして私租を納める状況であり、地主の私租を「税」・「賦」と称していたことも、官府に擬しているのである。こういったことから、当時の私倉における管理方式などは官倉とほぼ同じであったと推測され、図5・図6に示される糧食出納の場面はその一例であろう。
さらに、墓葬画像は当時の専業の画工によって描かれたものであり、そのモチーフができるまで、雇い主の身分や意向のほか、所属工房一派の伝統や、個人の認識・創造など、様々な影響があるであろう。最終的に完成された画像は、こういった様々な要素を総合的に盛り込んだものになったと思われる。

まとめ

漢晉時代においては、糧食出納の記録は通常竹木製の券ないし簡札に書写されていた。本文で論じた倉廩図は、糧倉・量器と関連の人物・物品など様々なモチーフが組み合わされており、それらが同時に表現されていることから、糧食出納の場面と認識することができる。その情景には、糧倉の倉主や管理人と思われる人物がおり、こういった画像が糧食出納の手続きと関連することが推測される。さらに観察すると、手に数本の細棒・束状のものをもっており、簡牘の可能性が高く、具体的には券ないし簡札に糧食出納の記録を書写したものと考えられる。それらが倉廩図に描かれたのは、倉廩の豊かさを如実に示すためであったと思われるが、そこから、われわれは簡牘時代の社会活動の実態を可視的に知ることができるのである。

附記：本文の初稿は二〇〇九年五月に完成し、中国秦漢史研究会第十二届年会（二〇〇九年八月、河南永城）にて発表した後、二〇〇九年十二月に改訂を加えた。

注

（1）本文図1の人物の持つ棒状のものについて、安金槐・王与剛や孫心一は「簡冊」とする。安金槐・王与剛「密県打虎亭漢代画像石墓和壁画墓」『文物』一九七二年第十期、孫心一「地主階級剝削農民的縮影――後漢画像石〝豪強地主莊園的糧倉〟簡介」『史学月刊』一九八一年第五期。本文図2については、『中国画像磚全集』に「倉前に一人が座り、籌をもって数を数えている」というが（『中国画像磚全集』編輯委員会『中国画像磚全集　四川画像磚』四川美術出版社二〇〇五年）、籌は計算道具の算籌のことを指していると思われる。本文図5については、『魏晉南北朝壁画墓研究』に「寝台上に人物が座し、算籌を持つ」という。鄭岩『魏晉南北朝壁画墓研究』文物出版社二〇〇二年。また、本文図1について、「両手に棒状のものを持つ」という見解がある。河南省文物研究所『密県打虎亭漢墓』文物出版社一九九三年、中国画像石全集編輯委員会『中国画像石全集6　河南漢画像石』河南美術出版社・山東美術出版社二〇〇〇年。

（2）甘粛省文物考古研究所『敦煌佛爺廟湾西晉画像磚墓』文物出版社一九九八年。または言及しないものもある。魯文生『山東省博物館館蔵精品』山東友誼出版社二〇〇八年。

（3）前掲『中国画像石全集6　河南漢画像石』。

（4）前掲『中国画像磚全集　四川画像磚』。

（5）内蒙古文物考古研究所『和林格爾漢墓壁画』文物出版社二〇〇七年。

（6）前掲『山東省博物館館蔵精品』。

（7）党浩等「山東長清大街村発現漢代画像石墓」『中国文物報』二〇〇六年一月十八日第一版。

（8）前掲『敦煌佛爺廟湾西晉画像磚墓』。

（9）前掲『敦煌佛爺廟湾西晉画像磚墓』。

（10）四川大学歴史系古文字研究室『甲骨金文字典』巴蜀書社一九九三年。

（11）睡虎地秦墓竹簡整理小組『睡虎地秦墓竹簡』文物出版社一九七八年。

（12）見図2―2、図5―2。算籌はその使い方から大きく賭けごとの道具と計算道具に分けられる。前者は通常六枚を「度」

とし、長度は後者よりも大きい。張沛「出土算籌考略」・付表「歴年出土算籌一覧表」『文博』一九九六年第四期。

(13) 前掲張沛によると、一九五四年から一九八六年に十六組の算籌が出土し、そのうち五組は賭博に関するもので、十一組が計算道具であった。計算道具としては、長さ一四cm以下が八組、一六cm・二〇cmのものが各一組、もう一組は不明である。

(14) 算籌の長さの変遷については、李勝伍・郭書春「石家荘後漢墓及其出土的算籌」『考古』一九八二年第三期、王青建「試論出土算籌」『中国科技史料』一九九三年第一四巻第三期を参照されたい。

(15) 前掲張沛論文。

(16) 李儼「中算家的記数法」『数学通報』一九五八年六月号。

(17) 胡平生「木簡出入取予券書制度考」『胡平生簡牘文物論集』蘭台出版社二〇〇〇年。

(18) 湖南省文物考古研究所『里耶発掘報告』岳麓書社二〇〇六年。

(19) 長沙市文物考古研究所・中国文物研究所『長沙東牌楼後漢簡牘』文物出版社二〇〇六年。

(20) 張春龍「里耶秦簡祠先農・祠窨和祠隄校券」武漢大学簡帛研究中心『簡帛』第二輯、上海古籍出版社二〇〇七年による。里耶秦簡はなお未公開のものがある。

(21) この方法は「露布」の文告や伝信等で施された。その泥封・押印の目的は「検」と異なり、文書を封緘するためではなく、発布者の信用を証明するものであり、後世の紙文書における押印と共通する。

(22) 『漢書』巻六四終軍伝に、漢代は「繻」をもって関所を出入する証明としたことが記載され、蘇林注引に「繻、帛邊也。舊關出入皆以傳。傳煩、因裂繻頭合以爲符信也」とある。証書として用いられるものは帛で製作したと分かる。ただし帛は高価であり簡牘のように広くは用いられなかった。

(23) 三分割したものを「三辨券」と称した。『睡虎地秦墓竹簡』金布律や『張家山漢簡』二年律令金布律に見える。

(24) 于豪亮「秦律叢考・券右 辨券」『于豪亮学術文存』中華書局一九八五年、馬怡「里耶秦簡中幾組渉及校券的官文書」武漢大学簡帛研究中心『簡帛』第三輯上海古籍出版社二〇〇八年。

(25) 嘉禾吏民田家莂は、その形態は特殊で、長さは四九・八～五六cmである。「長沙走馬楼二十二号井発掘報告」長沙市文物考

古研究所等『長沙走馬楼三国呉簡嘉禾吏民田家莂』（上冊）文物出版社一九九九年。
(26) 券書の刻歯の役割については、前掲の于豪亮のほか、籾山明「刻歯簡牘初探――漢簡形態論引緒」張伝璽『契約史買地券研究』附録中華書局二〇〇八年を参照されたい。
(27) 胡平生・汪力工「走馬楼呉簡〝嘉禾吏民田家莂〟合同符号研究」中国文物研究所編『出土文獻研究』第六輯、上海古籍出版社二〇〇四年。
(28) 前掲の胡平生・汪力工によれば、刻歯と「同」字の二種の契約標識は、役割は似ており、それらは由来は異なりまた同時に併存せず、前者から後者へ変遷する関係にあることが推測されるが、現在では断定できないとする。
(29) 労榦『居延漢簡図版之部』中研院歴史語言研究所専刊之二十一、一九五七年。本文所載の券と簡札の長さと幅は、みな関連の図版から計測したものである。
(30) 前掲『居延漢簡図版之部』。
(31) 甘肅省文物考古研究所等『居延新簡　甲渠候官』中華書局一九九四年。
(32) 長沙簡牘博物館等『長沙走馬楼三国呉簡・竹簡［貳］』文物出版社二〇〇七年。
(33) 前掲『長沙走馬楼三国呉簡・竹簡［貳］』。
(34) 侯燦・楊代欣『楼蘭簡紙文書集成』天地出版社一九九九年。
(35) 前掲『楼蘭簡紙文書集成』。
(36) 前掲『居延漢簡図版之部』。
(37) 前掲『居延漢簡図版之部』。
(38) 前掲『居延新簡：甲渠候官』。
(39) 前掲『居延新簡：甲渠候官』。
(40) 前掲『長沙走馬楼三国呉簡・竹簡［貳］』。
(41) 前掲『長沙走馬楼三国呉簡・竹簡［貳］』。

(42) 走馬楼呉簡整理工作に参加した羅新氏の御教示によれば、走馬楼呉簡で、【13】の例に類似する竹簡は非常に多く、いずれも書写した後に編集したものである。また、それらの竹簡の上半と下半には縄で結ぶための空白があり、二・三条の横線が墨で引かれている。編縄は朽ちているが、縄痕と墨痕が残る。

(43) 例えば、『史記』巻三十平準書に「各以其物自占、率緡銭二千而一算。諸作有租及鑄、率緡銭四千一算。非吏比者三老、北邊騎士、軺車以一算、商賈人軺車二算、船五丈以上一算」とあり、また江陵鳳凰山一〇号漢墓簡牘に、「市陽二月百一十二算、算八錢、八百九十六、正偃付西鄉偃佐纏、傳送。卩。市陽三月百九算、算九錢、九百八十一、正偃付西鄉偃佐賜。市陽三月百九算、算廿六錢、二千八百卌四、正偃付西鄉偃佐賜」とある。李均明・何雙全『散見簡牘合輯』文物出版社一九九〇年。

(44) 前掲『居延新簡：甲渠候官』。

(45) 前掲『居延新簡：甲渠候官』。

(46) 前掲『居延新簡：甲渠候官』。

(47) 前掲『居延漢簡図版之部』。

(48) 前掲『居延漢簡図版之部』。

(49) 前掲『居延漢簡図版之部』。

(50) 前漢の簡牘では「石」を容量詞とし、新莽始建国から天鳳年間および後漢初に「石」と「斛」を併用するようになったという指摘がある。饒宗頤・李均明『新莽簡輯證』新文豊出版公司一九九五年。

(51) 呉礽驤等『敦煌漢簡釈文』甘粛人民出版社一九九一年。

(52) 張俊民『〈額済納漢簡〉冊書質疑』附図四、武漢大学簡帛網『簡帛文庫・漢簡専欄』http://www.bsm.org.cn/show_article.php?id=324　二〇〇六年四月十二日。

(53) 馬建華主編『河西簡牘』重慶出版社二〇〇三年。

(54) 胡平生・張徳芳『敦煌懸泉漢簡釈粋』上海古籍出版社二〇〇一年。

(55) 前掲『敦煌懸泉漢簡釈粋』。

(56)『睡虎地秦簡』田律に「稟大田而毋（無）恒籍者、以其致到日稟之、勿深致」とあり、整理小組注に「致は、『曲礼』に，献田宅者操書致。とあり、朱駿聲『説文通訓定聲』，按猶券也。という」とする。睡虎地秦墓竹簡整理小組『睡虎地秦墓竹簡』文物出版社一九七八年、裘錫圭「漢簡零拾」『文史』第一二輯、中華書局一九八一年。

(57) 現在、漢簡に記される「券墨」は、みな会計の出納帳と関係がある。居延新簡「〼庚辰朔戊申、第十桼候長良敢言之、謹移卒輸官財用券墨如牒。敢言之。連局令校」（E.P.T2:9A）、懸泉漢簡「永光三年正月丁亥朔丁未、淵泉丞光移縣（懸）泉置：遣廄佐賀持傳車馬迎使者董君・趙君・所將客、柱（住）淵泉、留稟茭。今寫券墨移、書受、薄（簿）入二月。報、毋令謬、如律令」、「甘露二年二月庚申朔丙戌、魚離置嗇夫禹移縣（懸）泉置：遣佐光持傳馬十匹、爲馮夫人柱（住）、廩穬麥小卅二石七斗、又茭廿五石二鈞。今寫券墨移、書到受、薄（簿）入三月。報、毋令繆（謬）、如律令」、「甘露三年十月辛亥朔、淵泉丞賀移廣至・魚離・縣（懸）泉・遮要・龍勒：廄嗇夫昌持傳馬送公主以下過、稟穬麥各如牒。今寫券墨移、書到受、薄（簿）入十一月。報、毋令繆（謬）、如律律令」（前掲『敦煌懸泉漢簡釈粋』85、Ⅰ0111②:3；203、Ⅱ0115③:96；205、Ⅱ0114③:522）などから、当時の出納帳は券を根拠としていたことが分かる。

(58) 前掲『密県打虎亭漢墓』では、「この画像は漢代地主による農民から租を収める場面を再現している」という。前掲『中国画像石全集　6河南漢画像石』でも同様のことを述べ、また安金槐・王与剛・孫心一によれば、「漢代地主が農民から収奪する罪悪の形象を描く」とし、跪くものを佃農、座すものを地主と見る。李錦山は「大地主収租図」と、劉興林は「大型収租図」とする。前掲安金槐・王与剛論文、李錦山「略論漢代地主荘園経済」『農業考古』一九九一年第三期、劉興林「漢代農業考古的発現和研究」『蘭州大学学報（社会科学版）』二〇〇五年第二期。

(59) 前掲『密県打虎亭漢墓』によれば、酈道元『水経注』洧水条に記載される弘農太守張伯雅の墓葬の地理位置と封土の状況が、打虎亭一号漢墓と同じであるとする。

(60) 墓葬倉稟図中の「食大（太）倉」といった類の榜題は、本来は被葬者やその随員が国家の「太倉」が供応する糧食を奉じ、祿食の尽きない様を表している。内蒙古ホリンゴル漢墓の壁画の榜題は「上郡属国都尉西河長史吏兵馬皆食太倉」・「繁陽吏人馬皆食太倉」となっており、河北望山一号漢墓の壁画の榜題は「□□□下□□皆食太倉」となっている。内蒙古文物考古

研究所『和林格爾漢墓壁画』、姚鑒「河北望都県漢墓的墓室結構和壁画」『文物参考資料』一九五四年第十二期、陳直「望都漢墓壁画題字通釈」『考古』一九六二年第三期。

(61) 沂南漢墓画像石の倉廩図（本文図8）の状況も類似しているが、「収租図」と呼ばれている。山東沂南漢墓博物館編『山東沂南漢墓画像石』斉魯書社二〇〇一年。

(62) 袁曙光「四川画像磚概論」前掲『中国画像磚全集　四川画像磚』。

(63) 前掲『和林格爾漢墓壁画』。

(64) 前掲『中国文物報』二〇〇六年一月十八日第一版。

(65) 前掲『敦煌佛爺廟湾西晉画像磚墓』。

(66) 前掲『敦煌佛爺廟湾西晉画像磚墓』の第五章『墓葬年代与有関問題』。

(67) 画像の例では、四川邛崍出土の「糧倉画像磚」は図像の規格化が顕著で、その榜題は「皆食此大（太）倉」となる。劉振宇「成都怡漢軒秘蔵漢画像磚精選」『中国漢画研究』第一巻、広西師範大学出版社二〇〇四年。碑刻の例では、『薌他君石祠堂題記』の「此上人馬、皆食大倉」、『安国祠堂題記』の「此中人馬、皆食大倉、飲其江海」、『曲阜徐家村画像石題記』の「此臧中車馬延□、龍虵虎牛皆食大倉」、『南武陽功曹闕題銘』の「此上□□皆食□倉」などがある。永田英正『漢代石刻集成図版・釈文篇』同朋舎一九九四年。）。「太倉」はさらに「天倉」ともいわれた。山東蒼山元嘉元年（紀元一五一年）画像石の題記に「其当飲食就夫（天）倉、飲江海」とある。山東省博物館・蒼山県文化館「山東蒼山元嘉元年画像石墓」『考古』一九七五年第二期。方鵬鈞・張勲燎「山東蒼山元嘉元年画像石題記的時代和有関問題的討論」『考古』一九八五年第三期。

漢代北方の地域社会と交通——城郭と墓葬から——

上野祥史

はじめに

漢代の情報伝達に関しては、簡牘資料を中心とした文書行政システムの検討が進んでいる。漢代には、都市、城障、集落など、人間集団が形成したさまざまな拠点が存在しており、それらが交通路を介して相互に結びついていたのである。人の移動を介して、この交通路の上を、情報が伝達され、物資が流通したのである。これまでの情報伝達や交通路を対象とした研究では、伝送された情報やその伝達システム、あるいは交通路やルートそのものに注目が集まっており、結びつけられた拠点の実態や、その集合体である地域社会が検討の対象となることは少ないように思う。また、個々の地域社会に対しては、中央や辺境という相対的な評価は与えられるものの、その個性や特殊性を評価した地域社会論に展開することも少ないように思う。

本論では、雲中郡や代郡・鴈門郡など、匈奴・鮮卑との争乱の地となった漢代北方辺境地域を取り上げ、県城を中心とする各地域社会がどのような相互関係をもつのか、そこに地方経営を推進する中央政府がどのように関与するのか検討することにしたい。地域社会の盛衰は在住者の動きを反映したものであり、郡県の設置・再編は中央政府の意図を反映したものである。漢代の北方地域を対象として、地域社会の動きを中央と地方という双方の視点で評価しようと試みるものである。

一　漢代社会研究における情報伝達と地域社会の認識

情報伝達や交通といったテーマに対して、これまでの秦漢史研究では簡牘資料を中心とした膨大な研究の蓄積がある。居延漢簡にはじまり、敦煌漢簡や鳳凰山漢簡、張家山漢簡、尹湾漢簡、里耶秦簡や走馬楼漢簡などを対象とした研究では、文書の伝達や物資の輸送、胥吏の動きなどが解明されている。漢簡から抽出される人の動きは、文書行政とその記録という漢簡の性格に由来した、行政システムの中における諸機関間、あるいは部局間の関係を示すものである。また、それは特定の場所から特定の場所へと至る空間移動を示すものでもある。居延漢簡を対象とした研究では、行政文書の伝達を通じて、中央政府から辺境郡県への情報の伝達、張掖郡内での情報伝達の様相が明らかにされており、人や物資の移動については、他地域から居延地域への移動流通や、張掖郡域を含めた居延周辺地域内部での移動流通が明らかになっている(1)。空間を移動した人・物資・情報は、文書行政システムで管理されるが故に記録として残されたのである。しかし、行政システムの視点では、空間移動した「もの」や移動の在り方などに注目が集まり、地域と地域との結びつきを取り上げることは少ない。それは、これら簡牘資料から抽出できる地域間関係が、郡域の範疇に収まるものが多く、狭域に限定された拠点・地域社会の結びつきは、特定地域の個別事例としての認識を越えることが少ないことに起因するのであろう。加えて、特定の地域社会での事例に基づきながらも、特定の個性に目が向きにくい背景には、「普遍性」を指向する研究視点があるものと考える。個別事例には他の事例と共通する「普遍性」が内包されており、その「普遍性」を抽出することが個別事例研究を超越するという意識によるのではないか。

それは、皇帝を中心に機能した文書行政システムを、地方という末端での実態から抽出するという姿勢に共通している[2]。なかには、尹湾簡牘の研究のように、東海郡近辺における郡功曹史の活動状況から、県レベルでの各地域社会の相互関係（ネットワーク）を明らかにし、東海郡とその近隣を含めた有機的な一つの空間、すなわち地域圏の実態を解明したものがある[3]。これなどは、情報や物資の伝達だけでなく、地域社会の結びつきを具体的に検討した好例として評価できるものである。

また、情報の伝達を、空間移動という視点でとらえたものとしては、交通路の復元研究がある。それは、文献情報と地理環境を対照させた歴史地理学的な視点で交通路を復元するものであり、交通路の機能や用途を対照することによって、個別の地域社会に対する中央政府・皇帝権力の認識や評価、あるいは、その経営戦略を読み解こうとする取り組みである。始皇帝や武帝の巡狩経路を基に、皇帝権力による領域観念の実態や、帝国世界の空間構造を推察した研究は、巨視的な視点で地域社会を評価したものといえよう[4]。しかし、こうした検討では、各地域の個性は捨象されており、地域間関係は、内郡と辺郡あるいは郡と県といった、概念レベルで理解されることが多い。地域社会を分析の対象として、帝国世界の空間構造を検討する場合でも、中央政府の理念的評価や、戸口や開発・徴発という分析視点に基づいた相対的評価が適応されるのである[5]。そこでは、地域社会が支配されるべき、統合されるべき対象としてとらえられており、中央の視点を色濃く投影した評価となっている。これらは、より巨視的な視点で地域社会を評価したものといえよう。

地域社会を検討する上で注目したいのは、湖南省長沙馬王堆三号墓出土の地形図・駐軍図である[6]。紀元前二世紀前半頃に南越国と対峙した長沙国南辺の様子を描く地図であり、地域社会の実態を示す貴重な資料である。山川を表現した地形図に、県城や城障あるいは郷里という村落共同体を重ねており、一つの空間領域における行政拠点と軍事施設、生活共同体などの相互関係を示している。ことに、正史や簡牘資料の記録では観念的な理解にとどまる、県以下の郷里の実態を可視化している。ここに描かれた地域社会の具体像は、漢代世界の各地に存在したのである。県城を一つの結節点として、有機的なまとまりを形成する地域社会が存在したのである(7)。

県城を結節点として郷里という共同体を連結する近距離ネットワークは、相互に連接しながら全体として漢代世界を覆う網の目状の交通網を形成する。その中で、県城を連結し「みやこ」へと至る遠距離ネットワークが、中央政府の地方統治を支える主要幹線となったのである。法令の下達や郡の上計など、中央から地域社会へ、そして地域社会から中央へと各種の情報は双方向で伝達された。県城を結節点とする近距離ネットワークは、地域の論理で統合された結びつきであり、中央政府はそれを利用し上重ねする形で中央と地域社会を結びつける遠距離ネットワークを機能させたのである。地域社会では二つのネットワークが重なり、地域の論理を反映した動きと、中央の論理を反映させた動きの二相がみえるのである。城郭遺跡の多くは県城に比定されているが、これらの県城遺跡は中央の論理と地域の論理が交錯する場として評価することができよう。

地域社会には、中央と地域社会という二つの異なる論理が作用していることを指摘した。漢代を通じて郡県は再編を繰り返すが、それは地域社会の実態にあわせて中央政府が取捨選択をした結果である。争乱・外圧による支配の放棄は、漢人が居住する地域社会そのものの消滅と同義であるとは限らない。郡県が施行された領域・空間の外にも、漢人が居住する地域社会は存在したのである。一方、『漢書』地理志や『続漢書』郡国志には、西郷や南郷など郷名を反映した県名が存在し、かつての県城が他県に属する郷や亭として存続する様子もみえる。それは、人口の変動等を反映して県という行政単位が変化することを示している。新県の設置は拡大した地域社会への対応であり、廃県は縮小した地域社会への対応である。自律的な地域社会の動きに対した、中央政府の対応と言えよう。その逆に、徙民政策など中央政府の動きに起因して、地域社会そのものが変動する事例も存在する。こうした動きが最も鮮明に見えるのが、帝国領域の縁辺部である。各地に存在した地域社会のすべてが必ずしも帝国の領域に内包されたわけではなく、漢人の生活文化圏としての漢代世界と郡県制の施行を以て実体化する帝国領域とは、大半の部分で重なれども外縁部分では、ズレを生じるのである。

ここに、地域社会の動きには、中央政府の意図とは必ずしも連関しない側面があることを改めて認識し、地域社会そのものを対象として、その実態や動きを検討する必要を感じるのである。帝国領域の構成体として、地域社会を評価するだけでは不十分であり(8)、地域の視点で地域社会を評価することも重要である。

さて、文字資料は社会のさまざまな側面を鮮明に描き出してきたが、描き出せる地域社会の時間幅と空間範囲は限定的である、という資料上の制約がある。尹湾漢簡は、紀元前一世紀末の東海郡とその周辺を含む範囲の実情を明らかにした。しかし、同時期の近隣の沛郡や琅邪郡の様相、あるいは同地域の一世紀や二世紀の様相については、情報が不在であり明らかにすることは難しい。出土文字資料は詳細な情報を提供するものの、特定地域における時間的変遷を追うことや、特定時期に地域別の比較をおこなうことなどは難しい。この点、万を優に超える数が確認されている墓葬資料は、広範囲を対象として、かつ連続した時間幅の中で地域社会の動きを検討することが可能である。墓葬資料は、これまで葬送観念や様式論など文化史的な評価が強く、理念的な枠組みでとらえることが多いが、墓葬資料はきわめて現実的な構築物である。構築材の調達、諸施設の構築技術、あるいは形態を規定する価値観念など、漢代を生きた人々の理念と現実の複合物である(9)。副葬品と埋葬施設で実体化する墓葬様式は、共有された意識・思想の結晶であり、政治性や経済性を反映するものでもある。普遍的に存在する漢墓を対象に、当時の地域社会を生きた漢人の動きをトレースするには、非常に有益な資料であるといえよう。

以上を踏まえて、文献資料とは性格の異なる、城郭遺跡と墓葬資料という考古資料を通じて地域社会を評価することにしたい。県城に比定されることが多い城郭遺跡は、中央政府の論理と地域社会の論理の結節点であり、地域社会に帰属する人々の奥津城である漢墓群には、漢代世界で共有する普遍性と地域社会の独自の指向性が反映されている。二つの視点を交差させれば、地域社会の動きをより立体的に描き出すことが可能になる。こうした地域社会の検討は、情報伝達システムが機能した基盤を解明することでもある。これまでの情報伝達の検討が対象としたソフトウェア面だけでなく、そのシステムを機能させたハードウェア面を解明するものである。それは、相互に往還すべき重要な検討であり、既存の研究成果や検討視点にも還元することのできる取り組みであると考えている。

本論では、漢代を通じて匈奴・鮮卑との争乱の地となった北方地域を対象に、地域社会の動きを描写することにしたい。現在の山西省北部、陝西省北部から内蒙古自治区の中南部にかけての地域を対象とする。代郡・鴈門郡・雲中郡・定襄郡・五原郡・西河郡・朔方郡等に相当する地域であり、いわゆる并州刺史部北半に該当する地域を北方地域とする。北方地域は、当該地域が匈奴や鮮卑と漢の争乱の地となったがために、前線の南下北上に代弁される彼我の力関係や国家権力の関与を反映して評価する傾向が強い。地域社会の視点から、こうした評価の相対化をも試みたい。

二　前漢期の北方地域社会

（一）　政治動向からイメージされる北方地域社会

まず、前漢期の北方地域を、『史記』及び『漢書』に記載された政治動向から、簡単に整理してみよう。漢と匈奴の争乱の地の一つであり、武帝期を境として攻守が転換してゆく。漢の高祖劉邦は、韓王信をめぐる一連の動きのなかで、高帝七年（前二〇〇）に匈奴と戦火を交えるが、白登山にて敗退する[10]。以後も匈奴の北方地域への侵入は続くが、秦末の争乱を経て民力が疲弊し、独立した諸侯王国が存在するという建国期の実情により、内政を重視する政策が継続して進められ、文帝・景帝期には、民力涵養を旨として、積極的な対外政策には及んでいない。代郡や鴈門郡など北方地域では、匈奴の侵入が頻発しており、文帝十四年（前一六六）には、長安周辺にまで深く侵入する事件すら生じている[11]。

やがて、武帝期に至り、蓄積された国力を背景に攻勢に転じるようになる。元光二年（前一三三）の馬邑の役は、その転換の契機として重要である[12]。この事件は、鴈門郡の属県である馬邑が、漢人の経営する社会基盤をもちながら、常に匈奴の侵入を受ける北方地域の実態を示している。馬邑の役以後は、武帝の対匈奴戦争が本格的に展開してゆくのであるが、時代とともに戦線は北へ、そして西へと移動してゆく。武帝期前半は、雲中などが匈奴遠征の出発拠点になるのに対して、武帝期後半には、居延など西方へと遠征の拠点が転じているのである。守勢から攻勢への転換と、河西四郡の設置に象徴される新たな辺境領域の現出にともなって、徙民政策が実施されることになる。匈奴の侵入を防ぐ拠点の構築とその維持のため、フロンティアの社会基盤整備が必要となり、開発・徙民が進められたのである。武帝期には、五原郡や朔方郡の設置や、大規模な徙民が実施された。

それ以後は、積極的な外交策からの転換が図られ、交戦や徙民・屯田といった対外強硬策は影をひそめる。昭帝期の塩鉄会議でも、民生安定を優先する内政重視の視点から、積極的対外政策が否定的にとらえられている。そして、漢と匈奴との関係も、対立・抗争から宥和・友好へと転換してゆく。その象徴が、宣帝期の呼韓邪単于の入朝である[13]。前漢後期は、北方地域への匈奴の侵入記事も少ない。こうした対外関係を反映して、北方地域社会にも安定がもたらされた。しかし、漢の帝位を簒奪した王莽は、華夷観念を強要した対外強硬策を展開して、周辺諸民族との軋轢を生み、中国世界との対立が激化した[14]。北方地域は、再び前漢前期と同じ漢胡争乱の場へと化したのである。王莽期の混乱は、匈奴と結びついた盧芳など地方独立政権を生みだすなど、後漢初年に至っても終息しておらず、郡県支配が復するのは建武二十六年（五〇）のことである[15]。

前漢期の北方地域は、武帝期を前後して、前漢前半（紀元前二世紀）の不安定から、前漢後半の（紀元前一世紀）の安定へと変容する。そして、紀元前後を境に、再び不安定な状態へと変化したのである。

ここで、諸侯王国という視点から、北方地域を評価してみよう。呂后没後の政変を経て即位した文帝は、この北方地域の一角を治した諸侯王であった。建国当初より存在した諸侯王国は、高祖一代で長沙国をのぞいて異姓諸侯王国は姿を消し、呉楚七国の乱を契機に王国の独立性は喪失し、推恩や酎金等によって諸侯王国は縮減し廃滅する。諸侯王国の設置や存続は、中央政府による地域の評価をより直接的に反映したものといえよう。北方地域に設置された諸侯王国は代国のみであり、元鼎三年（前一一五）に代王を清河王に移封した後は、当該地域に諸侯王国は存在しない[16]。その範囲を東西に広げても、薊を中心とした燕国・広陽国が継続するのみである。諸侯王国の新設や復置は、前漢期を通じてみえるが、武帝期以後の北方地域は諸侯王国の設置対象地域にはならない。諸侯王国が集中する黄河下流域から江淮地域では、諸侯王国の多くが姿を変えながらも継続する。諸侯王が実質的な権力をもたぬ象徴的な存在であっても、北方地域には諸侯王の存在を許さなかったのである。それは、中央政府が北方地域を直接支配すべき地域として強く認識していたことの表れとして評価しておきたい。

（二）　城郭遺跡からみた前漢の北方地域社会

これまで城郭遺跡に対しては、形態分類に基づいた比較研究が進んでいる。城郭遺跡の形態や規模を分類し、創建時期や使用期間を出土資料や文献資料に基づいて検討したものである。漢代の城郭遺跡を集成した比較研究は、形態が共通する北方地域の城郭群は、辺境地域の防衛拠点や地域経営拠点として評価されている[17]。これは、先に述べた巨視的な視点で地域社会を評価する取り組みとも共通するものである。しかし、城郭の立地環境やあるいは城郭相互の位置関係など、城郭の存在形態に注目した検討は少ない。いわば、馬王堆駐軍図の視点で地域社会における城郭の存在を評価した視点はみえないのである。

ここでは、地形利用図を使用した城郭分布図を提示する（図1）。河川氾濫原・扇状地・山塊を区分した地形利用図を作成し、出土資料情報から漢代の築造や使用を認めうる城郭遺跡の位置情報を落としたものを城郭分布図として提示する[18]。これは、県城や城障などさまざまな種類の城郭を区別することなく示したものであり、馬王堆駐軍図と同じ性格の地図ということができよう。そこに歴史地図集をはじめ、さまざまな歴史地理情報を重ねて、城郭と県城との対比も試みている。

これをもとに、県城の相互の関係を検討してみよう。ここでは、二つの視点から、北方地域に存在した県城を分類することが可能である。一つは立地環境に基づいた分類であり、一つは隣接する県城の相互関係（分布形態）に基づいた分類である。

県城の立地環境では、三つの類型が存在する。

平地型　県城は河川の氾濫原の周縁に形成した扇状地に立地している。山地が後ろに控え、氾濫原が前にひろがる立地環境である。大同盆地や河套平原などの大規模な氾濫原を擁する地域では、氾濫原を分割して複数の県城を設置している。

盆地型　県城は、河川が形成する狭長な氾濫原、あるいは山間の盆地に立地する。県城の多くは、狭長な氾濫原の最深部に位置している。

谷筋型　山間部の狭隘な河岸に県城が立地するもの。

県城の相互関係（分布形態）では、二つの類型が存在する。

等距離分散型　近隣の県城が、ほぼ同じような距離を隔てて存在する。

拠点密集型　いくつかの県城が密集して存在する。

立地環境の三類型と分布形態の二類型という視点を以て、漢代北方地域の県城を整理してみよう。大青山（陰山）以南の北方地域には、東流する黄河の氾濫原が形成した河套平原と、桑乾河流域の氾濫原が形成した大同盆地という、大規模な平野が存在している。その周辺の山間部には、小河川が形成する小規模な盆地が点在する。南流する黄河の両岸には、黄土台地と深い浸食谷地形が広がり、目立った盆地を見出すことはできない。県城は、こうした平地、盆地、谷地という地形の違いにかかわりなく設置されている。いずれも、河川流域に県城を設置し、流域を分割して県城を設置するという原理が共通している。氾濫原の広さによって県城の数が増減するのである。盆地型や谷筋型は、河川や谷筋が外部とつながる重要な交通路として機能する地理環境において、交通の要衝に県城を設置した結果である。地形に応じて城郭を設置する原理は、北方地域で共通していたといえよう。

しかし、県城の分布形態を検討してみると、同じ大規模な氾濫原を擁する大同盆地と河套平原であっても、その様子は異なっている。大同盆地では等距離分散型の分布を示すのに対して、河套平原では拠点密集型の分布を示しているからである。大同盆地とその周辺地域では（図1右半）、鴈門郡・定襄郡を構成する諸県城が等距離分散型の分布形態をとっている。これらの諸県は、平地型と盆地型という立地環境こそ異なるが、いずれも可耕地となりうる平野をもち、領域と呼びうる一定の独立した空間を擁しているのである。地理環境的に等質な県城＝地域社会が存在してお

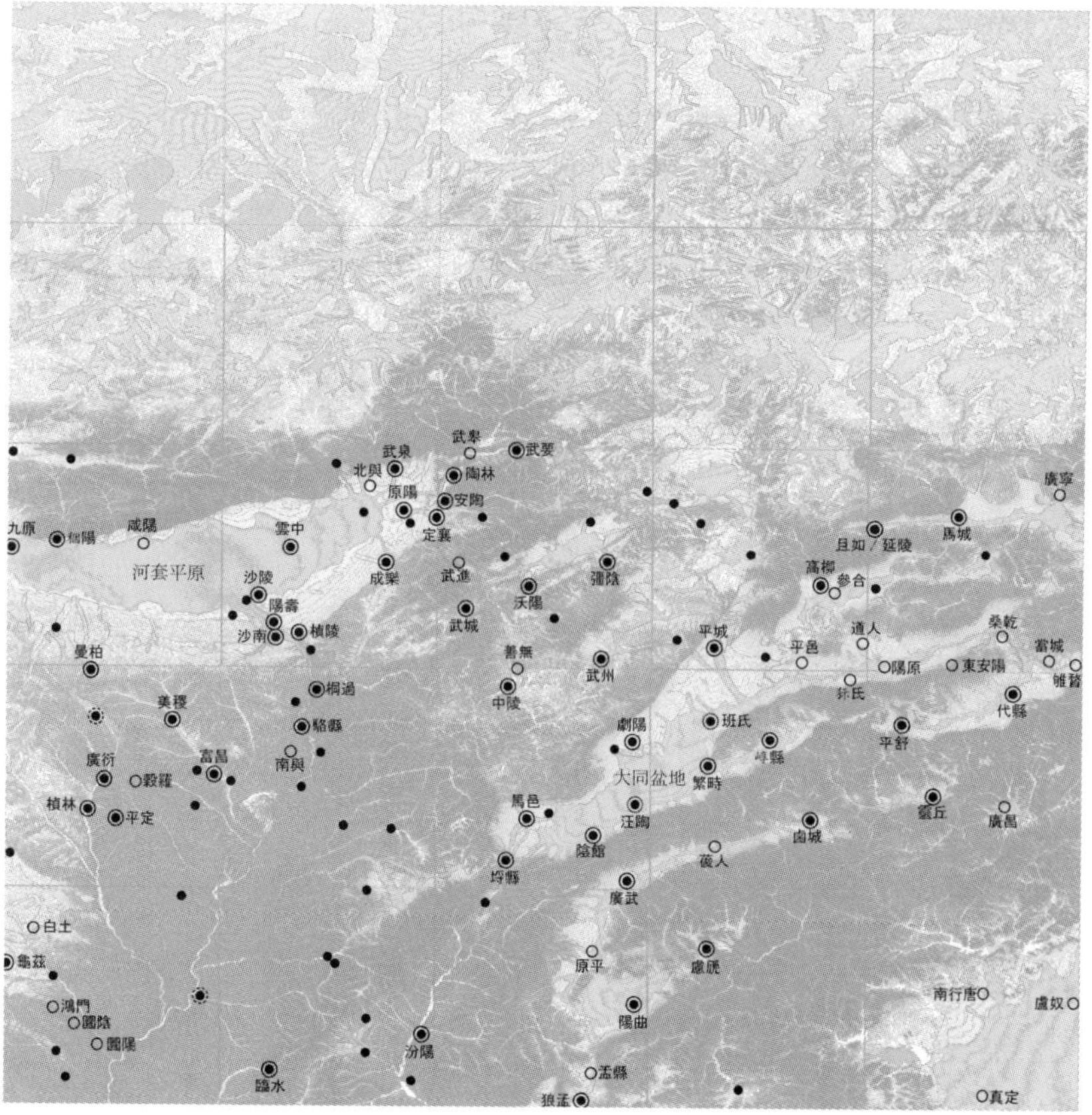

●漢代城址　◉ 県城に比定が可能な城址　○ 対応する城址が不在の『歴史地図集』県城推定地

図中に全域が含まれる雲中郡・定襄郡・鴈門郡では以下の県城の比定が困難。
雲中郡（犢和），定襄郡（都武・襄陽・復陸），鴈門郡（楼煩）

図１　前漢北方地域の城郭分布図

り、それが谷筋をも含めた河川という交通路によって連結されている。一方、河套平原東部では、雲中郡を構成する諸県城が、平原東北部と東南部の二箇所に密集して存在している。東北部は大黒河の支流が網流する扇状地に位置しており、東南部は黄河が東流から南流へと変換する付近にあたる。こうした河川の利用を想定しうる地点に、県城が密集して設置されているのである。

県城の分布形態にみる河套平原と大同盆地の違いは、何を反映しているのであろうか。県城は中央政府が地方経営を進めるための拠点であり、その分布形態には中央政府の経営戦略・理念が反映されているのである。等距離分散型は、面的な広がりを意識して経営拠点を設置したものであり、拠点密集型は、局地に限定して経営拠点を集中させたものと理解することができる。比較的類似した環境下にありながら、大同盆地とその周辺では広域が意識され、河套平原では限定された狭域が意識されたのである。河套平原中西部でも、拠点密集型の分布形態がみえる。県城の有機的な結びつきは、郡という行政空間（領域）を実体化するものである。県城の分布形態の違いは、代郡・鴈門郡・定襄郡・代郡などと朔方郡・五原郡・雲中郡などでは、中央政府による地域社会の経営戦略が異なっていたことを示すのである。中央政府が県という地域経営拠点を設置するに際しては、二つの形態が存在している。既存（在来）の地域社会を利用してその中核に拠点を設置する形態と、新たに拠点を設置しそれを支える地域社会を創出する形態である。地理環境的に等質な地域社会の存在は、それが自然に形成されたことを想起させ、支配拠点である県城が密集する状態は、人為的に地域社会が創出されたことを想起させる。大同盆地は、既存の地域社会を基盤にもつ世界であり、河套平原は、権力が人為的に創出した世界であることを示している。それは、徙民政策が施行されるべき、北方のフロンティアとして、中央政府が河套平原を認識した結果である。県城の分布形態からは、同じ北方地域であっても、異民族と直接境界を接する前線地帯としての朔方郡・五原郡・雲中郡と、その後背地にあたる代郡・鴈門郡・定襄郡とは異なることが指摘できるのである。

（三） 墓葬からみた北方地域社会

埋葬施設と副葬品が遺存する墓は、紐帯（同質性）と区分（異質性）を表象する存在である。墓から抽出できる同質性や差異性をもとに、地域社会の論理・価値観に言及することは可能である。

前漢期は、伝統的な木槨墓が消滅し、塼槨墓が出現する墓葬の転換期にあたる。華北地域では、木槨墓・塼槨墓だけでなく、石槨墓や空心塼槨墓など多彩な構築材を用いた墓が出現しており、特定の形態の墓（埋葬施設）を共有する地域圏を析出することが可能である[19]。北方地域は、前漢期を通じて木槨墓を造営し続けることを特徴とする地域圏である。木槨墓から塼槨墓への転換という長期的視点では、木槨墓からの転換が「新しい動き」であり、木槨墓の構築を継続する北方地域社会は、「新しい動き」が遅れる「旧守的な」辺境として評価される。しかし、木槨墓の造営を継続したのは、辺境故に情報伝達が遅れたり、規制・制限という他律的な理由のみに拠るのではない。木槨墓を価値ある埋葬施設とした意識・価値観が大きく作用しているのである。文化伝播論的に、新旧の交代を評価するのみでは、造墓を通じた「人の動き」はみえてこない。北方の各地域社会における墓葬形態の比較を通じて、墓葬の同質性と差異性を析出し、北方の地域社会の相互関係について検討することにしよう。

当該地域では、山西朔州や内蒙古包頭において、百基を超えて群集した墓群が報告されている[20]。その他にも、山西渾源や右玉、陽高、あるいは内蒙古托克托や涼城などで個別の調査事例が報告されている。前漢墓の大半は武帝期以降のものであり、多くは宣帝期から王莽期にかけての時期に集中する。墓の造営が武帝期以後に盛期を迎えるのは、武帝期の対外政策を反映して当地が変容することと相関していよう。北方地域では、前漢の墓葬に対して二つの特徴がみえる。一つは木槨墓の構築が多く、どの地域でも大型墓は木槨墓であるということであり、いま一つは塼槨墓を構築する地域と構築しない地域が存在することである。前漢後期の木槨墓は、埋葬施設の長さによる区分が可能であるが、その中でも6mを超えるものは、埋葬施設に石材や塼、瓦片などを用いた外護施設を附設しており、構造的に他と隔絶している。また、副葬品では、優品たる青銅容器や車馬具あるいは金銀装の漆器などが、規模の優れた特定の墓に限定されている。埋葬施設の規模に応じた序列が存したのである。こうした序列の様相は他地域の漢墓とも共通する。[21] 序列の上位にある墓が大型の木槨墓であることは、山西中北部も内蒙古中南部も同じであるが、中下位の墓に塼槨墓を含む地域は限定的である。内蒙古磴口や包頭、あるいは和林格爾など、朔方郡・五原郡・雲中郡に相当する範囲では、下位の墓に塼槨墓を含むが、山西朔州をはじめとする鴈門郡や代郡に相当する範囲では、下位の墓に塼槨墓を含んでいない。塼槨墓は三河地域に相当する黄河中流域で前漢後期に普及し始める新たな埋葬施設である。その三河地域に遠く離れた河套平原で塼槨墓が普及しており、河套平原よりも三河地域に近い大同盆地で塼槨墓が不在の状況は、文化伝播論的視点では説明できない。中央の最新の物資・情報が、中間地域を飛び越えてより遠方に、直接的に流入したことを示している。新たな形態の墓の出現を外来集団の移入と理解すれば、黄河中流域と北辺の河套平原をつなぐものは、文献記録にも見いだせる徙民をおいて他はない。

各地域社会の大型墓が木槨墓であることや副葬品の組成や格差・序列が共通することは、北方の地域社会の同質性として評価することができよう。一方で、中下位の墓における塼槨墓の構築は、朔方郡・五原郡・雲中郡と鴈門郡・代郡を区分する指標である。こうした、墓葬形態にみえる序列の違いは、その地域社会の構成原理が異なっていたことを示している。塼槨墓の構築をめぐって、北方地域は二分されるのである。大同盆地周辺では、土地と結びつきが強い在地（在来）の集団を基礎とした、自律的な地域社会の構成原理がみえるのに対して、河套地域では、中央政府

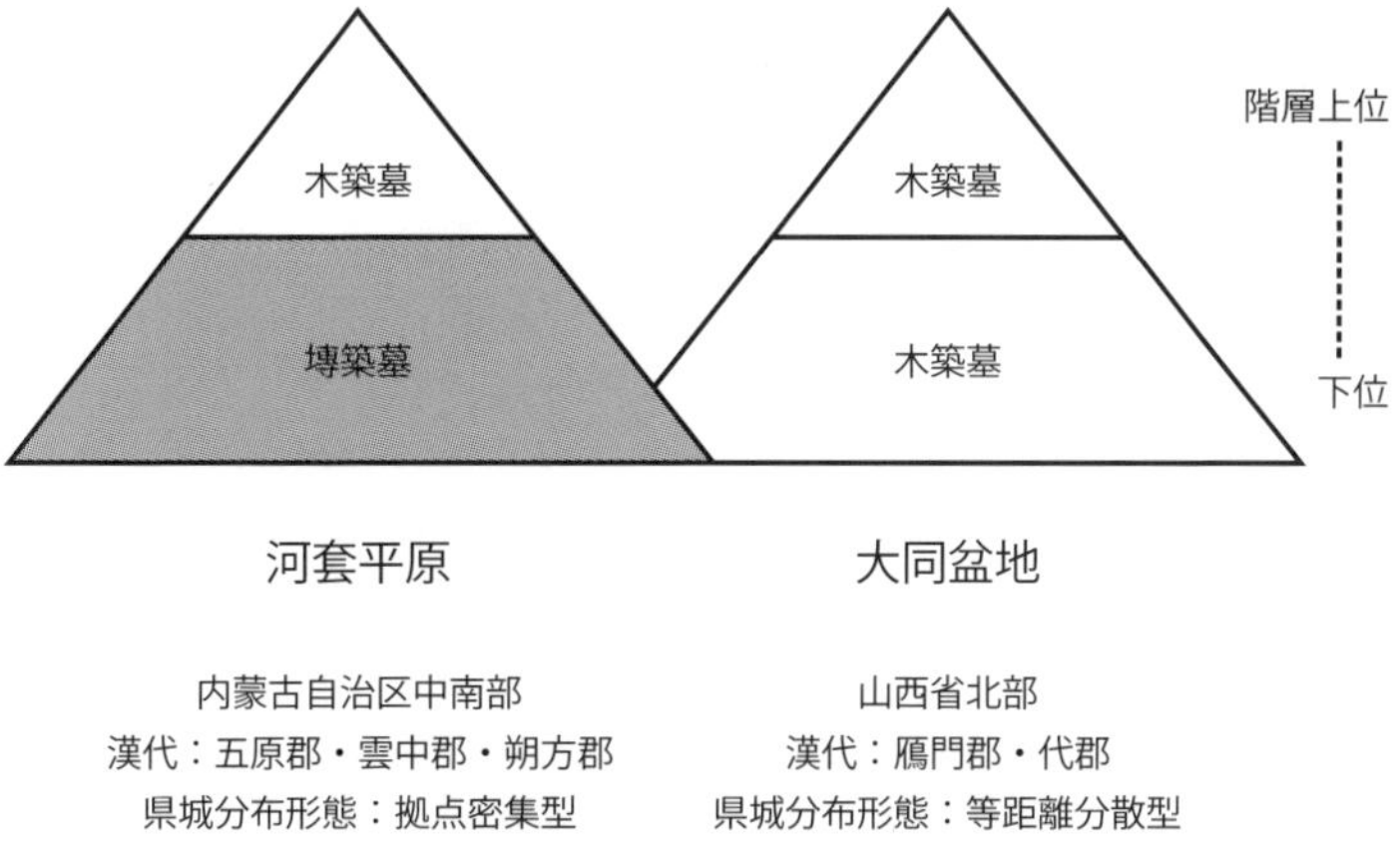

図２　前漢の北方地域における地域の二相

の介在した、新たな外来集団を含む形の、他律的な地域社会の構成原理が見いだせるのである。これは、地域社会の中核をなす県城という拠点そのものが、拠点密集型という集中型の分布形態をとることとも相関する。

最後に、県城と墓葬の検討を踏まえて、改めて前漢期の北方地域の様相を整理し、政治動向からイメージされる北方地域像と対照してみよう（図２）。大同盆地では県城が等距離に分散しており、かつ県城を中核とした一定の広がりをもつ地域社会の姿を見出すことができた。その地域社会を運営するのは在地（在来）集団であり、自律的な独立した地域社会が地理環境に適応して適度の距離を保ちつつ、相互に連関して存在していた。河套平原では、県城が水運や耕地に利した特定地域に密集しており、かつその地域社会には新たな外来集団を含みこんでおり、地域社会の運営に大きな外的な力が働いていることを指摘できる。中央政府は地域社会を利用する方法と、地域社会を創出する方法を以て、北方地域の地方行政に臨んだのである。匈奴の侵入を受ける北方地域は、漢胡争乱の地として等質な印象を受けるが、地域社会の実態は大きく二相に分かれるのである。このことは、新設された五原郡・朔方郡の実態により鮮明に示されている。また、それは、第一次農地と第二次農地を対比させ、生産体の自律性と国家への依存性とを対照した先学の指摘とも重なる一面をもつが[22]、国家が郡県の新設をおこなうに際して、拠点開発的な意識が働いていたことを指摘できる点を強調しておきたい。

三　後漢期の北方地域社会

（一）　政治動向からイメージする北方地域社会

王莽の新は短命に終わり、河北に基盤を置く劉秀が漢を復興する。皇帝に即位した時点では、各地に独立した政権が分立しており、北方地域では匈奴と連携した盧芳が自立し、代・雲中・鴈門・五原等の地で、後漢政権と幾度となく戦火を交えている。王莽期の対外強硬策に伴う抗争によって、北方地域は極度に荒廃しており、光武帝は建武十五年（三九）に鴈門・代・上谷の吏民を居庸関より東に遷した。北方八郡の吏民をこれら諸郡に復置したのは、建武二十六年（五〇）のことであり、一世紀前半の北方地域は、中央政府の統御の及ばない不安定な状態であった[23]。

一世紀中頃には、匈奴の南北分裂という事態が生じ、建武二十四年（四八）には南匈奴が漢に内属することになった[24]。西河郡美稷県には南匈奴単于の庭が置かれて、使匈奴中郎将による統御が図られたのである。帝国領域北辺では、西河郡の他に五原・雲中・定襄・代・鴈門などの北方諸郡に、匈奴の王侯に率いられた集団が居住したのであり、漢と匈奴が混在する状況が現出していたのである。なお、一世紀後半は漢と内附した南匈奴が北匈奴に対する形勢が持続し、永元元年（八九）には竇憲の北匈奴遠征も敢行されている[25]。一世紀後半は、北方地域が比較的安定していた時期であった。

二世紀に入ると、漢の周辺諸族の反乱が頻発する。二世紀前半の動きを主導したのは、西方の羌である。北方地域でも、鮮卑の入寇が連年頻発しており、代・鴈門・雲中などの地が漢と匈奴・鮮卑の抗争の地と化した[26]。中でも、郡県編制を大幅に改変した永和五年（一四〇）の動きは画期をなしている[27]。黄河西岸の西河郡と上郡の郡治を南遷させ、属県の編制も南方へと大きく変化させたのである。中央政府は、南北に広く伸びる黄河西岸の地の大半を放棄したのである。

二世紀後半には、匈奴・鮮卑の活動が盛んとなり、北方地域全域で争乱が常態化する[28]。北方地域のみならず、帝国領域の周辺地域では、多方面で異民族との争乱が頻発しており、領域内部でも、自然災害による地域社会の疲弊とそれに伴う反乱が生じている。内憂外患の状況が、後漢政府の統治能力を衰微させてゆく。北方地域の守勢・劣勢は決定的となり、地域社会は著しく荒廃した。建安二十年（二一五）には、雲中郡・定襄郡・五原郡・朔方郡を省いて、吏民を一県にまとめて新興郡を新設しており、その荒廃の著しさがみえる[29]。

後漢期の北方地域社会は、匈奴・鮮卑の侵入が常態化しており、極めて不安定な、疲弊という形容が相応しいものであった。

（二）　城郭遺跡からみた北方地域社会

後漢期には、北方地域に設置された県が前漢期に比べて大きく変化する。後漢期の城郭分布図では（図3）、立地環境や分布形態に前漢期との大きな違いはみえないが、雲中郡など北辺の地域で、姿を消した県が目立つ。それは、中央政府が地方行政を進める拠点の数が減じていることを示すとともに、一つの拠点が担当する空間が広大になっていることを示す。『続漢書』郡国志は、後漢後期の永和五年（一四〇）の状況を記しているが、県と人口ともに前漢期に比べて大きく数を減じたことを示している。県の設置意義を人を把握する単位とみれば、一定の空間に存在する県の数が減るということは、人口が希薄になることを意味している。それは地域社会を構成する郷里という生活共同体が数を減じたことと、継続する郷里でも人口数が減少したことを示しているのであろう。人と拠点の縮小化が同時に併行したものと考える。北方地域では、霊丘県のように後漢期には廃県となった県が少なくない。それは、前漢の霊丘県として実在していた地域社会が消滅したのではなく、霊丘県に編制された郷里が総体として縮小化——郷里の数の減少と規模の縮小——することにより、県として把握すべき態をなさなくなり、近隣の集団と統合して、一つの県に編制し直した結果であると考える。いわば過疎化した地域社会を再編した結果であろう。廃県は一定の空間に存在した郷里＝生活共同体の数が減じたことへの対応であり、中央政府は地域社会の実態に即して県の数を減じたのである。地域社会の縮小は、王莽から後漢初に中央政府の行政支配が及んでいないことや、辺境八郡の吏民の移動とその復置が象徴している。それは、北方の地域社会の不安定さと表裏の関係にある。こうした地域社会をとりまく外的要因により、各地域社会は縮小したものと考える。それは、地域社会には前漢期と比べて郷里が存在しない空白地帯が諸所に出現したことをも意味しているのである。

また、後漢期の北方地域に存在する郡名は前漢期と同じであるが、各郡を編制する属県にも変化がみえる（表１）。鴈門郡や定襄郡、代郡などでは、郡治そのものも移動している。郡治は、県城ネットワークの結節点として設置するものであることから、属県の広がりが示す郡域の変化は、その結節点である郡治の移動にも帰結する。中央政府が統御できない不安定性が地域社会を縮小させ、その縮小した地域社会の実態にあわせて、中央政府が行政システムを再編するという相互作用が働いたのが、後漢前半期の北方地域社会の動きである。同じ郡県支配が貫徹する前漢期と後漢期であっても、領域の内実は異なっており、観念的な理解ではあるが、地域社会には郷里の存在しない空白地帯をも含んでいたのである。

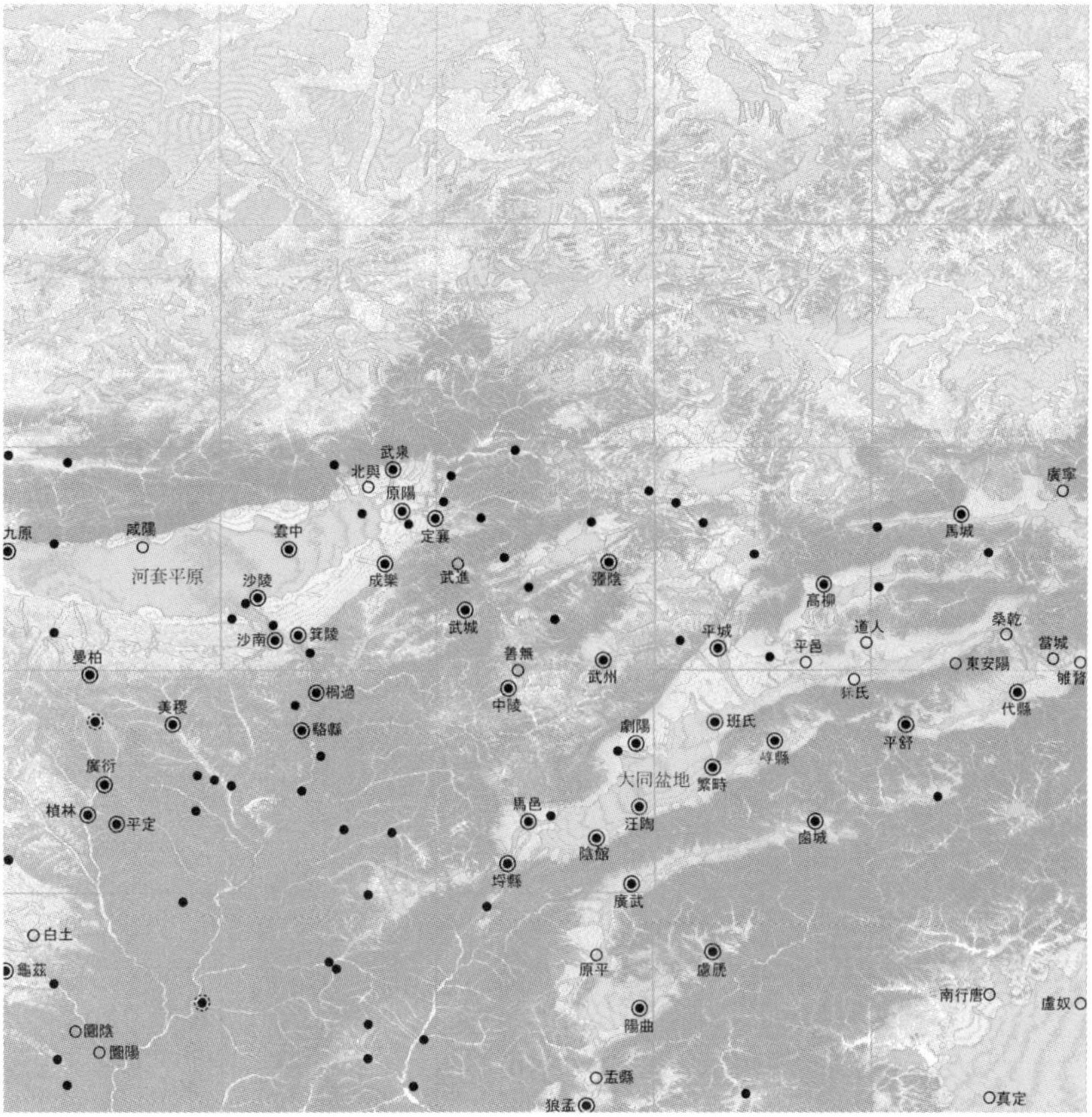

●漢代城址　◉ 県城に比定が可能な城址　○対応する城址が不在の『歴史地図集』県城推定地

図中に全域が含まれる雲中郡・定襄郡・鴈門郡では鴈門郡（楼煩）の比定が困難。

図３　後漢北方地域の城郭分布図

表１　北方地域諸郡の戸口変動

郡名	前漢から後漢への変動数・比率		
	県数	県平均戸(%)	県平均口(%)
代郡	-7	58.0	74.1
雁門郡	0	43.6	84.9
定襄郡	-7	19.6	20.0
五原郡	-6	19.0	15.9
雲中郡	0	14.0	15.3
上郡	-13	11.5	10.8
西河郡	-23	11.6	8.3
朔方郡	-4	9.6	9.6

このことを戸口変動という視点からもう少し詳しく検討してみてみよう。『漢書』巻二〇地理志には、平帝元始二年（二）の戸口数が、『続漢書』郡国志には順帝永和五年（一四〇）の戸口数が記録されている。両者を比較して、前後漢交替期に郡県が縮小し、戸口が減少することは、多くの先学が指摘する所であるが、ここでは人口から見た県の規模という点で評価してみたい。郡の属県数が減少し、戸口も減ることから、同名の郡であっても、単純に数値を比較するだけでは変化を十分に評価することはできない。そこで、各郡の戸数を属県数で除した県平均戸数を評価の指標とした。同一の郡に所属する諸県であっても、県により戸数の増減が同じであるとは限らないが、郡という一定の空間範囲における人口密度を測る指標として有効性をもつ数値であると考える[30]。前漢の県平均戸数を基準として、後漢の県平均戸数の比率を示したところ、北方地域の各郡は三つの類型に分けることができる（表1）。第一群は県平均戸数が二分の一から三分の一程度に減少する代郡・鴈門郡であり、第二群は県平均戸数が五分の一から六分の一程度に減少する定襄郡・五原郡・雲中郡であり、第三群は県平均戸数が十分の一に減少する上郡・西河郡・朔方郡である。こうした傾向は、県平均口数でも同じように見いだすことができる[31]。

人口変動にみる三つの地域性は、前漢期の各地域社会の特質を反映したものとして興味ぶかい。第一群の代郡・鴈門郡は、県城が等距離分散型の分布形態であり、自律的な地域社会を基盤とした地域であった。第二群・第三群の五原郡・雲中郡や朔方郡は、県城が拠点密集型の分布形態であり、徙民など国家権力が介在する他律的な地域社会を基盤とした地域であった（図2）。県城と墓葬から抽出した、前漢期の地域社会の構成原理の違いが、匈奴・鮮卑の侵寇を受けた後漢前中期の変化にも対応しているのである。おおむね、第一群には大同盆地の諸郡が、第二群には河套平原の諸郡が、第三群には黄河南流地域の諸郡が対応するとみることもできよう。

そして、徙民政策の対象となる河套平原や黄河南流地域では戸口が大きく減少するが、西河郡・上郡の減少はより著しい。北方地域が匈奴・鮮卑の侵寇を受けつつも、永和五年の郡県再編が二郡を対象としたのは、こうした実態を反映した結果なのであろう。なお、西河郡の諸県はいずれも谷筋型の立地環境をもち、交通の要衝を拠点として連結したネットワークが西河郡の実態であると考える。それは、氾濫原という大規模な可耕地をもち平地型・谷筋型の諸県を連結した大同盆地や河套平原の諸郡とは、立地環境も郡の編制原理も大きく異なると考える。減少の度合いは、こうした地域社会の立地環境にも左右されたのである。

後漢期における北方地域の三様相は、地域社会の構成原理や存在基盤の違いと、後漢期における損耗状況の違いを反映するものと評価しておきたい。

（三）　墓葬資料からみた北方地域社会

漢墓は、その地域社会に帰属する人の存在を示すものである。城郭遺跡と周辺に展開する漢墓を対照することによって、その地域社会の存続時期を推定することも可能である。ここでは、後漢中期の黄河南流西岸地域と、後漢後期の河套平原の墓葬に注目しよう。

後漢中期の黄河南流西岸地域では、陝西神木・綏徳・米脂などで、画像石墓を中心に数多く漢墓が報告されている。[32]

被葬者の判明する墓も少なからず存在しており、かつ紀年墓を数多く含んでいる。いずれも、西河郡の属県を故里とする人物の墓であり、西河郡郡吏と遼東太守や山陽尉などの中央高官を含んでいる。紀年墓は一世紀後半から二世紀前半に及んでいるが、西河郡が南遷した永和五年（一四〇）以後の紀年銘は存在しない。黄河南流西岸地域は、永和五年以後放棄したのであり、政治動向と地域社会の造墓活動が一致する事象であるといえよう。この地域の墓葬では、画像石墓を含むという点で注目される。黄河南流両岸地域での造墓活動をみるに、二世紀前半は黄河西岸北部（陝西神木等）で画像石墓の造営がみえ、二世紀後半には黄河東岸中部（山西離石等）で画像石墓の造営をみる。西河郡に相当する地域では、二世紀中葉を境に画像石墓の造営地が、黄河の西岸から東岸へと移動するのである[33]。このことは、西河郡治が西岸北辺の平定県から東岸の離石県へと移動することと符合する。政治動向に連動して地域社会が大きく変容したことを示すものとして注目できよう。

後漢後期の河套平原周辺では、各地に三室構成の穹窿頂（ドーム天井）墓の造営をみる（図４）。後漢期には、券頂（アーチ天井）と穹窿頂（ドーム天井）の塼築墓が普及する。そして、後漢墓の埋葬施設は、生前の日常生活の場である邸宅を模倣したものであり、私的空間と公的空間を前後につなげた前堂後寝という空間構造を基本とする。より大規模な埋葬施設では、これに加えて複数の空間が附設されることになる。なかでも、直線状に穹窿頂の方形墓室を前後に三つ連接する墓は類例が少ない特異な墓である。この北方地域には、内蒙古和林格爾壁画墓、同包頭観音廟一号墓、同包頭召湾九一号墓などが存在している。この三基の墓は、被葬者像が類似し、「富楽未央　子孫番昌」銘文字塼を共有するなど、相互に関連性の高い墓である[34]。

和林格爾壁画墓では、各室に描かれた壁画から、その被葬者が、定襄郡武成県を郷里とする人物であり、孝廉を経て繁陽令に着任し、以後西河長史、上郡属国都尉を経て、護烏桓校尉に至る経歴をもつことが判明している。西河長

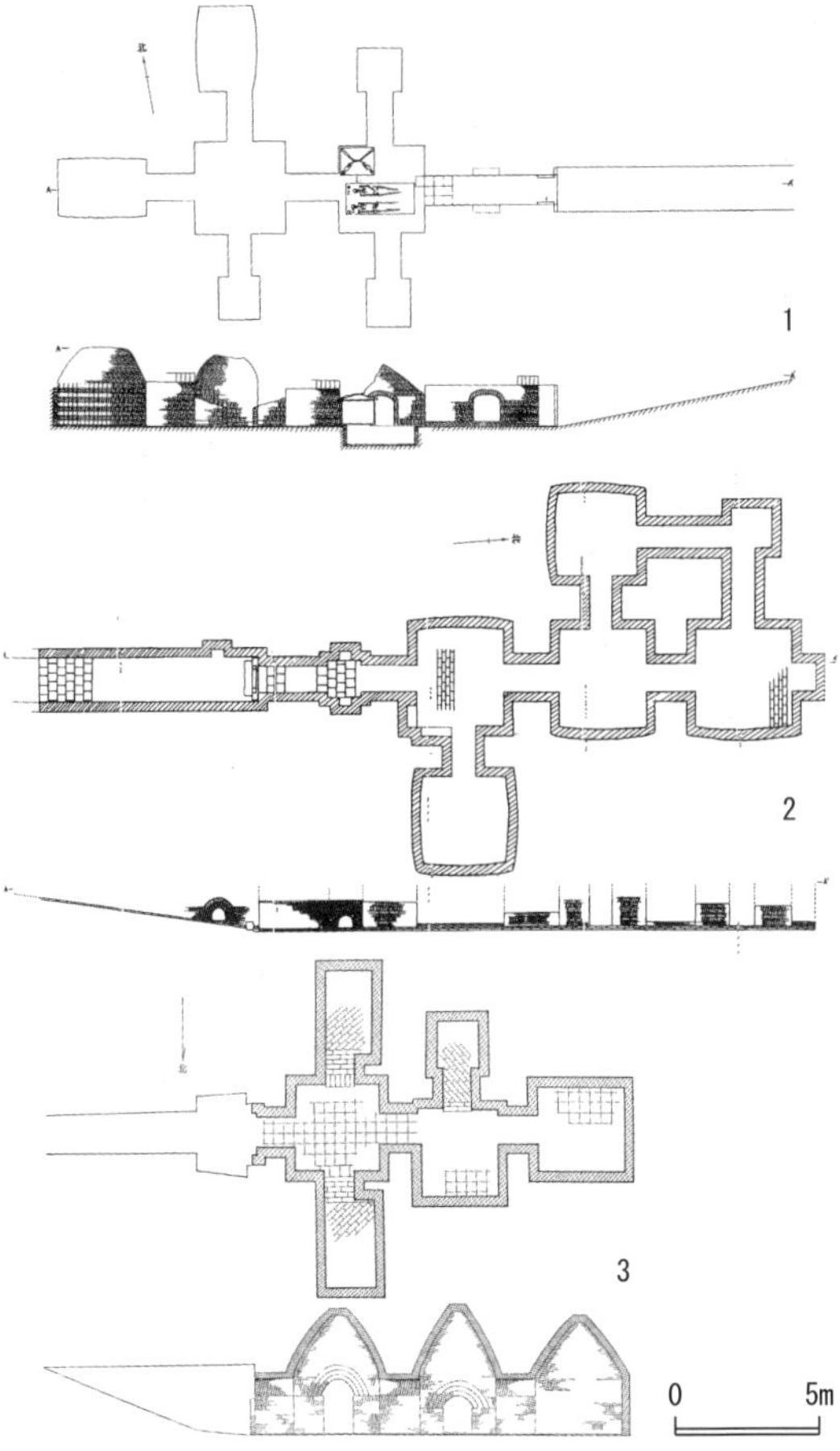

1. 内蒙古包頭召湾九一号墓（『内蒙古中南部漢代墓葬』1998）
2. 内蒙古包頭観音廟１号墓（同上）
3. 内蒙古和林格爾壁画墓（『和林格爾漢墓壁画』1978）

図４　河套平原周辺の三室穹窿頂塼築墓

史着任時の官署として土軍城を描いていることから、被葬者の活動期は西河郡南遷後の後漢後期、二世紀後半にあたることも判明している。一方、包頭召湾九一号墓では、石碑が墓室内より出土しており、被葬者が郷里で建寧三年（一七〇）に享年七十五で亡くなった人物であり、下邳令や平原相を歴任した人物であることが判明している。包頭観音廟一号墓でも石碑片が出土しており、孝廉を経て就官し、尚符璽郎中への着任経歴をもつ人物であることが判明している。いずれも後漢後期、二世紀後半の墓であり、被葬者が就官した人物である点で共通している。前二者は、護

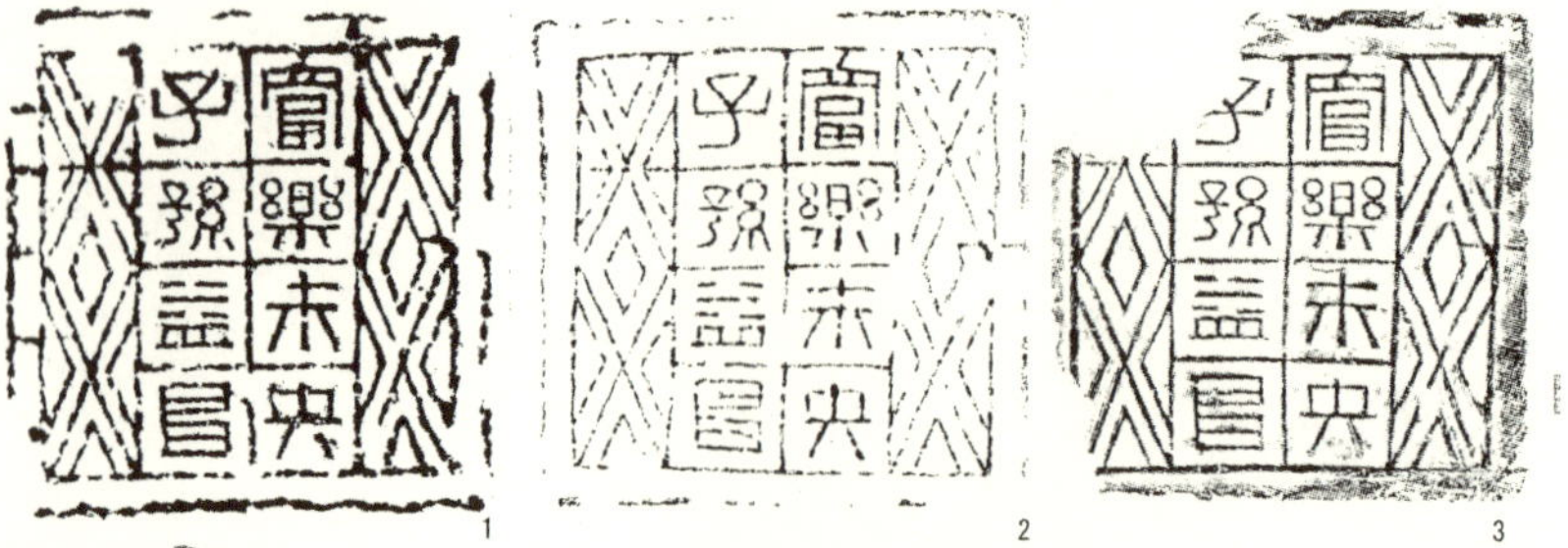

1

2

3

4

1. 包頭召湾九一号墓出土
2. 包頭観音廟一号墓出土
3. 托克托哈拉板申村古城徴集
4. 托克托漢代遺跡出土（大きさ不明）

0　10cm

図５　「富楽未央子孫益昌」文字塼

烏桓校尉と平原相という二千石の高官に至っており、中央高官が後漢後期に北方地域の郷里に埋葬されたことを示すものである。

一方、包頭観音廟一号墓と召湾九一号墓は、「富楽未央　子孫番昌」銘文字塼をもつという点でも共通している。「富楽未央　子孫益昌」銘文字塼は、中央に「富楽未央　子孫益昌」の文字を二行で表現し、両側に菱形の幾何学文様を充塡した方形の塼である。この文字塼は、両墓の他にも内蒙古托克托でも出土した事例が二つある。内蒙古包頭と托克托という河套平原東半で四例が確認されていることになる[35]（図5）。字形が酷似するだけでなく、全形の判明する三例では、右側の菱形文様区画に凸状の傷があることと、左側の菱形文様区画に凸状の横線一条があることが共通している。この文字塼の製作は、原型を粘土に押しあて、成形した後、焼成することで完成する。凸状の隆起は製品のデザインには直接関係しない製作時の痕跡であり、それが共通することは、三点の製作時期や製作場所が極めて近い状況にあったことを意味している。

中央に出仕し高官に至った北方の出身者が、北方の地域社会で埋葬されていることは、後漢後半の混乱期にあっても、北方の地域社会と中央政府をつなぐパイプが機能していたことを証するものである。和林格爾壁画墓は定襄郡武成県城近郊に、観音廟一号墓や召湾九一号墓は五原郡九原県城近郊に所在しており、地域社会の結節点となる県城の近郊に高官を排出する集団が実在したことを示している。召湾九一号墓は墓群域に含まれており、在地集団による地域社会経営が依然として継続していることを示すものでもある。また、同じ時期に河套地域東半で「富楽未央　子孫益昌」文字塼を共有する状況は、技術や生産あるいは製品の流通という地域社会の独自の動きの中で、北方の諸地域社会を連結するネットワークが健在であったことを示しているのである。それは、『四民月令』を著した崔寔が五原太守に着任した頃の状況でもある。一般に、政治動向から後漢後半＝二世紀後半の北方の地域社会については、否定的な形容や印象を受けるが、地域社会を連結するネットワークやそれに連接した中央と地域社会との関係も存続していたことを墓葬資料は提起するのである。

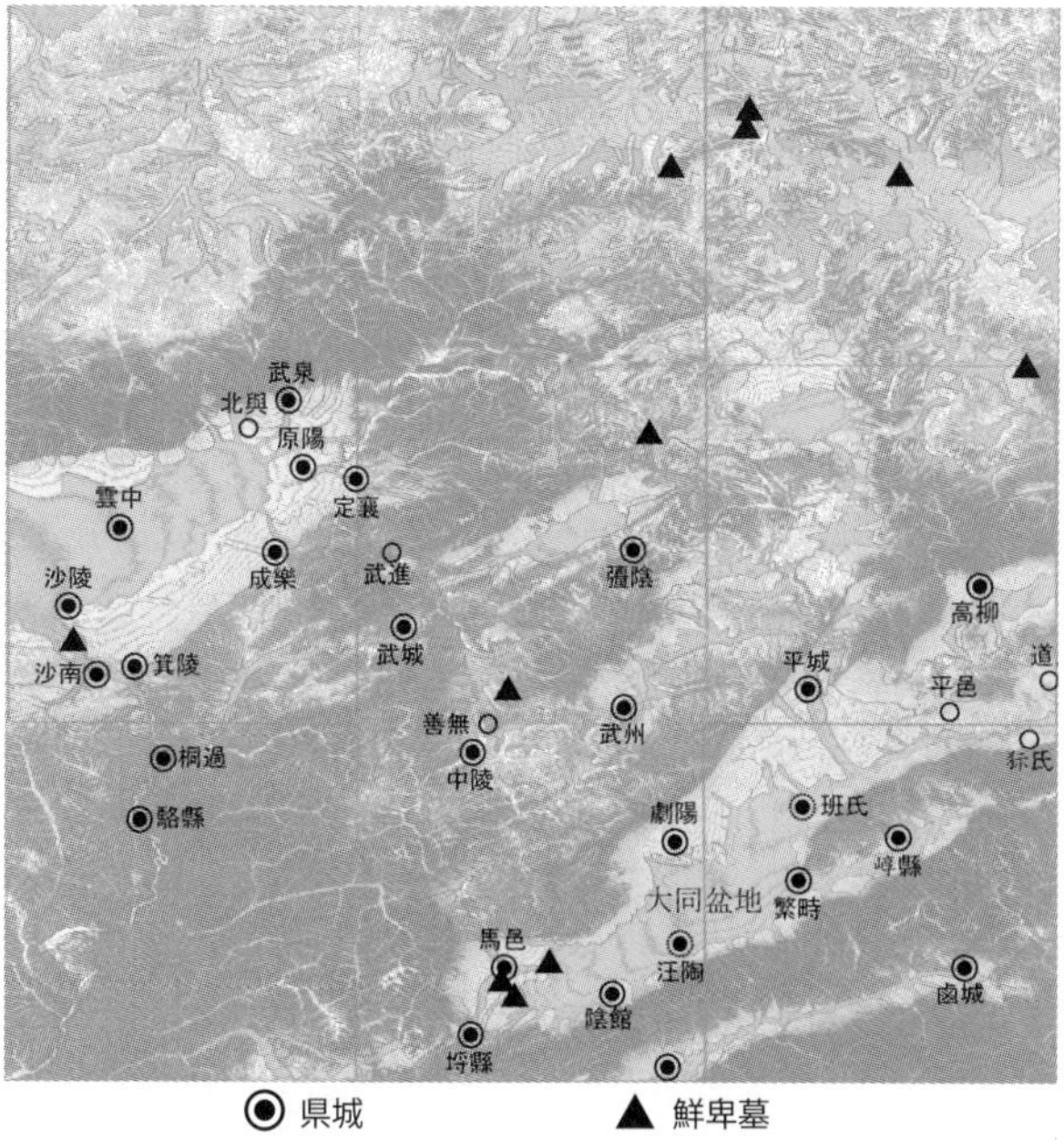

図6　後漢の北方地域における鮮卑墓の分布

さて、墓葬はそれぞれの葬送観念や霊魂観念を反映するものであり、出自や帰属意識を明瞭に示すものでもある。内蒙古托克托、山西右玉・朔州では、県城の近辺に鮮卑系の墓が築かれており、北方地域に漢人の墳墓と鮮卑系の墓が混在することを示す（図6）。先に挙げた中央高官を埋葬した大型墓と鮮卑系の墓が共存する状況は、まさに漢胡が混在する後漢後半の北方地域の状況を端的に示している。こうした状況は、前漢期の河套平原や大同盆地ではみえない現象である。その実態は、内附した南匈奴が辺郡に居住すると伝える正史の記録や、和林格爾壁画墓の護烏桓校尉府の情景を彷彿とさせるものである。それは、前漢期と比べて漢人が希薄となった北方地域において、漢人の地域社会の間隙をぬって、鮮卑などの生活空間が共存していたことを示すものである。

後漢期の北方地域については、前漢期ほど明瞭に地域社会の実像を描き出すことは難しい。しかし、後漢における地域社会を人口変動という視点から検討し、そこにみえる三つの諸相を、本論で指摘した前漢期の地域社会構造と対照して評価した。そこでは、二世紀前半に匈奴・鮮卑の侵寇を受ける北方地域でも、大同盆地と河套平原、そして黄河南流地域では様相が異なることを明らかにした。それは、墓葬に反映される前漢期の地域社会の構成原理や、県城の立地環境や分布形態に反映される郡県の編制原理の違いに概ね対応する。地域社会の存在基盤の違いが、北方地域の各地域社会の行方を大きく左右したことを示しえた。一方で、「低迷」という印象の強い二世紀後半の北方地域に関しては、漢人の経営する地域社会が健在であり、かつその周辺——空白地帯——には鮮卑など北方諸族が移入していることを明らかにした。こうした後漢の北方地域の複雑な様相は、鮮卑・匈奴との抗争が進行しつつも、地域社会の自律的な活動が前代来継続しており、かつその動きが中央政府と直結していることは、既存の北方地域社会のイメージの修正を大きく迫るものといえよう。

おわりに

城郭遺跡と墓葬資料を取り上げ、その類型化を通じて、出土文字資料とは少し異なる地域社会の描写を試みた次第である。地理環境に則した地域社会の評価を基礎として、地域社会の実態を担う在地の漢人集団の動きを墓葬から抽出し、県城の設置を中央政府の地域経営戦略の反映と見なして、中央と地方の論理を対照しつつ、地域社会意の動きを描き出した。その様態は、政治動向と一致する側面もあれば、それのみでは律しえない一面もあることを指摘した。ことに、時間幅と空間範囲を保証された墓葬資料の特性を活かして、造墓という人の動きから地域社会へと接近する有効性を提示しえたものと考える。それは、郡県の編制など中央政府の地域社会評価を相対化する、もう一つの漢代史観でもあると考える。資料の特性を活かしつつ、相互に議論を交わすことによって、情報伝達やそれが機能する基盤としての地域社会の実像が、より豊かな姿を映し出してくれるのではないだろうか。

付記：本論は、『漢代北方境界領域における地域動態の研究』（国立歴史民俗博物館、二〇〇八年、平成一七～一九年度科学研究費補助金基盤研究（C）研究成果報告書）をもとに、地域社会の動態を描出することに焦点を絞りまとめなおしたものである。城郭分布図をはじめ、考古資料などの基礎情報や分析過程については、同書を参照していただきたい。

注

（1）永田英正『居延漢簡の研究』（同朋舎出版、一九八九年）等。

（2）永田前掲書注（1）、冨谷至『文書行政の漢帝国』（名古屋大学出版会、二〇一〇年）等。

(3) 鶴間和幸「中華の形成と東方世界」『岩波講座　世界歴史』第3巻（岩波書店、一九九八年）、高村武幸『漢代の地方官吏と地域社会』（汲古書院、二〇〇八年）等。
(4) 藤田勝久『司馬遷とその時代』（東洋叢書8、東京大学出版会、二〇〇一年）、目黒杏子「前漢武帝の巡幸——祭祀と皇帝権力の視点から——」『史林』第九四巻第四号（二〇一一年）等。
(5) 五井直弘『漢代豪族社会と国家』（名著刊行会、二〇〇一年）、木村正雄『中国古代帝国の形成』（不昧堂、一九六五年）、鶴間和幸「漢代豪族の地域的性格」『史学雑誌』第八七編第一二号（一九七八年）、佐竹靖彦「漢代十三州の地域性について」『歴史評論』三五七（一九八〇年）等。
(6) 馬王堆漢墓帛書整理小組「長沙馬王堆三号漢墓出土駐軍図整理簡報」『文物』一九七六年一期、傅挙有「関於《駐軍図》絵製的年代問題」『考古』一九八一年二期、湖南省博物館・湖南省文物考古研究所『長沙馬王堆二、三号墓』第1巻（文物出版社、二〇〇四年）等。
(7) 藤田勝久『中国古代国家と郡県社会』（汲古書院、二〇〇五年）。
(8) 藤田前掲書注（7）。
(9) 上野祥史「華北地域の前漢社会——造墓技術と地域間関係——」『中国考古学』第八号（日本中国考古学会、二〇〇八年）。
(10) 『史記』巻八高祖本紀、『漢書』巻一高帝紀下。
(11) 『史記』巻一一〇匈奴列伝。
(12) 『史記』巻一一〇匈奴列伝、『漢書』巻六武帝紀。
(13) 『漢書』巻八宣帝紀。
(14) 『漢書』巻九九王莽伝。
(15) 『後漢書』巻一下光武帝紀。
(16) 『漢書』巻一四諸侯王表。
(17) 劉慶柱「漢代城址的考古発現与研究」『遠望集——陝西省考古研究所華誕四十周年記念文集——』（陝西人民美術出版社、

一九九八年）、周長山「漢代的城郭」『考古与文物』二〇〇三年二期、徐龍国「北方長城沿線地帯秦漢辺城初探」『漢代考古与漢文化国際学術検討会論文集』（斉魯書社、二〇〇六年）等。

（18）城郭遺跡情報および城郭分布図作製経緯などの詳細については、下記文献を参照されたい。上野祥史編『漢代北方境界領域における地域動態の研究』（国立歴史民俗博物館、二〇〇八年、平成一七～一九年度科学研究費補助金基盤研究（C）研究成果報告書）。

（19）上野前掲論文注（9）。

なお、漢墓については、木槨墓や塼室墓という構築材と空間構造による名称が一般的であるが、槨室の厳密な区分は難しいため、構築材に基づいた木築墓や塼築墓という名称を用いている。

（20）魏堅編『内蒙古中南部漢代墓葬』（中国大百科全書出版社、一九九八年）、山西省平朔考古隊「山西省朔県西漢木槨墓発掘調査簡報」『文物』一九八八年五期等。

（21）韓国河『秦漢魏晋喪葬制度研究』（陝西人民出版社、一九九九年）、上野祥史「漢墓資料研究の方向性――長沙地域における前漢社会をモデルとして――」『国立歴史民俗博物館研究報告』第一一〇集（二〇〇三年）等。

（22）木村前掲書注（5）。

なお、これらは新県と旧県に対応させた理解も可能である。しかし、大同盆地でも河套平原でも氾濫原の縁辺部に拠点（県城）を設置しており、地理環境には大きな違いがない中で、等距離分散型と拠点密集型の分布形態の違いがみえていることは、先学の指摘する新県と旧県という範疇だけではとらえきれないことを指摘しておきたい。

（23）『後漢書』巻一下光武帝紀。

（24）『後漢書』巻一下光武帝紀、『後漢書』巻八九南匈奴伝。

（25）『後漢書』巻四孝和孝殤帝紀、『後漢書』巻八九南匈奴伝。

（26）『後漢書』巻九〇烏桓鮮卑伝。

（27）『後漢書』巻六孝順孝質孝沖帝紀、『後漢書』巻八九南匈奴伝。

（28）『後漢書』巻七孝桓帝紀、『後漢書』巻八霊帝紀、『後漢書』巻八九南匈奴伝『後漢書』巻九〇烏桓鮮卑伝。

（29）『三国志』巻一魏書一武帝紀。

（30）県平均戸数に基づいた分析はすでに、藤田勝久による三輔地域の検討などでおこなわれている。藤田前掲書注（7）。

（31）県平均口数では、代郡・鴈門郡ともに減少率は小さい。人口数の管理という点では、これらの諸郡では前漢と大きくは変わらない水準を維持していたとも評価できよう。

（32）陝西省考古研究所・楡林市文物管理委員会辦公室編『神木大保當』漢代城址與墓葬報告（科学出版社、二〇〇一年）、楡林市文物保護研究所・楡林市文物考古勘探工作隊編『米脂官荘画像石墓』（文物出版社、二〇〇九年）等。

（33）李強「陝北漢代画像石興起原因初探」『内蒙古文物考古文集』内蒙古自治区文物考古研究所編（中国科学出版社、二〇〇四年）等。

（34）内蒙古自治区博物館文物工作隊編『和林格郭爾漢墓壁画』（文物出版社、一九七八年）、魏堅編前掲書注（20）。

（35）魏堅前掲書注（22）、石俊貴編『托克托文物志』（中華書局、二〇〇六年）。

漢代における鉄製農具の生産と流通
――広漢太守沈子琚緜竹江堰碑から見る治水システムをもとに――

佐々木正治

はじめに

出土遺物の地理的な広がりを検討する分布論は、そこに何らかの社会的まとまりや、一定範囲に共通する文化を見出すものであり、考古学における主要な研究方法の一つである。ある種の遺物の出土地点を地図上に落としていくと、その分布状況が分かり、例えば出土が特別密集している地点が、分布の中心でありその製作地であろうと推定される。そうすると、生産地から最後に使われて廃棄された場所まで遺物が移動したことが分かり、その普及状況が理解できることになる。また、もう一つの主要な考古学的研究方法である型式学と併せて見ることで、型式学的に遺物の変化をとらえ前後関係を見いだせたならば、遺物のある地点からある地点への伝達の方向を想定することができる。しかし実際には、放射状に周辺へ広がっていく状況または一方向的な移動は分かるものの、具体的な伝播経路を知るには、さらに地形や河川などの自然環境と遺跡・遺物の分布を重ね合わせる作業が必要になる。

ここで中国の歴史時代に目を向けると、当然文献・簡牘などの文字資料が優位に利用されるのであり、考古学的研究を行うに当たっては、文字資料との整合性を常に注意する必要がでてくる。またそれゆえに、分布・伝播の問題を論じるならば、発信地・経由地・経路・時期・主体者、その伝播の背景にある社会状況といった、さらに具体的な論述が可能になってくるであろう。

さて、漢代のように国家としてのシステムができた時代において、木簡等から見る行政文書の行き来は決して一方通行ではなく、本来の送付先を一旦超過して、基層行政の中心的機関へ送られてから、最終的に送付先へと届けられる様子が分かり、結果としてそれが中央集権体制における管理という点で効率的であったのであろう。ここから、現在我々が出土遺物として見ることのできる当時の物資、特に政府に管理されて製造されていたものなども、決して生産地から消費地へ一方向的に移動して普及するのではなく、経由地や流通のあり方が問題になってくる。

以上を踏まえ、本稿では四川省を中心に出土する鉄製農具の一種である「蜀郡銘鉄鍤」について見ていきたい。

もともと漢代以前の四川地域は、成都周辺を根拠地とする蜀王国を中心に、周辺の多民族が各地の物産を交易することで結びついた社会であった。それが秦の征服以後、漢民族が大挙移住し郡県制度が敷かれ、そういった交易を主とした関係が崩れていく。前漢前半は、帝室財政をつかさどる少府に属する山沢の禁が緩められ、商人勢力が活躍し、鉄などと周辺民族の物産が交易され、以前の民族関係は辛うじて保たれていた。しかし、武帝以後郡県制が強化され、塩鉄の専売が行われ、商人勢力の力が弱められていくと、それまでの関係は変化を余儀なくされ、周辺民族は漢民族の支配を受けるようになる。一方商人勢力は土地に根付き、水田・畑地や池塘・井戸等の水源を囲い込み荘園的な居住地を形成し、地主化していく(1)。

こういった事情を反映するように、遺跡分布の大きな変化がある。まず、戦国～前漢前半においては、四川省西部から雲南にかけての丘陵・高原地帯に青銅器に代表される遺跡が多く見られる。現在の地名で見るならば、成都―邛崍―雅安―西昌―雲南という山岳地帯を抜けるルートが存在した（図1）。

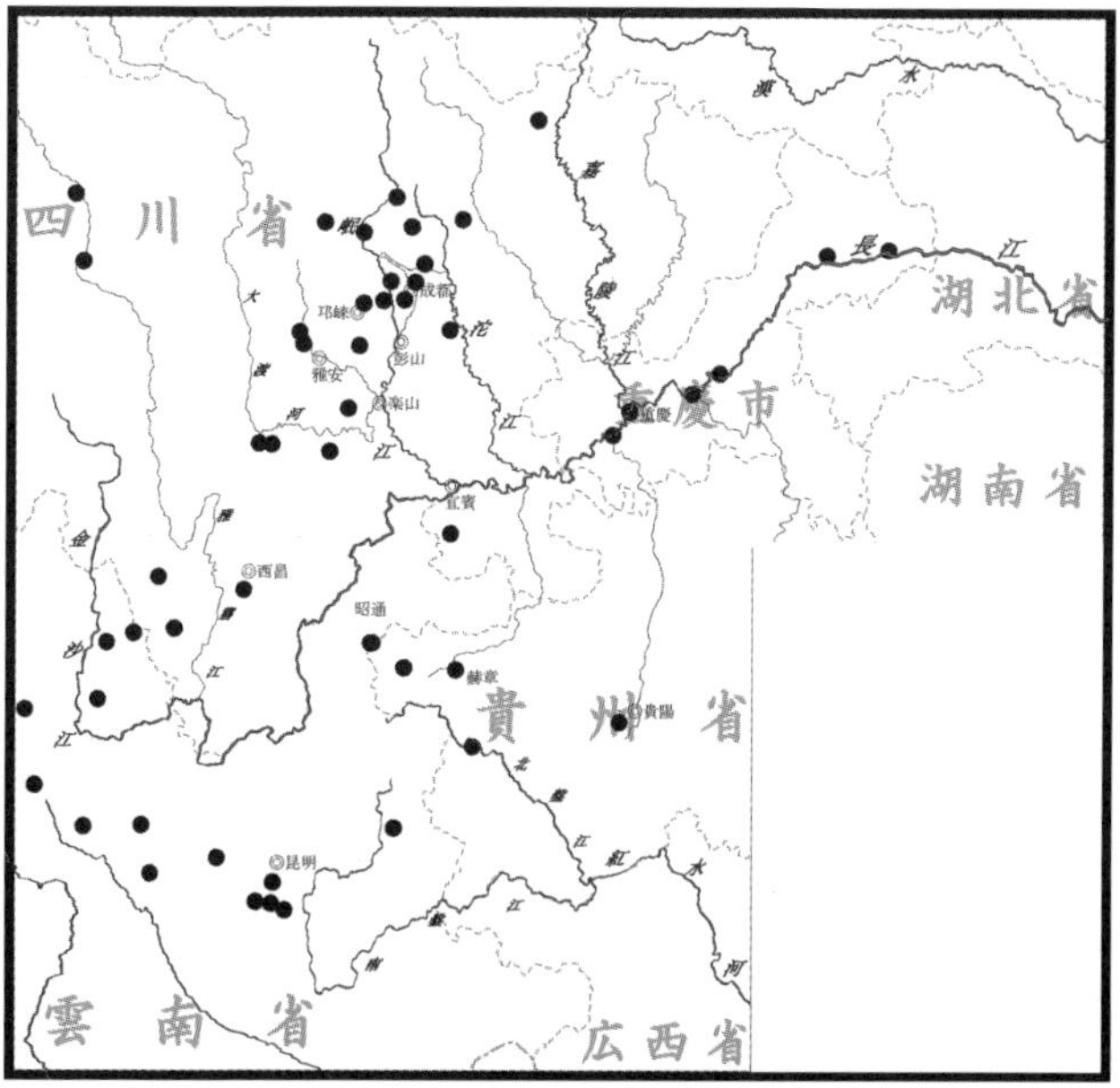

図1　四川青銅器時代遺跡分布図

それが、前漢武帝以後、成都から彭山―楽山―宜賓という岷江ラインにおいて漢代の遺跡・遺物が爆発的に増加する。ここには、都江堰の建設により岷江の水量が緩衝され、岷江を交通手段として用いることが可能となったこと、そして武帝の雲南（滇）・貴州（夜郎）への進出が背景にある。

一　蜀郡銘鉄鍤の分布

蜀郡銘鉄鍤は、前漢後期から後漢時代の遺物で、現在の四川各地、雲南・貴州の漢民族の遺跡から出土する（表一、図2）。「蜀郡」の銘は、漢代の製鉄を行う役所である鉄官の工房で製作されたことを示しており、『漢所』地理志に記される蜀郡鉄官の設置された臨邛で製作されたことが分かる。蜀郡鉄官は成都から南西六〇キロほどにある臨邛県（現邛崍市および蒲江県）に設置されていた。ここで製作された鉄製農具が各地にもたらされたということが分かるが、出土範囲は益州

表一　蜀郡銘鉄鍤出土地一覧

出土地	銘文	数量	尺寸（厘米）	年代	その他出土遺物	文献
四川青川沙洲区漢墓	蜀郡、千万	1		漢代	銅釜、壺等	1
甘粛文県白馬峪河採集	蜀郡	1		漢代		2
四川新都馬家山崖墓	蜀郡	4	長10.7刃寛13.2	後漢中期		3
四川西昌東坪煉銅遺址	蜀郡	1	長10.5銎寛12	後漢前期	鉄斧、鑿	4
四川木里	蜀郡	1	長11.5	漢代	鉄犁冠	5
雲南昭通石門坎	蜀郡、千万	3		漢代		6
雲南魯甸磚室墓	蜀郡、成都	1	長11.2刃寛12.2	漢代		7
雲南永善碼口採集	蜀郡、千万	4		漢代	銅銑、鉄斧	8
貴州赫章可楽採集	蜀郡、千万	1		漢代		9

表一注：

1．黄家祥「宝珠寺水庫淹没区文物調査記」『四川文物』1992年第３期。
2．葉茂林「古代文化交流的通道白龍江―絲綢之路河南道考古随筆之三」『成都文物』1994年第３期。
3．四川省博物館・新都県文管所「新都県馬家山崖墓発掘簡報」『文物史料叢刊』９、文物出版社1985年。
4．劉世旭・張正寧「四川西昌市東坪村漢代煉銅遺址的調査」『考古』1990年12期。
5．黄承宗「四川木里出土的坩第農具」『農業考古』1981年１期。
6．張希魯「昭通第一中学校慶挙行坩第文物展覧」『文物参考資料』1956年第11期。
7．李家瑞「両漢時代雲南的鉄器」『文物』1962年第３期。
8．夏延安「永善碼口龍泉東漢文物出土情況調査」『雲南文物』第37期、雲南省博物館1994年。
9．貴州省卒節地区社会科学聯合会『可楽考古与夜郎文化』貴州民俗出版社2003年。

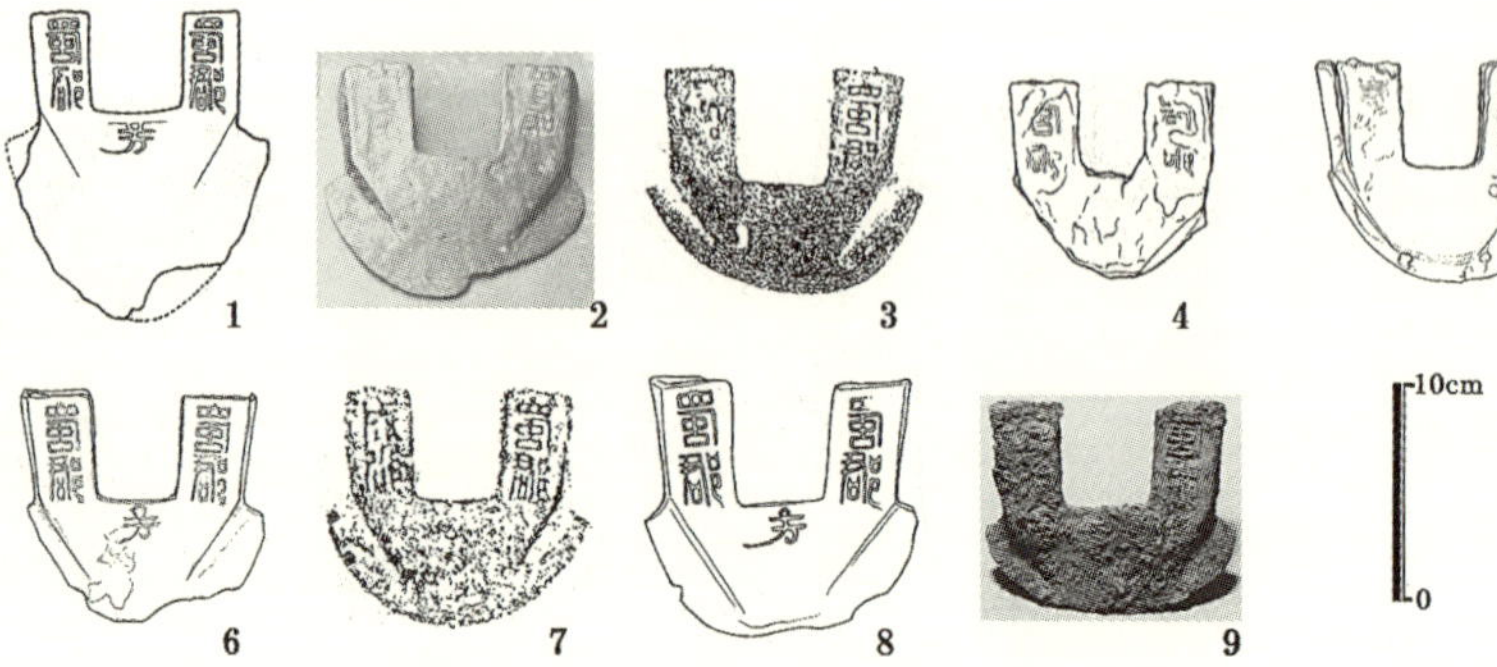

図２　蜀郡銘鉄鍤

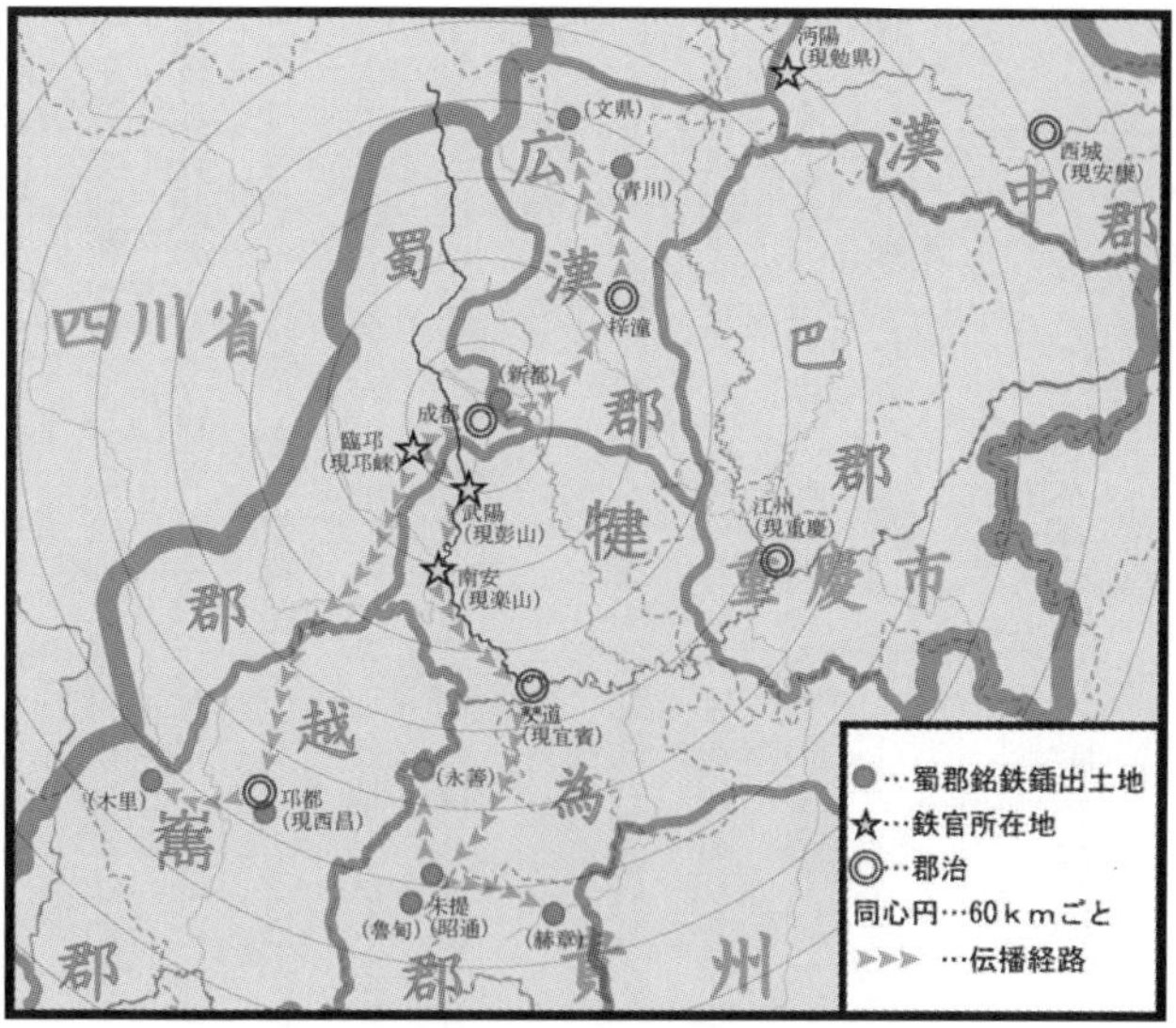

図３　益州刺史部における蜀郡銘農具の分布

刺史部に限られる[2]（図３）。その出土地点を結ぶと、拡散するように分布が広がるのではなく、当時の拠点的地点をつなぐように普及していく様子が分かるが、どこを経由して、また誰の手によって消費地へもたらされたか、という途中経過等は明らかにしがたい。当時の行政管理体制といったものを考えると、製作地から直接使用される地へもたらされるというのは考えにくい。

例えば朱提付近にいくつか出土が見られるが、臨邛から何らかの形で朱提に伝わり、そこから、さらに各地へ伝わったと考えられる。注目しておきたいのは、臨邛と朱提の間の流通経路である。

まず成都から南へ六〇キロ付近の岷江沿いに、武陽県がある。この地は岷江が都江堰で分流され、そのうちの内河が、成都を経て再び岷江に合流する地点であるが、やはり鉄官所在地である。今一つの南安は、現在の楽山であるが、大渡河が岷江に合流する地点で、ここも鉄官所在地である。岷江をさらに下ると、宜賓にて長江に合流する。

先に青銅器の分布をみたが、漢以前の岷江は交通にあまり利用されていなかったようである。武帝以後、西南夷への侵攻と相まって、岷江ラインの開発が進んだと思われる。その際、臨邛から、岷江ラインへ鉄器を供給するために、武陽・南安に鉄官が置かれたと推測され、この二つの鉄官は流通に関連するものと考えられる。

そして宜賓を経て、先述の朱提付近へと伝わると考えられるが、さらに夜郎の地域であった現在の貴州赫章可楽で、蜀郡銘鉄鍤の出土が見られる。これは、夜郎征服後の漢民族の進出に伴うものと思われる。また西昌に出土があり、これはおそらく臨邛からの経路で伝わり、ここからさらに木里など付近の山岳地帯へ伝わったと考えられる。

ここで注意したいのは、臨邛から各地へ伝わる際に、郡を越えるわけであるが、それを直線的に見ても郡治を通過する可能性の高いことが分かる。例えば、蜀郡より北側の青川と甘粛省文県に出土例があり、そこへ至る間に郡治である梓潼がある。

よって、益州においてはまず蜀郡鉄官で農具が作られ、それが益州の各郡の郡治に送られ、そして、各郡内でそれぞれの供給先に送られる、という流通のあり方が想定される。特に蜀郡より南においては、武陽・南安という鉄官が所在するが、当初は流通に関わるものであり、特に岷江沿い、宜賓を経由し、雲南・貴州方面へ普及させることを意識したものといえよう。

二　広漢太守沈子琚緜竹江堰碑から見る治水システムと鉄製農具の流通

ここで、蜀郡銘鉄鍤の流通のあり方を知るヒントとして、広漢太守沈子琚緜竹江堰碑について見ておきたい。碑文は水利に関する内容で、郡・県内で治水がどのように進められたかが分かるものであるが、治水の場で必要とされる鉄製農具の流通のあり方を知る手掛かりになるものと思われる。

同碑は『隷釈』に収録されているが[3]、舞台は漢代広漢郡の綿竹県で、後漢時代後期の熹平年間（一七二～一七七年）の出来事を記した顕彰碑である。宋の時代、漢州（広漢市周辺）に建てられていたとされる。

熹平五年五月辛酉朔一日辛酉、緜竹縣南□川□□宮□黃□化出家建□漢世誠明廣被四表。南域野居蕃夷□□□□戔賊□連□百姓□。三年十月廣漢太守潁川長野縣沈君諱□字子琚、緜竹令安定樊君諱□、以四年三月到官視事。到官之初移風□□□古世土、百姓吏民皆□□之□□□□□弱不安、躬耕者少溉田丘荒、諸縣漰灕□以陂田□誠道□□□□□施以周邵之疾□王憲□意吏民□□□□。君①遣□悉□其本息、繕作漰灕、化開渠口、成而山足□崔□下□。君②遣掾□□□鄭施・都求（水）掾儀尹、便且□水曹掾王□史□刑世章□功又破截崖足開□本□□民□□□□池□□□□甫田千□難就易、水由池中通利便好。水未□田、即到下□緜竹□足□□□□消散、五稼豐茂□民歸附永□□□……

欠字も多いが大意は、以下である。当時綿竹県が属する広漢郡では、少数民族の侵攻が頻繁で、蕃夷が賊行為を行い、百姓は困っていた。その後、潁川郡長社県出身の広漢太守沈子琚と、安定郡出身の綿竹県令樊君が着任することとなったが、耕すものは少なく、灌漑も少なく、田は荒れていて、堤防、陂塘・水田は荒れていた。そこで役人を派遣して、堰堤を修築し水門を開くなどした。また、鄭施なる役人や都水掾の儀尹・王某を派遣して事に当たらせた結果、池・田が回復し、水は池から通じ、やがて豊饒を得、民も生業に就くことができた。郡太守と県令により、各地の状況に応じて都水官が派遣され治水が行われる、といった情況が窺える。

注目点として、文中に郡太守と県令の両者が見えるが、どちらも君と呼ばれ、この後に君が二か所にあり（①と②）、それぞれにおいて役人・都水掾が派遣され治水を行った記述が続く。結論を言うと、二つの君が、郡太守と県令のどちらを指すかはやや不明である。①の君の派遣により、堤を修繕し渠口を開く、となる点から、河川全体に関わる水利の治水を行っており、県令の職務を超えていると見なすと、この部分は郡守となる。②の君の部分は、欠字により不明な点もあるが、池といった農地に直結する部分が出てくることから、より基層行政に近い県令の業績と見なせるかもしれない。

ところでここに見える都水掾であるが、『漢書』巻十九上百官公卿表によると、太常・大司農・少府・水衡都尉・京兆尹・右扶風にそれぞれ都水官が設置されており、太常所属の都水官に関する如淳注に、「都水は渠隄水門を治める」とあり、各職掌内における水利関係の任を担うのが都水官であった。そのうち大司農条に、「また郡国の諸倉・農監・都水の六十五官の長丞は皆ここに属す」とあり、郡に属する都水官は大司農から派遣されていたようである。これが後漢時代には郡の直属となり、またそれ以外の官職中に都水官は見られなくなる。『続漢書』志第二十八百官志に、「それ郡の塩官・鉄官・工官・都水あるは、ことの広狭に随い、令・長及び丞を置く」と、必要に応じて令・長・丞が置かれる情況であった。

この碑文は後漢時代のものであり、ここに見える都水掾が郡に属すると考えると、それを派遣したのは郡太守であり、①②の君はどちらも広太守沈子琚を指すのかもしれない。

今回この点を確定することはできないが、そもそも郡太守の任は、治安の維持や農業の奨励など郡内の民衆生活全般にわたり、農業政策に関する記述は比較的多い。

『後漢書』巻七十六循吏伝に、

任延字長孫、……建武初、……詔征爲九眞太守。……九眞俗以射獵爲業、不知牛耕、民常告糴交址、毎致困乏。延乃令鑄作田器、教之墾辟。田疇歳歳開廣、百姓充給。

とあり、循吏伝にはまた、

王景字仲通、……明年（筆者注：建初八年）、遷廬江太守。先是百姓不知牛耕、致地力有餘而食常不足。郡界有楚相孫叔敖所起芍陂稲田。景乃驅率吏民、修起蕪廢、教用犂耕、由是墾辟倍多、境内豐給。

とあり、長江流域以南の地域で後漢時代にようやく郡守によって鉄犂と牛耕が導入され、農業の発展がみられたことを示している。この場合、必要に応じて鉄製農具が作られ配布されたと考えられるが、水利開発等の際にも、必要な鉄製農具がそれに応じて製作され、その場にもたらされたと推測される。

ここで、水利から一歩進んで、農具について見ておきたい。『漢書』食貨志の記事で、武帝末年に施行された代田法について述べた部分に、「大農、工巧奴と従事を置き、為して田器を作らしむ。二千石、令長・三老・力田および里父老の善く田するものをして田器を受けとり耕種養苗の状を学ばせしむ」とある。やはり、基本的に郡太守の指導の下、県令・三老・力田ら郷官を通じて農具の供給が行われ、また農業政策が推し進められた。

文帝十二年（前一六八年）の詔に、「孝悌は天下の大順なり。力田は生の本を為るなり。三老は衆民の師なり。廉吏は民の表なり。……民の便安ならざるところを問うに及び、しかして戸口の率を以って三老・孝悌・力田の常員を置き、各々その意に率いて以って民を道かしめよ」（『漢書』巻四文帝紀）とあり、各方面で民の教化を担う郷官がそれぞれ設置されたが、土地に習熟し農業生産に勤勉なるものなどを取り立てて、民の教化や農業の奨励が図られ、郡太守からもたらされた鉄製農具は、基層部分ではそういった郷官が管理・貸与する情況であったと考えられる。

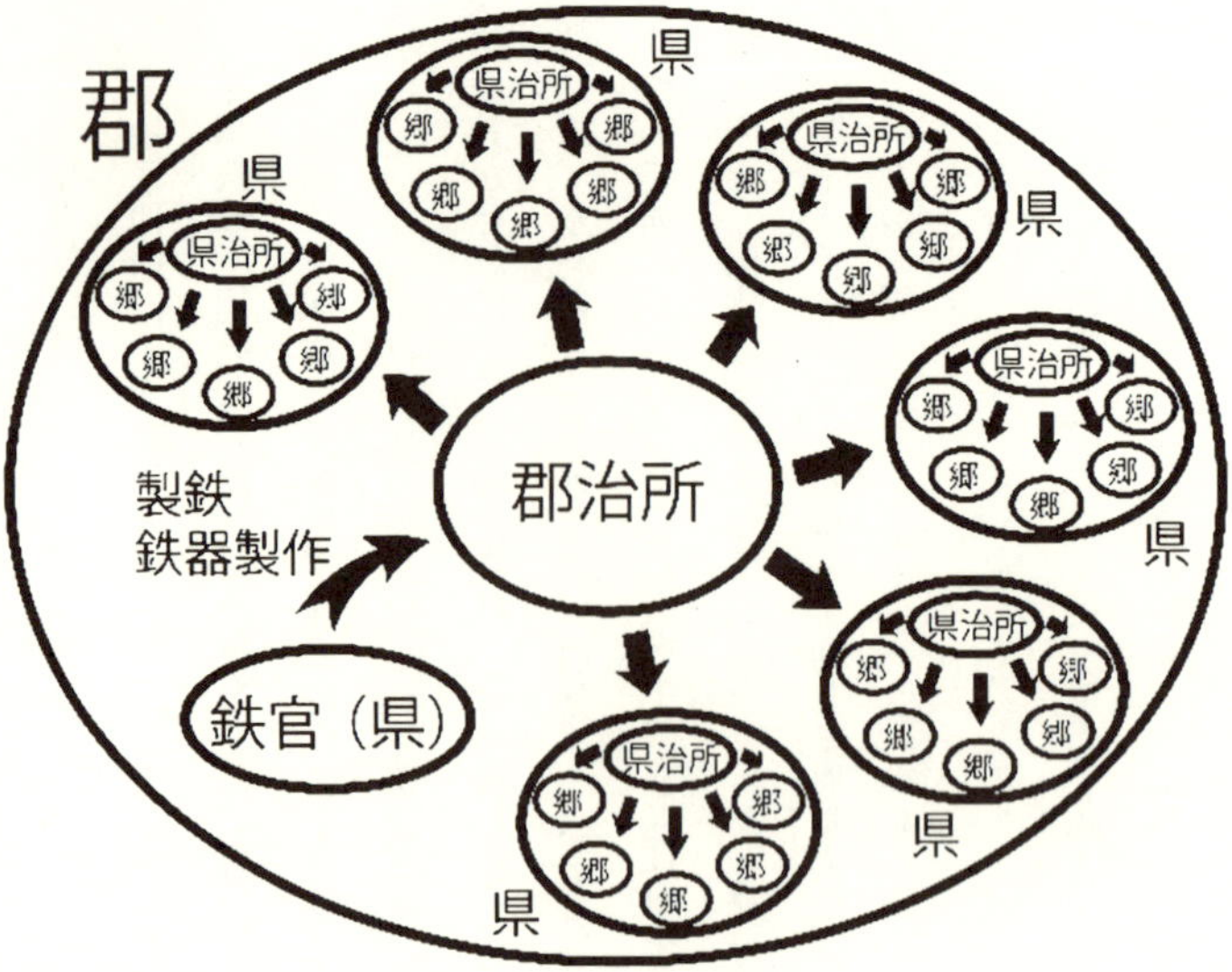

図４　鉄製農具の普及状況

まとめ

以上から、鉄製農具の生産・流通の状況について、郡を単位とした次のようなモデルが推測される。ある郡において、農具の必要が生じた際、鉄官において郡太守の依頼に応じて必要量が製作され、郡治へと送られる。その後郡太守により各県へと鉄製農具が送られ、県令により各郷へ配布され、最終的に郷官によって農作業に用いられる。鉄官が設置されていない郡の場合は、同じ刺史部に属する鉄官の設置された郡へ農具製作の依頼がなされ、郡から郡へ鉄製農具がもたらされる、という図式が想定される（図４）。

先の蜀郡銘農具の分布のあり方にこの図式を当てはめてみると、まず蜀郡鉄官で製作された農具は、蜀郡郡治の成都へ送られ、蜀郡内で流通する。益州刺史部内の鉄官が設置されていない郡は、蜀郡成都から鉄製農具の供給を受ける。その場合、蜀郡郡治成都から他郡郡治へ一旦農具がもたらされ、その後各郡内で流通する、という推定が可能である。

ただし、漢代の有銘農具の中には、製作郡の所属する刺史部を超えて分布する事例もあり、今後さらなる検討が必要である。

本稿では物資の伝播という側面から検討を進めたが、出土遺物は人々による活動の結果として各地に普及し、最終的に廃棄され、遺物として現在見ることができるものである。よって、当時の社会背景等と結び付けることで、よりその伝播過程を具体的なものにすることができるであろう。

さらに情報の伝達というテーマについて見るならば、情報は必ずしも形を伴うものではない。そのため、その伝達の主体者や手段・経路など具体的な内容を知るには、確かに考古学では限界があろう。ここで注意すべきは、同形態のものが各地に分布することは出土遺物から把握することができるわけであるが、その際必ずしもモノそのものが伝播するとは限らないということである。それを製作する技術が普及し、同形態のものを各地で使用するようになったと考えるならば、ある種の情報が一定範囲に伝播した結果生じた広がりとして、出土資料の分布を問題視することができよう。考古学的方法から情報伝達という問題を論じる有効性のあることを指摘しておきたい。

注

（1）佐々木正治「漢代における蜀地の漢化過程」川越哲志先生退官記念事業会編『考古論集』二〇〇五年。

（2）佐々木正治「四川における初期鉄器の系譜とその特殊性」『たたら研究』第四二号、二〇〇二年。

（3）宋洪适『隷釈』（中華書局、一九八六年）。

あとがき

本書は、二〇〇一年から始めた愛媛大学「資料学」研究会の活動が基礎となっている。この研究会では、愛媛大学の文系教員をもとに、国内の研究者や、中国と台湾、韓国の研究者を招聘して、毎年の公開講演会やシンポジウムを開催してきた。この成果は、これまで『資料学の方法を探る』として十二冊を発行している。

もう一つは、愛媛大学研究開発支援経費・特別推進研究プロジェクト「古代東アジアの出土資料と情報伝達」（平成十七年度～十九年度）、同「東アジアの出土資料と情報伝達の研究」（平成二十年度～二十二年度）による共同研究である。この研究プロジェクトでは、松原弘宣氏との編著で二冊の成果を刊行した。その執筆者は、愛媛大学にお越しいただき、講演や発表、コメントをしていただいた方を中心としている。しかし二冊の編著では、すべての発表者に論文をお願いすることはできなかった。また研究プロジェクトが終了した平成二十三年度以降も、継続して研究会の活動を続けて今日にいたっている。

そこで三冊目となる本書では、これまで発表していただきながら論文を掲載できなかった方や、その後に発表していただいた方を中心に編集した。石上英一先生は、二〇〇五年に「古代日本の資料学」を講演していただいた。馬怡先生は、二〇〇八年に愛媛大学で日本秦漢史学会が開催されたときに招聘して、講演をしていただいた。金秉駿先生は、金慶浩先生が韓国の簡牘研究を紹介されたときに、東アジア資料学の概念についてコメントしていただいた。今回は、それぞれ別の原稿を寄稿していただいている。また廣瀬薫雄氏と佐々木正治氏には、発表のほかに中国語の通訳と翻訳をしていただいた。本書の執筆者のほかにも、多くの方々に参加をしていただいたが、すべての発表を収録することはできなかった。また研究会では、新潟大学人文学部と愛媛大学法文学部の学部間協定にもとづく学術交流と、東北学院大学アジア流域文化研究所のご支援がある。個別のお名前は省略させていただくが、毎年の講演会、シンポジウムに参加していただいた方々とともに、こうしたご支援とご教示を本当に感謝している。

なお今回の出版は、先の二冊に続いて、汲古書院の石坂叡志、三井久人、小林詔子氏のお世話によって刊行することができた。ここに記して、関係の方々に厚く感謝の意を表したい。

二〇一三年九月

藤田勝久

執筆者一覧（執筆順）

藤田　勝久	（ふじた　かつひさ）	1950年生	愛媛大学法文学部・教授
陳　　　偉	（ちん　い）	1955年生	武漢大学簡帛研究中心・教授
廣瀬　薫雄	（ひろせ　くにお）	1975年生	復旦大学出土文献与古文字研究中心・副研究員
工藤　元男	（くどう　もとお）	1950年生	早稲田大学文学学術院・教授
金　　慶浩	（きむ　ぎょんほ）	1963年生	成均館大学校東アジア学術院・教授
河　　英美	（は　よんみ）	1971年生	成均館大学校東アジア学術院博士課程修了
關尾　史郎	（せきお　しろう）	1950年生	新潟大学人文社会・教育科学系（人文学部）・教授
石上　英一	（いしがみ　えいいち）	1946年生	東京大学名誉教授
金　　秉駿	（きむ　びょんじゅん）	1962年生	ソウル大学校東洋史学科・教授
小宮　秀陵	（こみや　ひでたか）	1981年生	ソウル大学校国史学科博士課程
張　　俊民	（ちょう　しゅんみん）	1965年生	甘粛省文物考古研究所・副研究員
侯　　旭東	（こう　きょくとう）	1968年生	清華大学人文学院歴史系・教授
佐々木正治	（ささき　まさはる）	1973年生	（株）地域文化財研究所　調査・研究部
馬　　　怡	（ば　い）	1952年生	中国社会科学院歴史研究所・研究員
上野　祥史	（うえの　よしふみ）	1974年生	国立歴史民俗博物館研究部考古研究系・准教授

東アジアの資料学と情報伝達

二〇一三年十一月十六日　発行

編　者　藤　田　勝　久
発行者　石　坂　叡　志
整版印刷　富　士　リ　プ　ロ　㈱

発行所　汲　古　書　院
〒102-0072　東京都千代田区飯田橋二-五-四
電　話　〇三（三二六五）九七六四
FAX　〇三（三二二二）一八四五

ISBN978-4-7629-6508-1　C3022

●情報発信と受容の視点から、出土文字資料の新たな「資料論」を構築する！

古代東アジアの情報伝達

藤田勝久・松原弘宣 編

【本書】より　そもそも文字を記すということは、発信者（記録者）が時空を越えて意思・情報を発信・伝達する目的でおこなう行為であり、受信者はそれを理解（受容）した後に、それを保管なり廃棄することを不可避とする。……出土文字資料は、発信から廃棄に至る全ての経緯の痕跡を留めていることが最大の特徴で、文字の本来的機能を示していることが知られる。

本書の内容は、第一部「古代中国の情報伝達」、第二部「古代日本の情報伝達」で構成している。それぞれ最初の藤田勝久と松原弘宣の論文は、いわば総論にあたるものである。その基本的な考えは、古代中国の制度と情報伝達のあり方が原型となり、その後の中国社会や、古代東アジアの朝鮮と日本への影響に関連するとみなしている。ここでいう「古代東アジア」とは、直接的な交流史を扱うものではなく、情報伝達の原理や社会を比較するときのフィールドとして設定している。そのため、古代中国や日本における出土資料研究を共通の認識として、さらに進んで国家・社会の特質の検討を目的としている。こうしたソフト面に注目する試みは、公的な文書行政という側面だけではなく、習俗や風土の異なる地域社会に情報が受容されるモデルとして、その接点が見いだせると考える。

【内容目次】

▼A5判上製／302頁／本体7000円＋税　08年4月刊
ISBN978-4-7629-2841-3　C3022

東アジア出土資料と情報伝達

藤田勝久
松原弘宣 編

◎「情報の伝達―発信と受容」をキーワードに、新しい視点から東アジア古代国家の特質に迫る

本書は、古代東アジアの出土資料研究を進めるために、中国古代（戦国、秦漢時代）の出土資料の機能と情報伝達のあり方を原型とし、それを古代日本・韓国の文字資料と比較しながら、古代国家と社会の特質を明らかにすることを目的としている。

前著『古代東アジアの情報伝達』につづき、従来の主要テーマである出土資料の集成と考証や、法制史と文書行政、書籍と思想史などの研究成果を吸収し、資料のもつ意義を分析することを継承する。本書では、文書などの情報処理と、中国簡牘と日本古代木簡の接点となる記録、付札、字書・習書などの機能を明らかにし、交通システムと人びとの往来による情報伝達の実態を比較した。これらは中国と韓国、日本古代の分野で整理し、さらに相違点を意識することによって、古代国家と社会の特質を明らかにするとともに、古代東アジアの資料学を構築する基礎となるものである。

【内容目次】

▼A5判上製／394頁／本体9000円+税

ISBN978-4-7629-2896-3　C3022　11年5月刊

●出土文字資料の分析から、古代中国社会の原型を理解する!

中国古代国家と社会システム
――長江流域出土資料の研究――

愛媛大学教授 藤田勝久 著

【あとがき】より

本書は、中国文明の原型となる秦漢時代について、とくに統一国家の成立と地域社会の実態を考察したものである。それと同時に、長江流域の出土資料を整理して、漢簡とあわせた中国古代の資料学を構築する基礎にしたいと考えた。主な対象としたのは、戦国時代の包山楚簡と睡虎地秦簡、秦代の里耶秦簡、漢代の張家山漢簡「津関令」である。とりあげた資料は、暦、紀年資料、系譜、文書の処理をする簡牘、符券、付札(楬)、璧書と扁書、交通に関する伝と致、告地策、地名里程簡、書籍、書信と名謁などである。その内容は、二〇〇三年以降に発表した論文を基礎にしているが、細部の解釈をのぞいて大きな論点は変更していない。里耶秦簡は、当初に『文物』に公表された資料をもとに分析し、のちに『里耶発掘報告』によって再論したため重複もみられるが、あえて部分的な整理にとどめている。また本書では、歴史学以外の分野や、日本古代の木簡研究との比較を意識しており、他分野の方にも分かるように概略を述べたところがある。

【内容目次】

▼A5判上製/580頁/本体13000円+税　汲古叢書85
ISBN978-4-7629-2584-9　C3322　09年9月刊

史記戦国列伝の研究

◎『史記』の成立とその性格を明らかにし、司馬遷の歴史観と戦国史を再構築する

愛媛大学教授 藤田勝久 著

【本書】より

『史記』史料の研究には、三つの段階がある。その一つは、中国古代の文献と出土資料（簡牘、帛書）に関連する資料を探り、素材別に『史記』の編集を考察することである。これは、いわば『史記』の種本にあたる資料との比較であり、『史記戦国史料の研究』（一九九七年）の方法である。その二は、司馬遷が利用した系統だけではなく、広く漢代の文字資料（文書、書籍、記録など）のあり方を理解し、そのなかで相対的に『史記』の素材と編集を位置づけることである。それは『中国古代国家と社会システム——長江流域出土資料の研究』（二〇〇九年）のように、簡牘の機能と情報伝達の考察が基礎となっている。これらは文献と出土資料による方法であるが、ここでは司馬遷が竹簡や木簡、帛書の素材を編集した原形として、『史記』の成立と構造を明らかにしようとしている。その三は、考古遺跡とフィールド調査による情報を取り入れ、『史記』の叙述と史実を考えることである。これは拙稿「司馬遷の取材と旅行」（二〇〇〇年）や、『司馬遷の旅』（二〇〇三年）で試みた方法である。

本書は、このような三つの段階をへて、あらためて『史記』戦国列伝の編集と史実を考察したものである。

【内容目次】

▼Ａ５判上製／３１２頁／本体７０００円＋税
ISBN978-4-7629-2888-8　C3022　11年3月刊

●「出土文字資料」を用いて日本の古代交通の歴史を明らかにする！

日本古代の交通と情報伝達

愛媛大学名誉教授 松原弘宣 著

本書は、早くから日本の古代国家と交通との関わりについて研究してきた著者による、古代交通史関係の最後の研究書である。これまでの、主として水上交通を検討対象とした論考を更に発展させ、水上交通を含む水陸両交通の実態と特徴を、豊富な図・表を用いて具体的に明らかにすると共に、律令制度の交通理念とその支配制度の実態は如何なる関係にあったのかを詳細に考察したものである。
近年の古代史研究を考える上で無視することのできない出土文字資料—発信から廃棄に至る全ての経緯の痕跡を留める—にもとづく、日本古代交通史研究の最新成果。

【内容目次】

▼A5判上製／570頁／本体11000円＋税 09年10月刊
ISBN978-4-7629-4205-1 C3021